交通银行史

第三卷

《交通银行史》编委会

商务印书馆
The Commercial Press
创于1897

目　录

第一章
抗战爆发与交通银行进入战时体制

1937 年 7 月 7 日,"卢沟桥事变"爆发,中国由此进入全面抗战时期。开战后不久,交行营业网点稠密的华东、江北地区以及各大铁路沿线即被日军先后占领,当地大量分支机构或被日伪占领,或被迫搬迁,转入地下,储备和仓库货物大量流失,交行的整体实力损耗巨大。然而,抗战的全面展开也为交通银行战略重点的转移和营业网点的西扩带来了契机。1937 年 8 月四联总处成立,11 月国民政府移驻重庆。在四联总处的指导和协调下,交通银行努力敷设西北、西南地区的金融网点,逐渐恢复自身实力,为西部汇款、储蓄等业务的开展奠定了良好基础,而且依据网点就近承做实业、交通放款,在发展内地工业和支持抗战等方面都做出了重要贡献。

抗战期间,交通银行的组织结构和营业网点始终处于动态变化之中。每逢战争态势、政治格局、国内经济状况和国际形势发生重大变化,交行都尽可能在第一时间做出反应,顺势而行,适当调整。

第一节　抗战初期的应对与管理体制的变动

一、全面抗战的开始与总行的应对

日本发动全面侵华战争后,国共两党都意识到抵抗日本侵略已成为中华民族最迫切的要求,国内政治局势发生重大变化。1937 年 7、8 月间,蒋介石多次公开表示要抗战到底,并于9月正式接受共产党提出的国共合作宣言,形成全民族的抗日民族统一战线。时局巨变之际,交通银行积极采取措施,应对战争。"卢沟桥事变"发生后,交行立即拟定总行和各地分行的应变策略,做好撤离上海、向内地迁移的准备。

随着战事的趋紧,上海已无法再作为总行驻在地,交行决定将其向南昌转移。南昌居于长江中下游,向有"粤户闽庭,吴头楚尾"之称,处于进退有据的地理优势,且为赣行所在地。赣行是二等支行,直属于总行,在整个营业体系中具有重要地位。① 在转移前,交行管理层计划先派员赴南昌租赁行屋。为避免战事紧急之际重要文件无法迅速转移,交行特别规定"全行主要账册及卷宗先行移往"。一旦总行从上海撤出,全行便可在南昌已有的基础上成立"临时中枢"。至于其他办事人员及物资,则可先行撤退至杭州,然后再全部迁往南昌。对整个搬迁计划,交行总行作了最坏的打算,如果南昌发生紧急情况无法维持,"可以长沙为第三退步",而退往长沙的相关举措则在抵昌之后再行着手。

钞券和印券所需的相关材料是总行最重要的物资,为避免全部落于敌手,总行采取分散的办法,将一部分留在上海,"安妥密存",大部分"送往杭州,拟随时局推演,节节向后方之南昌、长沙移动"。② 针对搬迁过程中的运输问题,总行也作了周密部署,所有运输事宜均由储信部仓库课统一负责,防止因战事紧迫出现事权分散、调配不及时而造成新的损失。

从以上整套转移计划来看,可以说交行管理层的考虑十分周详,对总行撤退中可能出现的很多问题都制定了应对策略。其中,将证券和其他重要物资早早地转移到杭州这一举措,对战时业务的持续运行,无疑具有决定性的作用。

不过,与当时许多国民政府政要一样,交行管理层对中日双方军事力量的差距未能清楚准确的认知。淞沪会战爆发后,战火迅速蔓延到整个华东地区,由于交通、通讯的阻隔,原先总行撤至南昌的计划,根本无法实施。而且,淞沪战败仅仅一年多,1939年3月27日南昌便告沦陷,此后六年一直为日军所占领。这些都是交行始料未及的。

---

① 交通银行总行、中国第二历史档案馆合编:《交通银行史料》第一卷,中国金融出版社,1995年,第134页。
② 以上俱见《抗战爆发后总行自身应变布置1937年》,交通银行博物馆藏资料Y47。

1937 年 7 月 9 日，国民政府财政部命令中央、中国、交通、农民四银行在上海组成联合办事总处，① 8 月 18 日，四联总处正式成立。随着战局发展，四联总处的权力不断扩大，交行最初的应变计划逐渐被四行统一的联合行动取代。不过，交行原定撤退方案中提出的总行搬迁以及钞券等重要物资分散提前转移等设想，与四联总处应对金融紧急情况所采取的措施大致相同。7 月初，蒋介石密令在沪中央银行常务理事、中国银行董事长宋子文会同财政部次长徐堪通知各银行将现洋、现钞运至南昌和长沙等地储存。② 淞沪抗战之后，交行管理机构按照财政部和四联总处的安排，迁往汉口、香港，这也大体符合交行转移计划中节节部署、逐步撤退的设想。

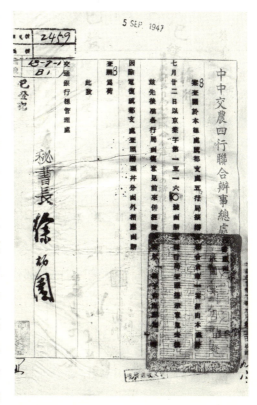

四联总处为拟办联合仓库发给交通银行的函件。

二、总行的搬迁和组织结构的变动

1937 年 8 月 13 日，日军向上海军工路上的中国军队发起进攻，淞沪抗战正式开始。次日，国民政府发表自卫抗战声明："中国今日郑重声明，中国之领土主权，已遭受日本之侵略；国联盟约，九国公约，已为日本所破坏无余。……中国决不放弃领土之任何部分，遇有侵略，惟有实行天赋之自卫权以应之。"③

作为交通银行"中枢"和国民经济重心所在的上海顿时成为硝烟弥漫的战场，给国民政府和交行造成巨大冲击，交通银行总行迅速实施一系列的调整。

---

① 《交通银行史料》第一卷，第 1667 页。
② 《1937 年大事记》，交通银行博物馆藏资料 Y28。
③ 《国民政府自卫抗战声明书》(1937 年 8 月 14 日)，《中华民国史档案资料汇编》第 5 辑第 2 编，江苏古籍出版社，1997 年，第 27 页。

8月13日,奉财政部命令,交通银行自上午十点一刻起休业。17日,遵照部定办法恢复对外营业。① 总行位于上海外滩14号,面临黄浦江,靠近交战地点,为保障安全起见,暂时迁至法租界内霞飞路889、891号房屋内临时办公。由于场地狭小,储信部于8月23日迁往法租界内迈尔西爱路311号办公,稽核处也于8月30日由霞飞路迁至迈尔西爱路305号办公。②

9月21日,为适应战争需要,加强政府和银行之间的联系,在财政部主导下,交行对相关机构进行调整,"将总行改组为总管理处,仍分业务、发行、储蓄信托三部,事务、稽核两处,并同时成立上海一等分行,所有总管理处处理一切行务之手续,为求事实上之便利"。③

总行机构调整后,国民政府曾下令总管理处移设首都南京,以备非常时期的需要。④ 对于迁移南京的计划,交行内部作过详细的讨论,考虑到因交通等因素,在南京不易召集多数董事按时出席董事会,遂于9月30日的第六次董事会予以否决。⑤

11月20日,国民政府正式发布移驻宣言:"国民政府兹为适应战况,统筹全局,长期抗战起见,本日移驻重庆。此后将以最广大之规模,从事更持久之战斗。"⑥同日,国民政府还决定,财政部、外交部、内政部以及卫生署迁往武汉。

与国民政府的西迁相呼应,11月,总处发行部迁移到香港办公。12月,内地各撤退行处在上海成立临时办事处集中办公,⑦总处则奉财政部之命迁往汉口。8个月后,日军大举进攻武汉,总处再次迁移。一年不到的时间,总处出现上海、汉口、香港、重庆四地办公的特殊状况。

1937年12月,按照四联总处交行总处暂驻汉口、最终西迁重庆的决议,总处将办事机构分驻汉、港、渝三地,以便进退周旋,随时联络策应。⑧

1938年8月,总处从汉口撤出,一部分人员西迁重庆,董事长胡笔江、总经理唐寿民、发行部经理王子崧、副经理许敬甫等带领大部分职员移至香港,由此形成总处

---

① 《交通银行史料》第一卷,第95—99页。
② 同上,第1667页。
③ 《组织变更》(1937年9月21日),交通银行博物馆藏资料Y18。
④⑦ 《交通银行史料》第一卷,第1668页。
⑤ 同上,第66页。
⑥ 伍宗华等主编:《世界反法西斯战争中国战场史长编》(上),四川大学出版社,1985年,第311页。
⑧ 《交通银行史料》第一卷,第100页。

分驻重庆、香港两地的格局。从 1937 年《草拟总处在渝部分酌移香港办公办法乞裁酌》一文可以看出，总处准备将绝大部分管理职能驻扎在香港，主要工作是：接收各地分支行所有来往文件和结算报表，并为将来大规模办公配备场所和人员；除内部往来账目外，业务部、储信部将携带所有的其他账目在香港处理；发行部将账簿和相关票据在重庆备份后送交香港；各类准备金、寄存物品和切销券角的收条、寄存单等一律送交港总处，实物暂存于重庆。①

交行管理层此举大有深意。淞沪会战后，上海沦陷，全国战局莫测，但作为英国殖民地的香港，则可能成为战争状态下的避难之地。与刚被定为陪都的重庆相比，香港有英国方面的庇护，交通、通讯也更为发达，总处在此可以更好地联系内地各大金融机构。而且，香港面向东南亚地区，是世界金融中心之一，总处在此办公有利于吸收东南亚和欧美地区的外汇存款，还可利用完善的物流条件配合国民政府运输战略物资。

从 1937 年到 1941 年底太平洋战争爆发，香港总处确实发挥了重要作用，成为交行事实上的指挥中枢。为了不违反国民政府和四联总处的规定，香港总处对外从不挂总处招牌，信函也不用总处名义。可是分支行的一切事项及函件往来均由香港总处直接处理，各机关行文则寄由渝总处加封转递。当时，总处的重要管理人员大都在港，渝总处人手不多，直到后来才陆续增添。作为名义上的总处，渝总处主要承担着联系政府的职能，董事长、总经理并不常驻重庆，胡笔江遇难后继任董事长的钱新之根据需要往返港、渝之间，而总经理唐寿民则始终未赴重庆。②

三、香港沦陷与总管理处重心的转移

日本一向对香港虎视眈眈，但碍于尚未对英美宣战，所以不敢贸然出兵。1941 年 12 月 1 日，日本御前会议决定向美、英、荷开战；12 月 2 日，日军大本营即向中国派遣军下达攻占香港的命令。③ 显然，日军对于侵占香港早有预谋。12 月 8 日，日本联合舰队偷袭了位于夏威夷的美军太平洋舰队基地珍珠港；与此同时，日军分别向香港、马来西亚、新加坡等地发动进攻，太平洋战争骤然爆发。

---

① 《草拟总处在渝部份酌移香港办公办法乞裁酌 1937 年》，交通银行博物馆藏资料 Y47。
② 《交通银行史料》第一卷，第 100—101 页。
③ 李秀勤主编：《中国八年抗日战争日程纪要》，河南人民出版社，2009 年，第 188 页。

日本对英美不宣而战,并于 12 月 25 日迅速占领香港,计划周密,来势凶猛。据交行职员事后回忆:"太平洋风云日形紧张,香港当局和我国重庆方面,都认为香港绝不会发生战事,到了 1941 年秋冬之交,重庆方面犹嘱我们镇定处之。我记得已经到了太平洋战争爆发前夕,我们交通银行驻港机构,听说香港政府移动重要物件,香港救火总会亦将几件最新式的重要机器向新加坡方面移去,不免有些惶虑。到了十二月七日,我们还接到董事长钱新之密电,仍嘱勿虑,还说香港政府移动物件,无非是做作而已。后来晓得美国对于珍珠港遭袭,事前的确丝毫没有察觉,不知戒备,重庆方面如此麻痹,是亦不足为怪了。"战事的突然发生,令人措手不及,"所有四行存港各件(钞票以外的公债、证券、洋股、英镑、美金等重要物件亦多在香港),丝毫没有防备措施"。① 遭遇日军的突然袭击,交行损失巨大。

12 月 8 日当天,钱新之将四联总处紧急议定的应对办法通知总经理唐寿民,要求"港分行与英美银行采取共同态度,总处人员尽可能设法内迁",②并指示"在港机构将不再行使职权,嘱即安排港总处事务,即晚去渝"。③

次日,钱新之再次致电唐寿民,告知紧急事态应对办法,主要包括三个方面:(一)通电后方各行处,自 12 月 11 日起向总处收付报单一律寄往重庆;(二)发行、储蓄、信托等部处均在重庆轧账,实有必要在香港办理的另作商议;(三)业务各部账目内移详细办法由各部处商定。同一时间,重庆总处的业务部、发行部、储信部也向香港分行的下属部门发布紧急处理办法,主要内容包括:相关账目移交重庆,开设新户办理;各行所有相关报单、报表、结算报告等文件发往重庆办理;在港机构的账册设法送到重庆总处;各机构调配得力人员尽快赴渝。电文内容显示,交行高层对香港局势已有深度考量,并且决定放弃之前以港总处作为实际业务中心的做法,开始向重庆方面进行战略转移。

交行在港物资中,钞票和印钞模版极为重要,尤其是印钞模版一旦落入敌手,后果难以设想。因此,钱新之于 12 月 10 日特别指示唐寿民:"将大东、商务票版赶交航机带渝,以俾在内地设法印用。"④但因事态紧急,该计划无法付诸实行。据许敬甫事后回忆:"大东书局承印钞票版模的母版,是由我与大东书局总经理沈骏声于十二月

---

① 《交通银行史料》第一卷,第 971 页。
②④ 《港变应急纪实(1941.12—1942)》,交通银行博物馆藏资料 Y47。
③ 《交通银行史料》第一卷,第 1675 页。

十日夜间在蓝塘道山上用铁锤锤毁,锤毁后埋在地下,以备日后交代。……所有存在大东厂内的版模,亦经一一销毁。"①

12月11日,局势更加紧急,财政部长孔祥熙通告交行:"办理(钞券模版)速运仰光、印度等地,应速发或尽速觅机赶运南雄为最妥,万一局势更紧不能运出,亦盼妥筹密藏或切角销毁,希妥慎应付办理。"②其实早在前一天(10日),交行行员就已经开始钞券切角和销毁模版的工作。当时中国、交通两行在港工作人员商议决定,存于各自库房及商务、大东两厂内已经印成的钞票和模版即行销毁。大东厂内模版由交行行员许敬甫和大东书局总经理沈骏声销毁;钞券方面,"库房存钞系用小型切刀截角,厂房存钞系用电动大型切刀截角,因为员役及工友均未受过军事训练,在炮火中做事甚为勉强;又因大东书局工友两人同时被一个炮弹炸毙,交通银行一工役被英军发枪射死,更不免惊慌胆小,更因电力中断,电动切刀不能再用,所以钞票仅切销一小部分,大部分无法动手"。③

12日,四联总处再次就应变措施作出指示,强调了先前几次电文的主要内容,要求中、交等行与英美银行共进退,钞券模版设法运回,实在困难即就地销毁,驻港人员和重要文件尽量内迁。

13日,由于香港通往内地的陆上交通断绝,加上在港所有飞机被香港政府征用,财政部和四联总处尽量运回钞票、模版的计划完全落空,只能要求中、交等行将钞券和模版直接销毁。此外,由重庆政府出面,努力与香港当局沟通,希望尽量设法调配一些交通工具运出部分钞票。④销毁钞券和模版原本是万不得已而行之的手段,但在交通断绝的情况下,实际上已成为处置存港钞券、模版的主要办法。

23日,钱新之欲致电唐寿民询问情况,却因渝港间电讯中断而无法进行。⑤ 25日,香港沦陷。30日,重庆总处致电桂行,委派茅弼仲设法取道广州湾赴港,当面告知总处要求,主要内容有:请重要工作人员尽快赴渝,重要账册分批带回,不便携带的要件须寄存妥当地方保管;报告券料情形;提交各项重要营业数据,如国外往来账户余额、存放央行的出口结汇情况、各科账目、常董会会议记录等。1942年1月15日,重庆总处又委派韶处的陈泮湘赴港,任务与茅弼仲相同。后据陈泮湘的汇报,账册、

---

① ③　《交通银行史料》第一卷,第972页。
② ④　《港变应急纪实(1941.12—1942)》,交通银行博物馆藏资料Y47。
⑤　《交通银行史料》第一卷,第1675页。

卷宗、名册等文件全部被封存,无法带出。[①]

日军进攻香港,在九龙未遇任何抵抗,主要战事都发生在香港。在此期间,设在重庆的财政部、四联总处和交行总处虽多次下达各项指示,但因消息阻隔,无法及时、全面地了解局势进展,上述种种指示多有滞后之憾。幸而交行员工在接到指示之前,便自觉主动地保护行产,采取应对措施,其积极的工作态度和不惧牺牲的奉献精神,令人感佩。然而,日军的袭击毕竟过于突然,港总行诸机构猝不及防,大量来不及切角的钞票、档案卷宗和营业数据被日军截获。所幸的是,印钞模版已被交行员工及时销毁,大部分驻港行员也寻机陆续撤往重庆。

至此,总管理处驻港、沪的办事机构全部被日军占领,所有部门只得移往重庆。直至抗战胜利,这一格局未再发生变化。

第二节　动荡中的领导层更替

一、胡笔江遇袭殉难

1938 年 8 月 24 日,交通银行董事长胡笔江于飞行途中遭日军袭击而遇难,成为抗战中第一位殉难的著名金融家。

战争时期,形势复杂多变,银行业处境维艰,一个稳定、有凝聚力、又有效率的领导管理层,愈发显得十分重要。可是,交行掌舵人胡笔江的突然罹难,使交行顿时陷入群龙无首的状态,而董事长这一最高职位的悬空,也使高层管理人员的关系骤然变得十分微妙和复杂。

胡笔江之所以入主交行,与其密交宋子文颇有关联。南京国民政府成立之初,胡笔江便与宋子文开始交往,在很多问题上,两人观点相似,关系日益密切。1932 年 7 月,胡笔江出任废两改元研究会委员,成为宋的智囊人物。1934 年 4、5 月间,宋子文以全国经委会常委身份对西北进行为期一个月的考察,胡笔江作为银行界的代表参与其中。1934 年与 1936 年,宋子文无论是创办中国建设银公司,还是改组中国棉业

---

① 《港变应急纪实(1941.12—1942)》,交通银行博物馆藏资料 Y47。

公司,胡笔江都在其中扮演着重要角色。

在宋子文的支持下,胡笔江于1933年国民政府再次改组交行时,获得董事长一职。1935年,孔祥熙宣布为交行增资1000万元,并加派董事,胡笔江依然留任董事长。胡笔江颇有爱国热忱,在1937年7月22日,各团体为支援抗战,发起成立上海市各界抗敌后援会,胡笔江即出任该会委员。"八一三事变"后,总处置身抗战前线,胡笔江毅然留在上海主持工作,他对宋子文说:"事已决矣,吾人必须以最大的决心,奋斗到底,义无反顾。倘有人希图苟且妥协者,即是丧心病狂的败类。"他还说:"我出身贫民之子,设使我为此次战争而牺牲,则国家损失,不过一贫民之子而已。"①这些话掷地有声,可见其一片赤诚之心,只是未料竟一语成谶。

1937年11月,胡笔江与宋子文等人搭乘法国轮船阿拉密斯号离沪赴港。1938年夏,孔祥熙电召胡笔江等重要金融人士赴重庆商讨战时金融问题。8月24日,胡笔江与准备赴美商谈购买飞机事宜的浙江兴业银行经理徐新六等14人,登上中国航空公司内部邮机"桂林号",准备经梧州转机赴重庆,中途遭到日军飞机的袭击,胡笔江和徐新六均遇难身亡。

据飞行员事后回忆:飞机"于八月廿四日上午八时零四分,由港经梧州、柳州往重庆,在空中航行,一路平安无事,至八时三十分,离香港六十五里之遥时,即遭日本驱逐机追逐,采取高空有利位置,向余机'桂林号'开枪袭击,余睹此危险紧急情形,即奋力将机低飞,入云躲避,借避袭击,但云幕稀疏,不能将机遮掩。此时日机已追及,即密集开枪向机扫射,致'桂林号'机身中弹甚多。余觉情势更危急,唯一逃生机会,只有将机降落地面,余睹下面为一大禾田,周围有水堤环绕,余乃抉择一小河,将机平安降落,时机在河中,离岸不过五十码,机上各人均安全,无一受伤者。不料余机甫降于小河中,日机又跟随降下,齐开枪向余机中各人扫射,余见岸旁系有一小舟,即入水游往系舟处,拟得此小舟返救机中搭客及机员,事前并命机上职员劝告机中搭客,如彼熟谙水性者,即需早入水,快泅往岸上。时水流湍急,余泅于水中,被激流冲击至下游颇远。余抵岸上时,气力已疲,在岸不能动弹者逾一小时。当余筋力回复,余沿岸而行,无何,抵一华军防戍营地,余因不谙华语,故未能问及失踪之机搭客暨机上职员之命运"②。

---

① 《宋子文在徐、胡二公追悼会上报告》,《邗江文史资料》第七辑,第73页。
② 《徐新六、胡笔江遇难纪念史料选辑》,《档案与史学》2003年第6期。

胡笔江遇难后,《新华日报》于 1938 年 8 月 25 日作了专题报道。

据中航公司发表的遇难尸体枪伤检验报告称:"胡笔江先生的遗体于 26 日下午 6 时在涌江关捞获。经检查,头部左额枪伤,右足五指被击去。"①

9 月 9 日,交行在香港举行常务董事会,会上报告胡笔江遇难经过:"十时许得讯,知入中山县境被敌机压迫下降。……敌机以机枪扫射,桂林号机被伤坠水。……胡董事长遗体已在海边搜获。"②

从上述资料可以看出,日军虽在空中击伤飞机,但飞机仍能勉强飞行,并未坠机。飞行员成功迫降至中山县境内的小河中,此时机上所有人员均平安无恙。可是,日军飞机随后即至,机枪扫射之下,机长来不及让乘客迅速离机,胡笔江便不幸中弹身亡,遗体被冲入海中,于次日 6 时在海边寻获。

胡笔江的死讯迅速传遍全国,哀悼唁电如雪片般飞来。8 月 27 日,蒋介石致电胡笔江、徐新六家属:"胡、徐两先生,金融硕彦,劳绩卓然,此次因公赴渝,遭寇机围击,为国牺牲。贤才遽殒,愤悼曷极。尚望勉节哀思,继志雪仇,以慰英灵,特电致唁。"③ 8 月 30 日,蒋介石致电行政院,下令优恤胡、徐家属,电文中特别强调了胡笔

---

① 江苏省政协文史资料委员会、扬州市政协文史资料委员会编:《江苏文史资料第 73 辑·扬州文史资料第 13 辑·魂系中华》,第 5 页。
② 《胡董事长笔江遇难经过及恤议 1938 年 9 月 9 日》,交通银行博物馆藏资料 Y17。
③ 《蒋介石致徐、胡家属唁电》,《邗江文史资料》第七辑,第 70 页。

江等人在抗日战争中对发展后方金融所做出的贡献。① 国民政府以其因公牺牲,追认为烈士,并由国府主席林森颁发褒扬令。上海租界和沪上各界团体于8月28日下半旗致哀。8月30日,胡笔江的遗体由长子胡惠春护送至香港,同日,香港华商公会通告各行下半旗致哀。9月10日下午三点,胡徐二公追悼会在加路连山孔子圣堂举行,国民政府特派宋子文主祭,宋子文在追悼会上高度评价了胡笔江一生的功绩:②

> 今天开追悼会,我们不仅站在各人的立场上,为亲戚、为朋友、为同事表示悲痛,并且为国家悼失人才,为社会悼失俊彦。我敢说如果没有国难当前,不幸而两君逝世,后人不过以纯正精干之银行家赞扬两君而已。外国人有俗语:凡人品格之高尚,犹如电光一样,必临暴风骤雨,方能表现其光明。胡、徐两先生爱国热忱,勇于牺牲之精神,必到国家有大难时,方能为社会上完全认识清楚,确实如暴风骤雨中之电光一样。
>
> 笔江先生在金融界已三十二年,其进身之初,仅为钱庄学生,一无凭借,经数十年之奋斗,以才能德行,见重于时,最后卒肩负交通银行董事长重任。先生于全国金融界巨子,尤其南方银行,有悠久深切之关系,各方均推重其为最稳健缜密之金融领袖。"
>
> 去年八月十三日,上海战事发生。先生从此时起,专心一意,协助政府当局,筹划关于战争经济,战时金融,无一时一刻,不在卧薪尝胆,努力奋斗中。笔江先生金融家老前辈,代表所谓老派金融家,乃其坚决态度,牺牲精神,与新进一般金融家完全一意,我国金融界在此次环境中,不为利诱,不为武胁,自始迄今,阵线丝毫无所动摇,笔江先生关系匪浅。惟是笔江先生素主埋头苦干,不喜矜伐,只有相处最久,而关系深切者,方知其有特殊才能,杰出品格也。

汉口市商会银行业公会也组织了胡笔江、徐新六的追悼会,会场中遍悬各方所赠的挽联,"毛泽东、朱德、彭德怀诸氏均赠有挽联",八路军代表董必武、罗炳辉等"亦到会致祭"。③

---

① 《蒋介石致政院请从优褒恤徐、胡电文》,《邗江文史资料》第七辑,第71页。
② 《宋子文在徐、胡二公追悼会上报告》,《邗江文史资料》第七辑,第7—73页。
③ 《汉市各界追悼徐新六、胡笔江》,《邗江文史资料》第七辑,第74页。

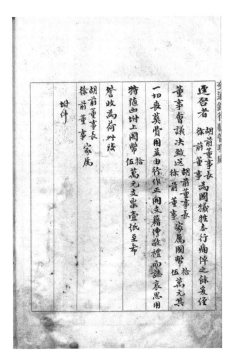

交通银行董事会致函胡笔江家属，表示敬礼和哀悼，并赠送抚恤金。

有关胡笔江罹难的原因，历来有颇多传说，其中有两种说法比较流行。

一种说法认为，胡笔江的罹难是代人受过。日军袭击的真正目标是从西欧、苏联返回国内的孙科。按照原定计划，孙科将乘坐"桂林号"飞往汉口，但在香港延误了半小时，最后改乘欧亚航空公司的飞机。徐新六的相貌与孙科很相似，登机时又戴着太阳镜，日方特务误以为他就是孙科，所以日军飞机锁定"桂林号"为袭击目标。此说最早见于1938年8月27日的《新闻报》，其后很多专著都引用这一说法。当时与胡笔江一同登上"桂林号"一些乘客确为孙科的随从，也为此说法提供了佐证。①

另一种说法认为，日军袭击的目标就是徐新六和胡笔江。此说有两个版本，略有差异。一谓徐新六已被国民政府内定为赴美争取美援的首席代表，日方获此情报后即对徐新六实施袭击，胡笔江因与徐同机而罹难。或说，赴美谈判的代表是胡笔江，

① 徐矛等编：《中国十银行家》，第370—371页；王瑞芳：《世界著名金融家传》，河南人民出版社，2000年，第123页。

谈判内容为向美购买飞机,本拟23日上机,后改为24日。① 据现存史料和后人研究似可认定,确有赴美购机之事,但谈判代表究竟是徐新六还是胡笔江,或者是其他人,则无法确定。说徐新六为赴美争取美援的首席代表,也未必可信。徐新六仅为商业银行经理,而非政府成员,按照惯例,代表国民政府赴美谈判者应当是担任政务要职且在政界具有较高威望和地位的人物。因此,袭击目标原为孙科的说法似更为可信。

胡笔江的突然离世使身处非常时期的交行,愈发雪上加霜,除了对员工心理上的震撼外,更重要的是,董事长与总经理之间的相互制衡,国民政府在控制交行时形成的派系平衡,骤然发生侧倚。就交行本身而言,董事长职位的空悬,无疑让诸多高层管理人员跃跃欲试,钱新之等都是有力的竞争者。就交行与政府的关系看,国民党内各派系围绕胡笔江死后的人事安排也开始了新一轮的博弈。宋子文亲信的离去,为CC系和孔祥熙等人安排亲信以掌控交行提供了机会,而宋子文不愿丧失交行的控制权,也积极寻觅新的代理人。于是,交行此时的管理层人事变动,因胡笔江的去世,变得愈发复杂、微妙。

二、钱新之临危受命

胡笔江遇难后,交行成为各派势力的角逐场,历经几番较量,最终在国民党总裁蒋介石的授意之下,由交通银行前任协理、时任常务董事的钱新之接掌帅印,就任董事长的职位。

钱新之于1922年6月曾出任交通银行协理,名义上是总理张謇的副手,实际上是当时交行的真正掌舵人。在任期间,整顿革新,使交行的各项业务走出低谷,经营状况大为改善,获得良好的口碑。1925年,梁士诒东山再起,欲重掌交行,他随同任期未满的张謇一同被迫辞职,引得业界一片同情。

钱新之离开交行后,即于1926年担任四行(盐业银行、金城银行、中南银行、大陆银行)储蓄会副主任兼四行联合准备库主任。次年,南京国民政府成立,他进入政府部门任职,历任浙江省财务委员会委员、上海财政委员会委员、国民政府财政部次长、

---

① 江苏省政协文史资料委员会、扬州市政协文史资料委员会编:《江苏文史资料第73辑·扬州文史资料第13辑·魂系中华》,第5页;《爱国金融巨子胡笔江》,《上海人大月刊》2009年5月。

代理财政部长等。1928 年 11 月,中央银行成立,钱新之任理事;同年,交通银行被国民政府改组为发展全国实业银行,钱再次进入交行,任常务董事。1929 年,他转向实业发展,任中兴煤矿公司总经理、中兴轮船公司董事长。同年,协助杜月笙建立中汇银行,任董事,并在金融运营方面多次为杜月笙出谋划策,二人关系非常紧密。①

1932 年,"一·二八事变"发生后,钱新之任上海地方维持会(后改称上海地方协会)理事,1934 年又任该会副会长。1935 年,国民政府再次改组中国银行和交通银行,钱新之兼任中、交两行的常务董事。抗日战争全面爆发后,他参与组织上海各界抗敌后援会。不久,上海沦陷,他随杜月笙等人迁往香港,设立中国红十字会总办事处及赈济委员会第 9 区事务所,后又撤至重庆。

钱新之能够执掌交通银行,自然得益于出色的金融才能与显赫的业内声望,而其出色的交际能力也起了重要作用。他拥有广泛的人脉,善于周旋在各派势力之间,与不少头面人物保持着密切的私人关系,除了前面提到的杜月笙,更重要的是国民政府的当权者蒋介石。

钱新之与蒋介石的私交由来已久。蒋介石与人交往比较重视地缘关系,他的亲信大多为浙江人,而钱新之为浙江吴兴人。由于蒋介石早年曾受惠于吴兴"四大家"之一的张家资助和提携,②对吴兴人很有好感。此外,蒋介石早年亲信陈其美也是吴兴人,钱新之不仅曾因同乡之谊在其手下工作过,又与其弟陈其采过从甚密。这些都为蒋、钱二人的私人结交奠定了良好基础。③

北伐战争时期,蒋介石任国民革命军总司令,军费开支巨大,但时任广州国民政府财政部长的宋子文无法满足蒋的需要,为此,蒋、宋二人时有龃龉。④ 此时,以上海为基地的江浙财团诸多银行家则大多认为北京政府已是穷途末路,普遍看好蒋介石,纷纷与蒋建立联系,并给予资金上的支持,钱新之正是其中之一。1926 年北伐战争开始不久,钱新之主动提出由其代表北四行出面与蒋介石联络,为其提供现洋 40 万的军费,这对蒋来说可谓雪中送炭。1926 年 11 月,蒋介石三克南昌之后,再度受困

---

① 潘仰尧:《钱永铭其人》,上海市政协文史资料委员会编:《上海文史资料存稿汇编·经济金融》,上海古籍出版社,2001 年,第 82 页。

② 参见徐铸成:《杜月笙正传:哈同外传》,三联书店,2009 年,第 42 页。

③ 参见石磊:《钱新之》,载徐予等:《中国十银行家》,第 100 页。

④ 详参杨者圣:《国民党金融之父宋子文》,上海人民出版社,2011 年,第 27—45 页。

钱新之

于军费开支，于是派遣亲信黄郛和徐柽持亲笔信前往上海，对钱新之及上海商业储蓄银行的信中写道："沪上来友，皆称诸公主张公道，扶持党义，岁寒松柏，尤为感佩！尚祈随时指示，贯彻初衷。如有公暇，能来浔汉一游聊舒积愫。"[1]钱、陈二人心领神会，不负所望，联合送上50万元，再次解了蒋介石的燃眉之急。对钱新之在关键时刻给予的支持与帮助，蒋介石自然铭记在心，因此在南京成立国民政府后，便委钱新之以财政部次长、代理部长的重任。据交行职员后来的回忆，抗战前钱新之每次前往庐山，蒋介石都会亲自下山迎接，[2]足见蒋介石对钱新之的欣赏与信任。甚至在1943年交行董事会的四年期满改选之际，虽然时任财政部长的孔祥熙有意兼任交行董事长，蒋介石却未予答应，而由钱新之继续连任。[3]

　　钱新之的连任，与杜月笙的出面说项也有一定的关系。杜月笙发达以后，极力在工商、金融等方面发展，希望进入上流社会。为此，他努力与一些银行家结交，争取他们的支持与帮助。钱新之正是在这种情况下与杜月笙结成密友。据说两人脾性相

---

① 上海市档案馆藏银行档案，转引自石磊：《钱新之》，载徐予等编：《中国十银行家》，第100页。

② 《王瀣如访问记录》(1961年10月11日)，交通银行博物馆藏资料Y58。

③ 《朱通九回忆记录》(1964年11月12日)，交通银行博物馆藏资料Y48。

投,惺惺相惜,杜对钱事事请教,处处谦虚,逢年过节还亲自上门拜访,钱也需要仰仗杜的势力,所以尽心竭力为杜出谋划策。太平洋战争爆发后,杜月笙迁居重庆,已任交行董事长的钱新之对他多方照顾,除在打铜街交行楼上为他准备住处,还用交行的款项在江岸汪山为他建了一座小洋房。[1] 杜月笙创立"中华实业信托公司"时,聘钱新之为常务董事。杜月笙前往西北考察时,钱、杜二人常有电报往来,或嘘寒问暖,或讨论时事,足见二人交情之深。杜月笙在蒋介石面前极力推荐钱新之,也是情分使然。

钱新之临危受命,在战时特殊条件下,重重困难可想而知。在他的主持下,交行积极贯彻国民政府建设后方根据地,坚持全民抗战、持久抗战的方针策略,跋艰涉险,努力在后方开拓各项业务,于西南、西北地区增设大量分支机构,并竭力扶持后方实业,先后资助昆明裕滇纱厂、长江裕新纺织公司、贵州实业公司等后方重要企业,为西部工业的发展做出了积极的贡献。

三、赵棣华出任总经理

太平洋战争爆发后,香港沦陷,交行总经理唐寿民被日本宪兵俘虏;次年,被日军押回上海,并在日军和汪伪政权的软硬兼施、威逼利诱下,出面主持伪交通银行的"复业"。国民政府立即与之断绝关系。于是,交行总经理一职顿成虚悬。1942年5月,常董会议商议,在股东总会选举总经理之前,先添设副总经理一职,代行总经理职务,拟由赵棣华出任。

赵棣华(1895—1950),名同连,字棣华,以字行,原籍镇江,生于淮阴。他就读金陵大学,毕业后赴美留学,先入伊利诺伊大学,后转入西北大学商学院,获硕士学位。归国后,相继在东南大学、中央大学任教授,因长于经济和管理,为陈果夫赏识,调任国民党中央党部秘书。1927年,国民党成立"中央党部调查统计局",下设调查、统计二科,陈立夫任调查科科长,赵棣华任统计科科长,其后又担任国民党财经委员会主任陈果夫的助手。在此期间,赵棣华主持多项国民政府的重要工程,如中山陵园、华侨招待所、国民党大会堂、南京市马路等,表现出卓越的管理才能,广受众人赞扬,深得二陈兄弟的信任,成为国民党CC系的重要成员。1933年,陈果夫任江苏省省长,

---

[1] 石磊:《钱新之》,徐矛等编:《中国十银行家》,第111页。

赵棣华随之进入江苏省政府,官居财政厅厅长,兼任江苏省农民银行总经理。在任期间,发起成立江苏农村金融委员会,成立农村合作社,筹建农业仓库,办理抵押、保管、加工、运销等业务,在发展江苏农村经济方面颇有成效。CC 系正是以此为起点,成立全国农村合作社,建立中国农民银行和中国农民银行中央合作金库。① 抗战爆发后,国民政府于 1940 年设立战区经济委员会,赵棣华出任第三战区经济委员会主任委员。

赵棣华

赵棣华出任交行副总经理一职,自然与其出色的才能有关,而其 CC 系骨干的身份,亦起到了重大作用,但人事方面的作用也很大。钱新之时任交行董事长,深感自己虽与蒋介石交情匪浅,但与当时主掌金融财政的孔祥熙、宋子文关系一般。为了争取更多的力量支持及发展交通银行,加之与吴兴陈家的一番渊源,钱新之非常希望能借助陈果夫、陈立夫的势力来谋求壮大。而赵棣华与二陈关系密切,且长期从事财经方面的工作,若以兼顾拉拢 CC 系和业务经营而论,赵无疑是钱新之招募的最佳人

① 参见张大华:《"半路出家"的银行大家——聚焦中国近现代镇江籍金融家之赵棣华》,《镇江日报》2008 年 11 月 17 日。

选。再从 CC 系方面来说,二陈为了抗衡孔、宋,早就想在党务活动之外,向其他方面诸如金融界等进行渗透,扩展势力。① 于是,一方有意拉拢,一方积极迎合,赵棣华出任交行副经理一事,便水到渠成了。

不过,赵棣华进入交行,亦非一帆风顺。1942 年初,赵棣华在第三战区司令官顾祝同属下任战区经济委员会主任委员,驻留上饶。赵棣华到交行任职,必须征得顾祝同的同意。事也凑巧,顾祝同恰巧有事到重庆,钱新之便亲往拜访,并设宴款待,席间提起引赵之事,碍于情面,顾祝同答应了交行的请求。

获得顾祝同同意后,钱新之立即于 5 月 8 日召开常务董事会议,正式提议任命赵棣华为交行副总经理,代理总经理职务。常董会议通过后,备文送时任行政院副院长的孔祥熙批核。孔对 CC 系进入交行很不甘心,便搁置呈文,故意拖延。情急之下,钱、赵二人恳请财政部次长徐堪帮忙。徐前往见孔,谈及此前事,孔佯装不知,声称并未见到公文。徐堪便强行至院长办公室翻寻,找到之后,拿到孔的面前。无奈之下,孔只得批复。

钱新之引入赵棣华的目的是与孔、宋势力相抗衡,赵棣华也确实助了其一臂之力。如 1943 年交行董事会改选时,除杜月笙在蒋介石面前力荐钱新之外,赵棣华也请求陈果夫出面活动,力陈钱新之继任之必要。钱得以连任交行董事长,实借助多方面的力量。

钱、赵二人虽因利益关系而彼此合作,但也产生过不少矛盾。例如,对于交行的用人权和放款权,钱新之控制得很严,赵棣华难以插手。据当时金城银行经理徐国懋回忆,赵曾抱怨说,行里都是钱的旧人,他自己的人只能管总

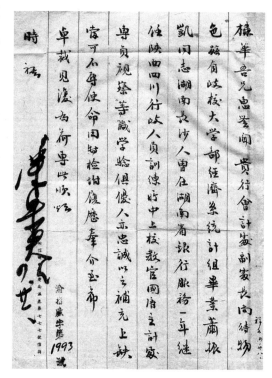

赵棣华与陈果夫关于人事安排的信函。

---

① 《徐国懋回忆》(1961 年 5 月 18 日),交通银行博物馆藏资料 Y48。

务,没有实权。至于放款之事,赵更无法决定,遇有难处,只能找徐国懋等人通融。①

尽管如此,赵棣华在此任上,仍为交行的业务拓展尽心尽职,在改进和完善交行各项规章制度方面,显示出卓越的管理才能。

第三节　应对战局的区划调整

一、"七七事变"后总处的紧急举措

抗战全面爆发前,交通银行的分支机构已遍布国内经济比较发达的地区。沿海地区自东北、华北沿海延伸至华南沿海,形成营业线最长的海岸系营业区;长江以北,则遍布于以徐州、泰州、高邮、淮安为代表的地区,形成环状网络最广的江北系营业区;依托京沪线路,对江南地区的城市和农村进行较广泛的网点分布,形成江南系营业区;浙江地区的工商业和金融业素来发达,遂以钱塘江等交通要道为依托,形成浙江系营业区;沿长江溯流而上,至中游的湖北地区,依次布置营业网点,形成长江系营业区,并有进一步将网点向长江上游扩张的计划;西北系营业区则以陇海线为依托,在铁路沿线地区设置网点,东起海州西达郑州,并努力向内地深入推进。②

按照各分支机构的等级,六大营业区域形成周密完善的隶属关系。在这一体系中,居于最上端的是总行,总行不仅负责全国营业方针的制定,还具体管理华东地区各支行的营业。总行之下为天津、香港、汉口、厦门、杭县、青岛、长春七个分行,这些分行各辖数量不等的支行,有些地区因金融业务量较大,支行下面又开设办事处、临时办事处。

不过,六大营业区域的发展并不平衡,七个分行全部集中于东部和交通干线地区,营业网点的分布,也是东部沿海地区稠密,西部内陆地区稀疏,城市网点远多于农村,交通要道和枢纽地区网点多于其他地区,华北、江南因多年的发展,网点分布也多

① 详参《朱通九回忆记录》(1964年9月11日),交通银行博物馆藏资料Y48。
② 《交通银行史料》第一卷,第1363—1365页。

于其他地区。

抗战全面爆发后,主战场大多在中国经济基础较好的地区。国民政府的节节败退,使交行丧失了大部分经济效益好的优质网点,尤其是日军侵华后大量驻扎在交通要道沿线的城市,对当地的交行营业网点或洗劫一空,或改组为由其控制的伪交行。所幸交行管理层对战事后果已有预料,为了尽量减少战乱损失,各项紧急措施相应而生。

"七七事变"发生当天,交行即拟定总行在必要时退居南昌的方案,一些重要物资也已先行搬运。战争刚开始,日军凭借军事上的优势迅速推进,1937 年 7 月 29、30 日,北平、天津先后沦陷。面对日军的疯狂进攻,交行高层意识到,保障各营业网点人员的安全,并尽可能减少财物损失,已成为最急迫的任务。7 月 31 日,总行发出指令,要求各行处振作精神,全力"应付严重局势",①只是沦陷区的北平、天津、唐山诸行,以及"九一八事变"后沦陷的关外各行,已不在这份文件的传达范围之内了。

对于商业银行而言,接到储户的存款兑现要求,必须无条件兑付,而放出的款项,却时常无法按时收回,甚至有可能一去不复还。战乱时期,银行承受的风险更大。一方面是可能出现的挤兑风潮,另一方面是有可能成为坏账的放款。总行此时最大的担心便是各行处资金收付过程中的安全问题,为此,制定了一系列应对方案,以便从各个环节控制风险。

首先,信用放款方面。交行所承担的各地政府和国有企业的信用放款数量巨大,受战局影响,若再继续承做此类信用放款,势必产生大量呆账和坏账。于是,总行决定停止各地分行对新户的信用放款,已经核准但尚未开户的单位暂缓开户,对已经放款的各单位则应严密观察动向,防止出现无法还款的风险。

其次,抵押放款方面,一些抵押物或丧失了和平时期较高的经济价值,或因流动性变差而容易发生变现不畅的情况。对此,总行要求各分行在收取贷款人抵押物时,应选择易于上市流通交易且在战时比较紧缺的物资,如纱布、粮食、五金、燃料等,以便必要时可以迅速变现。此外,总行还强调对于抵押放款仍要"审慎承做,并注意存

---

① 《1937 年大事记》,交通银行博物馆藏资料 Y28。

储处所"。① 面对战局持续恶化的可能,总行要求各地分行及时寻找可靠地方,安置抵押物品,全面紧缩抵押放款业务,以确保资金安全。

再次,汇款业务方面。出于资金安全考虑,总行要求各地分行从事汇款业务时尽量使用电汇,款项汇出时须仔细斟酌行内寸头是否充裕,所在地局势如何等情况,综合考量后再行办理。由于战时各地局势迥异,各行头寸情况也不尽相同,总行给予分行酌情灵活处理汇款数额的权力。对于同业往来的账目,总行特别强调及时轧账,存款有多余额度应及时收回,防止突发事件造成损失。

战时状态的交通运输极不稳定,沿线治安时现混乱,押款转做押汇业务的风险陡增,出于非常时期须变通应对的考虑,总行未对各地分行作出必须执行的统一规定,而是要求分行依据实际情况,如运输路程的远近、沿途治安的好坏、所需时日的长短等,酌情灵活处理,给分行以较大操作空间。

上述应对方案,既保障了社会对资金流通较低限度的需要,也有效地遏制了坏账的产生。而且,总行在一定程度上将某些业务的决定权下放给分行,采取作出若干原则性规定,再由各地因地制宜办理业务的方法来应付困难,反映出战时交行审慎与灵活相结合的经营策略。

除资金安全外,各种账册、票据的妥善保存也是交行面临的巨大挑战。总行也为此作出了统一的规定,要求所有重要的账册、簿具以及短期暂时不用的重要账册,务必寻觅安全地点妥善保存,常用账册则应"逐日妥为收发"。②抗战爆发后,总行要求各地分行于每月底根据各科账目,逐户填制余额表,并秘密保存。对于前月各科目余额表、月计表、本月传票、日记账、日记表、密码本、图章等物件,因随时需要使用,无法事先转移,总行特别要求妥善保存,必要时由各行处"经理、主任负责或亲自推定委员携存安全地点"。③ 总行的这些强制性措施,在很大程度上避免了分支行重要账目和档案的丢失,各类资料的大量保存为战后的复原工作奠定了重要基础。

从后来的战局看,总行在战争初期对营业方针的调整,对物资、资料的转移,以及对资金安全的控制等,都颇有先见之明。国难之后,各分支行难以搬运的抵押物虽多有损失,但账目、图章、传票等物件的安全转移,为沦陷区各行处一度集中在上海办

①②　《1937 年大事记》,交通银行博物馆藏资料 Y28。
③　《指示各行处应付严重局势》,交通银行博物馆藏资料 Y27。

公,提供了基本条件。

二、三大营业区的划分及各地的营业方针

北平、天津相继沦陷后,1937 年 10 月,石家庄、包头、归绥沦陷;11 月,太原、上海、苏州、无锡沦陷;12 月,南京、济南、杭州沦陷。短短数月,大片国土沦丧,陷于沦陷区内的交行分支机构不断增多。7 月 31 日总行的发文,未对东三省、北平、天津、唐山等沦陷区内的分支行提出应对方案,但进入 11 月后,随着沦陷区的扩大,交行管理层不得不对沦陷区内所有的分支机构作出指示。沦陷区的各行处是继续营业还是关门撤退,职员如何应对敌伪施加的压力,重要的物件如何处理,诸如此类的问题接踵而至。此外,随着敌我双方皆投入大量兵力激烈交火,战线迅速拉长,战区不断扩大,如何保障人员安全,减少行产损失,乃至发挥银行自身优势为抗战服务,也成为交行面临的重大问题。

1937 年 11 月,总处制定非常时期应对方案,根据各地的具体情况,将全国分为沦陷区、临近战区和后方三大区域,并且针对不同区域的分支机构,确立不同的营业方针和应变措施。

沦陷区内,无法转移或来不及转移的分支机构,总处要求其"尽量保守,尽量图存,并慎防外力干涉"。[1] 防止外力干涉,即明确拒绝与日伪合作,反对敌方插手本行内部事务。总处要求这些分支行积极联络同业,共商对策,同时收缩人员开支,积极联系储户,避免出现大额提存或挤兑的情况,做好一切整理工作,防备紧急事件发生。总目标是"外守信用,内保实力"。[2]

对于已迁出沦陷区到达后方安全地区的分支行,总处要求其尽快恢复办理收付业务。对各地撤退的支行,总处最为看重的是撤往后方的银行员工。战争虽使东部地区分支机构数量锐减,但伴随后方建设的展开,新设支行的数量不断增加,经营人才正是在后方开设新分支机构的必要条件。在撤退时,总处要求各分支行竭力留住原先的员工,听从总处的直接调用,这一举措为日后交行在西南、西北地区敷设金融网络,支持后方工业开发,奠定了良好的人力基础。至于撤退时未及转移的抵押物品等,总处要求分支行委托附近联行代为探查,待局势缓和后,或由经理、主任本人,或

---

[1][2] 《1937 年大事记》,交通银行博物馆藏资料 Y28。

派遣人员,尽快前往实地查看。对于留存的资产,则须作好保全工作,资产的债权、财产、往来商号等情形,也要查探清楚,作为日后复业时的整理依据。

临近战区的行处,行员的人身安全和行内的财产物资,时刻面临巨大危险。若要最大限度地减少损失,不外乎将其全数撤离。可是这一做法,对正在抗战的国民政府、中国军队乃至当地居民,都是不负责任的。因为无论是前线的资金运作,还是后勤补给,以及当地的经济活动,都有赖于交行等金融机构的存在。因此,交行强调各分支机构"应视其有无账面牵掣及军需关系,以此为决定留撤之标准,倘属放款、码头或与饷项调拨等事有关者,应以不撤为原则"①。

交行决心坚守在前线,既为了支持抗战,也为了维护企业信誉,因此对临近战区各分支机构的部署更为周密。譬如,全部的多余头寸和重要的账册、单据、文件等物件都运往安全地区保存,营业部仅留维持周转的最低头寸额度;仓库抵押物品应尽可能全部转移,积极联系当地政府和军队,请求他们协助调拨车辆,若一时无法全部运走,剩下的物资亦须转移四乡,并安排专人进行看管。因多余头寸需全部运出,各地对大额汇兑业务应设必要限制,若零星汇款过多时,尽量少用本行货币应付汇兑。总处又赋予分支行截角销毁钞券的权力,一旦战时紧迫,来不及转移的话,便立即就地销毁。还有,各分支行转移账册时应派办账人员随行,其后的营业情况应另立草账,传票复写两份,一份寄往随账目迁移的办账人员处,以旬为单位双方对账,将结果直接上报总处。若局势紧急时,同业一致决定停业之际,分支行的草账、电本等重要物件须由经理或主任带领相关工作人员留守保管。对此,总处特别规定,若经理、主任"碍于名义留守不便"②,必须慎选人员留守,并报总处备案。留守人员在必要时,可以赴四乡暂时避难,一旦战事缓和,应迅速返回,清查损失,为日后复原保留相关数据。

成为大后方的西部地区,工商业和金融业虽相对落后,却是抗战胜利的希望所在。总处为这一地区的支行设定了稳妥的营业目标,期望在支持全民抗战,提振胜利信心的同时,也使交行的基业能在恶劣的战争环境中得以维持,并有所扩充。为此,总处要求后方各行处,即便处于战争时期,一切业务仍须遵循通常规范办理,不得苟简。总处还要求后方支行,一旦战区支行遭遇困难,应尽力协助,而后方支行也应预定应变措施,以防不测。

---

①② 《1937 年大事记》,交通银行博物馆藏资料 Y28。

交行在非常时期的这些应对,既适应形势需要,又尽可能兼顾国家与交行双方的利益,对战时的维持和战后的恢复,都发挥了积极的作用。

三、分区规划的确立和分行关系的调整

1937 年 9 月,淞沪会战正激烈展开之际,交通银行与中央银行、中国银行共同订立《抗战爆发后接近战区各地三行互助办法原则》。[①] 这一文件的颁布与执行,成为抗战时期各大银行从独自应对迈向同舟共济的第一步。

互助办法要求在交通尚未阻隔时,三行应联合通报消息,若当地金融市场出现相同问题,三行应采取一致行动,头寸短缺时亦应互相调用,以稳定地方金融;若战事紧急,交通阻隔,三行应立刻"成立联合准备委员会,尽当地所余头寸支应各项存汇。如因头寸用罄,无法接应,迫须停业,或用罄前需用限制提存及交汇办法,均应由委员会共同决定一致办法,不得单独行动"。此外,若遇有外界干扰,原则上要求委员会推举主席一人,以三行一致的姿态出面应付。还有,三总行"应将全部票料加以匡计,对于配布地点及票料种类,做一共同计划,暂时不妨分办,遇必要时即行联合办理"。[②]

在局势险恶、通讯断绝、地方各行都无法获得总行指示的情况下,互相协商,联合应对,既可壮大力量以减少损失,也可起到稳定地方金融市场的作用。而上述互助原则,为相互合作的形式、内容、方法提供了统一的指导意见。

不久,中、中、交三行分支机构的合作模式又逐渐推广到国内所有银行的各地分支机构,合作的范围也从接近战区的区域扩展到全国各地。全国银行业各地分支机构分区合作的局面由此逐步形成。其后四联总处颁布《金融区域的划分办法》(讨论稿),正是以全国银行业的区域性合作为基础的。

1938 年 2 月,胡笔江及四行其他高层管理者在四联总处的主持下共同制定《金融区域划分办法》的讨论稿。方案将全国划分为陷敌区域、附近陷敌区域、距敌较远区域和复兴根据地四大区,并指出不同区域分支机构性质、任务和作用的不同性,意在因势利导求得最大成效。这一方案,与交行的构想基本一致,不过进一步将接近战区的行处又细分为附近陷敌区域和距敌较远区域,强调两者的任务有所不同,并将后

---

① 《交通银行史料》第一卷,第 1668 页。
② 《抗战爆发后接近战区各地三行互助办法原则》,交通银行博物馆藏资料 Y47。

方划定为复兴根据地,显然是强调抗战中后方的大本营作用。

对于陷敌区域内的金融机构,方案特别强调不与敌伪合作,中央、中国、交通、农民四行的所有银行,"毋论敌人威胁利诱,均不得与各该区域内伪组织伪银行合作,及参加伪银行之股本",如果受到威胁,则应采取拖延对策,拖延不成,"即应商拟一致破裂办法,请示总行转部核定饬办"。同时强调,没有总行核准,一律不准擅自复业。四联总处对内则要求沦陷区内各行须尽量保存实力,尽可能将抵押物、重要行产及相关文件运出,每日的汇兑、收付等业务仍须按照《安定金融办法》办理。此外,还须重视员工,"各分支行处得力人员应加体恤,其余亦应加以抚慰勉励",各分支机构的高层人员,则应赋予相当权限,通过他们联络地方爱国进步力量。随着沦陷区不断扩大,四联总处又在沦陷区细分地区并指定管辖行,统一管理沦陷区内的各行事务,达到互相联络、互相扶持的效果。

对于附近陷敌区域,四联总处的方案特别关注抵押物品的安全转移问题。有关大宗日用品或工业原料,办法要求四行以减息等优惠条件促使货主自主将货物转移后方,或由银行及当地政府出面协调,提供相关的交通工具。关于分支机构营业与否的标准,四联总处沿用交行的规定,"各银行在附近战区内之军事政治机关未退出前,仍应照常营业"。[①] 由于这一区域的复杂性、特殊性,四联总处在营业方针上也作了若干特别规定,诸如提高存款利率以吸收存款,免收抗战将士汇出赡家费的汇水,办理正当汇款,新增放款中数额较大的应依照押汇办法执行,以及贴放委员会仍要继续办理,但应侧重于转抵押、转贴放等。同时,还指示区内各行努力收集金银、硬币,并推行小额币券。这些措施的提出,既保证了区域内平民生活的安定和抗日军队的财物供给,也起到了保护银行行产,加强内地与战区间联系的积极作用。

距敌较远区域是指处于后方与前线之间,虽然暂时安全,但有可能成为前线。四联总处对该区域分支机构提出的中心任务是转移物资,包括重要账册、图章、单据、储备、钞券原料,等等。对于抵押物资和仓库内的生产物资,则采取迁移、出售、储藏三位一体的办法尽快予以处理。区域内可保证安全的地方,除正常办理各项业务外,四联总处也提出一些特殊要求:对于安全地带货物抵押放款,利息应较附近陷敌区域减

---

① 以上引文俱见《战时各地金融分为陷敌区域、附近陷敌区域、距敌较远区域和复兴根据地区域四项》,交通银行博物馆藏资料 Y47。

低,并将期限缩短;对生产事业应积极放款支持,同时厉行节约,不得放款给奢侈类消费。该区域尚非前线之日,各行在有序转移的同时,仍需担负促进生产的重要任务。在战时物资紧缺的状况下,限制奢侈性消费是非常必要的。

四联总处把战争后方的西南、西北地区命名为复兴根据区,可见对这一区域寄予厚望。国民政府深知抗日战争的持久和艰难,全力建设、发展大后方是坚持抗战并取得最终胜利的重要保证。因此,四联总处将该区域的中心任务定为发展,要求四行在此地所有重要城市设立分支机构,大力支持该地生产、交通事业,适当延长还款期限,适当下调利率,体现了国民政府对大后方的高度重视。

方案的讨论稿由财政部交四行商议,征求各行修改意见,作进一步完善。交行在修改意见中提出:"沦陷区分支机构转移财产须先请示总处核准,或经备案,这些备案可为搬迁后的复原提供必要依据。"战争时期,许多交通线路处于阻塞状态,而交通运输工具的奇缺也使物资的搬迁遭遇极大困难,以四行自身力量实难解决。交行综合其他三行意见后又补充说,应由"(财政)部先行转咨交通运输主管机关,转令所属予以便利,自可由(财政)部,分请军事委员会暨交通部饬属一体遵照"。① 还有关于附近陷敌区域的抵押物,四联总处制定了运输优惠办法,交行则认为,属于自愿迁移抵押物资的,不应享受优惠待遇。四行经过会商,提出了一些银行自身无法解决的问题,并希望由财政部等部门出面协调,以保证方案的顺利实施。

征求四行意见后,这一方案又交参政会讨论。作为抗战期间国民政府咨询机关,参政会也对陷敌区金融机构的应对举措提出修改意见,其中包括:"在陷敌区之中、中、交三行,凡勉可营业,暂不撤退,以维人心;在敌区之中、中、交三行,对于银钱同业及外商银行,应取得更密切之连络,巩固金融阵线,以抑制态度应对伪银行。"②

从交行与四联总处两套方案看,两者在总体精神和具体措施上是一致的,都秉承维护国家利益、坚持抗日斗争和保护银行财产、减少金融损失这两大原则。尤其是两者都非常重视沦陷区银行员工人身安全,十分珍惜这些人力资源。这也说明交行的分区设想和具体策略,是颇有成效,且深受同业和政府部门认可的。

当然,四联总处的方案更多代表了政府层面的意见,例如特别强调坚决不与敌伪

---

① 《战时各地金融分为陷敌区域、附近陷敌区域、距敌较远区域和复兴根据地区域四项》,交通银行博物馆藏资料 Y47。
② 《参政会议决陷敌区域金融办法大纲第二、三两项》,交通银行博物馆藏资料 Y47。

合作的态度,并作出相应的硬性规定。同时,还从国家战略的高度提出针对不同区域的中心任务,即陷敌区域对敌决不妥协,附近陷敌区域应积极支持抗战,距敌较远区域保护行产与支持生产并重,复兴根据地区域应大力建设与发展。这相比于交行的方案,显然具有更明确的目的和更宏观的考虑。

　　1937 年 12 月,总处在原有方案的基础上,制定出非常时期划分区域的具体办法,调整各分支机构的隶属关系,划分为九个区域:沪区、浙区、长江区、苏北区、陇西区、陇东区、青区、津区、粤闽区。从上述区划调整看,当时仍偏重于长江中下游地区,但已开始重视西北地区,对已沦陷的区域则按照实际情况,单独划定营业管辖范围。九个区域中,指定沪行、浙行、汉行、镇行、郑行、蚌行、青行、津行、港行为各个区域内的集中行,规定"集中行对区域内事前布置及临时办法应注意各点,各项办法由集中行负责指挥,并逐日通报总处,如遇道路梗阻应绕道邮递陈报"。①

　　1938 年,经徐州、武汉两次会战,到 10 月,广州、武汉相继沦陷,抗日战争进入战略相持阶段。大片国土沦丧,原沦陷区、交战区的行处纷纷向内地转移,西南、西北地区出现不少新设置的行处,交行的网点格局和分支机构间的关系,都发生了极大的变化,原先实行的分行等级制度已不符合战时需要,加以调整实属必然。1938 年 10 月,驻香港的交行总处发出通函,指出自开战以来,受局势影响,各地分支机构或撤或设,不断变化,"原定各分行之等级多与现状不符",②因而决定废除分行等级制,无论原设的还是后来增设的分支机构,一概称为分行,不再区分等级。

　　至此,交行进入战时状态后,基本建立了以适应抗战需要为目的的区划格局和管理体制。在太平洋战争爆发之前的四年中,交行这一战时体制,总体而言是行之有效的。凭借这一体制,交行尽可能维护了行产的安全,同时也为国民政府和抗日军民的战时需要提供了必要的保障。各地分行根据当地的实际情况和自身的特点有序开展业务,总行特别强调妥善保存各种营业资料,这些都为日后在西南、西北地区敷设、构建金融网奠定了基础。

　　其后,随着沦陷区、交战区分支机构的撤离完毕和后方金融机构的渐次设立,交行分支机构的布局再次呈现出新的变化。尤其是太平洋战争爆发后,沦陷的香港无

---

① 《交通银行史料》第一卷,第 1668—1669 页。
② 《1938 年大事记》,交通银行博物馆藏资料 Y28。

法再作为"指挥中枢",西南的重庆成为交行唯一的管理中心,九大分区的格局也被彻底打破。于是,在着力敷设后方金融网的同时,交通银行的经营布局和管理体制也随之进入新一轮的调整。

第四节　迫于战火的裁撤与收缩

一、总管理处的撤退部署

抗战爆发后,与分支机构区划调整同时进行的是沦陷区和前线地区分支机构的搬迁工作。日军每占领一地,或查封当地银行库存金银、现钞,或洗劫各银行仓库财物,更严重的是滥发伪币、军用票,借此损毁法币信用。在较大的占领区中,敌伪还集中若干当地银行成立伪银行。上述种种,威胁了国民政府的金融安全,并造成银行业的巨大损失。交行既是国民政府金融体系的重要组成部分,又是一家享有较高社会声誉的商业银行,更成为侵略者觊觎的目标。交行管理层清楚地认识到这一点,有鉴于沦陷区的不断扩大,总处依据各地行处的具体情况和区划调整的基本原则,对各地分支机构作了调整撤退的部署。

在总处拟定统一的调整撤退方案前,因战事紧急,已有一些分支机构先行撤退,或是根据自身情况作了调整。如张家口支行、保定支行、石家庄支行分别于1937年8、9、10月撤往天津,包头支行、归绥支行于1938年7月7日起陆续撤往天津,类似的情况还有很多。这些先行撤退的支行大多位于战争较早爆发的地区。为了掌握这些支行撤退的情况,为此后大规模撤退提供经验,总处于1938年4月对已撤退的各地分支机构展开调查,通函各地:"自抗战事起,局势蔓延各行处,隔入战区者或撤退或停业,地点逐次增多,其当时迁移状况及业务情形亟待考察,以期整理。"

总处发布《战区行处迁移状况报告条例》,明确要求从六个方面报告转移情况和业务经营情况。1.迁移时间,迁移时的部署情况;2.各行处迁移后的营业地点;3.迁移负责人员的任务分配,行处、仓库、抵押栈的留守人员情况,各行处员工在迁移过程中有无立功表现,并记明如何立功;4.各行库存情况,包括如何部署货物保存,现钞详细存目,仓库货物受损详细情况等;5.账册、单据、印鉴、契约、卷宗、电本等重要经营文件的保存状况;6. 当地战后的大概情形。先前已报告过的行处则须按照规定补报，或更新撤退信息。同时，总处还要求这些撤退行处的管辖行一并报告八大事项，以便更全面地掌握相关情况。这八大事项是:1. 战前的负债情况需出具明细报表;2. 战前的资产情况出具明细报表;3. 停业或迁移后，应收未收、应付未付的款项需出具明细表;4. 各处不动产的价值情况，战争中不动产的损坏情况;5. 动产情况和估价情况，动产有无抵押，以及抵押物的市值和相关损失情况，动产情况需逐户调查并登记造册，同时还需要调查抵押户或保证人战后的状况，在战争中的损失状况，也须在登记中一并说明;6. 战前每户欠款数目和相关担保情况，分别造册说明;7. 抵押物损失情况，被敌军劫走，在轰炸中丢失或被军队官兵移走等情况，须逐一呈报，并各自详细说明;8. 除以上须要报告的各项内容外，各分支机构经理、主任就所办事务和所见所闻，需要提出建议和补充报告的内容，应该逐一报告。①

在此基础上，10 月 22 日，在香港召开的交行常务董事会第 20 次会议通过并颁布《撤退行处整理办法》，成为抗战期间交行各地分支机构搬迁撤退过程中，处理账务往来、办理交接手续和妥善安排人员的指导性文件。

总处要求各撤退行处分别检查各项存款，除对内及备抵性存款外，其余对外性质存款须悉数转并撤退所在地行，相关账目、印鉴一并移交，"两种性质之存款混列一账者应移交原账册，将对内及备抵各笔注销，另立账册存原行处"。② 转并时，只需每种存款转一总数，以后继续支付即衔接原有账目，这一做法简便快捷，也便于稽考。存款转移时，应由原存款所在机构通告存户，以后关于挂失、转账、付款等事宜全部在转存行办理，存户若想将存款移往他行，也由转存行办理。在转移存款的过程中，原行处如果出现储户单据遗失或尚未办妥等特殊情况，造成无法办理业务时，原存款所在行处需尽量向转存行处说明情况，保证储户不因存款转移造成取款不便。转存行对于撤退行转移的存款仍需按照《安定金融办法》办理。转存行因撤退行处存款并入，工作量增加、人手不够时，仍需陈报总处申请调用撤退行处的工作人员。撤退行处就存款合并后遗留的一切问题，应指派专人在原行址负责处理，以免储户在发生问题时无人解决。原行处迁移完毕后，所有员工应听候总处调遣，期间的薪酬由总处负责支付。

---

① 以上引文俱见《1938 年大事记》，交通银行博物馆藏资料 Y28。
② 《交通银行史料》第一卷，第 142 页。

这一文件从人员、物资、钞券支付、工作流程、特殊事件处理等各方面对撤退行工作作出详细规定,明确了撤退行和转存行之间的责任,大大降低了撤退行和转存行之间互相推诿责任的可能,提高了工作效率,保证了撤退秩序。

规定颁布后,自1939年开始,沦陷区的交行行处进行了大规模的并账、转账和撤退工作。在此期间,虽有日伪的阻碍与逼迫,交行下属各分支机构整理、撤退的各项工作始终井井有条。究其原因,很大程度上得益于《撤退行处整理办法》的详细规定。同时,各分支机构在照章行事时的互相配合,交行员工在工作中的积极主动,努力付出,都起了重要作用。

并账撤退工作的完成,减少了战争带来的损失,压缩了不必要的开支,降低了全行的运营成本,尤其是大量骨干员工的撤离,为开辟后方新的分支机构提供了必备的人力资源。并账撤退过程中也充分考虑到储户的利益,维护了交行的信誉。各类数据资料的转移和妥善保存,也为日后的恢复工作打下了良好基础。

二、战争过程中的重大损失

交行撤退的分支机构大多位于华北、华东地区,这些地区不但营业网点十分密集,而且仓库存储业务也比较发达。例如,江北系为交行战前发展的重点地区之一,"江北物产丰饶,如通如诸属,为苏省产棉中心,而两淮之盐,下河之米,产销尤广"。①江南系、海岸系因区域内铁路较多,仓库、堆栈业务颇为发达。

仓库存储业务在平时赢利稳定,但在非常时期,由于交通路线中断、交通工具紧缺而产生转运困难,反而会成为银行的一大负担。因此,交行明确要求各地行处在选择仓储的抵押物品时尽量选择容易上市流通的物品,如粮食、纱布、燃料等。然而,战局的变化难以预料,许多物资仍面临难以转移的问题。加上这类物品既属战时紧缺的战略物资,不仅遭到日本侵略军的肆意劫掠,而且政府的军队也会强行征收。所以,交行的仓储物资自开战以来便损失巨大。

除仓储物资外,各地营业网点所存放的白银、法币也成为日军抢夺的重要目标。还有各类重要文件、物件如账册、图章、电本等,虽大多得以及时转移,但小部分的损失仍不时发生。作为不动产的各分支机构行屋、仓库,以及仓库中未及转移的物资,

---

① 《交通银行史料》第一卷,第285页。

除被强行侵占、征用外，更因炮火被焚毁，损失难以估计。如1938年11月，如皋支行库房被炸毁，损失"库存现银币17142元，旧角票81元，银角107元"；长沙支行仓库存放做抵押贷款的稻谷，战争发生后，借款人纷纷逃亡，仓库内的稻谷一时无法运走，便暂存于湘行仓库和长沙其他的三个货栈。1938年长沙城内大火，长沙支行撤退至沅陵，三个货栈存放的谷物全遭焚毁，自有仓库谷物大部分被毁，合计19897余石。①

所有损失中，除直接毁于战火的，最主要的是遭受敌伪方面各种方式的劫掠，而中国军队的无偿征用也造成了一定损失。大体有以下数项：

（一）行产遭日伪控制下的伪银行侵夺

交行在此项损失中蒙害最巨。日本侵占中国大片领土后，立足于以战养战策略，往往在沦陷区大肆设立日籍银行的分支机构，如三井银行、三菱银行、住友银行、正金银行等。此外，还在沦陷区建立其控制的伪银行，以加强对沦陷区的金融统辖。此类伪银行有些获得了货币发行权，但多数基础很差，既无充足的资金和卓著的信誉，也缺乏优秀的金融人才，其发行的货币仅能用于内部贸易，而不能兑换外汇。与之形成鲜明对比的是，交行实力雄厚，企业形象良好，人才汇聚。于是，华北地区甫一沦陷，日军便积极进行掠夺，交行不仅大量资金被侵夺，而且不少分支机构的高级行员被迫在伪银行任职，成为日伪金融侵略的帮凶。

1938年1月7日，伪华北临时政府发表声明，声称为了促进"产业经济之开发，国民经济之进展"和"币制通货之安定"，设立"中国联合准备银行"。② 交行天津分行总经理徐柏园被迫出任该行董事。③ 日伪政权此举，就是想利用交行的声誉和管理人员的社会地位，拉拢人心，达到控制沦陷区金融市场的目的。

伪中国联合准备银行成立前后，交行在华北一带的资金储备也成为伪政权觊觎的目标。1938年，"北平伪当局筹设中国联合准备银行，派各行股款1250万元，派本行（交通银行）350万"。④ 这一做法既是对交行资产的肆意掠夺，还能通过控制交行达到发行伪钞、损毁法币信用的目的，可谓一石三鸟之计。对此，华北各家银行想出

① 《1939年大事记》，交通银行博物馆藏资料Y28。
② 《华北日报》1938年1月8日，转引自郭贵儒、张同乐、封汉章：《华北伪政权史稿——从"临时政府"到"华北政务委员会"》，社会科学文献出版社，2007年，第287页。
③ 洪葭管：《中国金融通史》第四卷，中国金融出版社，2008年，第347页。
④ 《1938年大事记》，交通银行博物馆藏资料Y28。

了一个应付办法，即"用 1935 年法币改革时本应集中到上海而未南运的现银 5700 万元抵充，可移做伪联准银行发行伪联准票时的现金发行准备"。[1] 这批现银当时存放在天津英法租界的中国、交通等银行的库房之中。由于太平洋战争尚未爆发，日本军队一时无法进入租界侵占。

1939 年 7 月，英、日在东京举行会谈，日本要求接收这批现银，但遭到英国拒绝。12 月，英、日双方就天津存银达成协议，"拟将该项存银移存中立国银行，并在日正金银行及英汇丰银行监督之下，作为赈济事业之费用"。对此，国民政府提出强烈抗议："查该项存银，主权在我，英方何能擅自处理，为此种企划实现，我方损失极巨"，"除电请外交部将设法阻止情形分电本部外，电请贵处（交行总处）查照，分特知照，并随时探明详情。"[2]

1940 年 6 月，英、日双方在东京重开谈判，由于国民政府的强烈反对，现银存放中立国的计划未能实现，最终议定，"提出等额英镑十万镑，为救济华北各地灾荒之用"。[3] 在英、日两国领事的监督之下，等额银元 150 万元分两次送到英国麦加利银行。两国领事签署收据后，一起封存库房大门，库房钥匙依旧由交行天津分行保管。

在英、法的支持和国民政府的努力下，交行顶住日本方面的压力，并未交出自己手中的现银，所以伪中国联合准备银行中交行的 350 万股本，最终没有缴纳。[4] 如此侥幸的结果，自然是个别的，日伪的侵夺大多得逞。例如包行、绥行位于平绥铁路沿线，是交行在内蒙古地区的重要营业网点，1938 年 7 月 9 日，两行被迫停业，被伪蒙疆银行接收。

成立于 1937 年 11 月的伪蒙疆银行，是在日本侵略者和伪蒙疆委员会扶持下，由察南、晋北、蒙古联盟三个伪自治政府出资，以伪察南银行为基础建立的。该行资本额定 1200 万元，三个伪自治政府出资 100 万元，再合并伪察南银行、绥远平市官钱局和丰业银行的全部资产组成，[5]总行设于张家口。在伪察南银行时期，包行和绥行所

① 北京市金融学会秘书处：《伪中国联合准备银行简史》（未刊稿），第 8 页，转引自洪葭管：《中国金融通史》第四卷，第 348 页。
② 《天津存银问题》，交通银行博物馆藏资料 Y20。
③ 《英、日、法三国领事提存银元》，交通银行博物馆藏资料 Y20。
④ 参见《天津存银问题》，交通银行博物馆藏资料 Y20；洪葭管著：《中国金融通史》第四卷，第 348 页。
⑤ 《魏道明抄送一年来伪蒙军政设施调查报告致财政部函》（1939 年 3 月 2 日），《中华民国史档案资料汇编》第 5 辑第 2 编，第 694 页。

存钞券、银币即被强行兑换过一次。1937 年 11 月 2 日,包行库存交行钞票 4000 余元、现银 6345 元,"悉数被察南银行用改行钞票换走";绥行钞券 5000 余元,现银 3290 元,也"均由察南银行全数调换改行钞票"。①

1938 年 6 月底,日本方面组织专门委员会,秘密商议接收平绥线上的中国、交通各分行。日本人首先抵达归绥支行,探询该行经营负债情形,并通函天津方面调集款项为归绥支行补足欠款。后因此时归绥与天津的交通、通讯断绝,这一计划未获成功。

至 7 月 8 日,日本方面强迫绥远地区中、交两行经理迁往包头。9 日,包头和绥远各银行经理在伪蒙疆银行参加会议,会上要求两地交行立即停止营业,由伪蒙疆银行接收,并限定在 7 月 20 日之前将所有账目以及其他各项交接工作处理完毕。会议一结束,伪蒙疆银行的日籍经理便强行清点两行库存物资和相关资产,同时强迫两地交行职工赶造资产负债表等相关表单,整个清理委员会以日籍人员为清理官,在日本方面的控制下进行。为了强化对两地交行的控制,还特别规定在接受清理期间,两行所有内外来往函件必须接受监督。不过,即便在这样险恶的环境中,两行人员还是想方设法隐藏和保存单据、账册及各类重要文件,尽可能减少损失,特别重要的物件则予以销毁,以免落入敌手,造成后患。②

(二)行产遭日本军队直接劫掠和焚毁

抗战时期,日军在中国烧杀掳掠,几乎每侵占一地,该地银行业都难逃厄运,故交行各地分行行产遭日军劫掠的事件层出不穷。其中,日军对交行青岛分行的肆意掠夺即为典型之例。

1939 年 3 月 11 日,华北地区全面禁止法币流通,③日本宪兵队于当天查封了青行发行库,整个行动在多个地方同时发动,在特务的引导下,目标准确、动作迅速,交行损失巨大。

青行即交通银行青岛分行,也称岛行,截至 1936 年,青行下辖鲁行(济南支行)、龙行(龙口支行)、潍行(潍县支行)、威行(威海卫支行)、东行(青岛东镇支行)五个

① 《包绥两行现币被察南银行用改行钞券换走》,交通银行博物馆藏资料 Y17。
② 《绥包两行被迫接收经过》,交通银行博物馆藏资料 Y19。
③ 《青行发行库存被日宪兵查封》,交通银行博物馆藏资料 Y19。

支行。[①] 1937 年,交行总处为应对战时紧急状态,所划分的九大分区中,青行负责管理青区,即山东地区的行务。在 1938 年 10 月废除分支机构等级制度之前,青行为三等分行,直属于总处。可见,无论平时还是战时,青行在交行整个体系中都居于重要位置。

3 月 11 日,青行对属下各库所存法币的整理尚未完成,日本宪兵队已迅速进入各行,检查接收库存,所有留存的法币和银币全部被宪兵队装箱加封。由于张店办事处、潍坊县支行、龙口支行在 1937 年 11、12 月间已经迁到青岛,[②]青行被查封的现金中,还包括上述三个分支机构保存的钞券。

3 月 13 日,日本特务机关派桥田等人会同宪兵队及伪华北中国联合准备银行人员一同来到济南交通银行,对库存法币实施查封。发行库存被查封 30770 元,营业库存被查封 12217 元,[③]查封的钱款全部锁入仓库内的铁柜中,铁柜钥匙由桥田直接掌握。同一天,在烟台的日本特务和伪华北中国联合准备银行共同封存烟台分行发行库存。3 月 16 日,日军陆战队司令部又出面封存了威海卫分行的库存法币。[④]

由于日军的掠夺经过周密的策划,一宣布禁用法币,即行查封,交行各行处多数来不及作出反应,造成不小损失。

除华北外,华东地区各分行也是遭受日军劫掠的重灾区。

交行取消分支行等级制前,镇江支行为二等支行,且四联总处于 1938 年年初发布的战时分区讨论稿中,也将镇江作为九大区域集中行的备选之一,其地位可见一斑。1938 年 2 月,镇江支行仓库和三行(镇江支行、泰兴办事处、黄桥办事处)贴放抵押品遭受重大损失。其中三行堆放杂粮、煤炭等物资的仓库或遭焚毁,或被日军查封。镇江支行的两个仓库中,第一仓库中的物资在混乱中被人起出,后遭焚毁,第二仓库中的杂粮、米面等粮食物资全都被日军抢走,数量在千石以上。仓库附属的面粉厂,所存米面、麸皮等也遭抢劫,随即又遭大火焚烧;仓库中原有的麻袋全部丢失;其他花纱布、棉布等物资在混乱中被人哄抢一空。作为抵押物的厂房被焚毁,仪器遭

---

① 《交通银行史料》第一卷,第132—133 页。
② 同上,第138 页。
③ 《青行发行库存被日宪查封》,交通银行博物馆藏资料 Y19。
④ 《烟威两行库存被日军宪查封》,交通银行博物馆藏资料 Y19。

损坏。①

4月,各行处集中向总处报告战争以来的损失状况,如吴县支行库门被打开,库款遭抢劫,账目零散失落,仓库被炸毁;常熟支行的行屋被日军占用,仓库被毁;石家庄支行的两个仓库被烧,库存被日军抢走;张家口支行仓库内物资全被日军占用。②如此等等,不胜枚举。

(三)行产被国民政府军队强行征用,难以追回

自全面抗战爆发以来,国民政府的军队在对日作战的过程中,往往因军需给养不够,而强行征用包括交行在内的各家银行所存储的物资,最终大多难以追回,就交行而言,也是很大的损失。如1938年初,镇江分行报告"江北各行押品、存粮悉数被征调"。③物资被征用的分行还有东台支行、盐城支行、高邮办事处、溱潼办事处、姜堰办事处、宝应办事处、宿迁办事处等分支机构。④

1938年4月29日,济南支行报告仓库损失情况,该行所存小麦、杂粮、面粉等物资被第三兵站扣提,小麦4400包、面粉29930袋、杂粮370包,按市价估计损失近20万元以上。⑤另外,济南支行与中国银行、上海银行合作组建的仓库,库存物资也被第三兵站扣提,估计市价约56万余元。大量物资被扣提后,济南支行多次会同另外两家银行,函请财政部转军事委员会,为该区兵站补充给养,以免兵站继续扣提各家银行物资。军事委员会虽对上述函请作了妥善处理,但对各行希望从后续给养中扣除先前损失的要求,未予回应。

同样的情况还发生在蚌埠支行。蚌埠的中国、交通、上海、金城、江苏、浙江兴业等六行仓库内的粮食被三十一军提取一空,损失达到170多万元,其中交行一行的损失就多达84万多元。对于被强行征用的物资,各行都照例函请财政部在其后提供的军需给养中扣回,但实际上由于种种原因,被征调的物资事后很难再如数追回。

需要指出的是,在全民抗战的形势下,日军和日伪政权的劫掠、侵吞,与抗日军队的征用,性质截然不同。但当时中国的政界、军界风纪不佳,一些地方官员和军队将领以军用为名中饱私囊,恐难避免。硝烟弥漫之际,地方上的土匪或贫民趁乱哄抢银

---

① ③ 《1938年大事记》,交通银行博物馆藏资料Y28。
② 《抗战时撤退各行状况表》,交通银行博物馆藏资料Y17。
④ 《江北各行押品存粮悉数被征提案》,交通银行博物馆藏资料Y17。
⑤ 《常董会在港开会》,交通银行博物馆藏资料Y17。

行仓库,也时有发生。倘若确属抗日军队作战的紧急需要,因给养一时供应不上,出于无奈而强行征用,即便日后未获补偿,从道义上讲,也是交通银行为支持抗战应该承担的一种牺牲。不过,交行作为一家经济上独立核算的股份制金融企业,上述各类情况不能不说是因战争而蒙受的巨大损失。

抗战前期,敌我双方在漫长的战线上发生激烈交火,交行各地分支机构多受波及,在混乱的状态下,损失数量难以准确统计,但无疑是巨大的。随着抗战进入拉锯、僵持的阶段,敌我的对峙格局渐趋明朗,而交行的分支机构也尽可能从沦陷区和交战前线陆续撤出。与此同时,交行战时的应对策略和经营模式也向新的阶段过渡。

三、保护行产维护声誉的努力

各地分支机构在撤退转移的过程中,众多员工面临生死考验。为了保全交行多年来奠定的基业,维护长期形成的声望和信誉,也为了转移至内地更有力地支持抗战,他们与敌伪百般周旋,努力抗争,有的甚至献出了自己的生命。正是这些可敬可佩的员工以自己的实际行动在交行的历史上写下了可歌可泣的一页。

伪中国联合准备银行成立后,在华北地区大量发行伪钞。被迫出任该行董事的津行经理徐柏园于 1938 年 3 月 10、17 日向总处连发两函,陈述津行应对伪钞方略:"平津中交两行,为应付环境期间,对于存欠各款及同业往来,均拟将法币与伪钞分户记账。"[①]徐柏园的方案,既保护了法币在华北地区的信用,也用一种变通的方式维持了交行在华北地区的金融网点。当伪中国联合准备银行向交行强派股款时,徐柏园采取拖延战术,迟迟不向伪中联缴纳资本金。不久,他又假托须当面向总处请示,逃离天津。到达后方后,出任交通银行昆明分行经理。其后,又出任四联总处副秘书长,为抗战时期的金融事业付出了极大心血。徐柏园的经历是交行员工在险恶的环境中忍辱抵抗、巧妙周旋的一个缩影。

交通银行战前的法币发行量极大,由于战局变化之快出人意料,存于各行处的钞券往往来不及转移,交行遂采取尽量销毁的对策。1937 年 11 月 2 日,总处向各行处发出通告:"地方上发生变乱,而交通阻断无法运送,可将库存本行钞券留角销毁,以

---

① 中国人民银行上海市分行金融研究室编:《金城银行史料》,上海人民出版社,1983 年,第 640 页。

避风险。"①在规定中,总处对钞券切销的位置、面积、相关经办负责人员、券角保存、戳记、号码记录、列账方式等都作了详细指示。考虑到各类紧急情况,总管理处特规定:"如情势确已急迫,对于该办法第五条规定,逐张加盖切销戳记及抄存号码清单各项手续不及照办者,可免予办理。"②办法出台后,各地分支机构皆按照规定,尽力执行。

1938年,因日军的凶猛进攻,沦陷区不断扩大,各地分行开始大规模切销库存钞票,截至8月底,共销毁交行钞券789400元。③

1939年1至4月,沪行上海库房切销各地破旧地名券钞票,合计837629元,5至8月,沪行继续切销本行钞票,合计1187110元。④ 与此同时,交行还与其他银行密切合作,使交行存放在其他银行的钞券,在同行的帮助下及时销毁。如1939年,台山中国银行紧急撤退时,未及转移的大量钞券中即有7万多元的交通银行法币,全由中国银行员工代为切角销毁。⑤

钞券的大量销毁,减少了交行的战时损失,同时,避免大量落入敌伪之手,实际上也对稳定战时的金融市场有所贡献。

1938年12月25日,张店办事处仓库在当地驻军撤退后,遭到土匪抢劫。⑥ 混乱之中,张店办事处职员陈洞夫等人悄悄将该处账册、现钞、抵押款等重要物资全部装箱,密藏于仓库厂棚的棉花堆中。后日军进入该处,掠走所有剩余物资,棉花堆中的重要文件最终也未能幸免。陈洞夫虽为普通员工,但关键时刻挺身而出,竭力保护行产,其行为可敬可佩。

在撤退转移和保护行产的过程中,不少交行员工为此付出了生命的代价。如1938年,交行发行部经理刘宗成在上海中枪身亡,无锡分行办事员刘绥之为保护行产而留守无锡,结果被日军打死;⑦1939年,盐城支行仓库主管沈得钧鉴于局势危急,在处理仓库抵押物品时摔伤致残;⑧南京支行一位名叫远奎的出纳员在支行撤退后,继续留守,历经艰辛,直至病逝;⑨1940年,厦门支行代出纳主任王豪"被害殒命"。⑩

---

① ② 《办法各行处切销钞券办法》,交通银行博物馆藏资料 Y52。
③ ⑦ 《1938 年大事记》,交通银行博物馆藏资料 Y28。
④ ⑤ ⑧ ⑨ 《1939 年大事记》,交通银行博物馆藏资料 Y28。
⑥ 《店行押品款项损失情形案》,交通银行博物馆藏资料 Y17。
⑩ 《1940 年大事记》,交通银行博物馆藏资料 Y28。

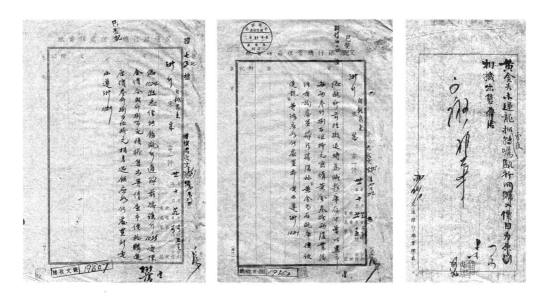

温州沦陷后,瓯行员工为保全行产,冒险从黑市购入黄金,以
便隐藏或转移。图为当时关于如何处置这批黄金的来往信函。

对于这些忠于职守而被害致残的员工,无论职位高低,交行董事会会议都记录在案,
以示表彰,并给予优厚抚慰。

第五节　西部金融网的建设

一、财政部指导下的后方金融网建设

全面抗战以来的数年间,进入战时体制的交通银行一方面部署了沦陷区、交
战区内各分支机构的收缩、转移和撤退,另一方面开始了大后方金融网络的敷设
和构建。抗战之前,交行分支机构中最靠近西部的是长江系与西北系。就长江
系而言,"沿江分支行处,原非少数,而皆偏于苏境;自上海、南通、镇江、南京而
西,皖、赣、鄂三省境内,只有芜、浔、汉等三行,长江上游数千里内,尚未能平均发
展"。[①] 对长江上游的网点发展,交行虽有所设想:"将来重庆、成都等市,如果继续设

---

① 《交通银行史料》第一卷,第1364页。

行,则形如长蛇,首尾无不完成矣。"①但毕竟属于远景规划,尚未提上议事日程。西北地区,则因其经济原本就比较落后,设置营业网点更为困难,所以这一系的分支机构多设于陇海铁路沿线,到郑州而止,"西北实业,尚难兼顾"。② 即便开始筹划,各行处的选址也集中在陕州、灵宝、潼关、渭南等关中要地,至于西北腹地,尚无相关规划。

抗战爆发后,全国政治、经济形势突变,原先未受重视的西南、西北地区,骤然成为战略上的后方根据地,承载着全国军民坚持抗战、复兴家园的热切希望。然而,随着东部沿海地区大批工厂、学校的内迁,尤其是国民政府移驻重庆后,西南、西北地区因经济落后所带来的各种问题,迅速显露,接踵而至。其中,金融业的落后,银行分支机构的缺位,尤其是以中央、中国、交通、农民四大银行为代表的全国性金融机构营业网点的极端稀疏,更是一个明显的瓶颈。

首先,区域内军政机关、工商企业、民间生活迫切需要的汇款成为难以克服的大问题。抗战之前,西部地区经济落后,城市不发达,多数人口分布在农村,人员流动较少,故汇款的需要量很小。但是一旦成为抗战的后方根据地,随着军、政、工、商、学等各界人士大量流入,无论是政治、经济、军事,还是普通平民的生活,都产生了大量的汇款需要,当地的现金流量骤然提高,原先的金融网络完全不能满足需求。

其次,依靠战前的金融基础和银行网点,无法推行全国统一的经济政策。先前因各地方势力占据一方,并在当地握有高度的政治、经济权力,国民政府的经济政策和法定货币在不少地方,尤其在偏远的西部,很难推行。国民政府移驻重庆,以西部为根据地后,获得在所控制的区域内推行统一政策和法币的契机。而且从全民抗战的根本利益考虑,这种统一也是必需的。如果没有金融业的配合,国民政府的经济政策就会落空。

第三,没有适用的金融网络,国民政府难以调动全国力量进行全民抗战。抗战初期,全国金银匮乏,各地游资泛滥,西南、西北的农业颇显凋敝,工矿、制造、交通等各项实业亟待发展。作为后方根据地,发展经济,促进生产,显然是当务之急,若没有资金的筹集,各生产部门则一筹莫展,而西部的后方也难以成为真正的抗战根

---

① 《交通银行史料》第一卷,第 1364 页。
② 同上,第 1364—1365 页。

据地。

在几无基础的地区开设分支机构不可能一蹴而就。于是,交行采取与内地金融机构合作的方式,逐渐向西伸展。如 1937 年 7 月 13 日,"为拓展业务,推广发行,与(四川)聚兴诚银行订约合作",①即为一例。

由于战争刚一开始,国民政府鉴于敌强我弱的形势,已有建设后方根据地的计划。于是,加快构建和完善西部金融网络很快成为国家层面的重大问题,财政部被责令牵头推进这一工作。所以当时交行加紧开设大后方的分支机构,不仅是调整营业区划的自身需要外,实际上已成为国家战略的组成部分。

早在 1937 年 8 月 30 日,国民政府即颁布《总动员计划大纲关于财政金融实施方案》。方案对战时金融机构的管理提出三项指令,其中第二项特别强调了建设金融网络的紧迫性:"促令各银行分别就指定地点推设分支行或新组银行,以健全金融网络。"②这是较早关于敷设金融网的方案,且出自于国民政府最高层,足见对这一问题的重视。

1937 年 11 月 20 日,国民政府发布移驻宣言,12 月,总处即筹设重庆支行(渝行)。次年 1 月 10 日,重庆支行正式开业。③ 重庆支行是交行在后方设立的第一个分支机构,以此为起点,交行业务版图的重心开始向西转移。

起初一段时间,交行在西部设置的分支机构多配合财政部的指示,重点分布于区域性的大中城市。1938 年 2 月,"财政部电嘱四行于西南各地设行",④经四联总处决定,交行须在重庆、衡阳、昆明、贵阳等地设立分支机构。于是,衡阳办事处于 1938 年 7 月开业,归湘行管辖;贵阳支行于 1939 年 1 月开业,归总处直辖;昆明分行于 1939 年 2 月开业,归总处直辖。⑤

1938 年 10 月,财政部为推动各行在后方增设金融机构,再次出台规定:"在各该境内,凡与政治、经济、交通及货物集散有关各地,中、中、交、农四行,如尚无分置机关者,至少应商定一行前往分设机关。"财政部的要求,四行皆予以积极配合,"截至最

---

① 《1937 年大事记》,交通银行博物馆藏资料 Y28。
② 《国民政府总动员计划大纲关于财政金融实施方案》(1937 年 8 月 30 日),《中华民国史档案资料汇编》第 5 辑第 2 编,第 13 页。
③ 《交通银行史料》第一卷,第 1668 页。
④ 同上,第 1669 页。
⑤ 同上,第 136—137 页。

近止,西南方面……交通银行已筹设蒙自、曲靖、思茅、柳州、南宁办事处。西北方面……中国、交通两行分往商县、绥德、张掖、酒泉、武都筹设办事处"。①

1939 年 4 月 11 日,财政部拟定《第二期战时财政金融计划中心工作》,把健全金融机构作为当时中心工作之一,"完成西南、西北金融;督促各省地方银行推设分支行处"②。6 月 16 日,财政部秘书处向各家银行送达《修正第二期战时行政计划实施方案财政部分函》。关于四大国家银行在内地设立分支机构的问题,财政部在信函中明确指出:"抗战发生以后,由财政部饬令各银行逐渐向内地迁徙,转移金融中心于重庆,惟社会游资亟待吸收,内地农工商矿之金融亦待调剂灵活,自应遍布金融机构,以期脉络贯通。上年即督促中、中、交、农四行克期完成西南、西北金融网。"③

不到两个月,8 月 7 日,财政部秘书处又检送《财政部第二期战时行政计划函》,再次对敷设内地金融网的规划作出明确规定,重申四行应在政治、经济、交通等重要地点至少推定一行设立分支机构,并特别强调时间的紧迫性,"督促中、中、交、农四行迅就西南、西北金融网计划从速完成"。④

从这两份文件不难看出,财政部对于交行等四大银行建设金融网的工作寄予很高期望,要求四行在加快速度的同时也要保证一定的网点密度。不过,尽管财政部反复发文,督促各家银行,但在最初的两年中,内地金融网建设的推进速度由于种种原因仍比较缓慢,成绩并不理想,各家银行仅在西部最为重要的地点建起分支机构,数量远远达不到金融网络的要求。

就交行方面而言,自 1937 年 7 月 7 日至 1939 年 7 月 20 日,总管理处在各地增设、筹设的行处共 35 处,具体情况见表 3－1－1:

① 《财政部拟具第二期战时行政计划实施具体方案》(1939 年 3 月),《中华民国史档案资料汇编》第 5 辑第 2 编,第 58—59 页。
② 《第二期战时财政金融计划中心工作》(1939 年 4 月 11 日),《中华民国史档案资料汇编》第 5 辑第 2 编,第 69 页。
③ 《修正第二期战时行政计划实施方案财政部分函》(1939 年 6 月 16 日),《中华民国史档案资料汇编》第 5 辑第 2 编,第 77 页。
④ 《财政部秘书处检送财政部第二期战时行政计划函》(1939 年 8 月 7 日),《中华民国史档案资料汇编》第 5 辑第 2 编,第 86 页。

表 3-1-1　总管理处增设及筹设机构表(1937.7—1939.7)

所在地	增设机构数	筹设机构数
重庆市	2	0
广西省	4	2
湖南省	4	1
贵州省	1	3
四川省	4	5
陕西省	2	0
湖北省	1	0
福建省	1	0
云南省	1	0
甘肃省	0	1
安南(今越南)	2	1

资料来源:《交通银行史料》第一卷,第136—137页。

表格中的数据说明,35处新增行处中有13处正在筹设之中,尚未正式营业。还有3处属海外行处,并不在后方金融网的计划之内。这些分支机构的地区分布,存在着不均衡的情况。对西南地区的重视程度远高于西北地区,以四川、重庆为核心的地带着力尤大,而西北偏远地区如陕西、甘肃,网点极少。除四川外,新增网点比较集中的是贵州、广西、湖南三省,前两者属于西南地区。切合国民政府加强后方金融网建设的规划,而湖南省则为距敌较近地区,武汉会战失败后,湖南已成为对日作战的前线,湘西以及鄂西地区更是通往重庆的咽喉。总处在这一区域新增分支机构,显然是将保障前线作战所需补给置于首位,而非基于后方经济建设的需要。

总结总处这一时期新增行处的工作,规划设计和具体实施皆体现出战事需要和后方建设并重的特点。当时中日双方处于正面战场短兵相接的阶段,前线的军需供给必不可少,交行新增网点给予金融上的支持,是应当承担的责任。至于后方金融网的敷设,交行也遵照财政部的指令尽力而为。由于抗战前线正呈白热化的情势,交行必须集中人力、物力给予大力支持,自然不可能全力以赴投入后方的建设。部署沦陷区、交战区各分支机构的收缩、撤退,不仅牵制了总管理处大量的精力,而且在资金、物资、数据资料和业务人员撤回之前,交行也没有足够的力量在新的地区广设营业网点。

1939 年 6 月交通银行重庆分行李子坝办事处开业时的同仁合影

　　后方金融网建设在开始两年的进展缓慢,还有政府部门的因素。财政部虽通过诸多文件进行规划和督促,但并未采取有力行动援助各家银行。而且财政部的工作效率、办事作风等也存在诸多问题,因此在组织各家银行推进后方金融网建设的过程中,未能很好发挥政府部门应起的作用。对此,作为国民政府领导人的蒋介石也有觉察,深表不满。1940 年 3 月 28 日,蒋介石就四联总处拟定的《三年经济金融计划》作出书面指示:“关于物资,关于平价,关于金融网,关于机构之调整,各方面更为重要,必须有详细之方案,使能按步实施,不至再有如过去重复、冲突、散漫、浪费之现象。”①蒋介石的这番指示,明确揭示了政府部门工作中的诸多弊端。

二、后方金融网建设的快速推进

　　成立于“七七事变”后的四联总处,主要负责贴放和大额资金调拨的工作,原先并不负责后方金融网建设的相关事宜。1939 年 9 月,国民政府公布《战时健全中央

---

①　重庆市档案馆、重庆市人民银行金融研究所合编:《四联总处史料》(上),中国档案出版社,1993 年,第154 页。

金融机构办法》,四联总处进行了第一次改组,改组后的四联总处不再是一个联络性质的机构,而是成为国民政府抗战时期最高的金融指挥机构,在国民政府机构中占有重要地位。

由于财政部负责的两年中,金融网的建设推进缓慢,于是四联总处甫一建立,就接管了这项工作。10 月颁布的《四联总处组织章程》中,对该机构的职权范围作了明确规定,其中第二条第一款就是"关于全国金融网之设计分布事项"。[①]

就商业银行本身的经营而言,设立分支机构是拓展业务的重大事项,事先多需经过缜密的调查,决定后再派合适的人选前往筹备。由于前后耗时较长,且需投入大量人力和物力,若无赢利的把握,一般不会轻易增设。这也是战前西南、西北地区各银行分支机构较少的一大原因。但在抗战的非常时期,政府通过强制性的行政手段,指令各家银行在内地迅速设立分支机构,完全超越了银行基于自身利益而作的规划,也打破了原先按部就班的操作程序。可以说,行政权力的强制性干预,正是交行短时间内大量新设分支机构的重要推手。

此外,随着全国抗战局势的演变,西南、西北金融市场的客观条件和主观需求也出现很大变化。敌我对峙态势的明朗化,各界人士大量迁往后方,与之相应,巨额的现金也流向西部。无论是军政运作,还是农工商贸、民间生活,都要求相应的金融服务。就各大银行而言,从沦陷区和交战区撤退的工作,此时也陆续完成,从而有精力、有能力将发展的重点转向后方金融网的建设。

有了这些变化,加上坚持抗战的需要,以及四联总处的强力推动,后方金融网的发展与建设进入一个快速推进的时期。

四联总处主席之职一直由蒋介石担任,因此其地位超然,作用突出。1940 年初,蒋介石亲自主持会议,制定了四联总处当年的工作计划。会议商定的最重要的九项事务中,即有"完成西南、西北金融网案"。计划中提出,"完成金融网,以沟通经济脉络"是当年四联总处工作的重要内容,全年应办理的相关事项共十六件。[②]

除了制定敷设金融网的总体规划,蒋介石还以手令的形式,具体督促各行在一些重点地区开设分支机构。1940 年 8 月 14 日,蒋介石通过四联总处副秘书长徐柏园,要求

---

① 《四联总处史料》(上),第 70 页。
② 同上,第 81—82 页。

四行在"恩施与黔江二处"设立分支机构。一天之后,四联总处42次理事会决定交行在黔江设立分支机构,"交通银行于10月2日复称已调派人员前往进行筹备"。①

不过,包括交行在内的各家大银行,在实施、推进国民政府的规划时,由于种种原因,仍然面临很多困难,单靠银行自身,难以解决。1939年10月5日,四联总处第三次会议上,孔祥熙提案,将问题的聚焦点集中于"如何加速完成西南、西北金融网计划,并发挥其功能"。② 对于该提案,理事会参会人员进行详细讨论,不仅回顾了前一年金融网敷设的完成情况,还就其中出现的问题和应采取的纠正办法进行了商讨,特别是四行共同遇到的四大困难。

第一,后方交通非常不便,各行工作人员的往来以及开业后钞券的运输等,都十分困难。

第二,受战争的影响,各行人员损失很大,中下层员工的招募很不容易,而通晓后方经济状况的金融人才更是奇缺。由于交行较早意识到这个问题,此前曾举办过撤退行处员工训练班,加上交通银行原先的基础较好,汇集人才较多,这一问题在交行表现尚不算很突出。

第三,难以找到合适的营业地点。后方各地租房不易,行屋尚可因陋就简,但出于安全考虑,仓库和库房设备决不能苟且。欲从外地运进建筑材料对现有房屋进行加固、改建,却因运输不便而困难重重。

第四,偏远地区的治安状况很差。这些地区强盗、土匪的抢劫案件时有发生,若无周密的安全措施,不但库房安全难以保障,而且行员的人身安全也面临很大威胁。钞券的运送则更令人担心。

针对金融网建设中遇见的种种困难,交行提出了三点应对建议。其一,就完成整个金融网建设任务而言,应当划分区域,由中央金融机构与地方金融机构共同尽责,分别承担。仅靠中、中、交、农四大银行的努力,无法在整个大后方遍布网点,广大的基层地区仍需要地方金融机构出力。其二,必须制定明确的设行目标,事先应经过详细的调查,实事求是地推进建设工作,防止在设行过程中出现敷衍塞责的情况。其三,政府部门应与银行密切配合,切实解决银行自身无法解决的难题。"如便利运输,

---

① 洪葭管主编:《中央银行史料(1928.11—1949.5)》,第797页。
② 《四联总处史料》(上),第86页。

保障治安,租赁行屋等,于各行本身努力外,实有待政府机关之协助。"①交行上述建议,切实扼要,为四联总处所称道,而且最困扰各家银行的行屋、安全、交通问题,总处亦表示会竭力予以解决。

关于行屋和人员安全的问题,四联总处承认"偏远之区,房屋难觅,固属事实",但同时强调,四行设立分支机构不应过分注重房屋的外观,"但求简朴合用而已"。至于库房设备,在未能建成正式库房之前,比较安全的办法是向当地政府机关商借房屋,或用保险箱保存物资。此外,四联总处还主动承担起与各政府部门联络的责任,"本总处可函请行政院通令各地政府机关切实协助。对于运送钞券,及人员安全之保障一节,当一体函请政府通令办理,四行可随时报由本总处洽办"。②

交通问题,四联总处也承认先前的不足,"过去本总处未能代各行解决交通运输上之困难,自属遗憾",并保证"今后当随时代各行向军政、交通运输机关切实商洽,利用飞机、汽车及其他运输工具,运送急要之钞券及人员等",③同时也要求各行未雨绸缪,事先预定交通运输办法,以免战事突变,措手不及。

在四联总处的推动和交行自身的努力下,1939年以后,交行在内地设立分支机构的数量大幅度增长,截至1941年12月31日,交行新设的分支机构已达到73处,大多位于西南、西北地区。具体情况详见表3-1-2。

表3-1-2 交通银行内地增设分支机构表(1939—1941)

所在地	行处数量	所在地	行处数量
四川省	13	江西省	4
西康省	2	湖南省	6
云南省	1	陕西省	8
贵州省	6	甘肃省	4
广东省	2	浙江省	7
广西省	11	海外行	2
福建省	7		

资料来源:《四联总处史料》(上),第197页。

---

① 《四联总处史料》(上),第187—188页。
② 同上,第189—190页。
③ 同上,第189页。

西南地区是国外援华物资进入中国的主要通道,所以交行对西南的重视程度高于西北。对于东部尚未沦陷的区域,交行也未放弃,仍在当地坚持营业。这些网点的存在,对维持法币在民间的信誉,收集沦陷区周边的经济情报,沟通各地汇款,防止资金逃避等,均发挥了积极作用。

太平洋战争爆发后,形势更加恶化。缅甸、新加坡、菲律宾等地逐渐被日本占领,援华物资难以通过东南亚地区进入中国。与此同时,侵华日军进一步加强攻势,浙江、江西等省的一些地区相继沦陷,后方局势频频告急。

鉴于国内外形势的变化,国民政府开始强调西北地区金融网的重要意义。1942年9月3日,四联总处在《秘书处关于拟具筹设西北金融网原则的报告》中指出:"自西南国际运线中断后,西北对外交通,益形重要。且为我国战时主要资源蕴藏所在,现经政府积极规划,从事开发,经济之发展可期。"在西北地区敷设金融网的困难,四联总处也有所估计,"至西北各省重要之区,虽设有行处,于普通存汇业务足可应付,但以地处偏远,交通梗阻,或限于当地政治关系,按期铺设,不无困难"。①

对发展西北地区金融网,四联总处拟定了四条意见:

第一,兰州是西北建设的起点,各行需在兰州原有的基础上增加人手,以备不时之需。

第二,在陕、甘、宁、青、新西北五省设立分支机构,根据军事、交通、经济等方面的需要,以及银行本身的业务特点,会同当地政府机关,共同拟定设行地区,实地考察,慎重决定。

第三,西北新设行处的人员,"应就滇、浙、赣、闽等省撤退行处人员尽先调用"。②

第四,对于运输困难的问题,一时难以解决,各行要未雨绸缪。

9月3日,蒋介石对四联总处的意见作了批示,除了上述四条意见,他还提出:四行不必在同一地方重复设置分支机构;要重视甘肃河西地区的开发,尤其要重视水利开发。由于交行的经营方针以辅助交通和实业为重要内容,蒋介石特别要求"拟择交通孔道及轻重工业区设行,以发展交通、工矿、生产事业。除在迪化、哈密设行外,先在塔城、和田、库车、焉耆、吐鲁番等地设行"。③

---

① 《四联总处史料》(上),第198页。
② 同上,第199页。
③ 同上,第200页。

从蒋介石的批示看,他对局势的发展已作了最坏的准备,故希望提前建设西北,将西北地区作为新的后方,坚持抗战。所以他要求交行在新疆腹地多设分支机构,并开始着手规划这些地区的工业建设。虽然其后的战局发展,并不像预计的那样糟糕,但正因为蒋介石当时的指令,经过交行的努力开拓,西北地区的金融网络由此初具规模,尤为重要的成果就是秦属、陇属两大营业区的拓展。

表3-1-3 抗战期间交通银行西北地区分支机构表

属 别	名 称	简 称	成立年月	地 址	负责人	附 注
秦属△	西安直隶支行	秦行	1934.11.4	西安市竹笆市粉巷口	经理 严敦彝 副理 刘钟仁 沈孝纯	
	渭南支行	渭行	1934.11.4	陕西渭南县西关	经理 曹欣庄	
△	宝鸡支行	陈行	1938.10.20	陕西宝鸡县东关外中山大街	经理 陆同坚	宝鸡秦称陈仓县,故简称陈行
△	南郑支行	元行	1938.12.25	陕西南郑县中山大街21号	经理 唐嵩山	汉中唐称兴元府,故简称元行
	咸阳办事处	咸处	1935.12.8	陕西咸阳县城内中山街115号	主任 张绪坊	
	大荔办事处	荔处	1941.3.20	陕西大荔县中正西路20号	主任 汪騄寿	
	三原办事处	原处	1942.11.2	陕西三原县盐店街	主任 陈鸿渚	
	东大街办事处	东处	1944.1.4	西安东大街567号	兼主任 赵金生	
△	广元办事处	广处	1945.4.25	四川广元县北街老门牌200号	主任 陶遵新	
	泾阳临时办事处	秦泾处	1936.11.25	陕西泾阳县造字街	主管员 应家鼎	
	永乐店临时办事处	元永处	1943.4.20	陕西三原县永乐店西大街10号	主管员 许其高	
△	襄城临时办事处	元襄处	1943.7.19	陕西襄城县三秦面粉公司内	主管员 张佩芝	
	城固古路坝简易储蓄所	元古简处	1941.7.21	陕西城固县古路坝西北工学院内	主管员 陈继蕃	
	西安仓库	秦仓		西安陇海路东站北	兼代主任 王文济	
	宝鸡仓库	陈仓	1943.3.21	陕西宝鸡隘门镇川陕公路旁	兼代主任 陆同坚	
	渭南仓库	渭仓			兼主任 曹欣庄	

（续表）

属 别	名 称	简 称	成立年月	地 址	负责人	附 注
陇属△	兰州直隶支行	陇行	1940.1.31	兰州市中山路567号	经理　郑大勇 副理　赵育美 王玉书 张广圻	
△	宁夏支行	雍行	1943.7.20	宁夏进德街11号	经理　宋显任	宁夏古属雍州，故简称雍行
△	天水办事处	邽处	1940.2.15	甘肃天水县西关后街	主任　吴清勋	天水汉称上邽县，故简称邽处
△	武威办事处	凉处	1940.9.14	甘肃武威县东街167号	代主任　岳剑寒	武威汉称凉州，故简称凉处
△	平凉办事处	襄处	1941.2.15	甘肃平凉县东大街167号	主任　张炎卿	平凉隋称襄武，故简称襄处
△	酒泉办事处	肃处	1943.3.20	甘肃酒泉县城内东大街111号	主任　张宝瑞	酒泉隋称肃州，故简称肃处
△	张掖办事处	甘处	1945.1.15	甘肃张掖县城内中山南街130号	主任　于宝华	张掖清为甘州府治，故简称甘处
△	岷县临时办事处	陇岷处	1941.3.3	甘肃岷县隍庙街31号	主管员　王云霖	
	宝天铁路局临时办事处	邽站处	1942.12.28	甘肃天水县西关车站宝天铁路局内	主管员　王之琚	

资料来源：《交通银行史料》第一卷，第149—151页。

说明："△"号代表该分支机构设有电台。

从表3-1-3可以看出，经过一轮的建设，陕西和甘肃西部已形成比较完整的金融网络。从单独的营业点到纵横交错、相连成片，西北地区发展如此迅速，相较于先前交行划分营业区域时对西北系的构想，可谓天壤之别。

截至1945年4月30日，交行属下的各类分支机构共有160处，[①]几乎遍布沦陷区之外的全国主要地区。从仓促撤退到后方复兴，一波三折的交行在战火中似乎经历了一次凤凰涅槃，不仅完成了国民政府赋予的各项战时任务，为支持全民抗战做出

---

① 《交通银行史料》第一卷，第143页。

了重要贡献,也保存了自身实力,并壮大了经营规模,大大扩展了营业网络,为战后的复原、重建奠定了厚实的基础。

三、营业区的重新划分与分支机构的再次裁撤

1941 年 12 月 8 日,日军偷袭珍珠港,英、美等国对日宣战,太平洋战争爆发。鉴于国际形势的重大变化和世界反法西斯联盟实际上已形成,国民政府于 12 月 9 日正式对日宣战。中日两国由此成为正式的敌对交战国[1],为日伪控制的地区,也被视为与中国抗日军民对抗的敌方地区。于是,交通银行遵照国民政府的命令,"与沦陷区各地分支行处断绝往来",[2]仍在沦陷区内的交行分支机构的相关数据,不再纳入四联总处的统计之内。

在国内外形势发生重大变化的时候,总处依据敌我对峙的实际状况和建设后方金融网的现实需要,对分支机构的隶属关系作了重新调整。各行的隶属关系以省为划分依据,"依照政治之区划,以省为单位,就省会或全省工商集中之地设立管辖行,而以全省所设之支行处归其管辖"。[3] 总管理处属下,分为渝属、滇属、桂属、湘属、黔属、秦属、陇属、浙属、闽属、赣属、韶属,此外还有海外行。

按照这一新的管理体系,省级区域中的 11 个管辖行对其属下行处负有管理和调拨头寸的责任。按理说,省级区划较过去的跨省区划,地域范围要小一些,管辖行与属下各行处的距离要近一些,相互之间的联系更顺畅。然而,西部的地理环境极为复杂,在交通运输方面,不少分支机构与外省区管辖行的来往,反而比本省管辖行可能更为便捷。鉴于这种情况,1943 年全行行务会议颁行变通方案,即不以省界为限,允许邻省之间互通有无。

1942 年,国民政府决定由中央银行实行货币的统一发行,随后,四联总处对中、中、交、农四大银行的经营业务作了调整与划分。按照新的分工,交行的主营业务为办理工矿、交通及生产事业的贷款与投资,办理国内工商业汇款、公司债券、股款,以及储蓄、信托、仓库、运输等业务,不再具有发钞权。执行四行专业化方针后,交行的

---

① "七七事变"以来,中日全面抗衡,战争不断升级,但在初期的四年中,两国之间一直处于"战而不宣"的状态,所以按照公认的国际关系惯例,中日两国还不算是正式的敌对交战国。

② 《四联总处史料》(上),第 198 页。

③ 《交通银行史料》第一卷,第 1378 页。

业务范围大为缩小,军政存汇从其主要业务中剔除。于是,划分省区,通过管辖行进行管理的体制遇到了不少问题,重新划分业务区的设想再次被提出。1943 年的行务会议就交行专业化发展作出调整,"对于汇兑之联系,工业之分野,与乎交通之情形,应重行规划,另定业务区域,俾符合战时之需要,而不必以省为范围"。①

行务会议通过决议,提出的调整方案是:按照后方各行处业务、交通等具体情况,重新划分五个营业区。浙、闽、赣、韶为东南营业区,湘、桂、粤为中南营业区,滇、黔为西南营业区,川、康为中北营业区,秦、陇为西北营业区。各区确定数种工业和商业事业为中心业务,"拟定一贯方式,集中力量经营"。按照各区经营的工商业务计划进行资金统筹,并在区域内自由调度。各区指定一行为调度行,负责办理资金调度与分配事宜,不涉及一般行务。区域内汇款、贷款收益的调配,由各区调度行自行拟定办法处理。②

1944 年,抗战胜利已见曙光,总处再次对分支机构进行调整。这次调整以营业收益为重要考核目标,目的在于裁撤一部分常年亏损的分支机构。针对抗战即将胜利和开拓新业务的前景,总处提出调整的五条标准:"营业情形、收支状况、与联行之关系、与行将开办之乡镇公益储蓄有无重大效果、与将来复原时之关系。"③

经过多次调整,交行的战时管理体制渐趋合理。然而,战争的复杂性往往出人预料,交行在交战地区的分支机构深受战局的影响。其中,尤以豫湘桂会战和湘西会战对交行的冲击最大。

1943 年,吉尔伯特群岛被美军攻陷,日本通向南洋的海上交通线遭受巨大威胁,为建立一条相对安全的大陆交通线,并摧毁遂川、南雄附近的中美空军机场,日军发动了"一号作战",即豫湘桂会战。在这次战役中,日军投入兵员 41 万,汽车 12000辆,马匹 67000 匹,军队运动的距离长达 2000 公里,成为日本侵华史上规模最大的一次战役。④ 而中国军队遭遇到开战以来最惨重的失败。国民政府丧失了对河南、湖南、广西、广东、福建、贵州等省大部分或一部分地区的控制,抗战的后方进一步缩小。

随着大片国土的沦陷,交行的分支机构从这些地区撤退转移。1944 年,"湘属道

---

① 《交通银行史料》第一卷,第 1378 页。
② 同上,第 1379 页。
③ 同上,第 1380 页。
④ 日本防卫厅战史室编:《日本军国主义侵华资料长编》(下),四川人民出版社,1987 年,第 181—182 页。

处因湘北战事紧张,租船疏散人物并于 6 月 1 日退抵衡阳";①"湘潭办事处因湘北战事紧张,业于 6 月 3 日撤退衡阳,再移东安办公"。②同样受战局的影响,湘行所属的石鼓镇办事处撤至零陵,邵阳办事处于 6 月 23 日撤往洪江,祁阳办事处于 6 月 24 日撤往零陵。此外,韶行及所属各处也预筹紧急疏散方案,并打算在连县设立办账处,以备不时之需。

浙江分行的兰溪支行也因局势突变撤退到浦城。桂林桂馨简易办事处自 6 月 26 日起结束营业,账目移交桂行。危急之中,广西各分行都制定了相应的疏散计划,"桂属各行处疏散人件并做撤退准备"。③

战火炽烈之际,各地通讯时断时续,战区各行与总管理处之间的联系常被阻隔,于是,浙、赣、闽、韶四行组成行务临时管理委员会,委派闽行经理协调四行事务。浙、赣、闽、韶四行的重要行务,如调拨头寸、行员的任用和奖励、电台管理、车辆调用、疏散撤退、重要文件的保存、对外联系,等等,全部由临时管理委员会进行统一管理。④

豫湘桂战役波及地域广大,相关的几个分行大部分作了转移撤退,但此时的撤退规模毕竟与抗战初期的大规模撤退无法比拟,而且各行处已积累了相当的经验,因此整个撤退工作有条不紊,未造成过大损失。截至 1944 年 9 月 27 日,四个支行撤退的情况详见表 3 - 1 - 4。

表 3 - 1 - 4　湘处各行处动态表

行　处	原设地点	目前变动情形	附　注
湘行	衡阳	已于 1944 年 8 月 23 日移驻晃县营业	前在独山设办账处现已撤销
湘石简处	衡阳石鼓镇	已先撤并湘行	
湘盐简处	衡阳致福区	同上	
道处	长沙	现移辰溪办公	
昭处	湘潭	已裁撤	
沅辰处	辰溪	前往桂定设立临时办事处,现已注销原案	
零处	零陵	撤退道县,现闻道县沦陷,已饬湘行设法探询	

①②③ 《1944 年大事记》,交通银行博物馆藏资料 Y28。
④ 《组织浙赣闽韶四行属行务临时管理委员会》,交通银行博物馆藏资料 Y24。

（续表）

行 处	原设地点	目前变动情形	附 注
零祁处	祁阳	同上	
邵处	宝庆	已移安江近据湘行,电陈再移所里	
洪处	洪江	现以当地紧急疏散,已准备撤退,电陈拟移所里	
洪安处	安江	已裁撤	
沅处	沅陵	仍在原地营业	
沅孝简处	沅陵孝平乡	同上	
晃处	晃县	同上	
德处	常德	撤往沅陵,迄未复业	

资料来源:《湘处各行处动态表》,交通银行博物馆藏资料 Y24。

表 3 - 1 - 5 桂处各行处动态表

行 处	原设地点	目前变动情形	附 注
桂行	桂林	9 月 20 日撤至宜山办公,另在独山设办账处	
柳行	柳州	9 月 23 日停业,撤至宜山办公	
贵处	贵县	据桂行 9 月 26 日电陈撤至宜山,日内即可到达	
横处	横县南乡	同上	
浦处	合浦	同上	
梧行	梧州	据桂行 9 月 26 日电陈撤抵宜山	
郁处	郁林	据桂行 9 月 6 日电陈撤抵宜山	
藤处	藤县	同上	
布处	桂平	同上	
钦处	钦县	据桂行 9 月 26 日电陈,已撤抵南宁与邕处同移百色	
邕处	南宁	据桂行 9 月 26 日电陈已撤抵南宁与邕处同移百色	
茂处	茂名	因路断暂难迁出,据桂行 9 月 26 日电陈现暂避东镇	
郁北简处	北流	桂行与郁处一同撤退	

（续表）

行　处	原设地点	目前变动情形	附　注
船埠		驻在人员业已先于8月7日撤回郁林	
浦台简处	合浦台	桂行原与浦处一致行动	
桂馨简处	桂林桂馨园	已早停业并入桂行	
柳南处	柳州河南	已早停业并入柳行	
庆处	宜山	先仍照常营业	

资料来源：《桂处各行处动态表》，交通银行博物馆藏资料Y24。

表3-1-6　韶属各行处动态表

行　处	原设地点	目前变动情形	附　注
韶行	曲江	仍在原地营业前在连县设办账处，最近撤回	已准备前往东江撤退
连处	连县	仍在原地营业	同上
石处	坪石	同上	同上
雄处	南雄	同上	
梅处	梅县	仍在原地营业	
隆处	老隆	同上	
惠处	惠阳	同上	
兴处	兴宁	同上	
韶乐简处	乐昌	同上	
韶曲简处	曲江五里亭	同上	

资料来源：《浙属各行处动态表》，交通银行博物馆藏资料Y24。

表3-1-7　浙属各行处动态表

行　处	原设地点	目前变动情形	附　注
浙行	龙泉	仍在原地营业，已将一部分要件疏散至庆元闽办	
兰处	江山	6月19日一度撤至浦城，7月18日仍返江山营业	
华行	丽水	8月20日撤至龙泉，现移竹口黄檀办公	
甬行		原在浙行在龙泉办理，现移至竹口黄檀办公	
瓯行	温州	8月27日撤至高楼办公	

表3-1-8　赣属各行处动态表

行　处	原设地点	目前变动情形	附　注
赣行	赣县	仍在原地营业,已在瑞金成立办账处	
和处	泰和	仍在原地营业	
安处	吉安	同上	
饶行	上饶	同上	
铅处	铅山	同上	
饶河处	河口	同上	
赣都处	宁都	同上	
龙处	龙南	同上	
筠处	筠门岭	同上	
庾处	大庾	已裁撤	
赣西简处	赣县西岸	仍在原地营业	
屯处	屯溪	在筹备中,因时局关系从缓复业	

资料来源:《赣属各行处动态表》,交通银行博物馆藏资料Y24。

在部署撤退以保障行产和人员安全的同时,总处并未忘记支持抗战的义务与职责,根据实际情况尽可能在临近交战的地点新设一些临时办事处,以保证前线的特殊需要。1944年2月,交行在江西设立河口临时办事处。河口是浙闽货运的必经之地,水陆交通比较发达,盐局存汇的数量较大。总处在此设点,正如其所说的,是"为适应战区需要,兼谋本身发展"。① 这是战时条件下新设营业点比较成功的一个典型案例。

截至1945年4月30日,总管理处下辖159个分支机构,形成了相对完整的管理体制,详细情况见表3-1-9。

---

① 《赣属各行处动态表》,交通银行博物馆藏资料Y24。

表 3 - 1 - 9　交通银行机构统计表

属别＼数额＼机构	总处	分行	直隶支行	支行	办事处	临时办事处	简易储蓄所	仓库	合计
总处	1								1
渝属		1	5		18	10	2	5	41
滇属		1			11		1	1	14
桂属		1		2	3				6
湘属				1	6	1	1	1	10
黔属				1	8	2	2		13
秦属		1	3		5	3	1	3	16
陇属		1	1		5	2			9
浙属		1		3	2				6
闽属		1	3		8	5		1	18
赣属		1	1		8	2	1		13
韶属				1	7	2	2		12
国外行		1							1
合计	1	4	8	18	81	27	10	11	160

资料来源:《交通银行史料》第一卷,第 143 页。

说明:截至 1945 年 4 月 30 日。

第六节　抗战时期的海外分行

一、菲律宾交通银行的设立

交行建立之初,曾在海外开设过一些分行,主要分布在东亚、东南亚一带,在商贸往来、侨汇等方面曾经发挥重要作用。但抗战前,新加坡、日本、越南、缅甸等地区的分支机构已陆续停业,只有香港分行继续营业,并在太平洋战争爆发前的四年内,成为交行实际上的管理中枢。

在菲律宾开设分支机构的建议,最初由厦门分行提出。1938 年 8 月,该行向总处建议在菲属马尼拉设立支行,并陈列多项理由。

其一,在菲律宾设行可以吸收外汇资金,充实国家经济实力。当时中国工业落后,需要大量外汇进口工业产品,却无可供出口的中国产品,贸易常年处于逆差状态,外汇大量外流。鉴于众多华侨在东南亚等地经商,侨汇可成为平衡巨额逆差的重要手段。据厦行估算,"方其全盛时代,综计各地侨汇总额,年达二万万元以上,为数之巨,实可惊人"。抗战爆发后,国民政府颁布《安定金融办法》,以防止资金出逃,保障国家金融体系的安全,这一办法在当时确有积极效果。但厦行认为,"其作用仅在消极方面从事节流,而未从积极方面兼及开源"。交行欲负起支持抗战之责,除了扶持内地实业和推行法币,"关于充实国家财力方面,即如何集中资金,调整外汇两重点,尤为当务之急"。① 而在菲律宾开设分支机构,设法吸收侨汇,是最简便易行的开源方式。

其二,对于厦行来说,承做侨汇业务,对扩大自身实力有重大意义。闽南地区早在明清时期即有下南洋的传统,时至当日,当地依然"地瘠民稀,几无工业可言,岁岁入超,悉赖侨汇以资抵补"。据厦行统计,南洋各地华侨经港沪和厦门的中外银行汇到厦门的款项,1936 年约为 4300 余万元,1937 年达到 4900 余万元;其中,菲律宾占全部汇款的 50%,新加坡、槟城、仰光等地约占 25% 稍弱,爪哇、吧城、泗水等地约占 20% 稍强,而西贡等地仅占 5%。可是,国内银行都未对此现状予以应有重视。

其三,依据局势分析,菲律宾的侨汇数量可能会逐渐减少,应该尽早设行,以减缓这一趋势。当时,菲律宾盛产的树胶、砂糖、咖啡、椰油等,价格逐年上升,当地经济状况较好。而抗战爆发后,国内前往菲律宾投靠亲友、逃避战乱者络绎不绝,眷属又多出国,华商不必再多向国内汇款。为此,必须加紧谋划。

基于此,厦行认为:"本行亟须在菲设行,以期取信侨商,就地吸收存款,揽做侨汇,不惟本行将赖以更增誉望、厚资力,其有裨于国家集中抗战财力及调整国际收支者,实至关系重大。"②

对于厦行的建议,总处非常重视,派李道南前往马尼拉进行实地调查,再由钱新之、唐寿民和几位高层反复商讨,决定在马尼拉开设分行。因菲律宾财政部银行司要

---

① 《交通银行史料》第一卷,第 1083 页。
② 同上,第 1084 页。

求提供各种统计资料和报表,交通银行一时无从准备,钱、唐最后决定按照菲律宾政府银行法的规定,开办一所名义上独立的商业银行,交行参股,定名为菲律宾交通银行,简称菲行,聘请国民政府前驻美大使王正廷出任菲行董事会董事长。[①]

王正廷(1882—1961),字儒堂,浙江奉化人,民国时期著名的外交家。1928 年 6 月任南京国民政府外交部长,1936 年 8 月出任驻美大使。由外交官出任菲行董事长,交行看重的主要是其在菲律宾上层社会的人脉。王正廷与菲律宾总统奎松、副总统阿斯门尼亚私交甚笃,又与当时美国驻菲律宾最高行政长官麦克阿瑟相识,便于在当地周旋。总处还委任沈叔玉为菲行的副董事长兼总经理,张怀德为经理,陈在明为副理,林则蒸为总稽核,菲行的司账、出纳、事务主任等职也由总处任命。

菲行自 1939 年 5 月开始筹办,聘请当地华侨证券交易所经纪人余清篯为业务顾问。余的祖籍在福建泉州,旅居菲律宾多年,熟悉当地情况,且在华侨报界、教育界有广泛的关系。菲行开业前后,当地的《闽报》《新民报》以及华侨的中小学经常代为宣传介绍,收效甚著,余清篯功不可没。[②]

菲行的筹备并非一帆风顺,其间遭遇不少障碍,尤其是菲律宾银行司的各种刁难。如银行司规定,银行职员的比例,外籍人员只能占三成,菲籍人员至少占七成,菲行的法律顾问和董事会秘书必须是菲律宾人,并由银行司委派。此外,银行司有权随时垂询业务和查账。迫于银行司的压力,菲行只得照办。经与菲方商议,由银行司委派侯兰度(Jose Hernando)兼任法律顾问和董事会秘书。新招的三四十名职员,大多为菲籍的华侨子弟,真正的菲律宾人不过十分之一二。菲行克服种种困难,最终顺利开业,在很大程度上得益于王正廷与菲律宾总统、副总统的私人关系,王后来又与财政部长陆哈斯相识,打通了许多关节。

1939 年 9 月 4 日,交行全资投资的菲行正式开业,股本菲币 200 万元。[③] 菲行开业时,当地已有一所华侨集资开办,营业长达二十余年的中兴银行。起初,中兴银行对菲行颇有顾忌,关系不太融洽,当地华侨也多持观望态度。后经多次解释,两行矛盾有所缓解,华侨逐渐知晓菲行是大陆交行的派生银行,因此对菲行十分拥戴。

菲行虽由交行全资控股,但单独向菲律宾政府注册,名义上仍是一所独立银行。

[①②] 《交通银行史料》第一卷,第 1076 页。
[③] 同上,第 171 页。

为此,有关交行与菲行的联系方式、行文格式等,总处都作了相应规定。1939 年 11 月 10 日,交行第 247 次常董会通过决议:"对菲交行接洽事项用菲交行董事会驻港办事处名义。"①其后,总处又专门针对国内各分支机构与菲行进行业务往来的注意事项作出规定:"菲行系独立性质,各行、处对该行往来,应视同国外同业处理。""各项往来凭单内所有'内部往来'字样,应予划销,加盖'国外往来'字样戳记,以资区别。其收受行及发送行行名,均应填明各该行名之全文如'菲律宾交通银行''上海交通银行'。"②总处考虑到菲行的特殊性,故与一般分支机构加以区别,以保证菲行名义上的独立性质。

二、抗战期间海外机构的开设与收缩

抗战时期,除开设菲律宾交通银行之外,总处还在东南亚地区设立了多处分支机构,具体情况见表 3 - 1 - 10。

表 3 - 1 - 10　抗战期间交通银行的海外机构(东南亚地区)

行处名称	开业时间	隶属关系	经　理
琼山通讯处	1939 年 6 月	越行	
西贡支行(贡行)	1939 年 7 月	总处	陈　能
海防支行(越行)	1939 年 7 月	总处	赵梓庆
仰光支行(仰行)	1939 年 11 月	总处(1939.11)、港行(1941.8)、总处(1942.1)	龚庆麟
加尔各答支行(印行)	1941 年 12 月	总处	温万庆

资料来源:《交通银行史料》第一卷,第 170—171 页;交通银行博物馆馆藏《交通银行档案》1939、1941 年大事记。

上述 5 个境外分支机构中,仰光支行和加尔各答支行均归印度政府管辖,印度政府的银行管理机构为印度准备银行。根据该行规定:"凡在印缅境内,有两个以上分支行之 second schedule bank 必须指定一行为主行,所有各行每星期应报告事项,应汇总主行,列表送交当地准备银行。"③1941 年 12 月 27 日,当加尔各答支行筹备完成

---

① 《交通银行史料》第一卷,第 141 页。

② 同上,第 1080—1081 页。

③ 《函陈印度准备银行,需要印行为印境主行由》,交通银行博物馆馆藏资料 Y47。

后,为遵照当地管理机构的规定,遂以该行为印缅境内的"主行"。所谓主行对内并不发生统属关系,不管是印行还是仰行,同属于港行管辖,只是每周上交给印度准备银行的报告由主行负责汇总。此后,两行同时在印缅境内营业,每周的汇报工作也由印行暂时负责。1942 年 1 月 22 日,总处电告印行,明确指定:"印行为印缅境内主体行。"①至此,印行、仰行两个海外分支机构的对内、对外关系完全理顺。

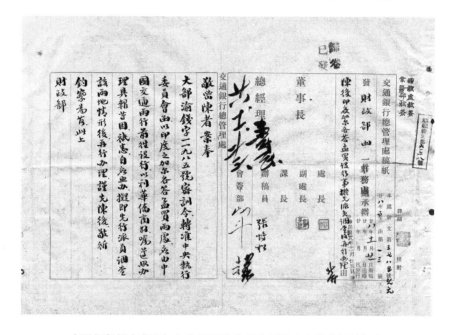

交通银行拟在印度加尔各答开设分行向国民政府财政部的报告

　　总处设置海外机构的初衷是为了吸收侨汇,充裕外汇头寸,借以扩大国家掌握的外汇储备,为国内抗战提供必要的支持。然而,受当时国际形势的影响,各国货币政策不断发生变动。缅甸、越南开始实行外汇统制政策,"当地银行办理侨汇极感困难,致本行在各该地支行均无收汇"。② 1940 年 10 月 1 日,越行结束营业,撤退至西贡;11 月被裁撤,账目归并贡行。③

　　西贡方面曾允许华侨捐款汇回国内,总管理处也拟定了具体的办理办法。④其

---

① 《以印行为印缅境内主体行》,交通银行博物馆藏资料 Y47。

②④ 《交通银行史料》第一卷,第 1033 页。

③ 《1940 年大事年表》,交通银行博物馆藏资料 Y28。

后,因局势的突然变化,1941 年 11 月 1 日,西贡支行也停业撤退,账目归并港行,①侨捐一事亦不了了之。

1939 年 7 月交通银行越南西贡分行开业时的员工合影

1941 年底太平洋战争爆发,日本向英、美宣战,并迅速席卷东南亚、南亚地区。由于交行的境外分支机构均在战区之内,营业大受影响。至 1943 年,除加尔各答支行外,其他所有海外分支机构全部被迫裁撤。②

在此期间,处境最为艰难的当数菲律宾交通银行。太平洋战争爆发后,菲行与总处失去联系,菲律宾沦陷后,菲行被迫停业,总处派驻的高级管理人员悉数被日军软禁。在此后三年多的时间里,菲行职员的生活费用全由当地华侨热心援助。③ 也正是得益于此,未能退回国内的菲行管理层在当地得以完好留存,这为战后菲行的复业打下了良好基础。

① 《1941 年大事年表》,交通银行博物馆藏资料 Y28。
② 《1943 年大事年表》,交通银行博物馆藏资料 Y28。
③ 《交通银行史料》第一卷,第 1075—1077 页。

第二章
战争状态下的方针与策略

战前十年，交通银行发展迅猛，但这一良好势头被日本侵华战争打乱。形势的剧变，促使交行不断调整营业方略。国民政府实施战时金融统制，成立四联总处，推行四行专业化方针，交行被迫放弃久已擅长的领域，转而开拓新的业务。发钞权收归中央银行，汇聚资金成为重中之重，存款业务受到交行前所未有的重视，于是，交行努力开展普通储蓄业务，及外汇储蓄、节约建国储蓄等特种储蓄业务，并积极构筑后方汇兑网络，促进资金流动以吸收黄金、外汇。此外，作为发展实业的专门银行，交行重新审视信托业务，为中国实业资产证券化做出重要贡献。战时状态下，交行积极办理农贷业务，推动农业经济的恢复和发展，为后方稳定与战时物资供应做出重要贡献。

第一节　拓宽渠道，吸纳资金

一、战争导致的资金困境

抗战爆发后，社会上恐慌情绪蔓延，交行的资金状况日趋严峻，各地储户纷纷提存。以上海分行为例，"七七事变"发生后，一个月之内，存款就减少了 2200 万元，占存款总数的 6%。①

———————————

① 《交通银行史料》第一卷，第 320 页。

　　针对上述状况,国民政府财政部于"八一三事变"爆发后的第三天,颁布《非常时期安定金融办法》,其中规定:"自 8 月 16 日起,银行、钱庄各种活期存款,如须向原存银行、钱庄支取者,每户只能照其存款余额,每星期提取 5% ,但每户每星期至多以提取法币 150 元为限";"工厂、公司、商店及机关之存款,如发付工资或与军事有关须用法币者,得另行商办。"①

　　根据这一办法,交通银行和中央、中国、农民银行特别制定相关细则,"此项存款之支付,应由工厂备具申请书,开明请求付款数目,请款理由、用途,送交中、中、交、农四行审核签准后,方能向原存款银行、钱庄支取,所有申请审核证明手续,应由中、中、交、农四行组织审核委员会办理"。②上海金融界还相互约定:"银钱同业所出本票一律只准汇划转账,不付法币及转购外汇。"③这一做法效果很好,汉口等地也仿照施行。

　　从上述规定可见,国民政府已注意到存款流失的状况,并力图通过具体措施扭转这一局面。交行作为国家大型银行,不仅积极留存存款,还配合国家履行提款的审核制度,限制资金从各家银行、钱庄外流,为稳定开战之初的金融市场做出一定贡献。

　　由于财政部的行政命令得到了严格执行,加之交行自身的积极努力,存款锐减的问题得到初步遏制,至 1937 年 12 月底,上海分行的存款共计 3.01 亿元,较 8 月上旬仅减少 2% 。④

　　从 1938 年开始,交行的存款数额止跌还升,至当年年底,存款总额为 8.46 亿元,较之 1937 年的 5.65 亿,增长了 49.7% 。之所以会出现这种情况,原因有四点:(一)国民政府和交行的各项措施收到了较好效果,金融基础和市场信心有所恢复,因此提存现象逐步减少;(二)抗战全面爆发后,战区逐渐扩大,沦陷区人口开始向大中城市集中,资金也随之向大城市的银行聚集,交行在大中城市中多设有分支机构,便于吸纳此类资金;(三)各地规模较小的银行和钱庄将资金转存交行;(四)受战争影响,战区内的工商业发展陷于停顿,一时难以恢复,企业资金无法投入生产,游资数量开始

---

① 《财政部为颁布非常时期安定金融法致各方电》(1937 年 8 月 15 日),《中华民国史档案资料汇编》第 5 辑第 2 编,第 1 页。
② 《财政部公布非常时期安定金融办法》,交通银行博物馆藏资料 Y17。
③ 《交通银行史料》第一卷,第 322 页。
④ 同上,第 320 页。

增加,其中有一部分被交行吸收。

　　存款总数虽不断增加,但也存在明显问题。从存款类别看,定期存款和定期储蓄仍持续减少,并无回升迹象。显然,大多储户为保证急需时提存方便,陆续将到期资金转入活期账户。正是基于这样的储户心理,整个抗战时期,交行存款结构中活期资金的比率一路攀升,定期资金的数额却不断减少,这种畸形的存款结构影响了交行的放款数额,不利于银行业务的发展。

表3-2-1　1937年7月—1938年12月沪行存款增减比较表　　单位:千元

项　目	1937年7月下旬		1937年8月上旬		1938年12月下旬		1937年8月上旬与7月上旬比较		1938年12月下旬与1937年8月上旬比较	
	金额	百分比	金额	百分比	金额	百分比	金额	百分比	金额	百分比
定期存款	126759	100%	121824	96%	76958	61%	-4935	4%	-44866	35%
活期存款	131555	100%	118209	90%	263678	200%	-13346	10%	145469	110%
定期储蓄	49193	100%	48818	99%	41876	85%	-375	1%	-6942	14%
活期储蓄	21502	100%	19089	89%	27237	127%	-2413	11%	8148	38%
合　计	329009	100%	307940	94%	409749	124%	-21069	6%	101809	30%

资料来源:《交通银行史料》第一卷,第321页。

说明:百分比统以1937年7月上旬数目为基准。

　　1939年6月,天津金融市场开始谣传法币贬值,战争时期原本就人心惶惶,谣言传至上海后,又引发新一轮的提存和换购外汇的风潮。为此,财政部出台规定:"上海法币存款在1937年8月15以后存入者,除军政需要及发放工资者外,每周支取法币至多500元,倘超过额度即以汇划支付,但存款移存内地者不受此项限制。"[①]经过政府的紧急干预,市面谣言迅速平息,交行的存款状况未受太大波及。

　　为了加大吸纳存款的力度,交行配合四联总处的相关政策,从1940年开始在后方提高存款利息,以此激发单位和个人的存款积极性,增加资金存量。总体上看,自1937年抗战爆发至1943年,交行存款的绝对数量一直在增加,这固然与其吸收资金的努力有关,但也在很大程度上反映了后方的通货膨胀日益严重,实际上的资金存量

---

① 《交通银行史料》第一卷,第322页。

并不理想。

随着战事的发展,交行的资金紧张状况不仅未能缓解,反而不断加剧,其中影响最大的是太平洋战争爆发和发钞权的丧失。

1941年12月8日,太平洋战争爆发的当天,日军即占领上海租界。在租界内营业的国民政府中央银行、中国银行、交通银行、中国农民银行四行,均被日军勒令关闭,并由日方代表负责清理。接管交行的日方代表为福间,系日本住友银行调派出任,沪行副经理周叔廉等人听其支配。[①]

经过一番"清理",日本方面决定对四大银行区别对待,分别处理,考虑到交行与中行悠久的历史和商业银行性质,日军拟掐断其与重庆国民政府的关系后,令其单独复业;中央银行与中国农民银行则被撤销关闭。在日军胁迫下,上海交通银行于1942年9月1日正式"复业"。东北、华北、香港、华南、武汉等地的交通银行,亦相继改组复业,成为受敌伪控制的地区性傀儡金融组织。自此,交行总处计算存款余额时,仅包括国民政府实际控制区内各行处的存款数目。全行的存款数额由此大幅下降,1942年较1941年减少60%以上,1943年虽有所上升,但也仅占1941年的约56%。

表3-2-2 交通银行1937年至1943年上期存款余额表　　单位:千元

	定　期	活　期	总　计	备　注
1937年	108398	445918	554316	
1938年	28406	752122	780528	
1939年	86424	1287513	1373937	
1940年	147647	2104674	2252321	
1941年	228821	2732805	2961626	
1942年	200081	970411	1170492	是年决算公告总括科目根据财政部要求有所调整
1943年上期	238467	1409749	1648216	

资料来源:《交通银行史料》第一卷,第322—323页。

① 交通银行总行:《交通银行简史》,第37页。

1942 年 5 月 28 日，四联总处通过《中、中、交、农四行业务划分及考核办法》，四大银行的营运开始向专业化的方向发展。根据文件规定的专业分工，中央银行的业务范围包括统一发行钞券、代理国库、汇解军政款项、政府机关以预算做抵或特准之贷款。① 这几项业务交行以前都有所涉及，一旦发钞权收归中央银行，交行的资金周转更显困难。在 1943 年全行行务会议上，董事长钱新之提出，交行发钞权失去后，"必须顾到吸收游资，运用社会资金，以充裕本行的资力"。时任代总经理的赵棣华也提出："现在发行权既已统一于中央银行，头寸问题成为最重要的问题。"此外，与军政相关的款项现在全由中央银行负责办理，而该项业务历来是交行存款资金的重要来源，这极大影响了交行的存款量。面对巨大的揽存压力，交行管理层非常清楚，唯有奋发精神，努力开拓，方能克服种种困难，故赵棣华在全行行务会议上训词："有人说在目前囤积投机蓬勃活跃的时候，吸存揽储非常困难，我们自不能不承认这种困难的事实，但是我们相信一切的努力，可以克服任何的困难。我们断定，假使我们更为努力，维系旧存，拉拢新存，今年的成绩一定可以超出去年。"②

然而，接连的挫折对交行的影响的确巨大。按照专业化的要求，交行的主要职责之一是发展实业。1943 年，重庆分行的军政机关存款减少八九千万，总额降为 4 亿多元，但为支持重庆工矿企业，不断增加放款量，总额达到 6 亿多元，放款数超出存款数 50%。交行为辅佐实业尽心竭力，但其资金状况也十分堪忧。重庆分行经理汤钜无可奈何地说："今后业务方面惟有求存款之增加与现钞之吸收，否则放款虽多，收虚付实，现钞枯竭，调度艰虞矣。"③

综观整个抗战时期，交行一直处在资金紧张的状态，虽然全行上下采取各种手段努力缓解压力，但接踵而来的客观因素使这些主观努力难以取得应有的效果，一度出现贷款数远超存款数的不正常现象。直到抗战末期，交行的贷存比渐趋正常，经营上的风险才有所下降。

---

① 《四联总处史料》(上)，第 562 页。
② 《交通银行史料》第一卷，第 324—325 页。
③ 同上，第 325 页。

单位：法币万元

表3-2-3　战时中、中、交、农四行贷存比例统计

年度	中央银行			中国银行			交通银行			中国农民银行		
	存款余额	贷款余额	贷存比例（%）	存款余额	贷款余额	贷存比例（%）	存款余额	贷款余额	贷存比例（%）	存款余额	贷款余额	贷存比例（%）
1937	66064	69822	105.7	92059	80443	87.4	28065	38875	138.5	14076	14644	104.0
1938	96240	154900	161.0	125090	125575	100.4	37598	63931	170.0	14672	28457	194.0
1939	128245	259397	202.3	244921	264623	108.0	41048	115091	280.4	17277	50557	293.5
1940	147573	509324	345.1	309785	285562	92.2	57552	208283	361.9	32021	94337	294.6
1941	222906	921558	413.4	511522	488974	95.6	144700	400134	276.5	103671	260011	250.8
1942	956443	3314070	346.5	458800	345303	75.3	117049	100774	86.1	149857	102293	68.3
1943	1388466	8637341	622.1	360234	253528	70.4	315781	245775	77.8	305744	184920	60.5
1944	5487154	23488207	428.1	954076	418286	43.8	929646	398566	42.9	639161	342558	53.6
1945	34258265	136201633	397.6	4860499	1414198	29.1	4138754	376112	33.2	3890361	784479	20.2

资料来源：据四联总处秘书处编《金融统计年报（1946年度）》普通存款及普通贷款余额统计表数字编制。

二、吸收存款的原则与方法

战争持续进行，后方通胀不断加剧，交行的经营环境日益险恶。如何更好地吸收各方资金，优化存款结构，负起政府赋予的发展实业责任，成为摆在管理层面前的首要问题。

1942 年 8 月，交行颁布过渡时期的营业方针，特别提及在不增加存款利息的情况下，尽量多吸收资金。存款利息不能增加，也是出于无奈。实业银行的使命致使交行将大量资金投向工矿企业，而此类贷款需要减免利息，或者展期，若以高息揽存势必加重交行本身的压力，实非良策。针对实际情况，总管理处就吸收存款确立了以下原则：

（一）"维系旧存"。保持现有存款不流失、不转存，是吸收资金的基础，对银行而言，维系老客户的成本远低于发展新客户的成本，故保证现有客户不流失是揽存的重要环节。

（二）"拉拢经常有大宗收入之公私机关"。四行专业化分工后，交行丧失了汇解军政款项的特权，只得将目光转向有大宗收入的公私机关，如各铁路局及其他交通主管部门，希望通过与交通部门及相关企业单位的旧谊，加强已有的借贷关系，开发新的代理收付与存储，以弥补军政款项转存央行后造成的缺口。

（三）"兑付汇款应随时注意揽作存储"。总处西迁重庆后，交行在后方增设分支机构，形成相对完备的汇兑网络。汇兑业务的发展不仅带来手续费的收益，还可以通过汇款客户群，扩大联系，发展存款户和储蓄户。

（四）"从手续简便及提高办事人员服务精神上努力，使顾客乐与本行往来"。加强服务意识，以提升服务质量吸引客户，也是交行吸收资金的重要手段。

上述原则在交行各营业网点贯彻实行后，取得了一定成效。1942 年 8 月，内地各行处存款总额为 7.4 亿元，到当年年底，增加到 9 亿多元。[1]

1943 年，交行在重庆召开行务会议，管理层对上一年吸收资金的状况，做了冷静而客观的分析。上一年存款中的一部分，主要是向相关单位发放商业贷款，扩大营业范围而连带增加的存款。此类存款以重庆、陕西两地增加最多，这与抗战开始后东部

---

[1]　以上均见《交通银行史料》第一卷，第 325 页。

工矿企业大规模向西迁移有关。

尽管揽存取得一定效果,但依然困难重重。各地的拆息远高于中、中、交、农四行的存款利率,而吸收公私单位的营业存款又不能像储款储券之类可强制派销。虽然如此,为了扩展业务,担起发展实业的职责,交行还是为1943年度定下更高的吸存目标,即普通存款增加2亿元,工厂添购机器基金存款增加1.6亿元。

为完成上述目标,交通银行管理层与各分行经理经过讨论,达成共识,在前一年四大原则的基础上,又拟定七条具体措施,用来指导吸收普通存款的工作:(一)"检讨过渡时期营业方针内规定之吸收存款四项办法,是否充分做到,并再赓续努力";(二)"当此央行钞运每感不继之时,我行应妥匡头寸,多筹流动资金,应付存汇,务使周转裕如,而增受存户信仰";(三)"扩展汇兑网,并力求汇解手续迅速简便,以广招徕";(四)"切实把握与本行借贷有关之公私实业机关之收付";(五)"普遍与各交通运输机关接洽,代其收取各站站款";(六)"各国营事业及兵工厂、军需署等,倘其自身存款须受公库法限制,不能移存本行者,应注意其大宗用款去路,以便设法揽收";(七)"必要时得增加存息,但应以定期性质,或以现钱交存为条件"。

除以上七条具体措施,总处还向各行处提出总的要求:"要之,吸收存款在现状之下,总以与各方融洽感情,遇有往来手续应力予简便为第一要义。又机关存款照目下趋势,如公库法之严格实施,专卖事业资金存款之移转央行,均将不能再为我行存款之主源,今后亟应在工商业方面谋树基础。"①

为鼓励各行处不断努力,达到预定吸存目标,避免过度依赖交行内部的头寸调剂,行务会议上特别规定,将内部往来法币户的利率提高,存息按月五厘,欠息按月八厘,储零户月息七厘,定期户利率则由总处按照各行的营业情况随时调整,意在促使各行处从外部获取资金来源。另外,各行存款、储蓄总额在一亿元以下的,所留存款准备金应以20%为标准;一亿元以上的,超过部分以10%为标准。为鼓励各行处吸存起见,超过标准的多余库存,可由管辖行统计全部辖行数额,在总管理处内部开立现钞户,不计利息,开户数额至少一百万。②

---

① 以上均见《交通银行史料》第一卷,第326页。
② 《交通银行史料》第一卷,第326—327页。

三、胜利前夕的存款收揽

1944 年,抗战胜利前夕,交行行务会议上的重要议题仍然是如何收揽存款、吸收资金。1943 年,经过全行的努力,工厂添购机器基金存款、普通定活存款余额均出现大幅度增长,超过总处预定的目标。但是,交行并未满足于现状,管理层凭借敏锐的政治眼光,预见到抗战即将取得胜利,而伴随新的形势必将出现一系列新的问题。为此,总管理处在当年的行务会议上就今后一个时期的存款收揽提出新的提案。提案称:"抗战前途,日近胜利,则建国任务益趋繁剧。而本行使命所系,非惟平时增加生产、扩展交通所需之资金,属望于我者愈殷,抑且今后产业建设、经济开发,其融通调度责成于我者尤切。况胜利在望,本行自身亦须同时着手进行复员。凡此在在莫不以宽裕头寸、灵活运用为前提,盱衡今日本行处境,所冀宽裕头寸,其直接解决之方,舍积极吸存揽储为唯一之指标外,殆无他途。此固为本行自专业化以后一贯之方针。然未来之艰巨,倍蓰于昔。惕励之余,尤不得三致意焉。"①交行未雨绸缪,开始为可能面临的更为严峻的资金问题早作谋划。

交行超前的安排,与其管理高层对政治、经济形势的深刻认识有关。钱新之在1944 年的行务会议上说:"今年这一年正是我们抗战接近胜利的一年,也是我们抗战最后艰苦阶段开始的一年。"总经理赵棣华也说:"回顾一年来(1943 年)的业务,确在各方面都有进展,但是现在抗战已进入最后胜利的阶段,也是经济上最艰难困苦的阶段,本行应该怎样配合国策,协助建设,以尽本身的责任,实有待各位的周详讨论切实执行。"②正是基于这样的判断,交行才得以及时作出调整。

为此,总处在提案中将增加存款的期望目标确定为 12 亿元,增加储蓄的目标确定为 7.3 亿元。根据测算,这一目标若能达到,放款可增加 16 亿元,全行头寸可呈饱和状态。可是即便如此,全行除去成本及各项费用支出,核算损益,也仅能勉强维持盈亏持平,原因在于通货膨胀日益恶化,"盖以收益之增加,究不敌物价飞腾之迅速,各项费用急遽累增,实为影响损益之一大要素"。③

不过,要实现新的增存目标,还有一个新的困难。1943 年存款增加比较明显的

---

① 《交通银行史料》第一卷,第 327 页。
② 以上均见《交通银行行务会议记录 1944 年》,交通银行博物馆藏资料 Y39。
③ 《交通银行史料》第一卷,第 328 页。

一个重要因素是,国民政府颁布公库法后并未严格执行,政府各主要部门以及相关国营企业的款项并未全部转移至中央银行。物价飞涨导致各政府机关的经费大量增加,预算不断追加,一定程度上也有利于交行存款的增加。1944年,国民政府已察觉上述情况,各级政府机关的预算需由最高当局核定,再追加预算颇有难度,这对交行吸收存款产生不小影响。而一般工商业的存款,因市面拆息过高,交行的利率也难有吸引力,前景并不乐观。

针对这些新情况,总处的提案除继续强调先前的揽存原则和具体措施,又提出一些新的方针。

其一,必须加强外勤工作,有计划地推进收揽存款的业务活动。事先应重视直接或间接的调查工作,全面了解客户的财务状况,有选择地加以筛选,确定重点联络对象,可收事半功倍之效。对已有业务往来和收付关系的客户,尤其要密切注意其头寸的来源与去向,应不惧麻烦,勤加招揽。

其二,因已把各政府机关的存款列入预算,需要"从速把握时机,再进一步广揽机关对象,以谋补救而着先鞭",更加重视交通公用事业机关的收付关系,通过代理收付增加资金存入。此类机构日常营业数额很大,但往往因借款多以经费作抵押,属中央银行的业务范围,以致交行无法完全代理其收付。各行处可先从小额的材料押款做起,予以资金上的融通便利,进而争取参与其收付。同时须尽力改善服务,联络感情,以建立长久的合作关系。

其三,各地的金融状况往往随产销周期而出现季节性的波动,存款数量也随之增减。各行处应根据各地季节性特点早作准备,在波峰到来之际,广泛接洽潜在客户,吸收存款。

其四,注意存款的平均趋势。"存储目标仅系一种静止数字,实际上其成绩应视其经常存底所能供给资金之运用率为断。"因此,各行处对存储情况的把握,关键在于随时注意其平均的进度趋势,不能以一时多寡作为衡量标准,否则仅有表面上的成绩,实际上消长的速度和差额过大,对头寸紧缺并无裨补。①

此外,就所承担的生产事业借款,总处还提出应尽量使用转账的方式放款,减少

① 以上均见《交通银行史料》第一卷,第329—330页。

现钞的流出,以节约头寸。①

总处的提案经行务会议讨论后获得通过,成为这一时期吸收存款工作的指导方针。

四联总处对交行的营业方针也有重要影响。1944 年,四联总处注意到经济活动的新动向,对交行吸收资金的措施提出建议。鉴于当时社会游资的出路日渐减少,四联总处要求包括交行在内的各行局"积极推广存款及储蓄业务,大量吸收并发动储蓄运动配合进行";对于储蓄兑取本息或转移存户到其他地区分支机构的要求,中、中、交、农四行和两局应协商制定一致的业务办理规程,促进手续的便利和业务的发展。②

交行总经理赵棣华对于吸收资金也有自己的看法,他提醒各分支机构在吸收大宗存款的同时,"更应注意小额存款的吸收",主张根据国民政府颁发的《乡镇公益储蓄办法》,配合政府步调,努力吸收社会游资,促进日常生活节约。③

总之,1944 年,面对新形势和新问题,交行对吸纳资金的政策和措施适时地予以调整和完善,管理层认识到:"在自给自足之原则下,为本身打算,欲保持损益平衡,现金不致流出,最低限度亦非就存储两方认真努力,以期达到希望目标不可。而欲冀有所结盈,以固行基,更非努力超过希望目标不可。"④正是因为有这样的认知,并为之积极谋划,交行才得以比较从容地应对各种困难,迈向新的历史高度。详见表 3 - 2 - 4。

表 3 - 2 - 4　中、中、交、农四行普通存款余额比较统计表　　单位:法币万元

年　度	总　　计	中央银行		中国银行		交通银行		中国农民银行	
		金额	所占百分比	金额	所占百分比	金额	所占百分比	金额	所占百分比
1937 年	200264	66064	32.99	92059	45.97	28065	14.01	14076	7.03
1938 年	273600	96240	35.18	125090	45.72	37598	13.74	14672	5.36

---

① 《三十三年度存款方针》,交通银行博物馆藏资料 Y59。

② 《四联总处复原初期业务方针》,交通银行博物馆藏资料 Y59。

③ 《交通银行行务会议记录 1944 年》,交通银行博物馆藏资料 Y39

④ 《交通银行史料》第一卷,第 328 页。

（续表）

年　度	总　计	中央银行		中国银行		交通银行		中国农民银行	
		金额	所占百分比	金额	所占百分比	金额	所占百分比	金额	所占百分比
1939 年	431491	128245	29.72	244921	56.77	41048	9.52	17277	3.99
1940 年	546931	147573	26.98	309785	56.64	57552	10.52	32021	5.86
1941 年	982799	222906	22.68	511522	52.05	144700	14.72	103671	10.55
1942 年	1682149	956443	56.86	458800	27.27	117049	6.96	149857	8.91
1943 年	2370225	1388466	58.58	360234	15.20	315781	13.32	305744	12.90
1944 年	8010037	5487154	68.50	954076	11.91	929646	11.61	639161	7.98
1945 年	47147879	34258265	72.66	4860499	10.31	4138754	8.78	3890361	8.25

资料来源：四联总处秘书处编《金融统计年报（1946 年度）》表 20。

第二节　以增加储蓄为中心的经营策略

一、储蓄总额的不断增长

从银行吸收资金的类型看，存款和信托皆属大额资金的进入，而储蓄多为小额资金。不过，银行通过储蓄的方式，积少成多地将普通居民手中的闲置资金予以集中，便可进行贷款、投资之类的高收益运作。交行对储蓄的重要意义有清醒的认识，因此即使在抗战时期也一直注意开办和发展储蓄业务，且收效良好，一定程度上缓解了资金头寸的紧缺。

大体而言，交行的储蓄业务在抗战期间有较大发展，储蓄总额增长明显。1937年底，普通储蓄总额为 6490 余万元，至 1942 年底，已增至 44050 万元。抗战前期的增长情况可见表 3-2-5：

表 3 - 2 - 5　抗战前期交通银行储蓄余额表　　　　单位:万元

年　份	定期储蓄	活期储蓄	节建储蓄	总　计
1937 年	4476.0	2014.3		6490.3
1938 年	4062.5	2912.6		6975.1
1939 年	4184.3	2993.2		7177.5
1940 年	4800.8	3476.0		8276.8
1941 年	4993.1	3214.7	8574.3	16782.1
1942 年	5815.0	11061.4	27481.9	44058.3

资料来源:《交通银行史料》第一卷,第 1140 页。

从表中可以看出,1938、1939 两年的定期储蓄严重下滑,到了 1940 年,才超过 1937 年的水平,这一状况显然受战事影响。普通民众多认为战乱之际将现金置于身边更为安全便利,即使存款也多选择取款方便的活期储蓄,很少有人为稍高的利息而办理定期储蓄。1940 年,中日战争进入相持阶段,定期储蓄的数额才有所增加。从 1941 年开始,节约建国储蓄纳入统计表格,这是国民政府通过行政手段推行的具有一定强制性的储蓄项目,增长速度惊人。交行开办该项业务后,积累了大量可资动用的贷款头寸,有效缓解了资金紧张的局面。但受通货膨胀的影响,储蓄总额实质上未升反降,故在 1943 年的行务会议上,管理高层明确提出:“收缩信用亦为政府平抑物价之首要手段之一,除应尽量减少商业放款及同业放款外,努力吸存及推行储蓄,以减少游资,倡导节约,实为当务之亟,吸收储蓄已为当前主要政策之一。”[1]

为达到这一目标,交行慎重选择称职的储蓄业务负责人员和外勤人员,“储蓄法规章则均甚浩繁,如负责办理实务人员能力不称或因时有调动,而对于一贯之章则手续不甚接洽,则工作效率必难提高,业务发展自受影响”。交行先前曾要求指定专门办理储蓄业务的负责人员和外勤人员,但各地行处却间或以雇员、助员甚至练习生充任,并且经常调动他们的工作,显然不利于相关人员熟悉业务,难以“专其责成”,有违总处初衷。为此,行务会议特别提出,要求各行处选择储蓄业务负责人员时应符合以下标准:“1. 富有实务经验,应付柜面熟练迅速,能博得储户好感者。2. 头脑清晰,对于内部章则、各项函电能充分了解,对于揽储、劝储工作确能辅助当地经副理、主任

---

[1]　《交通银行史料》第一卷,第 1145 页。

开辟蹊径向外发展者。"选择储蓄业务外勤人员的标准是:"1.熟练当地情形,长于交际酬应者。2.活力充沛,办事富于热情者。"总处强调这些人员一经确定,不得轻易调动工作,以便其熟悉业务,保持工作的稳定性和连续性。万不得已需要调动,必须事先报总处核准。①

1942 年后,交行还在可承受的范围内,多次上调储蓄利率,以此吸引储户。

通过一系列的措施和全行上下的努力,虽处境艰难,交行的储蓄总额仍逐年攀升,至 1943 年底,储蓄存款总额为 15.49 亿元,其中普通储蓄余额为 4.318 亿元,较上一年增加 160%,节建储蓄余额为 10.795 亿元,较上一年增加 199%。在 1943 年的储蓄中,数额最大增加最多的为美金储蓄,占总额的 40.14%,较上一年增加 383.64%,其次为节建储蓄,占 31.06%,增加 97.74%,再次为活期储蓄,占 23.19%,增加 221.81%。此外,定期储蓄占 4.63%,增加 21.83%。② 从以上数据可以看出,定期储蓄占储蓄总额的比重依然很低,增幅持续下降,这是交行储蓄结构中存在的最大问题。若不能明显改善,势必影响交行资金头寸的增加。

1944 年,交行储蓄存款总额为 32.44 亿元,较上年增加 114%。从构成看,普通储蓄为 10.51 亿元,增加 143%,其中定期储蓄为 0.74 余亿元,增加 2% 强,活期储蓄为 9.76 余亿元,增加 172% 强。节建储蓄存款为 9.7 亿元,减少 11%,其中节建储金 900 余万元,增加 99%,节建储券 6.63 余亿元,增加 38%。美金储券已于 1943 年 8 月停售,因此只兑不售,现存余额 2.97 亿元。此外,交行于当年开办乡镇公益储蓄,至年底,该项储蓄共收 2.86 余亿元。③

1945 年,交行储蓄存款总余额达到 79.3 亿元,较 1944 年底总余额增加 144%。从内容构成看,普通储蓄存款为 42 亿元,增加 299%,其中定期储蓄 1.79 亿元,增加 141%,活期储蓄 40.21 亿元,增加 311%。节建储蓄存款余额为 9.99 亿元,增加 3%,其中节建储金 1000 余万元,增加 6%,节建储券 7.48 亿元,增加 12%。美金储券兑付后,尚剩余 2.4 亿元。乡镇公益储蓄为 10.69 亿元,增加 254%,其中乡镇公益储券 10.33 亿元,增加 261%,公益基金储蓄 3600 余万元,增加 135%。④

---

① 《交通银行史料》第一卷,第 1148 页。
② 同上,第 1141 页。
③ 同上,第 1141—1142 页。
④ 同上,第 1142 页。

1945 年是交行储蓄业务发展中比较特殊的一年。当年 8 月抗日战争胜利结束，各政府机关和厂矿单位开始陆续回迁。举国上下欢欣鼓舞，人们对政治的稳定和经济的恢复增强了信心，充满着期待，与之相应，储蓄的总额也大大增加，尤其是定期储蓄，余额达到 1.79 亿元，呈现出良好的上升势头。在各项储蓄中，国民政府大力推广的节建储蓄成为占比最高的储蓄品种，行政力量的推动作用十分明显。

四行专业化以来，交行竭尽全力发展储蓄业务，力图对资金的瓶颈有所突破。与其他各大银行相较，交行储蓄业务的发展状况颇为突出，各项数据均位居前列。

表 3-2-6　1943 年国内主要金融机构储蓄余额表　　　　　单位：万元

机构名称	储蓄余额	较 1942 年增长率（%）
中国银行	131007.1	－
交通银行	154901.1	184
中国农民银行	97526.5	84
邮政储汇局	208339.2	151
中央信托局	166466.6	223

资料来源：《交通银行史料》第一卷，第 1144 页。

交行 1942 年的储蓄余额居主要金融机构中的第三位，排在邮政储金汇业局和中国银行之后，在中央信托局和中国农民银行之前。至 1943 年，从数额看交通银行仍列第三位，但前两名换成中央储金汇业局和中央信托局，中国银行和农民银行则居交行之下。但是，邮政储汇局和中央信托局由于性质特殊，其储蓄总额有很大水分。邮政储汇局储蓄数额中包含了大量代理国库的存款，中央信托局的储蓄余额则包含了中央银行销售美金储券折合法币 37831.5 万元，以及中央储蓄会有彩会单和有彩储券 24918.8 万元。因此，按照实际储蓄数额看，交行事实上居于第一位。[①]

再从增长率看，交行位列第二，仅次于中央信托局。若中央信托局不将中央银行和中央储蓄会所收储蓄包括在内，则该局真实的储蓄增长率仅为 101%。因此，储蓄增长率的排名，交行也应当列为第一。从年初制定的收储目标看，也数交行完成得最好，全年超过年初预定目标 91%，同样位列各行局第一。[②]

---

① 《交通银行史料》第一卷，第 1144 页。
② 同上，第 1144—1145 页。

因此可以说,交行在三项标准方面,实为各行局之冠,成绩显著,但管理层仍具有清醒的忧患意识。在1944年的行务会议上,总管理处提醒各地分支机构不要因去年的收储成绩而沾沾自喜,须认识到各行特色鲜明,各有长处。邮政储汇局分支机构遍设各地,收储便利,乡镇公益储蓄推行后,该局具有很大优势;中央信托局虽成立时间较短,但有中央银行和中央储蓄会的协助,其本身又办理信托业务,对储蓄业务有很大帮助;中国银行历史悠久,声誉卓著,分支机构也多于交行,其实力不可轻视;中国农民银行分支机构之多仅次于邮政储汇局,且业务偏重农村,如果能发动农民积极储蓄,数量必然可观。总处认为,相较各行,交行虽然在上一年收储中取得优越成绩,但其中相当一部分由美金储蓄券贡献,"本行去年收储有此优越成绩者,各行处努力推行美金储蓄券不无关系,现美金储券早已停售,而本年收储目标除乡镇公益储蓄外,本行定为20万万元,任重途遥,如何方能完成使命,保持已往之优越记录,则尚有待于各行处之继续努力者也"。[①]

总之,发钞权的统一虽给交行带来巨大的负面影响,但管理高层能尽快适应新的格局和新的条件,及时调整经营策略,大力发展储蓄业务,以缓解资金的紧缺,且领先于其他行局,这一成绩的确来之不易。

二、储蓄规章的适时修订

1934年7月,国民政府颁行《储蓄银行法》,对从事或兼营储蓄业务的银行作了规范。交行自1929年开始逐步推广储蓄业务,业务开展颇为顺利,但相关规则与办法大多由各行处自行拟定,而始终没有全行统一的规定。1936年7月,交行决定将各地的储蓄业务划归原在地分支行办理,并遵照国民政府的法规,对交行开展储蓄业务以来的各类规则、办法加以整理与总结,制定《交通银行储蓄存款规则》,对各行处的储蓄业务作了统一规定。抗战爆发,这些规则自然需要调整,1945年1月,交通银行对《交通银行储蓄存款规则》作了重大修订,随后又陆续增订各类储蓄存款办法、简则、规则共14种,以顺应新的客观现实。

抗战爆发前,交行的储蓄品种主要分为三大类:一、活期储蓄存款;二、定期储蓄存款,包括整存整付、零存整付、整存零付、整存分期付息四种;三、便期储蓄存款,包

---

① 《交通银行史料》第一卷,第1146页。

括整存便期整付、零存便期整付两种。① 这些储蓄品种大致涵盖了储户的储蓄需求。抗战开始后,交行根据时局的变化对其中的若干规定作了修改。

活期储蓄存款因存取方式十分便捷,成为交行吸储的主要品种。抗战期间,由于通货膨胀,货币贬值,曾规定"存款初次存入金额自十元起,嗣后存取并不得少于一元,但结存余额至少须在一元以上",调整为"存款初次存入金额自一百元起,嗣后存取并不得少于五元,结存余额至少须在五元以上"。调整中尤为重要的是基准利率的提高和奖息的规定。战前规定,最低利率按照周息四厘计算,在结算期内只存不取的,在约定利率之外加息一厘;新的规定,周息按照一分计算,较战前增加一倍有余,在结算期内只存不取的,也可加息一厘,逐日存款余额保持在十万以上的,可再加息一厘。新规还取消了活期储蓄最高五千元的限制。显然,新规定鼓励大额的活期储蓄和只存不取。②

定期储蓄存款类的整存整付、零存整付、整存零付、整存分期付息四个品种抗战期间继续开办。战前规定,整存的三种储蓄起存点均不得低于一百元,四种储蓄总存入金额最高都以两万元为限。③ 新规定中,起存点仍为一百元,但不设上限。当时货币贬值严重,维持一百元的起存点,实际上等于大幅下调了入门线,使得普通民众有能力办理定期储蓄。为了鼓励民间认储,新规定还将存款期限大大缩短。战前规定,定期储蓄最短年限为一至两年,最长年限除乙种整存零付为八年外,其他几种定期储蓄都达到十五年。长时间的定期储蓄自然对银行最为有利,但在战争条件下,局势多变,前景难测,储蓄期过长势必造成更大的顾虑,难以吸引民众认储,新规定根据实际情况将整存整付储蓄调整为"年限自半年起至五年为度",另外三种储蓄的最长储蓄期也缩短至十年。④

定期储蓄的利息也大幅度提高。战前规定,整存整付期限一年的利率为七厘,然后逐年递增,十五年存期的利率为一分;零存整付、整存零付、整存分期付息储蓄,根据存期的长短,利率从七厘二毫五至一分不等。⑤ 新规定中,四种储蓄的利率皆有大

① 《交通银行史料》第一卷,第1109页。
② 同上,第1111、1161、1162页。
③ 同上,第1111—1117页。
④ 同上,第1164—1172页。
⑤ 同上,第1112—1118页。

幅提高。整存整付半年即可计息,利率从10%递增至五年期的14%;甲种、乙种零存整付的利率均为一分,丙种的利率统一为每年九厘;整存零付和整存分期付息储蓄的利率统一为每年一分。① 而抗战前,唯有存期十五年的储蓄才有一分的利息。

便期储蓄存款的品种,抗战前后并无变化,皆为整存便期储蓄和零存便期储蓄。整存便期储蓄由储户一次性将资金存入银行,银行签给存单,在两个月至两年之间,可随时一次性提取本息。新规定中,整存便期储蓄的利息也有大幅度的提高。先前的储蓄按照存期的不同,周息在四厘至六厘五毫之间,此时的周息定为一分零五毫至一分二厘之间。从存款数额看,虽然起存点都为一百元,但原先储蓄总额不得超过两万元的限制,在新规定中已被取消。②

零存便期储蓄在开户时,由银行发给储户存折,此后可随时存入资金。该项储蓄在新规定中除利息提高外,还有其他调整。起存点从五元调整至五十元,而且规定每次续存时必须为十元或十元的整数倍,原先最高两万元的限额也被取消。对该项储蓄先前还特别规定必须存足十年为满期,十年期满后须将本息一次性取出。新规定修改存期"以二年为满期","满二个月后,得随时一次或分次提取本息"。③

新修订的《交通银行储蓄存款规则》根据国内经济、金融的现状对储蓄的规则作出相应的调整,反映了交行经营方针的与时俱进和适时变化。抗战后期,交行资金问题已越来越棘手,储蓄业务受到高度重视。储蓄存款新规定的最大变化是降低存款要求,提高存款利息。其用意在于吸引更多资金存入。不过,利息的大幅提高也增加了经营成本,高息揽储毕竟不是长远之计,所以交行也想方设法,另辟蹊径。例如,国民政府在抗战时期发动全国储蓄运动,并以行政手段强制推行,中央银行还给予经办行贴息优惠,交行作为经办行之一积极参与其中,获取了大量低成本的资金。此外,交行对储蓄新品种的开发也动足了脑筋,针对不同人群的金融需求,竭力提高特种储蓄的互惠性和便利性,增强其吸引力。这些措施,促使交行储蓄业务取得良好成效,名列各行局之首。

交行对储蓄业务专门人员的管理也予以高度重视。总管理处依据新形势、新要求对相关规定进行厘定,于1940年颁布《交通银行主管储蓄人员奖惩办法》,作为储

---

① 《交通银行史料》第一卷,第1165—1168页。
② 同上,第1119页。
③ 同上,第1185页。

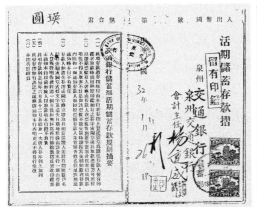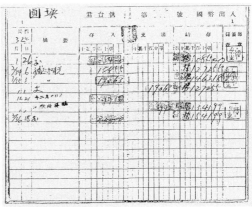

20 世纪 40 年代爱国高僧圆瑛存款于交通银行泉州支行的储
蓄存折,该笔钱款系近代著名教育家、书法家弘一法师所留。

蓄业务专门人员的考核标准,以提高该项业务的工作效率。奖惩办法的适用对象包
括总管理处储信部经、副、襄理,储信部储信课课长、副课长,分支行经、副、襄理,储蓄
股主任、副主任,办事处主任,以及各级机构办理储蓄的员生等,凡经办储蓄的人员均
接受这一奖惩办法的业绩考核。按照规定,有下述五种表现之一的即可获得奖励:
1. 对于财政部、四联总处以及交行总管理处指示办理的储蓄业务,能迅捷奉行,办理
得当的;2. 对上级部门制定的各类储蓄推行目标能如期完成的,或与当地同业相比表
现突出的;3. 能提出创见,使本行储蓄业务获得重大发展的;4. 劝储努力,能使本行吸
收巨额储蓄或增加大量储户的;5. 办理储蓄业务能不计环境危难,不辞工作艰苦,努
力不懈、劳绩卓著的。[1]

　　有下述六种情况之一的,则酌情给予惩戒:1. 对于财政部、四联总处以及本行总
管理处指示办理的储蓄业务,奉行懈怠致失机宜的;2. 对于上级部门的指示故为曲
解,恶意批评,或不求甚解,疵谬奉行,以致引起不良观念,影响成绩的;3. 接待储户傲
慢不逊,或办理手续紊乱失误的;4. 从事储蓄业务而旷工失职的;5. 办理储蓄业务有
重大过失,或不正当行为的;6. 遇有困难的环境或繁重的工作,畏惧推诿的。[2]

　　《主管储蓄人员奖惩办法》颁布后,对从事储蓄业务的行员具有切实的警戒、激
励作用,收效明显。至 1945 年 2 月,总处又对该项办法作了修订,加强揽储成绩的考

---

① 《交通银行史料》第一卷,第 1154—1155 页。
② 同上,第 1155 页。

核,奖惩力度更大:"1.各分支行处推行储蓄超过规定目标一倍以上,并系逐月增加者,该行处主管人员及经办人员各得记功两次。2.超过规定目标百分之五十以上者,各得记功一次。3.到达规定目标,又超过规定目标百分之五十以内者,予以函奖。4.目标巨大之行处而能超过其目标者,视超过之多寡得比照一二项办理。5.推行储蓄未能达到规定目标百分之八十以上者,由本处视其办理情形酌予告诫,如认为推行不力情节重大者,经办人员得予记过之处分。6.前项奖惩于年终考绩时,列为考绩标准之一项。"1946年,交行再次对储蓄人员的考核规定作了修改,奖惩措施更加细化。①

三、适应不同需要的储蓄品种

基于大力发展储蓄业务的经营策略,交行还致力于储蓄品种的创新与开发。持续的战争严重影响了人们的日常生活,经济收入、衣食消费、子女教育、治病养老等,都随之发生许多变化,和平时期开办的储蓄品种显然已不能适应战时的特殊条件,难以满足大众的多种需要。交行深入分析、把握不同层次的客户群体及其特殊需要,有针对性地开发、创新储蓄品种,单独制定各项优惠政策,在满足社会需求的同时吸引更多资金进入交行。1945年修改的《交通银行储蓄存款规则》即新增不少储蓄品种。

交行战前的储蓄业务共包括三大类七个品种,1945年改定的《储蓄存款规则》已扩展至三大类十三个品种。活期储蓄存款新增特种活期储蓄存款、通知储蓄存款、定额支票储蓄存款三种;定期储蓄存款新增教育储蓄存款、团体储蓄存款、养老储蓄存款三种;便期储蓄存款仍为整存便期、零存便期两种。②

活期储蓄存款新增的三个品种中,特种活期储蓄与一般活期储蓄相比,开户额度提高为1000元。由于起存门槛较高,利息也有较多优待。按照规定,最低利率为周息九厘,而逐日存款余额保持在10万以上的加息一厘,100万以上的加息二厘,1000万以上的加息三厘。一般活期储蓄的利率固定为一分,不能随储蓄数额增加而上浮,其他的利息奖励幅度也不及特种活期储蓄。

通知储蓄存款起存门槛为10万元,开户存入一个月后才可以提取,通知提取期限分为三天和七天两种。取款之前客户需填写取条,通知银行时应注明通知日期和

---

① 《交通银行史料》第一卷,第1153—1154页。
② 同上,第1159页。

付款日期,然后凭条取款。此种起息高于前两种存款,期限为三天的,周息为1.025分,七天的为1.05分,在结算期内只存不取的可加息半厘,每日存款余额保持在5万元以上的,加息两毫半,万元以上的加息半厘。从规定看,交行的通知储蓄存款与现今商业银行的通知储蓄存款已大致相同,只是确定了较高的利息和较短的计息周期,并有不同程度的奖息措施,当时交行的各类储蓄品种都反映出这一倾向。

定额支票储蓄存款可随时存入资金,起存点为5000元,以后每次存入至少1000元,每次存款完成后,由经办机构发给储户收款回单和等额的定额支票,定额支票的数额为500元、1000元、5000元、10000元、50000元、100000元六种,储户可根据自身需要自行搭配。除原存款行外,参与此项存款的储户可在交行其他分支机构兑取现金,但不超过三处,并需于开户时事先约定,取款时则需扣除相应汇费。定额支票储蓄存款的利息与普通活期储蓄存款的利息相同。[1] 对经常携款前往外地办事的客户而言,固然可以选择汇款,可汇款并无利息,但若选择该项储蓄,则既可获取一定利息,又可解决携带大量现金的不便,因此有不小吸引力。

定期储蓄存款新增的三个品种中,教育储蓄存款分为甲、乙两种,由存款人认定一个数额,按月、按年或一次性存入资金,至约定时间支取学费。甲种教育储蓄按照预定金额存款,至四年、八年或十二年期满以后,按照中学十二学期,大学八学期支付学费,至最后一个学期学费支付完成时,本息全部付清。乙种教育储蓄根据预定学程长短决定储蓄时间,最短四年,最长二十一年,以应付预定学程第一期或最后一期为存款截止日。甲、乙两种教育储蓄,利率均按年息一分计算,每扣足六个月计算复利一次。根据年龄段和学制的不同,每期支付金额从100元至1000元不等。[2] 为鼓励民众认储该项储蓄,交行规定,储户在本行汇款缴纳子女上学所需一切费用时,可减收汇款手续费。储户若急需资金,也可以教育储蓄存单作抵押,向交行申请优惠条件的借款。[3]

新增的养老储蓄存款分为甲、乙、丙三种,由储户认定一种存入资金,到期后本息合计再作为本金,嗣后按月支付利息,用于养老,待储蓄人寿终后,本金一次性偿还。甲、乙、丙三种储蓄的存款方式不同,甲种为本金按月存入,乙种为本金按年存入,丙

---

① 《交通银行史料》第一卷,第1161—1164页。
② 同上,第1172—1173页。
③ 同上,第1191—1192页。

种为本金一次性存入,三种方式利息均为一分。存款年限分为五年、十年、十五年,到期后,每月支取的利息自 100 元起,最高以 1000 元为限。[1] 该项储蓄的计息模式与现今商业养老保险的设计颇为相似,体现了交行较先进的经营理念。为鼓励妇女积极认储,交行还规定:凡妇女认储本行各种定期、活期、便期以及养老储蓄之任何一种,在半年以上,其逐日存款余额保持在 1000 元以上者,均可享受一定的特殊优惠。例如,给子女教育费用,或给家人赡家费用,在本行汇款时,可减收手续费,若急需资金急也可以定期养老储蓄存单、存折作抵押向交行借款,并可享受一定优惠。[2]

抗战时期,四联总处要求各大银行重视动员机关团体办理集体储蓄,并于 1942 年 2 月颁布团体储蓄的章程,交行被指定为经办行之一。团体储蓄与个人储蓄相比,存入资金较稳定,数额较大,而银行所费人力成本相对较小,因此交行积极开办该项储蓄。在 1945 年修订储蓄存款规则时,团体储蓄即为新增的品种之一,并制定了相关细则。"凡机关、工厂、商号及其他合法团体,每月由各员工薪资内提存储蓄金者,得经本行同意,订立团体储蓄存款。"该项存款以团体为单位,起存人数为 20 人以上,每人每月存入金额不少于 5 元,储蓄年限自两年起,最长为十五年。存款开户时,应由该团体将存款员工姓名依次编号,填写清单,送交本行,以后每月存入时,都需提交清单,若有增减,应在清单内注明。[3] 四联总处在制定团体储蓄规则时,曾要求按照节约建国储金十年期利率周息一分计算[4],交行则稍作变通,未规定固定利率,而是"视其所订存款年限,比照本行定期储蓄相当年份之利率,于开户时双方议定,中途不得要求变更"。若遇团体内员工退职、死亡,或团体裁撤等情况,可提前提取存款,并酌情改算利率。[5]

抗战时期,交行为突破资金的瓶颈确立了以储蓄为中心的经营策略。在此过程中,不仅努力提高原有储蓄品种的吸引力,而且针对战时的特殊状况和民众的现实需要,积极开发各类新的储蓄品种,体现了开拓创新的精神和先进的经营理念,至今仍不乏借鉴意义。

---

[1] 《交通银行史料》第一卷,第 1184 页。
[2] 同上,第 1190—1191 页。
[3] 同上,第 1183 页。
[4] 《四联总处史料》(中),第 277 页。
[5] 《交通银行史料》第一卷,第 1183 页。

四、积极参与全民储蓄运动

抗战时期,国民政府为建设后方,坚持全民抗战、长期抗战,急需解决财力、物力问题,因此运用行政手段推动全民储蓄运动,大力倡导节约建国,希望通过积少成多的方式积累资金,缓解财政困难。交行作为重要的国家金融机构,密切配合,积极参与,发挥了重要作用。

节约建国储蓄是国民政府推出的最大的一个储蓄品种,分为节约建国储蓄和美金节约建国储蓄。该项储蓄自 1938 年开办,直至 1947 年结束,持续时间长达九年。在此期间,为促进该运动的开展,国民政府于 1940 年 7 月成立全国节约建国储蓄劝储委员会,随后在各地陆续成立分会。按照组织规程,全国委员会的委员由四联总处全体理事担任,①交行董事长钱新之作为四联总处理事自然当选为劝储委员会委员。各地分会"设委员五人至九人,由全国节约建国储蓄劝储委员会聘任之,并以中、中、交、农四行及中信局、储汇局之经理为当然委员"②。显然,交行各行处的经理都担任了地方分会委员的职务,参与各类劝储活动。劝储委员会成立不久,即于 1940 年 8 月 18 日至 1941 年 1 月 20 日,组织各界人士,包括众多机关、团体参加储蓄竞赛活动,交行作为竞赛经办银行之一,为竞赛的顺利进行做出了积极贡献,促进了储蓄金额的迅速上升。其后,此类储蓄竞赛曾多次举行。

节约建国储蓄由政府力推,因而有关资金的安全、利率等,皆由政府给予政策上的保证。1938 年 12 月颁布的《节约建国储金条例》规定:"节约建国储金,由中央、中国、交通、中国农民四银行及邮政储金汇业局经收。除由经收之各该行局直接向储户负责外,并由政府保证其本息之安全。"此外,条例还规定:各行局经收该项储金时,"应给予比普通储蓄为优之利息,并应按独立基金管理,不得与各该行局一般业务之盈亏混合"。该项储蓄为定期储蓄,当时后方通胀尚不严重,且希望广大民众积极参与,所以起存点仅为法币一元,但自存入之日起,需满三年才可提取本金。这一时期外汇头寸尤为紧缺,故条例又规定可存入外汇,期满后仍以外汇偿付本息。③

1939 年 9 月,国民政府又颁布《节约建国储蓄券条例》。该条例规定:"节约建国

---

① 《四联总处史料》(中),第 189 页。
② 同上,第 190 页。
③ 同上,第 271—272 页。

储蓄券,由中央信托局、中国、交通、农民三银行及邮政储金汇业局依照《节约建国储金条例》之规定,经财政部核准后发行。"节约建国储蓄券也为定期储蓄,分为甲、乙两种,面额为 5 元、10 元、50 元、100 元、500 元、1000 元六种,由储户认购,存期至少为六个月。甲种为记名式,不得转让或赠与,乙种为不记名式,持券人可自由转让或赠与他人。① 1940 年,国民政府对储蓄券条例作了修正,新增一万元面额的储蓄券,并将甲种券第十年年终加给的红利从每元一角提高至一角五分。②

发行美金节约建国储蓄券,缘于 1942 年春中国政府获得英、美两国的巨额财政借款。国民政府为充分利用所借外债稳定国内币值,减缓后方日益严重的通货膨胀,饬令四联总处特种储蓄设计委员会商讨对策。该委员会提出发行美金节约建国储蓄券的方案,并草拟十项发行的办法和原则,经四联总处理事会讨论通过,由财政部颁布施行。按照规定,美金储蓄券由交通银行及中国银行、农民银行、中央信托局和邮政储金汇业局发行,鉴于该项储蓄意在吸收社会上的法币游资,以遏制法币币值的下降,所以必须以法币折合美金认购。储蓄券面额不加限制,但至少为十美元,定期的年限分为二年、三年、四年三种,周息分别为四厘、五厘、六厘。到期后,储户向原发售行局支取美金本息,也可折合法币。为保证顺利发行,先由财政部拨款一亿美元存入中央银行,以备各行局结付储蓄券本息时支用。当年 4 月,美金储蓄券正式开始发售,最初进展平稳,后随着通胀的加剧,民众为求货币保值,踊跃认购,储蓄数额迅速上升,不久即完成政府预定的吸收法币目标。至 1943 年 9 月,美金储蓄券停止发售。③

交行还配合四联总处开办法币折合黄金存款。1943 年,国民政府从美国的借款中拨出两亿美元,购买美国黄金内运,在市场上公开抛售,目的也是为了吸收社会游资。四联总处随后决定开办法币折合黄金存款,由交行等行局经办。该项储蓄以黄金市两为单位,储户按照法币折合黄金的比价,将法币存入银行,存期分为定期半年、一年、二年、三年,到期后,本金支取黄金,利息以法币支付。自 1944 年 8 月四联总处理事会通过决议开办该项存款以来,因中国民众极为信任黄金的保值作用,认购者十

---

① 《四联总处史料》(中),第 274—275 页。
② 同上,第 273 页。
③ 同上,第 302—305 页。

分踊跃,收效显著,至 1945 年 6 月,财政部布告停止办理。①

此外,交通银行还协助国民政府推行多个储蓄品种。

由中央储蓄会主办的特种有奖储蓄券于 1940 年开始发行。储蓄券采用分期发行的办法,每两个月发行一期,每期发行总额为 500 万元,每期开奖一次,奖金以券额的 25% 计算,其中交行负责承销 50 万元。至 1943 年,改为每月发行一期,每期发行总额增至 2000 万元,交行承销的额度也上升至 200 万元。②

1942 年,国民政府行政院颁布《乡镇造产办法》,四联总处与之配合,于 1943 年开始推行乡镇公益储蓄。该项储蓄定期五年,经办的各行局即利用甲种节约建国储蓄券加盖"乡镇公益储蓄"戳记,作为储蓄凭证,到期凭券兑付本息。③ 为推进这项储蓄,各级地方政府普遍组建乡镇劝储队,要求每户每年至少应认储 100 元,赤贫者可免储。交行等行局皆为承办单位,为完成政府下达的任务,作了种种努力。④

在国民政府推进全民储蓄的过程中,四联总处于 1940 年 9 月颁布《四行普设简易储蓄处办法》,要求交行等四行局在未设行处的地点尽可能多设简易储蓄处,方便民众办理储蓄。例如,人口超过五万以上的地区,厂矿及交通要道等工人集中的地区,学校集中的地区,大宗特产品的生产地与集散地,商业繁盛的内地口岸等,都应尽量设立储蓄处。⑤ 交行对此积极响应,总处迅速向各地行处下达相应要求。除按四联总处的相关规定进行部署,总处还特别函嘱各行处操办时应取得所在地机关、团体的书面同意。储蓄处应尽量借用当地机关、团体的房屋办公,不必另租,以节约成本。特约简易储蓄处,可事先约定日期、时间前往办理,不必常驻。简易储蓄处可办理本行所有储蓄业务,尤其注重推广节约建国储金和储券,并提倡本行的团体储蓄。⑥ 截至 1941 年 12 月,除云南、湖北两省,交通银行在后方各省共设立 80 个简易储蓄处,在各行局中仅较中国银行少 6 处,远在其他行局之上。⑦

国民政府发动全民储蓄运动,成效明显。尽管在当时的条件下,预定目标不可能

---

① 《四联总处史料》(中),第 323—329 页。
② 同上,第 293—301 页。
③ 同上,第 310 页。
④ 同上,第 310—313 页。
⑤ 同上,第 221—222 页。
⑥ 《交通银行史料》第一卷,第 1207—1208 页。
⑦ 《四联总处史料》(中),第 238 页。

完全实现,根本的问题依然存在,劝储过程也不无弊病,但通过储蓄筹集的资金确实在抗战中发挥了不小作用。交行为配合国家的方针政策全力以赴,做出了积极贡献,与此同时,所获储蓄款项切实弥补了交行的资金短缺,无论是维持自身发展,还是支持后方实业,都由此获得更大的回旋余地。

五、储蓄资金的合理运用

储蓄资金大多由小笔金额一点一滴汇聚而来,尤其在战乱之际,吸储的过程极不容易,因此,交行对于储蓄资金的运用非常慎重,专门订立相关规定,规范资金的使用,力求产生最大的效益。

在1943年行务会议上,总处就储蓄资金的运用规定了三条办法。其一,各分支机构储蓄部分除以储蓄存单、存折或储券做抵押外,不再经营其他投放,所收普通储蓄及节约建国储蓄款,统一由稽核处选择担保确实、稳妥可靠、合乎标准的生产事业放款,由总处储蓄部分别搭放。其二,稽核处依据每月底内部往来,选定适当的搭放对象,随相关账目转付储蓄部往来。其三,储蓄部收到稽核处转来的付报后,根据搭放凭证,分别转付普通储蓄或节约建国储蓄会计的相应放款科目,完成放款。[1] 综观所规定的工作流程,储蓄、稽核、会计等部门形成互相制约、通力合作的关系,既支持了实业的发展,又尽量保证资金的安全,使储蓄资金的运用更趋合理而有效。

经过不懈的努力,截至1944年,交行吸储总额已达到15.4亿元,实际可以运用的储蓄资金为9.1亿元。尽管数额相当可观,但大后方经济基础薄弱,工业水平落后,远不足以对所有实业给予全面资助。因此,当年的交行行务会议确立了储蓄资金的投放方针,"只能按其缓急轻重,先对国计民生有迫切需要者多予协助",有选择、有重点地支持部分实业项目,如"关系民生最为深切"的纺织业、面粉业,以及为"工业命脉"的交通事业。[2]

当时,国民政府对于全民储蓄运动所吸收的储金亦严格限制其用途。1938年颁布的《节约建国储金条例》明确规定:"各银行及邮政储金汇业局所收建国储金之运用,以投资于下列事业为限:(一)有关国防之生产事业。(二)开垦土地,兴修水利,

---

[1] 《交通银行史料》第一卷,第1156页。
[2] 同上,第1157页。

发展农林畜牧。(三)发展工矿业。(四)交通事业。(五)联合产销事业。(六)其他有关经济之建设事宜。"因条例规定储金只能用于投资,所以"投资事业取得之股票,应为节约建国储金之第一保证准备",以此保证资金的安全。[1] 至1942年,基于实际需要,节约建国储金中已有一部分经四联总处核定后投入信贷市场,为此,四联总处理事会特地通过决议,对仅限于投资的规定进行修正,改为"投资或贷款"。[2] 可见,国民政府对此类储金的使用极为慎重。交行原本即以发展实业为己任,严格执行政府的各项规定。

表3-2-7　1933年到1935年储蓄资金运用情况　　　　　　　单位:万元

年份 项目		1943	1944	1945
普通储蓄项下	定期放款	11560	12720	3030
	活期放款	13280	32390	204110
	证券投资	7800	8420	7770
	共计投放	32640	53550	214910
节建储蓄项下	国防生产事业投资	11360	4920	4210
	工矿生产事业投资	11430	35020	41200
	交通事业投资	2030	2300	150
	产销事业投资		3450	3500
	经济建设事业投资		770	560
	共计投放	24820	46460	49620
放贷及投资总数		57460	99990	264530

资料来源:《交通银行史料》第一卷,第1157—1158页。

---

[1] 《四联总处史料》(中),第272页。
[2] 同上,第276页。

第三节　曲折中崛起的信托业务

一、信托业务的恢复及其发展规划

交行经营信托业务始于 1928 年,此后发展迅速,相应的规章制度也陆续颁行。抗战爆发后,东部经济发达地区相继沦陷,交行的信托业务因战火蔓延而渐趋衰落。

1942 年四行专业化分工后,交行迎来信托业务新一轮的发展机遇。按照四联总处颁布的《中中交农四行业务划分及考核办法》,交行是四行中唯一被授予储蓄信托业务权利的银行,即获得了政府赋予的经营信托业务专项权利。[1]

发展信托业务是发展实业的题中应有之义,既属政府赋予的职责,又体现了中国经济的客观需要,而且有利于交行自身的发展。信托业务所吸收的长期大额资金可缓解战时资金紧缺,对于实业信贷与投资至关重要。信托机构的信誉是信托业务的重要基础,唯有信用卓著的金融企业方能获得委托人的认可,从而将资金托付管理。交行开业早,社会信誉良好,且与实业的联系向来紧密,十分重视对各实业部门的调查研究,有能力筛选出优质的实业企业作为信托资金的受益对象。可见,要发展信托业务,取得银行、委托人、受益人三赢的结果,交行的条件无疑是最好的。

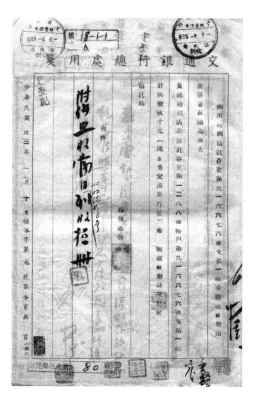

交通银行于 20 世纪 30 年代设立储蓄信托部,开始吸收信托存款。图为 1944 年交通银行稽核处致信托部的函件。

---

[1] 《四联总处史料》(上),第 562 页。

为抓住这一难得的发展机遇,交行于 1943 年成立信托部,重新规划信托业务的发展,制定各项规则,设计各种表单票据的样式,并通函下达全国各分支机构。鉴于各地情况迥异,切实推进信托业务的开展,交行就信托业务的种类做了划分。

重新举办信托业务后,总处授权各地分支机构可自行办理一部分信托业务,主要以吸收信托资金和代理款项收付为主,此类业务的风险较低,又可增加资金头寸,密切交行与工矿、机关、学校等单位的关系,进而争取大额存款。垫款购运、代募债券、代理委托等业务,因需动用银行的资金,或由银行出面担保,为控制可能的风险,总处规定各分支机构办理此类业务必须经过批准。

表 3 - 2 - 8　抗战期间交通银行开办信托产品一览

业务名称	具体内容
固有会计项下应即刻举办的信托业务	特别活期信托存款,普通活期信托存款,便期信托存款,基金信托存款,工厂添购机器基金存款,代理保险,代理买卖地产,经租管理房地产,代理收付款项,代理学校收费,代收代募股款
固有会计项下应斟酌当地情形,先经总管理处核准的信托业务	代理买卖有价证券,公司债信托,保证业务,代办公司委托事务,垫款代理购运生产资料,垫款代理运销生产成品
信托会计项下各行处可斟酌当地情形举办的信托业务	普通投资信托,特定投资信托
信托会计项下应先陈报总管理处后举办的信托业务	特种投资信托,财产管理信托
各行处代总管理处办理的信托业务	特约实业存款,通知信托存款

资料来源:《交通银行史料》第一卷,第 1262 页。

在信托业务的经营上,交行要求各分支机构立足实际情况,注意风险意识。1944年的行务会议明确要求:"先由各管辖行就当地及所属各行处环境做缜密之调查,如确有可办之信托业务,即行计划陈核,积极兴办。其业务确有发达希望者,并随时成立固有会计。"[①]显然,管理高层既认识到信托业务的广阔前景,又保持谨慎的态度,并不主张各地行处一哄而上,而是要求在调查研究的基础上,确切掌握实际情况和现实需求后,再积极兴办。行务会议对有条件兴办信托业务的地区,还提出若干操作要点。例如,在交通要道地区,应注意仓库、运输及代理业务;在工厂集中地区,应注意

---

① 《交通银行史料》第一卷,第 1263 页。

代购原料、燃料和代理运销产品；主要原料出产地区，应注意代理采购。各地都应注意代理发行各类公司债和优先股，并广揽各种信托存款，充实自身资金头寸。① 这些建议，对各分支机构如何把握业务重点，给予了原则性的指导。从中可以看出，此时的主要倾向依然是信托资金的揽收，"以吸揽存款为第一"。② 至于协助企业发行股票和债券，除可直接投资外，还可获得中间手续费的收益，借以改善仅靠息差获取利润的模式。

1945 年，交行根据国内外形势的变化和中国实业的发展要求，制定了当年度的信托业务计划，要求各行处在四个方面特别重视，努力推进。

其一，特约实业存款。鉴于 1944 年该项存款年终结算收益高达四分，对存户颇具吸引力，总处要求各行处"本年度仍继续推进，期导游资入于扶助实业之途"。

其二，工厂添购基金存款。由于"胜利在望，国内各工厂扩充设备，增加生产，需要机器甚殷，本年度拟仍广事揽存，一面积极向国外著名厂商洽订机器，取得交货优先权，俾将来交通恢复后，各工厂得以迅速扩充设备，增加生产"。

其三，特种投资业务。"筹划选择确有希望之生产事业，举办特种性质信托业务，公告社会招请投资，一面先依照盐务总处运盐信托投资办法厘订简则，开办盐运投资信托业务。"

其四，配合四联总处的政策，在垫款代理购销、承募公司债优先股以及其他信托代理等方面，应继续努力，并拟酌情扩充信托部机构，以便在新形势下进一步推进信托业务。③

综观抗战时期交行信托业务的发展方针，是以揽存为重点，兼及实业发展，并以谨慎开拓、稳步前行为经营策略主题的。

二、信托业务的稳步发展

1943 年，交行成立信托部时，资金投入量很小，仅有 250 万元。虽说数月后增拨 750 万元，④但这些资金并不能满足信托业务的发展需求，因此在早期阶段，交行特别

---

① 《交通银行史料》第一卷，第 1263 页。
② 同上，第 1264 页。
③ 以上均见《交通银行史料》第一卷，第 1264 页。
④ 《交通银行史料》第一卷，第 1266 页。

重视对信托资金的吸收。经过努力,信托资金余额迅速步入高速成长期。至 1943 年底,交行信托存款的总余额即达到 8430 余万元,其中定期信托存款为 780 余万元,占存款总额近 10%。1944 年,信托存款总余额更是大幅增长,达到 6.5 亿元,其中定期信托存款达到 1.35 亿元,占总余额的 20% 左右,使交行的资金结构有所改善。至抗战胜利的 1945 年,交行信托存款总余额已增至 17.2 亿元,定期信托存款为 8450 余万元,有所下降。①

随着信托资金的不断充裕,交行信托资金的放款呈现逐渐增长的态势,信托受益人的范围日益扩大。从完善信托业务考虑,交行管理层对信托资金的使用原则,受益者的选择标准等,都作了明确规定。为加强内部管理,管理层还要求各管辖行设立信托账目,除特约实业存款及通知信托存款这两项,其他各种信托存款,以及投资信托的资金,均需按照规定付给红利。所有的信托资金,除统由总处集中运用和支配的部分外,其余部分的运用范围已由相关章程作出明确规定,但总处"为使配合得宜,运用尽利起见",还拟定了一些特殊规定。

其一,各行处的信托资金除按照章程规定妥善运用外,若有多余资金,应就本行放款项目中期限较短,获利丰厚,且信用可靠的项目进行适量搭放。

其二,各行处所在地若有稳妥可靠的放款或投资对象,应进行详细调查,并向总处报告,经批准后方可承做此类业务,若行处自身信托资金不足,可由总处指定其他行处予以资金支援,或由总处另拨资金搭做。

其三,各行处的信托资金若在当地没有合适的投放项目,可由总处代为运作。

其四,总处若有稳妥可靠的放款或投资对象,可通盘谋划,筹措整合,调拨各行处的信托资金进行运作,但仍作为各行处的搭放。②

上述规定主要强调信托资金的运用必须稳妥可靠,宁缺毋滥,同时要求做到合理调拨,统筹运用,力求发挥其最大的效益。

信托资金规范而合理的使用,资金总额的逐年增长,使得交行信托资金的投放取得了较好的成效。1945 年,信托资金的运用以辅助工矿交通事业以及有利于民生的生产事业为主,择优投放,全年各类信托放款总额达到 5.411 亿元,较上年增加 4270

---

① 《交通银行史料》第一卷,第 1267—1268 页。
② 以上均见《交通银行史料》第一卷,第 1269 页。

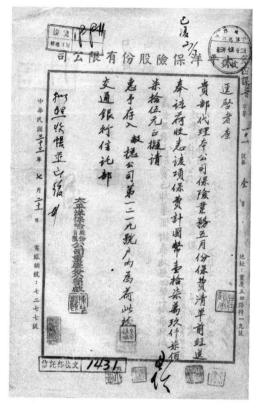

太平洋保险公司重庆分公司致交行信托部的函件

余万元,其中,定期信托放款为4360余万元,活期信托放款为2.797亿元,贴现放款为2.175亿元,证券及生产事业的投资为2.618亿元。①

1944年12月,交行为了推进保险代理业务,与太平洋保险公司签订代理保险合约,信托业务范围得到进一步拓宽,仓库运输、代收款项等业务也次第开展。其中,采购机器基金存款自创办以来,不少地区的工厂纷纷开户存款,尤以棉毛纺织厂家最多,收到良好效果。抗战胜利前夕,后方的工厂为谋求战后的发展,更加积极地向国外设备厂商订购机器,因此该项存款业务吸收的资金数量不断增长。交行推出特约实业存款的本意是吸收社会游资,引导民众投资实业,开办以来所吸收的资金主要投向收益稳定可靠的生产企业,除股息外还分派红利,颇有吸引力。②

抗战胜利后,交行信托部随总处迁往上海,原在重庆的信托部办公处改为信托分部,交行的信托业务又迈向新的发展阶段。

三、规范信托业务的规章制度

为规范信托业务经营,总处于1943年11月制定一系列相关规章制度,作为行员操作的依据,主要有《各项信托存款及信托投资处理须知》《代理公私机关团体学校收费及代发股息债息须知》《代理买卖房地产处理须知》《经租管理房地产处理须知》等。

---

① 以上均见《交通银行史料》第一卷,第1270页。
② 《交通银行史料》第一卷,第1266页。

《各项信托存款及信托投资处理须知》对交行开办的信托存款种类,以及各种信托投资的办理方式作出具体规定。信托存款的主要类别有:特别活期信托存款、普通活期信托存款、便期信托存款、基金信托存款、工厂添购机器基金存款、特约实业存款、通知信托存款等。此类信托存款的记账管理,特别活期信托存款借用甲种活期存款分户账,普通活期信托存款借用活期储蓄存款分户账,便期信托存款借用定期存款账,基金信托存款借用分期付息存款分户账,工厂添购基金存款借用定期存款账,除收存方式、付息方式等有相应规定外,其余皆参照交行活期存款和定期存款的相关规定进行管理。显然,因恢复信托业务不久,仓促之间交行还无法制定针对性强的规章制度,只能借用已有的储蓄存款规定,稍加变通,专门的规章制度还有待于通过具体实践和理论研究加以完善。

在各类信托存款中,通知信托存款较为特殊,为便于各地存户平均分配红利,所有存入资金由总处集中运用,各行处代总处办理,"所有收付概以报单收付总处信托部账"。提取方式与通知存款类似,需提前七天到交行办理手续,到期后照付本息。而红利分配定于每年的 6 月底和 12 月底,各分支机构接到总处通告的红利率后,在分户账内注明红利率计算红利,然后合并保息与红利的总和,扣除所得税后陈报总处信托部。①

该《须知》将信托投资分为普通投资信托、特定投资信托、特种投资信托三大类,其中,普通投资信托是主要的。委托投资的范围,《须知》中也有明确规定,如普通投资信托规定:"委托人委托投资之范围以投资于工矿、交通、生产、实业或证券等为限,委托期限至少一年。"此外,关于信托费的收取规定,"委托人应付之信托费,本行得视代理手续之繁简,按信托金额千分之五至千分之十五为准,如有特殊情形必须增减时,得陈请总处信托部酌定之。所有信托费率及支付期日,应与委托人于委托时先行约定之"。②

《代理公私机关团体学校收费及代发股息债息须知》涉及的代理业务包括:公司委托代收股款、公私团体委托代收捐款或其他公益金、代理学校收费、代付股息债息及红利,对此类业务的办理手续、注意事项、收费标准等,该须知都作了详细规定。例

---

① 以上均见《交通银行史料》第一卷,第 1272—1274 页。
② 《交通银行史料》第一卷,第 1275 页。

如,如果有尚在筹备中的公司委托交行代收股款,应由发起人缮具委托书,并按相关规定将各类文件送交交行,经审查发起人确实可靠,公司性质正当,经主管官署核准备案者,方可接受。对于收款的具体过程,也有明确规定:已代收的股款应待公司依法成立后方可支取,若约定收入普通活期信托存款,或特别活期信托存款,应开立相应的存款户,但存折、收款回单、支票簿等,皆暂由交行保管,待公司正式成立后,方可交还公司。若筹备设立的公司最终不能成立,已收款项应仍由交行发还原缴款人。这些规定意在规避风险,防止诈骗。又如公私团体委托代收捐款或其他公益金,也必须由委托团体出具正式委托书,经审查团体正当,托收款项合法,方可接受。代收款时,应由委托团体备具三联式收款收据,呈送交行,款项的入账、支取等也都有明确规定。①

抗战时期,国内大中城市的房地产业畸形发展,交行适时介入这一市场,《代理买卖房地产处理须知》和《经租管理房地产处理须知》对各行处代理房地产买卖与经租管理的业务作出规定,内容涉及代理关系的确立、相关的手续与契约、双方的权利与责任、代理费用的标准等。

房地产属大宗不动产,往往存在复杂的产权问题,为此,总处要求各行处代买房地产时,积极而慎重,"应先将委托人所填委托书经详细审查所开条件(座落地点、土地面积、建筑种类及价格限度等),认为可办者,方可接受,即通知委托人缴纳购价百分之十以上之证据金"。代卖房地产更需慎重,"应将委托人所填委托书及房地产契据、文证图样,经详细审查所开条件可以照办,且产权确无纠葛者,方可接受。接受时即将契据、文证图样留存本行,出给文件收据,交委托人收执"。代办房地产登记过户的业务,也必须确认相关事宜,如产权是否明确,产权证明文件是否完备,以前登记手续是否办妥,应缴纳的捐税是否缴清,是否作过抵押等,完全审查清楚后,方可接受。代理经租管理房地产的规定与之类似,以避免"发生纠葛"。在经租房地产时,"应由租户觅具保证人,与本行洽订租赁契约,经本行审查认可,对保无误后,即行签订。订约后,租户应将押租及第一期应缴租金送缴本行,始能使用承租之房地产"。对上述业务办理过程中的一系列手续、程序及注意事项,须知皆有具体而明确的规定。②

---

① 《交通银行史料》第一卷,第1276—1281页。
② 以上均见《交通银行史料》第一卷,第1281—1285页。

交行信托业务甫一恢复,管理高层即予以高度重视,在稳步推进的同时,拟定一系列章制,对各行处的信托业务加以规范。尽管因时间仓促,此类章程都以"须知"的形式下达,其内容与严格意义上的规章制度条例相较,尚不够成熟和完善,但其涉及面十分广泛,具体的规定也比较明确,具有很强的可操作性。因此,对规范这一时期交行的信托业务,包括提升服务、规避风险等,都起了非常重要的作用。之所以如此,在于管理高层对信托的性质和前景有着清晰的认识,诚如赵棣华在1944年行务会议上所说:"信托业务是实业银行的重心,促进产业资金证券化是本行主要任务之一。所以代理厂商发行股票及公司债,以及促进产业证券市场建立,都是本行应尽的职责。"[1]

第四节　仓库与运输网络的建设

一、仓库建设的战时规划

抗战爆发后,交行东部地区的仓库及运输网络相继沦陷,西部地区的仓储业务则十分落后,这种状况显然不符合国民政府确立的建设后方根据地,坚持全民抗战的方针政策。1942年的四行专业化分工,交通银行被政府指定为发展全国实业的银行,恢复并发展仓储、运输业务更成为当务之急。为此,交行管理层着眼于抗战实际,又本着"奠百年之基"的长远战略,重新拟定计划,构建仓库建设网络。

根据计划,交行仓库网建设分为点、线、面三个步骤逐步推进。

第一步,设立点的仓库。即在当时各大城市中选择交通四达、货物集散的工商业重心地点,先行设立有一定规模的基本仓库,借以作为日后推广发展仓储运输业务的据点。此类被选为据点的城市中,重庆、西安、成都三地的仓库已经建立,计划中应加紧建仓的还有5处,即兰州、贵阳、衡阳、桂林、昆明,待上述八大据点的建设完成后,即可奠定交行后方仓库事业的基础。

第二步,设立线的仓库。即配合运输线路,在连贯上述八大据点的运输线路沿

---

① 《交通银行史料》第一卷,第299页。

线,选择物资产销的中心市场,设立各站点的仓库。交行计划中拟定的建仓线路共有7条,详见表3-2-9。

表3-2-9　交通沿线仓库建设计划表

线路名称	建仓城市(包括已建与未建)
川江水路线	乐山、叙府①、泸县、万县、合川、南充、广元
川滇线	曲靖、成宁、泸县、内江
滇黔线	曲靖、安顺
黔湘桂线	独山、柳州
川黔线	桐梓、遵义
西北线	天水、广元、绵阳
陇海线	宝鸡、咸阳

资料来源:《交通银行史料》第一卷,第1361页。

第三步,设立面的仓库。即以上述八大据点仓库以及沿线驿站仓库为中心,选择其附近的物资生产或消费地点加以设立,形成由中心扩展而成的面。

按照交行的建设仓库计划,第一步的据点仓库以自建较牢固的可长期使用的基本仓库为主,第二步的沿线驿站仓库以租赁或特约为主,第三步的仓库则以特约为主。按照计划中的步骤实施,可由点而线,由线而面,最终构成整个后方仓库网。交行制定这一计划,其实还有更深远的想法,即在建立仓库的同时,"借各级仓库之机构,养成大量仓库干部人员。一旦战争结束,沦陷区内本行原有各仓纷纷复业,亦不虞缺少办仓熟手,届时全国仓库之计划因以完全实现"。②

交行此项规划,适应了拓展业务、扶持后方实业的迫切需要,选点布局、推进步骤等,亦周全合理,但战乱之中,这一计划迟迟未能实施。在后方大都市中,交行仅在西安自建了一座较有规模的仓库,在重庆购置了一处仓库,其余的库房多属临时租赁。尽管如此,管理高层未改初衷,屡屡要求各行处"宜就后方交通四达,商货繁盛各都市积极自建较具规模之仓库,作有计划之发展,并树立久远之基础。惟仓库之地点优良与否与营业关系之巨,故拟及早指定各行预为选购适当基地,以备复员后筹计营建"。③

---

① 即叙州府,今四川宜宾的旧称。
② 以上均见《交通银行史料》第一卷,第1361—1362页。
③ 《交通银行史料》第一卷,第1362页。

二、仓库营运制度的改进与完善

抗战时期,交行管理层在规划全国仓库网络的同时,还致力于相关规则章程的改进与完善。1943年1月,新的《交通银行仓库营业规则》颁布,对寄托物品与仓库经营的权利和责任作了清晰的规定,以适应新的形势与需要。

寄托物品的进仓是仓库营运的重要一环,新订的规则对拒绝保管的物品作了严格规定:"一、违禁品。二、与现行法令抵触者。三、有危险性者。四、包装不完全或容易散失者。五、易于腐烂损坏变质者。六、本仓认为不适于保管,或有损害本仓或其他物品之虞者。"这些规定对保证仓库的安全具有重要意义,而先前的规则,并无此类规定。新规则还对寄托人提出明确要求:"寄托人欲将货物委托本仓保管,应先填具进仓申请书,其物价每件逾一千元,或在保管上须特别注意者,并应分别注明,送经本仓承允方可照办。寄托人如不照约定期限履行,本仓得撤销其承诺,本仓因此受有损失时,申请人应负赔偿损失之责。"①

寄托物品进仓后,最重要的凭证是仓单。新规则规定:办妥手续,填发仓单时,须由仓库主任及会计会同签章,方为有效;仓单的转让或抵押,非经寄托人在仓单上背书及仓库负责人员在仓单上批注,不生效力;仓单一旦遗失,失主应向仓库提交挂失申请书,并登报申明作废,两个月后,若无纠葛,方由仓库补发新仓单;寄托人印鉴图章遗失的挂失手续与仓单大致相同;仓单、印鉴挂失之前,寄托物品已被提取,仓库概不负责。此类规定意在明确双方的责任,避免冒领之类的事情发生。②

寄托物品的保管期限,新规则限定为六个月,期满后必须向仓库申请延长保管期。若过期不取,且不申请延期,经催告满一个月后,仓库可将寄托物自由变卖,抵偿相关费用。寄托物品的出仓,按规定提取者必须填写出仓申请书,签盖原留印鉴,连同仓单,一起送交仓库核发出仓凭证,然后才能提取寄托物品。③

新规则对因仓库的过失造成的寄托物品损坏,有相应的赔偿规定,同时列出四种免责情况,即由自然灾害等不可抗因素造成的损坏,露天保管时因气候变化而不可避免的损坏,违背政府法令导致寄托物品因查抄、扣押等造成的损坏,寄托人违反《仓库

---

① 《交通银行史料》第一卷,第1340页。
② 同上,第1341—1342页。
③ 同上,第1342—1343页。

营业规则》而发生的损坏,仓库方面不负赔偿之责。①

1944 年,交行修订《交通银行仓库内部办事手续须知》,内容包括仓库人员的职掌、仓库管理、寄托物进仓出仓手续、仓单过户手续、仓单分割手续、仓单挂失及补发新仓单手续、印鉴挂失及换用新印鉴手续、寄托物移仓翻装取样手续等各个方面,涵盖了仓库内部工作的所有流程,使相关人员得以遵章规范操作。

《须知》所规定的仓库人员主要为仓库主任、会计员和仓务员,与战前大致相同,但对他们的职掌与责任作了十分细致而明确的规定,力求做到各司其职,责权明晰。从严格财务制度,杜绝内部漏洞考虑,须知特别规定:"视业务之繁简,得酌添行员、雇员、帮办……关于文书、庶务、出纳等事务,由主任就仓库原有人员酌派兼办,惟会计员不得兼办庶务及出纳等事务。"②

在仓库管理方面,诸如仓库命名及编号、寄托物进出、寄托物堆置、仓房检视、仓房防卫等,《须知》都有具体的规定,如,"仓房建筑各地不同,应就建筑情形,随时注意屋顶漏雨,地面潮湿,及地板圮陷等情事之发生,加以修理";"发现墙壁倾斜及有易为盗贼觊觎之情况时,应立即加以补救或改善";"仓库内应禁止吸烟并随时小心火烛,于出入孔道明显之处粘贴红纸条,上写'禁止吸烟'及'小心火烛'字样,用以警惕";"对鼠啮虫伤损耗等,应随时研究有效防止方法";"仓房内如必需装置电灯时,其电线须加装保险管保护,或将平行之两皮线保持半尺以上之距离,以防受潮走电,并每半年请电力公司派人检视一次,以策安全"。

此外,《须知》还从提高服务的角度,对仓库人员作出一系列规定:"寄托物进仓出仓,对寄托人应尽量予以时间上及人事上之便利。寄托人分次陆续取货,不得以数量过少,而惮烦拒绝之";"包装如发现松散漏洞情事,应即通知寄托人从速修补,以免散漏。散漏之碎屑及破损之脚货,应悉数交还寄托人,不准司役分润。应严禁司役力夫向寄托人借端寓索及私收陋规,如经发生察觉,应立予严惩不贷。"③交行管理层深知,要发展仓储业务,招徕更多客户,关键在于保证寄托物品的安全,提高仓库的服务水平,因此不厌其烦地对内部工作人员予以告诫和规范。

基于维护信用,规范服务的考虑,须知严格规范仓库内部的各项办事手续,要求

---

① 《交通银行史料》第一卷,第 1344 页。
② 同上,第 1346—1347 页。
③ 同上,第 1348—1351 页。

仓库人员认真执行。如,寄托物进仓手续包括进仓申请、进仓审核、缮制凭单、进仓点验、悬牌记数、填制仓单、预留印鉴、仓单签章等程序,寄托物出仓手续包括出仓申请、核对印鉴、计收仓租、缮制凭单、批注仓单、凭单提货等程序,而每一道程序又有许多细则规定,仓库人员必须一项一项按照程序办理,不得遗漏疏忽。①

交行管理层积极改善仓库营业和管理制度,所作的努力不仅为仓库业务的进一步发展奠定了坚实的基础,还推进了交行内部管理制度的建设。

三、后方运输网络的构建

抗战时期,西部地区成为抗战建国的根据地,运输业亟须改善。为此,国民政府在西部兴建多条铁路线和公路线,一定程度上改善了后方的运输业。就交行而言,在后方构建运输网络,扩展运输业务,无论是支持全民抗战,还是谋求自身发展,都具有非常重要的意义,交行管理层遂将运输网与仓库网的建设一并提上议事日程,予以通盘规划。

陇海铁路战前已延伸至宝鸡,国民政府随后组织力量加紧修筑宝鸡至天水一段的铁路,交行管理层预判:"将来接轨以后,宝鸡为二省枢纽,货运必更增多。"鉴于中国银行在川陕成立西北运输处,业务红火,而交行虽在沿陇海线的主要地点均设有行处,但未建立运输机构,"为普遍发展各行处业务计,对于设立运输机构实不容缓"②。按计划,交行先在宝鸡创办运输机构,作为西北地区的基地,随后再于汉中、褒城、天水、咸阳、渭南、三原、西安等处依次成立运输机构;凡属押款、押汇业务的押品货物,争取全由交行代运,收取运费,货物运达后即可移存当地的交行仓库。解决运输问题的设想是,一方面与陇海铁路、西北公路局等订立契约,利用上述单位的交通工具,争取先为交行的货物装车起运,另一方面拟由交行自行购置公路线的运输工具,包括骡马车、汽车等,以便自运。在陕西取得成效后,再推广至四川、甘肃二省,在构建运输网的基础上,扩展运输、仓储业务。③

抗战时期,西部纺织工业集中在四川,其产量高低直接关系到后方军民的衣着供应。然而,四川当地产棉不足,每年需从外地输入大量棉花。以 1941 年为例,当年从

---

① 《交通银行史料》第一卷,第 1351—1353 页。
② 同上,第 1358 页。
③ 同上,第 1359 页。

湖北输入的棉花约为 30 万担,尚缺 74 万担,由陕西农本局设法提供。陕西方面限于运力,每年只能运送 20 万担左右。交行管理层看准这一商机,计划在办理押汇业务的同时,于川陕交通线上开办代客运输业务,并以服务于棉纺织业为主。总处要求川陕线沿途各行处预先设立运输机构,逐步建成与棉纺织业相配套的原料、成品产运销的交通运输网络,并以此作为交行日后扩展其他物资运输网的基础。①

为实施上述规划,交行拟定六条具体措施。(一)设立机构,在重庆、广元、宝鸡、咸阳、西安、渭南、泾阳等七处派员负责接洽与监督运输事务,组织火车、汽车、船舶等运输工具,通过水陆两路,分段将陕西的棉花运入四川,预计可增加十万担的运输能力。而回程又可运输纸张、糖、茶、盐、水泥、钢料、矿砂等物资。(二)将运输业务与押汇业务相互配合,协同推进,以求营业的稳步发展。(三)川陕线路的运输,渝行和秦行的业务量最大,可由渝、秦两行负责与外界接洽、协商,推进运销计划,若遇障碍,可借鉴与仿效农民、中国等银行的有效方法。(四)运输所需要的汽车,由重庆、西安、桂林、贵阳、宝鸡等地行处通力配合,负责调集提供,并解决燃料等问题。(五)所办理的运输业务,均应制定收费标准,除保证各项正常的成本支出,还应有所盈余,为日后的业务扩展奠定基础。(六)由于运输线路较长,相关各行处须准备一定头寸,以备垫付各项运输费用。②

此后三年,交行各行处依照上述措施,努力开展运输业务,为西部运输业的改善做出了积极贡献。

第五节　服务乡村的农贷业务

一、抗战期间的农贷业务

自 1934 年开始,交行积极参与农贷业务,取得明显成效并稳步前行之际,却遭逢日军侵华,以致"本行农贷大多沦陷"。③ 由于总处忙于应对战局,指挥东部各行处西

---

① 《交通银行史料》第一卷,第 1359 页。
② 同上,第 1359—1360 页。
③ 《1944 年 3 月 9 日第一次董事会会议记录》,交通银行博物馆藏资料 Y23。

撤,无暇顾及农村地区,因此,开战后两年多的时间里,除陕西等内地省份的合作农贷继续维持,其余的农贷业务全部收缩,呈现停滞状态。

抗战爆发后,农村地区的衰败景象愈加突出。由于通道相继遭到日军堵截,桐油、棉花等农产品难以出口,而且国民政府基于战略考虑,也禁止此类物资在市面上流通,农民的生活更加艰难。于是,有有识之士反复呼吁,要以农立国、以工建国,大力强调农民问题在全民抗战、持久抗战中的重要性。

自1940年开始,国民政府要求四联总处扩大农贷业务。为此,四联总处每年根据实际需要对农贷的种类及贷款对象进行动态调整。1940年四联总处通过该年度《农贷办法纲要》,对各家银行当年的农业贷款予以指导。纲要将贷放的对象限定为农民团体、农民个人和农业改进机关。农贷的种类分为农业生产、农业供销、农产储押、农田水利、农村运输工程、佃农购置耕地、农村复业、农业推广八大类。1941年,四联总处又对农贷业务加以调整,取消农民个人贷款,贷放对象限于依法登记的农场、林场、渔场以及合作供销代营机构,贷款的种类则减去农产储押贷款这一类。至1942年,贷款的种类又进一步收缩为五大类。

对于农贷资金的投向,国民政府主张区分轻重缓急,不能一律对待。非常重视农贷工作的蒋介石,对此作了明确指示:"农贷须定中心地区,不可普遍一律。并以四川为首区,所有人才组织,当先用于四川、西康,必使其本年(1940年)能发生成效。其他为陕、甘与滇、黔,亦望有相当成效,而后推及其他各省。"[1]

从农贷的种类看,1941年度农业生产和农田水利所获贷款最多,因为"此为复兴农村治标与治本的办法"。[2] 太平洋战争爆发后,四联总处对1942年的农贷方针加以调整,主张"集中人力、财力办理农田水利。贷款用途,以直接有关当前军民需要,一年内确能增加生产者为主。贷款种类,以农田水利,农业生产,农业推广,农业运销,农村副业为限"。[3] 当时,四联总处主持的农贷已实行两年,不少地区已初见成效,但同时也出现一些弊端。如利用农贷的低息贷款,恶意囤积粮食,刺激粮价上涨

---

[1] 《主席对于农贷方针之重要指示》,《中华民国史档案资料汇编》第5辑第2编,第49页。

[2] 《第九战区经济委员会关于1941年度后方农林行政概况稿》(1942年12月),《中华民国史档案资料汇编》第5辑第2编,第28页。

[3] 《四联总处关于战时农村金融政策的有关文件》(1947年10月1日),《中华民国史档案资料汇编》第5辑第2编,第47页。

等,四联总处采取相应措施,详查四行在各省所办之农贷业务,决定"原与省政府订立合约,保证偿还,如借户有逾期不还者,除应注意催收外,并可查酌情形,径请该管省政府依照合约办理"①。

这一时期的农贷工作,按照四联总处的部署,交行已不再承担重要责任,自1940年至交行农贷业务结束的1942年,交行每年只需完成全年计划数额的15%,全国大部分的农贷业务由中国农民银行承担。

尽管如此,交行依然高度重视农贷工作,精心组织,认真实施,为之增设农贷设计委员会,作为规划农贷业务的专业部门。该委员会成员有设计处正副处长,储信部贷款课长,农贷方面的顾问和专员,以及"其他有关系各部处之重员,经董事长、总经理随时指定者"。②委员会的主任委员由设计处长兼任,以便配合全行的后方建设规划,对农贷业务进行合理安排。委员会下设设计股和调查股,设计股负责交行农贷政策和相关规章制度的制定。

从1940年开始,交行积极招揽相关人才分赴农村地区,参与了贵州、广西、湖南、陕西、甘肃等省共计77个县市的农贷工作。1941年,交行农贷的贷出总额为2800多万元,年终结余总额为3600多万元;③重点贷放区域分布在四川、陕西、甘肃、贵州,与国民政府划定的农贷重点地区相吻合。

在开展农贷业务的同时,交行还按照财政部的要求,在农村地区推广一元券和辅币券,促进法币的广泛使用。1938年7月,财政部颁发《改善地方金融机构办法纲要》,规定地方金融机关须以《纲要》认定的物品作为领券准备金,向四行领用相关钞券。财政部的目的是"调剂金融,务使资金流入内地,遍于农村",为求迅速收效,采用强行推广手段,以钞券与同期展开的农贷业务实行捆绑。《纲要》第二条规定,金融机构若向四行领用一元券和辅币券,便须在旧有业务外新开12项业务,其中六项与农贷相关,包括"农业仓库之经营;农产品之储押;种子肥料耕牛农具之贷款;农田水利事业之贷款;农业票据之承受或贴现;完成合法手续及有亟须收益之土地房产抵

---

① 《四联总处史料》(上),第557页。
② 《交通银行农贷设计委员会组织规程》,交通银行博物馆藏资料Y21。
③ 《四联总处统计四行局1941年度办理农贷概况(节录)》(1942年3月),《中华民国史档案资料汇编》第5辑第2编,第134页。

押"。①

交行在办理农贷业务的过程中,配合财政部,积极促进一元券和辅币券在农村地区的流通。法币迅速流入农村后,使农村资金紧张的状况有所缓解,而各大城市中泛滥的游资也有了一些疏解的渠道。

表 3－2－10　交通银行 1937—1942 年农贷余额表　　　　　单位:元

年　份	年底农贷余额
1937 年	2219481. 73
1938 年	1525141. 00
1939 年	1166403. 00
1940 年	4620931. 90
1941 年	33662239. 77
1942 年(8 月止)	44562102. 08

资料来源:《1944 年 3 月 9 日第一次董事会会议记录》,交通银行博物馆藏资料 Y23。

二、农贷业务的结束

太平洋战争爆发后,四联总处对先前的农贷政策加以调整,紧缩 1942 年的农贷额度,交行承担的额度也同步收缩。1942 年 5 月,国民政府推行四行专业化政策,其中农民银行为发展农村金融的专门银行,而交行作为发展全国实业的专门银行,农贷已划出其业务范围。

按照四行专业化的要求,各行开始向农民银行移交农贷业务。当年 7 月,四联总处理事会通过《各行局农贷业务交接原则》,交接原则规定:"各行局所有农贷业务,自卅一年(1942)9 月 1 日起,概移交中国农民银行单独负责办理。"②为执行上述原则,交行总处与农民银行总处协商订立《交农两行农贷业务交接实施办法》,两行按照商妥的时间表,于 8 月 31 日完成交接。

移交工作进行得比较彻底。交行所有的农贷贷出资金,在战区和边区的,全部移交。交行在 6 个省中的所有农贷机构,均于 9 月 1 日裁撤,在 29 个县中的合作金库

---

① 《附发财政部通电,改善地方金融机构办法纲要》,交通银行博物馆藏资料 Y52。
② 《1944 年 3 月 9 日第一次董事会会议记录》,交通银行博物馆藏资料 Y23。

也全部移交。交行负责办理农贷的员工,在总管理处及各地行处的,共有136人,加上辅导各县合作金库的工作人员44人,移交时也一并转入农民银行。

表3-2-11 交通银行移交中国农民银行农贷资金本息数额表 单位:元

种 类	本金(1942年9月1日)	利 息	本息合计
普通农贷	40116543.26	1844141.48	41960684.74
战边区农贷	4706482.29	202431.18	4908953.47
合 计	44823025.55	2046572.66	46869638.21

资料来源:《本行农贷业务移交中农行其本息已完全收回》,交通银行博物馆藏资料Y24。

交行农贷贷出资金的本息移交后,由农民银行和中央银行在准备金中凑足总数,划入交行。至于1940年以前交行在沦陷区办理的农贷,因战争原因造成单据不齐,未能一并移交,经交、农两行协商,决定暂缓办理移交,待抗战结束后再行清算。① 至此,交行开办八年的农贷业务遂告结束。

---

① 《本行农贷业务移交中农行其本息已完全收回》,交通银行博物馆藏资料Y24。

第三章
扶助实业，致力后方建设

　　1928 年，交通银行被国民政府指定为发展全国实业银行。1942 年，四联总处对中、中、交、农四大银行进行业务划分，再次规定交行的主要业务为发展全国工矿、交通和生产事业。抗战时期，政治、经济形势复杂多变，在艰难的环境中，交行始终没有忘却肩负的使命。成立设计处，制定和统筹全行的实业发展规划，将发展实业置于全行业务的重要地位；协助沿海工厂搬迁内地，参与对工矿企业的联合贴放，力助企业渡过难关；致力于大后方的建设与发展，扶持大后方工、农、矿、交通等行业，以保证战时的物资供应；在丧失发钞权，头寸日益趋紧的情况下，想方设法吸收各类资金以资助实业。与此同时，交行还直接对工商业进行投资，取得良好效果。

第一节　抗战初期的紧急救助

一、参与贴放缓解企业资金短缺

　　"七七事变"的爆发对全国经济形成巨大冲击，阴云笼罩下的各行各业顿时陷入动荡和恐慌之中。银行业紧缩银根以确保自身的现金安全，造成社会上流动资金严重不足。运输不畅和生产风险增大，令企业主顾虑重重，只得以减少产量甚至停工停产来纾解困境。出口贸易更是步履维艰，作为出口大宗的农产品陷于停滞，农业经济再遭重创。

国民政府意识到了问题的严重性,为缓解金融业、工商业的资金短缺,维持正常运作,财政部于 1937 年 7 月 27 日授权中央、中国、交通、农民四大银行组织联合贴放委员会,联合办理战时贴现和放款事宜。8 月 9 日,联合贴放委员会在上海成立,并通过《贴放委员会办理贴放办法》,明确联合贴放委员会的工作任务是"为谋金融及工商各业资金流通起见,办理金融工商各业贴放事宜"。① 贴放的种类包括贴现、放款和转抵押,贴放的数额由委员会审定后,由四行共同承受。② 按照约定,交行承担其中 20%。③ 该委员会由四行各派两名代表组成,交行派出的是庄鹤年和张朔。④

"八一三事变"后,国民政府感到东部、中部地区难以保全,拟将重要的经济和金融机构向西部迁移,提出在平汉、粤汉线以西地区建立"抗战建国"的大后方。联合贴放委员会积极配合国民政府的转移措施,"为谋内地金融、农、矿、工、商各业资金之流通起见,就各该分支行所在地,设立联合贴放委员会,办理当地贴放事宜",⑤于 8 月 26 日颁布《四行内地联合贴放办法》,将贴放的范围从上海扩展到全国各主要城市。内地贴放办法公布后,财政部指定南京、汉口、重庆、芜湖、杭州、宁波、南昌、广州、无锡、郑州、长沙、济南等城市设立贴放分会,办理当地的联合贴放业务。⑥

贴放委员会办理贴放的主要对象为:商业机关的抵押、金融机关的转抵押、工商票据债权贴现以及交通、农、工等行业的贷款,农产品、工业品、矿产品都可作为抵押物申请贴放。⑦为保证四行资金运行的安全,委员会规定:上述产品凡是当地有市价作为参考的,以市价八五折计算,没有市价参照的,由当地委员会估值,若押品价值跌落,应作适当补充。

贴放委员会对贴放审核手续做了详细规定:"对于厂矿组织、业务计划、经营成绩以及其出口是否国计民生所必须,等等,均先行核查清楚,由四行代表组织之贴放审核委员会逐案审查,再提理事会核定。"⑧对于借款单位,贴放委员会还派驻稽核人

---

① 《四联总处史料》(中),第 342 页。
② 洪葭管主编:《中央银行史料(1928.11—1949.5)》,第 664 页。
③ 中央银行和中国银行各为 35%,中国农民银行为 10%。
④ 《中央银行报告组织贴放委员会情形及成员名单》(1939 年 8 月 12 日),《中华民国史档案资料汇编》第 5 辑第 2 编,第 439 页。
⑤⑦ 《四联总处史料》(中),第 345 页。
⑥ 同上,第 340 页。除上海、南京两地在沦陷的短时间内,贴现工作一度停顿,直至 1939 年 9 月四联总处改组,贴放委员会一直坚持工作,为抗战初期的实业维持,作出了很大努力。
⑧ 洪葭管主编:《中央银行史料(1928.11—1949.5)》,第 666 页。

员,检查其是否遵守借款合同,资金用途是否得当、合理,以保证资金发挥最大的作用。

由于贴放资金带有救济和补助性质,这些款项的月息很低,不到市面平均利率的三分之一。在银根奇紧的情况下,交行没有乘机以高息贷款来获利,而是坚守自己的职责,积极配合国民政府的战时政策,与其他三大银行一道,以较低的利息为工矿企业注资,帮助它们维持正常运作和向大后方搬迁。

1937 年 9 月,国民政府为增进生产、调整贸易,在军事委员会之下,设立农产、工矿、贸易三个调整委员会,目的在于"调剂农村经济、保育实业生产、保持国际市场"。① 三个委员会合计 6000 万元的经费由四行共同摊垫,这是中、中、交、农四大银行承担联合贴放任务的一种特殊形式。其中,交通银行负责 20% ,计 1200 万元。1938 年 3 月,三个委员会改组。改组后的农产调整委员会隶属于经济部农本局,更名为农产调整处;工矿调整委员会隶属于经济部,更名为工矿调整处,营运资金增加到 2000 万元;贸易调整委员会隶属于财政部,资金增加到 5000 万元,后又增加拨款至 10000 万元。② 增加的 12000 万元资金仍由四行全部拨付。③

四行贴放委员会除负责全国范围内的贴放工作,还承担了一些地方的生产事业调整。地方机关办理当地农、矿、工、商诸业调整时所需的资金,垫头部分由地方政府负责向当地银行筹措,所获抵押物品按八五折比例向当地贴放委员会抵借。垫头部分资金,若当地银行需要周转时,可由地方政府出面提供相应的抵押品,按照专款专用的原则向四行请求贷款,并由财政部保证。④

交行与工矿调整委员会的关系最为密切。通过该委员会的协调和分配,交行在正常信贷放款之外,又以垫款和政府借款的形式间接将大量低息资金用于支持战时工业的发展。截至 1944 年底,交行共向工矿调整处放款 5313.183 万元,大大超过预定的数额;1945 年,再次向该处放款 1200 万元。⑤

---

① 《军事委员会关于设立农产工矿贸易三调整委员会的训令》(1937 年 11 月),《中华民国史档案资料汇编》第 5 辑第 2 编,第 55—56 页。
② 洪葭管主编:《中央银行史料(1928.11—1949.5)》,中国金融出版社,2005 年,第 665 页。
③ 《四联总处史料》(上),第 5 页。
④ 《军事委员会关于设立农产工矿贸易三调整委员会的训令》(1937 年 11 月),《中华民国史档案资料汇编》第 5 辑第 2 编,第 63 页。
⑤ 《交通银行史料》第一卷,第 516 页。

二、支持工厂内迁，保全实业根基

为在后方重建工业基地，国民政府决定将东部发达地区的工厂设备向内地搬迁。1937 年 8 月 10 日，行政院第 324 次会议通过议案，由资源委员会、财政部、军政部、实业部各派一名代表，以资源委员会为主办机关，组成"上海工厂迁移监督委员会"。9 月 27 日，工矿调整委员会正式成立，当天就在资源委员会会议厅召开会议，讨论工厂内迁问题。此后，上海与战区工厂内迁的所有事宜，均由工矿调整委员会负责，该委员会随即成立厂矿迁移监督委员会专门负责这项工作。①

在各方面条件极为困难的情况下，欲将众多设备迁移到内地，包括运输费用、保险费用以及停工期间工人的生活费等，开销极大，一般工厂根本无力承担。工矿调整委员会、资源委员会会同其他政府部门只能解决一部分内迁工厂的资金，对于余下部分则力有未逮。为此，《工矿调整委员会实施办法》作了明文规定："本会对于政府制定或核定迁移之厂矿，当依本会所定办法，分别性质予以补助，或便利此项厂矿在新地点复工营业，所需之资金，本会可代向四行接洽，予以押款、押汇或其他适宜之协助。"②显然，有关工厂内迁的诸多负担更多地落在了银行肩上。

交行在工矿调整委员会（后改名工矿调整处）成立之初，即承担了该委员会运作的大量经费，此后对该委员会的放款不断增加，而资源委员会也是交通银行垫款和借款的重要政府部门之一，这些资金都间接支持了工厂内迁工作。此外，四行还通过向内迁企业直接放款的方式，为这次史无前例的工业大迁徙联合承担资金上的需求。至 1938 年底，四行贷助民营厂矿内迁和复工的款项达到 850 万元。③战前交行就与众多工矿企业在业务上有联系，抗战发生后，交行更是倾尽全力协助企业内迁。

首先，针对交行放贷对象的内迁企业，主张债权通融，一切以内迁为先。1937 年 8 月初，第一批内迁的六家工厂着手准备。其中康元制罐厂是当时全国最大的制罐

---

① 《经济部关于厂矿内迁情形的报告》（1937—1944 年），《中华民国史档案资料汇编》第 5 辑第 2 编，第 379—380 页。
② 《军事委员会关于设立农产工矿贸易三调整委员会的训令》（1937 年 11 月），《中华民国史档案资料汇编》第 5 辑第 2 编，第 60 页。
③ 《四联总处史料》（上），第 5 页。

工厂,"其设备有印刷机九部,制罐机器约二百部,每日能出各种罐头五万只"。① 由于该厂可以制造干粮罐、防毒罐等军用物品,并可承担各种冲压工作,成为国民政府指定内迁的重点对象,该厂亦积极配合抗战大局,自愿内迁。战前该厂与交行存在借贷关系,大量生产物资通过抵押的方式存于交行,而将工厂和物资迁移内地,必须先求得债权人同意。康元制罐厂遂向资源委员会陈明原委,并希望由资源委员会出面代其与交行协商,"许其将上海押存材料运武汉抵押"②,交行对这一请求充分理解,给予大力支持,最终该厂得以顺利迁至武汉。

江苏的许多工厂内迁时,南通大生一厂也在搬迁名单内,且作为纱厂龙头,备受资源委员会的重视。该厂是交行在江苏的主要放贷对象。1937 年,该厂和天生港电厂为添置设备向交行借款 270 万元,之后大生一厂又向包括江苏银行在内的国内银团借款,江苏银行所承担的部分被转押给交行,但资金收付仍由江苏银行负责。受战争影响,江苏银行一时无法调拨头寸归还交行的抵押款,交行允许江苏银行暂缓拨付资金,以缓解其面临的困难,并同意大生纱厂搬迁。

上海美丰纺织厂是当时上海较大的纺织企业,由资源委员会出面协助内迁。该厂和交行订有仓库货物押款 30 万元,其中现金两成,③其余的都是物资,同样面临债权人是否同意的问题,交行给予通融,协助美丰纺织厂顺利完成内迁工作。

其次,在内迁企业缺乏资金之时,交行及时施以援手,为这些企业代付搬迁费用。

湖北沙市是重要的棉花交易中心,仓储业的发展使沙市押汇业务比较发达。据上海商业储蓄银行统计,在全国十五大商埠中,沙市的出口值与押汇值高达19.83%,居各大商埠之首。④ 通记堆栈是沙市规模较大的仓库之一,由三北轮船公司开设,与交行有业务往来。抗战初通记堆栈实施转移,搬运费和栈租由交行上海民国路支行代为垫付。⑤

1938 年日军进攻武汉前后,大批迁到武汉的沿海企业和武汉当地企业再次向后方迁移。11 月,汉口既济水电公司将大量重要物资隐藏在城陵矶,因缺少费用,无法

---

① 《孙拯关于迁移工厂经过致翁文灏钱昌照签呈》(1937 年 9 月 14 日),《中华民国史档案资料汇编》第 5 辑第 2 编,第 388 页。
② 同上,第 390 页。
③ 《1937 年大事记》,交通银行博物馆藏资料 Y28。
④ 徐凯希:《清末民初的沙市棉花贸易与城市经济》,《江汉论坛》1988 年第四期。
⑤ 《1938 年大事记》,交通银行博物馆藏资料 Y28。

按计划将物资运走,特函电交行请求帮助。既济水电公司于 1937 年与交行签订 30 万元的存煤借款合同,危急当口希望再获得 3.2 万元的透支额度,交行答应了该公司的请求。①

再次,对于已迁入内地,因资金困难一时难以恢复生产的工厂,交行及时提供支援,使之尽快开工生产。

中国标准铅笔厂由潘公展、钱新之、吴羮梅等人于 1935 年 2 月在上海斜桥路开设②,打破了国外厂商对铅笔行业的垄断。1937 年 6 月,该厂以栈存铅笔和原料,按照市价的七折向交行借款 6 万元,限期一年。抗战爆发后,该厂奉令内迁,在武汉和宜昌作短暂停留后,迁至重庆。交行不但对中国标准铅笔厂的旧欠做了妥当处理,"将押款转归渝行",且为保障其继续生产,又加大信贷投放力度,"经渝行洽妥,接做厂方商增额度为十万元",给予有力支持。在交行大力扶助下,中国标准铅笔厂无论在武汉、宜昌,还是在重庆,从未中断铅笔的生产和出货。③

生活书店重庆分店

生活书店是战时内迁的重要文化教育企业,迁到重庆后遭遇资金短缺,交通银行向其放款 10 万元,期限六个月。汉口制革厂搬迁后,由交通银行重庆分行借款 10 万元,用于恢复生产。中国窑业公司以房屋、机器押款 5 万余元,内迁后出现资金问题,交通银行给予展期一年的优惠,并将货物押款减少至 3 万。1937 年 6 月,宁波支行承做恒丰染线厂 10 万元押款业务,原订六个月归还,由于战事的影响,交行先后为其办理两次展期。上述种种,皆给企业以有力的实际帮助,助其解除燃眉之急。

---

① 《1938 年各机关借款》,交通银行博物馆藏资料 Y28。
② 《交通银行史料》第一卷,第 1592 页。
③ 《1939 年大事记》,交通银行博物馆藏资料 Y28。

第四,对于内迁企业战前所欠债务,交行还采取减免利息的方式予以帮扶。永泰丝厂是江苏较大的丝厂之一,也是被指定内迁的企业,该厂与交行无锡支行签订信透协议,截至1937年10月底,欠款达到8万余元,嗣后该厂向交行的借款逐月增加。交行免除其1937年10月以后的欠息,所损失的利息收入被归并到战时损失户之下予以了结,并对其他借款进行重新分期,以减缓资金压力。

截至1939年底,全国内迁厂矿达到410家。这些内迁工厂迅速提升了大后方的生产能力,有力地支持了抗战大业,而交行对内迁之举自始至终给予支援和帮助,可谓劳苦功高。

三、建立设计处,筹谋振兴实业

国民政府移驻重庆后,以西部大后方作为全民抗战的根据地。但因西部地区基础薄弱,经济落后,建立完备的工业生产体系便成为当务之急。

发展实业一直是交行的中心任务,值此国难当头之际,建设后方、支持抗战更是义不容辞。然而,长期以来交行在西部地区的营业网点极为稀少,资金在当地难以有效运作,且过去对西部地区的工矿业也缺乏了解,资金的投入是否安全,并无把握。于是,"为筹谋西南行务之发展,扶住西南生产实业之增进",①加紧进行通盘考虑和仔细谋划,故于1938年10月在昆明特地成立设计处。该处是与总管理处原先的三部二局平行的独立机构,属交行管理体系中的顶层,这一高级别的定位显示出交行管理层对发展后方生产事业的高度重视。

设计处成立之初,即与西南地区工矿、交通等实业的发展紧密联系在一起,其十大职责几乎全与扶助后方实业有关:(1)本总处及西南各分支行处(川湘黔滇桂)关于农工矿交通建设等生产事业放款之调查及规划;(2)本总处及西南各分支行处关于生产实业请求放款计划之审核;(3)本行关于西南生产事业放款状况之考察;(4)本行对于已放款之事业技术管理经营成绩之考察及指导;(5)会同总处其他部处关于其他行合作西南生产事业放款计划之会商研究;(6)会同总处其他部处关于已放款各西南生产事业会计盈亏之审核;(7)会同总处其他部处关于西南生产事业放款契约条文之核拟;(8)会同总处其他部处关于西南放款实业派驻人员之选择督查;

① 《设计处成立十年来大事记》,交通银行博物馆藏资料Y47。

(9)关于西南各省生产及其实业调查统计之编制;(10)本处文书卷宗之收发保管。①

从其职责范围可见,该处是专为抗战时期建设后方工业而设立的,突破了银行业务线条之间相互独立的限制,是一个协调各方意见,组织规划实施,并集稽核调查于一体,综合性的实业发展规划部门。管理层赋予设计处的权限,实际上涵盖了规划设计、考察指导、审核放款、联合放款、督查统计、审计监督等银行对于公司、企业业务的所有流程。

设计处成立之初在昆明办公,既弥补了交行在云南尚无分支机构的缺陷,又便于在当地进行实业调查,获得第一手的经济资料,为资金投放提供参考。后为配合总处的管理体制,设计处主体于1939年迁往香港,与港总处一同办公,再后又随总处在港机构一同撤回重庆。设计处迁往香港时,留下少量人员负责调查和考察交行在云南进行投资和贷放的工矿企业情况。同年9月,交行又在上海成立设计处,与沪行其他机构一同办公。一个机构,三地办公,这是非常时期形成的特殊体制。太平洋战争爆发后,昆明和上海的设计处工作人员陆续撤回重庆。

抗战初期,设计处凭借总处授予的经营权限,积极协助总管理处开展实业投资、贷放工作,为发展后方生产事业做了大量有益工作,并在后方金融网长足发展之前,起到了很好的过渡作用。以下几个事例颇能说明问题。

由于交行昆明分行于1939年初方才成立,此前交行在云南地区的大额资金投放,基本上都由设计处出面完成。例如设计处联合云南省政府和四行共同筹设裕滇纱厂、云南蚕业新村公司等重要实业机构,即为后方物资生产提供了重要支持。裕滇纱厂股份有限公司由云南省政府发起成立,交行出资160万元,其中80万元为代云南省政府垫付。云南蚕业新村公司,是云南省政府为发展云南蚕业,提倡集体农场而设立的公司,由云南省政府联合交通、中国、农民三所银行合资开办,省政府划租蒙自和开远新开垦的耕地作为厂址。交行在蒙自和开远两地一直未设分支机构,设计处代表交通银行出资40万元。②

1940年,海外华侨响应"关于民生之轻工业,以及农矿运输等事业,自可由人民投资举办"③的号召,纷纷回国投资实业。为此,设计处与相关机构联合发起组织华侨

---

① 《本行总管理处设计处规程》,交通银行博物馆藏资料Y47。
② 《1939年大事记》,交通银行博物馆藏资料Y28。
③ 《组织华侨生产建设协会与交通银行合作纲要草案》,交通银行博物馆藏资料Y47。

生产建设协会,为华侨回国投资,发展华侨储蓄,调研华侨海外情况和国内实业开发情况等提供各项服务。协会以"协助华侨回国投资经营生产事业,完成全国经济建设"[1]为宗旨,根据合作纲要草案,分为企业行动、服务、研究三个部分。企业行动部分侧重于鼓励华侨自行在国内投资各种工业,因华侨投资带进不少资金,设计处预计"此种资金在交行特别给予有利之条件下,将来有尽量归由交行整理之可能"。服务部分则侧重于信托工作,通过信托不但可集中资金发展内地生产事业,还可为交行积累大量外汇资金。华侨生产建设协会的研究工作侧重于资料的收集整理,为今后决策提供参考依据。协会的成立对吸引华侨投资国内实业,动员各种力量支持抗战,起了不小作用。

1941 年秋,设计处在重庆联合经济部和农本局,创立经纬纺织机制造公司,厂址位于广西柳州。该公司额定资本 2 亿元,交通银行共投资 13950 万元。1942 年,设计处又与湖南省政府合作,筹组湖南第三纺织厂。该厂成立之初,交通银行投资 1800 万元,其后该厂第二次股东会通过增资决定,第一期的增资按照原投资额的三倍缴纳,交行前后投资共计 7200 万元。[2]

此外,设计处又在重庆与军事委员会运输统制局合办运输炼油厂,利用桐油提炼汽油,以解决后方燃料奇缺的困境,后又改用烟煤提炼汽油,除产出汽油外,还产出大量可作为其他工业原料的副产品。直到抗战胜利,海外油源重新进入中国,该厂的经营才告结束。

设计处的成立,有效弥补了交行在西部省市网点较少的缺陷,因其隶属于总处而缩短了放款、审查、稽核、调查研究等程序工作的时间,使交行能在较短的时间内适应西部的特殊情况,有效推进了发展实业的规划。

第二节　抗战时期的实业放款方针

一、力保放款资金的安全

发展实业是交通银行的根本营业方针,这一共识的形成既是基于管理高层对抗

---

[1]　《组织华侨生产建设协会与交通银行合作纲要草案》,交通银行博物馆藏资料 Y47。
[2]　《交通银行史料》第一卷,第 1570 页。

战形势的认识,也是政府干预的结果。抗战时期,国民政府对金融行业的控制达到前所未有的高度,四联总处和其他政府部门的指示,包括四行的分工与每年的考核,都直接影响了交行的经营方向。于是,在内部认识和外部干预的促动下,交行扶持实业发展的力度不断加大,逐渐成为名副其实的"专门发展实业之银行",各项与实业相关的业务皆获得长足进步。

然而,交行毕竟是一家股份制的金融企业,在肩负起社会责任的同时,仍须恪守底线,不能违背金融市场的规律。实业放款自有其特殊性,资金贷出后不可能短时间收回,所贷放的项目往往须经长久的时间才能见到经济效益。抗战时期,各种不确定因素大为增加,实业放款的危险性也与之俱升。因此,保证银行自身利益和贷出资金的安全,成为资金贷放时必须考虑的重要问题。

为保证资金安全,1937 年制定的《贴放委员会办理贴放办法》和《四行内地联合贴放办法》,详细规定了抵押物品的要求。从所列抵押物清单来看,皆属战时必备的生产物资,原因就在于此类抵押物便于存储不易损失,而且容易变现。《四行内地联合贴放办法》还要求:"抵押折扣,凡当地有市价者,以市价八五折计算,其无市价者,由当地联合贴放委员会估定,但遇有押品价值跌落时,应照数追补;转抵押款项不得超过原抵押金额。"[1]抵押品的价值以一定的折扣计算,有利于规避战时条件下放款资金的风险。抗战时期,国民政府不断增发货币,物价不断上涨,通货膨胀速度逐渐加快,战时必需物资也渐趋紧缺。若抵押物选择恰当,其价格下跌的可能性较小,放贷资金的安全也因此得到保障。

1941 年,国民参政会议向四联总处建议,为扶助民营工业,拟允许其投资股票向四行押现。然而,后方并无股票公开行市,票面折扣难以确定,借款到期不还成为坏账,押品如何处分更成难题。一些公司用资产作抵押后,股东再以股票向银行抵押,从而产生双重抵押,严重影响债权。为此,交行与其他三行都认为不妥,便以资金安全为由予以婉拒。

1942 年,国民政府的物资供应和资金周转因日军的疯狂进攻而严重受阻,国外援助难以进入中国,抗战进入一个更为困难的时期。为此,四联总处接连颁行数种规定,试图加强国营机关放款的审核和考察流程,以确保资金的有效运用。例如针对国

---

[1] 《四联总处史料》(中),第 345 页。

营机关的放款,须符合四项指标:"业务适合原则第一条(即为国防和民生必需品的生产)之需要经营具有成绩者;组织健全技术及出品优良者;机器设备原料能继续补给并已正式开工或最短期内开工者;借款用途正当者。"①四联总处还强调:"国营事业机关如需以预算核定款项先行抵借备用时,应由主管机关商得财政部同意保证后再行洽办;凡在政府预算以外而为推行国策应办之事业需要借款时,应由中央最高主管机关负责保证,并由四联总处商准财政部备案后洽办;凡中央及地方政府机关所属工矿、交通、贸易事业,对于四行已有负债关系者,应由四联总处调查其业务,必要时得于未到期前收回放款之一部或全部。"②

基于资金安全考虑,四联总处还想收回四行的贷款核定权,要求:"以后投资及借款申请案件,凡已经本总处理事会否决者,各行局不得于事后另自承做,如认为确有必要时,得申述理由,提请理事会复议之。"③

在四联总处的积极倡导和强制规定下,交行对于资金安全问题亦愈发重视。例如交行总经理赵棣华就曾指出:"本行既是特许实业银行,那末我们的贷放方针,当然要配合国家工矿建设的需要;但同时我们也要顾到本身的安全与利益。"④他还特别注意到工矿企业长期放款风险很大,要进而提出要从三方面做好安全工作。首先,必须严格遵守资金流动和危险分散的原则。其次,对每一借款人的清偿能力都须有明确的估计,不能出借超出其还款能力的资金。第三,所有借出款项都要努力做到如期如数收回。

二、加强重点地区与行业的投入

发钞权全归央行后,交行头寸更趋紧张,而作为大后方的西部地区,则因地域广阔,建设项目众多而资金需求量巨大。因此,交行选择重点区域和重要行业,集中资金有的放矢地运用,以求最佳效果。

抗战之初,物资缺乏,交行将放款对象范围集中在生活必需品的生产厂家以及与军需直接相关的公司企业上。1940年初,国民政府针对后方经济发展提出总体规

---

① 《交通银行史料》第一卷,第507页。
② 《四联总处史料》(中),第352—353页。
③ 同上,第354页。
④ 《交通银行史料》第一卷,第298页。

划。按照这一规划,交行与其他银行的放款重点转向国营企业中的钢铁、机械、矿物、燃料等重工业,以及民营企业中的机器、化学、油料等工厂公司。此外,国家收购矿产、桐油、茶业、猪鬃等物资所需要的资金,也是重点投入的范围。

后来太平洋战争爆发,金融形势随之骤变,四联总处调整四行放款方针:"以后投资放款应以协助国防,有关民生必需品之生产事业为主,所有普通放款及不急需之投资应暂行统制,并不必单独承做。"①

1942年7月,随着四行专业化切实推进,交行根据抗战和民众生活的需要,选择纺织、面粉、化学、矿产、钢铁、机械、交通等公用事业作为今后放款的重点行业。这一方针确定后,迅速收到效果。1943年全行实业放款方针即以此为原则,当年此类放款数额占全部放款总额的60%以上。

1944年,赵棣华在行务会议上提出,交行业务必须以实业发展为第一,应以纺织实业、交通事业及食品中之面粉事业为主要对象,既要保证资金的运用能收到更好的成效,也要保证国家生产建设的大局需要。

赵棣华所倡导的这一业务方针得到了很好贯彻。1944年交行全年放款,"几全以工矿交通事业为投放对象,并均奉准四联总处核定,或依照规定放款章则办理,其中整案核定者为三十三年度国营工贷13.2亿元,本行摊放6.6亿元;民营工贷20亿元,本行摊放9亿元",②从这组数字来看,全国工矿贷款不论是国营企业还是民营企业,交行所占比重都接近一半,承担起后方大部分工矿建设事业所需要的资金。

为支持实业发展投入如此巨大的资金,是当时其他银行难以做到的。通过短短两年的努力,交行克服了实业银行发展过程中的种种困难,切实贯彻集中资金,突出重点的放款方针,取得了巨大成就。

抗战胜利前夕,交行根据形势的变化对放款方针作了新的调整。鉴于"欧亚战局结束可期,远瞩战后工业,尤须预筹擘划",交行决定继续扩大实业贷款,对工矿、交通实业放款的规模,计划占到全行放款总数的80%。③交行管理层还认为,战后与民生相关的工业将会迎来一波发展高潮,因此特别规定以纺织工业和粮食工业为扶持中

① 《四联总处史料》(中),第354页。
② 《交通银行史料》第一卷,第503页。
③ 同上,第505页。

心,而汽车及配件制造业、酸碱工业、水泥工业、造纸工业、橡胶工业、煤焦工业也作为扶植重点。

抗战末期,交行贷款的另一投放重点是东部陆续收复的地区。由于这些地区沦陷时间较长,长期遭受战争的破坏和日本侵略者的掠夺性开发,当地的工矿企业难以恢复生产。为此,交行决定提供资金支持,助其早日恢复生产,申贷条件审查合格的,经四联总处核准,可获得复工贷款。

纵观交行战时实行的选择重点,加强投入的放款方针,确实符合实际。在大力支持实业发展的同时,又能量力而行,使有限的资金发挥出最大的效应。这说明交行的管理层有比较清晰的大局观,同时又能实事求是地按照金融市场的规律办事,显示出积极而又不失稳妥的经营理念。

三、提高效率,夯实基础

支持民营企业的经营发展也成为交行实业放款的重要方针,1944 年对全国民营企业、工矿交通事业贷款总额为 20 亿元,交行即投入 9 亿元。①

银行为保证资金贷放的安全,都会设置严格的审核程序,贷款的企业从申请、核定,直至获得资金,往往需要数月之久。全面而细致的审核虽可提高资金的安全性,但往往会延误企业的生产,影响资金运用的实效。加上国民政府又热衷开发西部,因此四联总处一方面为求加快放款速度,"由总处制定办法,责成中、交两行负责办理小工矿业贷款,分区办理或分业办法,并随时由总处考核中、交两行办理之成效",另一方面又要求四行"今后对于各工矿增产应放之款,一切办理手续,务宜迅捷不可拖延至四五个月之久,致失放款时效为要"。② 不仅如此,四联总处还将放款效率纳入四行成绩考核之中,这对交行等确有很大的促进作用。1943 年申请放款的案件共 385 笔,其中 264 笔在半个月内完成审核,占总数 68%。放款合约的签订往往取决于路途的远近,函电送达的速度,以及抵押品能否迅速办妥等;其中,27% 的合约能在半个月内签订,20% 的合约能在一个月内签订,这与以往须三四个月方能办妥的情况相比,速度确有明显加快。③

---

① 《交通银行史料》第一卷,第 503 页。
② 《四联总处史料》(中),第 349 页。
③ 同上,第 372 页。

对银行业的放款来说,抵押品的存放是个重要问题,而抵押物的搬运则有赖于运输,因此,建立完善的仓库网络和运输线路,成为交行扩大放款业务的重要基础。赵棣华认为,办理仓库和运输事业,不但可起到辅助实业的作用,还可增加收益,筹集更多资金用于实业建设,须予以高度重视。对于仓库建设,交行"拟先就交通冲要及物资集散中心设置,然后继续推广,分期完成",①最终目标是实现网络化经营。对于运输事业,除完善运输线路外,在经营方针上,交行也有自己独到的见解。交行管理层认为,运输业务的重点在于防止抵押风险,而不是与转运商争夺利益。自1937年开始,内地放款盛行押款方式,"而银行普遍错误观点以为非利用转运公司即无从揽得押汇,因此冒运冒提,时有发现,名为抵押,仍须冒险",②加之,收货庄客和转运商互相串通牟利,尤为一般货主诟病。自铁路运输为主以来,便捷性已大大提高,转运商的作用已是可有可无,交行管理层认为:"押汇仍宜直接揽做为妥,则自办提装与转运,实为保障押汇唯一要义,至少须办到由本行自行报运地步,以策安全,重要地点仍归自办,借树根基。"③

上述各项实业放款方针的制定与落实,体现了交行对抗战时期国内经济形势的把握以及对本行所负使命的认识,正因如此,交行的放款业务收到良好的效果。截至抗战结束之前,交行对实业的放款已占到其放款总额的78.8%。④ 而且,贷出款项的大部分用于支持与抗战密切相关的军事、制造、能源工业,或服务于后方建设所需的水泥生产以及交通设施等;此外,还重点投入与民生密切相关的纺织、食品工业。应该说,交行为坚持抗战,保证后方物资供应,做出了重要贡献。在此期间,交行的牺牲也是巨大的。战争过程中,抵押品大量丧失,借贷的企业有不少被日伪侵占,资金无法收回;对后方企业的放款,也是风险大,利息低。面对种种困难,交行仍不断努力,顽强坚持,终于迎来西南、西北地区工业自近代以来的第一个建设高潮。

---

① 《交通银行史料》第一卷,第1263页。
② 同上,第1336页。
③ 同上,第1336—1337页。
④ 同上,第505页。

第三节　对交通业和工矿业的大力支持

一、支持铁路交通的建设

　　抗战之前,经过数十年的发展,中国建立起十几条铁路,武汉、上海、石家庄等多个城市成为交通枢纽,铁路建设对国民经济的重要促进作用得以充分彰显。抗战爆发后,经济重心由东向西转移,为保障前线物资补给,铁路交通愈发凸显其战略意义。此时铁路事业的建设,有两个方面需要大批资金的投入。一方面是维护保养现有路线,使其保持运输的畅通;另一方面是在后方新建铁路,进一步完善全国的铁路网络。交行对上述两方面都给予高度重视,前后投资多条铁路干线,为保证战时物资运输和维持经济正常运行做出了重要贡献。

　　粤汉铁路于1898年开始筹建,由于工程艰巨和多方利益的纠葛,几经周折,直至1936年9月才全线通车,成为贯通南北的交通大动脉。然而,铁路通车后,"路基未固,石渣未铺,站屋未建,防护未全,一切机务及行车设备尚付缺如",[①]仍需改进完善。另外,国民政府为提高粤汉铁路的运输能力,还积极更换株韶段钢轨、枕木,训练铁路员工,修筑黄埔支线。无论是修建还是维护,皆使得粤汉铁路耗资巨大,其各项资金来源中,交行的借款占了很大一部分。

　　1937年,粤汉铁路局与交通银行、中国银行签订代收路款合同,约定该局路款由两行各半收存,收款地点集中在武昌、长沙、衡阳、广州四处。鉴于交通银行尚未在衡阳设立分支机构,该处路款由中国银行代收。粤汉铁路局以所收路款作为抵押,向中、交两行各透支40万元,随时抵还。[②] 至1938年,粤汉铁路局以该局韶关至广州之间的地块作为担保,再次向中、中、交、农四行借款200万元,交行汉口分行负责承担40万元。[③] 此外,汉口分行还与粤汉铁路局签订50万元透支合同;而粤汉铁路局向北宁铁路局签订租车合同,由汉口分行出面担保25万元,合计75万元,均以二厘债

---

①　凌鸿勋:《粤汉铁路全线接通后仍应继续努力》,《铁路杂志》第2卷第2期(1936年7月)。

②　《1937年大事记》,交通银行博物馆藏资料Y28。

③　《1938年大事记》,交通银行博物馆藏资料Y28。

券作为担保;到期后又续订透支50万元。①

交行香港分行也承担了粤汉铁路的部分借款工作,1938年港行向粤汉铁路透支10万港币,到期后多次为其办理展期手续,缓解其资金压力。②

大量资金的注入,保证了抗战期间粤汉铁路的稳定运营。当时,粤汉铁路成为国民政府获得国际援助的重要交通线,并在武汉会战、广州会战、长沙会战中承担了繁重的军事运输任务,为保障全民抗战的各项需要起了重要作用。

平汉铁路初建时称为芦汉铁路,因1901年延长到北京城内,改称京汉铁路;1928年,国民政府改称北京为北平,次年又改名为平汉铁路。这条铁路全线起于北平,终于汉口,为当时纵贯中原、沟通中国南北的铁路大动脉。平汉铁路路权于1907年收回后,交行一直给予大力支持。战时日军南下,北方局势危急,该线更显繁忙。平汉路局为"备紧急时期之用",向中、中、交、农四行借款200万元;③1938年,平汉路局与交通银行另一笔30万元透支协议到期,为保证铁路正常运转,交行将该笔借款展期半年。④

正太铁路是近代山西第一条铁路,东起石家庄,西至太原,于1907年9月全线竣工,1933年收归国有,对山西经济的近代化起了重要作用。该路运送物资以煤炭为主,由于山西战乱较少,与其他国有铁路相比,该路为当时盈余情况较好的铁路。不过后来受战事波及,正太铁路局也多次向各大银行借款。1937年,交通、金城、中国、中南、盐业数家银行组成银行团,为正太铁路局办理透支借款25万元,交通银行分摊5万元。⑤

陇海线于20世纪初开工建设,直到1949年11月才全线通车,东起江苏连云港,西至甘肃兰州,为中国东西向的重要铁路干线。抗战前陇海线已修建到陕西境内,1937年,陇海铁路管理局以潼关到宝鸡段的营业收入作为抵押,向交行借款100万元。⑥

津浦铁路于1908年开始修建,全长1009公里,北起天津,南至江苏浦口,这条铁路是京沪铁路的前身,对南北交通运输具有重要作用。津浦铁路局在抗战前曾

---

① ④ 《1938年大事记》,交通银行博物馆藏资料Y28。
② 《1939年大事记》,交通银行博物馆藏资料Y28。
③ ⑤ ⑥ 《1937年大事记》,交通银行博物馆藏资料Y28。

多次向交通银行借款，1937 年，该局向交行申请续订透支 10 万元，期限为六个月。①

浙赣铁路是我国长江以南第一条东西横贯的铁路干线，连接浙江、江西、湖南三省，因其沟通了东部经济发达地区与中部地区，抗战期间也是一条重要的物资运输通道。1936 年 12 月，浙赣铁路驻沪办事处向交行总行办理透支借款 5 万元，限期五个月，之后交行多次为其办理展期。1937 年，浙赣铁路再次借款筑路，交行承担 20 万元。②

除对现有铁路持续给予资金支持，交行还将大量资金投向铁路新干线的建设。后方修建的众多铁路中，最有代表性的是湘桂铁路和滇缅铁路，对这两条具有重要战略意义的铁路干线，交行自是不遗余力地施以援手。

湘桂铁路是抗战期间由交通部、湖南省和广西省共同投资修建的一条重要铁路干线，自 1937 年开始动工。该铁路起于湖南衡阳，最初计划修到桂林，后因战局恶化，为确保国际交通线的畅通，决定将铁路延长到镇南关。修建该路主要目的有二：一是将广西与邻省的铁路干线相衔接，以利于地方经济的发展，二是将广西的铁路干线与国外铁路相连接，当海洋交通线被日军封锁时，借此可维持陆路的国际交通线，便于国外物资输入中国。③ 由于战时资金十分紧缺，修路所需的大量投入成为广西、湖南两省的难题，于是，1937 年，湖南省以该省锑矿的盈利作为担保，借款 500 万元，中、中、交、农四行出面承接，交行承担 100 万元，全部借款分六年偿还。④

1936 年 6 月成立的中国建设银公司战前就与交通银行合作投资了多个实业建设项目，如修建川黔铁路，疏浚粤省港河，扩充上海电话线路等。战时，合作仍然持续，其中包括对湘桂铁路的支持。1938 年，建设银公司联合法国银行团与交通部、财政部在武汉签订湘桂铁路南镇段的借款合同，总额为 1.5 亿法郎。合同规定："由国府拨付同额法金期票，又英金十四万四千镑由国府拨付同额英金国库券（法英金借款之外，另由湘桂铁路公司拨给国币一千二百万元以为该段建筑及设备之用）。"⑤根据双方达成的借款合同，建设银公司承担的工程垫款数额为 73440 英镑，建设银公司因款项巨大难以独自承担，按照一贯做法联合中国银行和交通银行共同承做，交行承担

①②④ 《1937 年大事记》，交通银行博物馆藏资料 Y28。
③ 陈晖：《广西交通问题》，商务印书馆，1938 年，第 26 页。
⑤ 《交通银行史料》第一卷，第 1558—1559 页。

总额的 30%。

湘桂铁路工程浩大,其工程款每月由交通部拨款 240 余万元,自 1939 年 6 月起,由交行承做其中 146 万元的汇款工作。此外,交行还给予该工程期限六个月,总额 50 万元的透支额度,①并多次为其办理展期手续。②1941 年,交通银行再次贷款给该路 50 万元。③

修筑滇缅铁路的动议早在晚清时已经提出,但因资金、勘探等原因以及各种政治因素的纠葛,一直未能付诸实施。自日军侵华以来,东南沿海口岸相继沦陷,而国民政府对外援的依赖却与日俱增。当时从大后方的云南通往国外的运输线仅有一条滇缅公路,而且路况较差,运输成本很高,滇缅铁路的修建已成为迫切需要。1938 年 12 月,滇缅铁路工程处改为滇缅铁路工程局,局址从昆明迁到禄丰,铁路修筑全线开工。在不到一年的时间中,即完成 25% 的工程量,若资金和建材能够保证,则通车指日可待。不料 1940 年 6 月,日军在越南登陆,7 月滇越线中断,施工材料的供应被切断。直至 1941 年,铁路才重新开工,但 1942 年日军占领缅甸,修建滇缅铁路已失去意义,铁路最终未能建成。

尽管如此,为修建滇缅铁路,包括交行在内的各大银行可谓全力以赴。尤其是 1941 年铁路重新开工后,大笔资金源源不断地投入,使筑路速度大大提高。从铁路资金的筹措看,1940 年,滇缅铁路工程局向中央、中国、交通、农民、富滇新银行借款 500 万元,其中交行承担 80 万元。④ 1941 年,该局再次向中、中、交、农四行借款 200 万元,⑤其后,借款总额又被提升到 600 万元。四联总处审核后认为这一数额仍不能满足需要,故在此基础上又增加 1500 万元。此外,滇缅铁路督办公署还与四行签订了一笔高达 4500 万元的透支合同。⑥

为使国外援华物资的运输更为通畅,国民政府在修建滇缅铁路的同时,还决定修筑黔桂铁路,希望打通西南内地连接沿海地区的通道。由于国民政府的高度重视,黔桂铁路与湘桂铁路相似,交通部同样有稳定的资金下拨。1939 年,黔桂铁路工程局援引湘桂铁路之例,以交通部按月下拨的路款为担保与交通银行订立 50 万元透支合同,⑦合同到期后,交行也多次为其办理展期手续。

---

① ② ⑦ 《1939 年大事记》,交通银行博物馆藏资料 Y28。
③ ⑤ ⑥ 《1941 年大事记》,交通银行博物馆藏资料 Y28。
④ 《1940 年大事记》,交通银行博物馆藏资料 Y28。

除对以上大型铁路干线提供支持外，一些新修的小型铁路，交行也及时地予以援手。例如叙昆铁路，从四川叙州府到昆明，1937年开始动工。交行为推动其建设进度，于1939年借款70万元，以四川省政府应缴川滇铁路公司的同年股款为担保。①还有叙昆铁路的桥梁工程款为交通部所拖欠，交行闻知后专门为桥梁工程的承建商开立10万元透支户，为期六个月，有效地保证了施工进度。②

此类事例还有很多。如1938年2月，交行向交通部垫款300万元，作为铁路建设资本下拨各铁路局使用；③1939年，交行贷给川黔铁路公司50万元，用于成渝铁路土石方和桥基工程；1940年，成渝铁路为工程建设再次向四行借款共350万元；④还有中国建设银公司也参与了成渝铁路工程，出资15万元帮助其购买筑路材料，然而该笔款项实际上是由交行借给建设银公司的，借款到期后，交行为其本息展期六个月；⑤1937年，交通部、财政部新建川湘、川陕铁路，向银行借款2200万元，交行承担600万元，期限一年，以铁路建设公债为担保。⑥

二、扶助后方公路航空等事业

除支持铁路干线建设，交行还尽力扶助其他交通运输事业，包括公路网络、航空事业、公共交通等，并为交通运输机关的资金周转出了不少力。

滇缅公路东起昆明，西至云南边境畹町，与缅甸仰光公路衔接，全长963公里。1937年8月，云南省主席龙云提议修建滇缅公路，获得国民政府的支持，次年1月，滇缅公路总工程处成立。当时的战局对中国方面极为不利，国民政府西迁重庆，滇缅公路的进展遂成为全国关注的焦点。云南省为滇缅公路的通车全力以赴，至1938年8月底，经过20万筑路工人的努力，公路终于可以勉强通车，几乎没有举行任何通车仪式，滇缅公路马上就投入了使用。

滇缅公路的修筑困难重重，除自然条件外，更大的问题是缺乏筑路资金，这使工程时时面临停工的困境。为帮助滇缅公路顺利修建，交行连同国内其他银行，及时提

---

①② 《1939年大事记》，交通银行博物馆藏资料Y28。

③ 《1938年大事记》，交通银行博物馆藏资料Y28。

④ 《1940年大事记》，交通银行博物馆藏资料Y28。

⑤ 《交通银行史料》第一卷，第1558页。

⑥ 《建筑川湘川陕铁路借款》，交通银行博物馆藏资料Y51。

供多笔资金予以支持。1938 年,财政部要求交行在其垫款户下向滇缅公路工程拨款 60 万元。① 1939 年,滇缅公路局以交通部尚未拨付的工程款作为抵押,向交通银行寻求资金支持,交行与其签订了 50 万元的透支合同。② 这笔资金拨付后使工程维持了一段时间的稳定,但因交通部的拨款迟迟未下拨,公路局还清欠款后,又与交行商量,希望再透支 50 万元,交行在征得交通部同意后允可。③ 此外,公路局先前曾向交行昆明分行加借 25 万元,款项还清后,再次向昆明分行申请续借 20 万元,昆明分行也予以同意。④1940 年,滇缅公路局透支的 50 万元借款到期,交行为其办理展期手续,并将透支限额改为 80 万元,帮助缓解筑路工程的资金压力。⑤ 1941 年,该笔借款到期后,交通银行又为其办理 80 万元的透支额度,前后两笔 80 万元的贷款到期后,交行均为其办理展期手续,保证工程不因资金短缺而停工。⑥

滇缅公路的二十四拐路段

1942 年 5 月,日军占领缅甸后攻入云南,迅速占领怒江以西的广大地区,经滇缅公路向中国输送物资的通道终被日军彻底封堵。但在此前近四年的时间中,滇缅公路为后方提供了大量战时紧缺物资,成为一条备受国际瞩目的战略大通道。

除滇缅公路外,交行还支持了多个省份的公路修筑工程。抗战开始后,江西省公路修筑任务骤然紧迫,江西省财政厅以"赶筑公路干线未完工程"为由,向交行请求资金支持,获得贷款 30 万元,从而保证了工程的顺利进行。1937 年,福建省建设厅为完成福瓯公路工程,向交行增借 50 万元。同年,交行为财政部垫款 6 万元,协助

---

① 《1938 年大事记》,交通银行博物馆藏资料 Y28。
②③④ 《1939 年大事记》,交通银行博物馆藏资料 Y28。
⑤ 《1940 年大事记》,交通银行博物馆藏资料 Y28。
⑥ 《1941 年大事记》,交通银行博物馆藏资料 Y28。

完成咸榆公路的修建。① 1941 年,桂穗公路工程向交行借款,桂林分行为其提供 50 万元资金支持,到期后又为其办理展期手续,以减轻工程建设方的还款压力。② 在独木难支之际,交行有时还会联合其他银行,共同为各省的公路交通事业提供资金支持。1937 年,交行联合中国银行和河南农工银行贷款 400 万元给河南省政府,用于修筑公路;③1940 年,广西省因修筑公路曾向四行借款 82 万元,交通银行负责 16 万元,其后借款数额增加到 100 万元,交行摊占份额也扩大到 19.6 万元;④同年,四川省政府为铺设成都市内马路和省内公路,向四行借款 130 万元,交行承担 26 万元;⑤1941 年,江西公路处向四行押借 30 万元,交行承担 6 万元。⑥

民国时期,中国的航空业正处在起步阶段,航空公司经营的线路较少,普及程度也不高。抗战时期,因航空运输便捷高效,获得政府重视,交行也适时给予资金支持,帮助航空公司改善基础设施和航空器材。

成立于 1931 年的欧亚航空公司,是国民政府和德国汉莎航空公司共同出资组建的,在近代中国航空运输史上有较为重要的地位。1939 年,欧亚航空公司为修筑该公司在越南老街附近的跑道,以该公司河南至昆明航线的收入作为担保,向交通银行借款越币 2.5 万元。⑦

交行不仅直接向某一修路工程贷款,还积极通过垫款的方式将资金提供给交通运输业的官方机构和民营企业,以便交通事业的系统建设。

首先是交通部及其辖下局处。1938 年 1 月,交行向交通部垫款公路事业费 31 万元;⑧1939 年再次垫付公路建设费 40 万元;⑨至当年 6 月,交行再次垫付交通建设费一次性拨款即多达 1500 万元。⑩

西南运输总处成立于 1937 年 10 月,是国民政府最大的国际运输机构,抗战期间承担了繁重的物资运输任务。广州沦陷之前,西南运输总处负责从广州向内地运输战略物资;广州沦陷后,该处迁至云南,依托滇缅公路以及中越之间的公路线,负责从缅甸和越南向国内运送抗战物资。东部沿海的工厂内迁时,该处也帮助不少工厂向

①⑦⑨⑩　《1939 年大事记》,交通银行博物馆藏资料 Y28。

②⑥　《1941 年大事记》,交通银行博物馆藏资料 Y28。

③　《1937 年大事记》,交通银行博物馆藏资料 Y28。

④⑤　《1940 年大事记》,交通银行博物馆藏资料 Y28。

⑧　《1938 年大事记》,交通银行博物馆藏资料 Y28。

后方转移。直至 1941 年,西南运输总处的工作才告结束,开战以来的四年间,累计运送军需物资达 36 万吨。① 该处能完成如此巨大的工作量,实与银行的资金支持密切相关,交行在其中也做了很多有益的工作。如 1938 年,该处"购车价款改善工程费第三期款",由交通部出面向交行汉口分行借款 100 万元。②

1939 年,西南公路运输管理局将先前与农民银行签订的透支合同取消,转与中国银行、交通银行另订新的透支合同,两行各承担 40 万元,交行方面由贵阳支行单独承担,该局保证将四川、贵州、广西三省的收入作为还款保证。③ 其后,运输管理局被国民政府改组为西南公路管理处,前订的透支合同转签新约,而透支额度也提高到 80 万元,仍由交行贵阳支行承担。④后因交通部经费紧张,给公路管理处的经费迟迟未能下达,该处又向贵阳支行透支 40 万元,作为办公经费,⑤借款到期后,交行再为其办理展期一年的手续。⑥ 此外,为促进西北地区交通运输业的发展,交行联合中央、中国、农民三行为西北公路运输管理局办理了 300 万元透支合同。⑦

1937 年,招商局为办理陇海铁路与海港联运的业务,请交行保付该公司三艘货船的造价期票、运费期票、抵借款项、保证金等各项费用。交行总处经过讨论,决定给予支持,遂与招商局订立保付合同,并贷给招商局美元 36 万,帮助招商局开展联运业务。⑧ 1940 年,交通银行贵阳支行为中国运输公司办理临时透支 50 万元,后又办理透支 80 万元,该公司资金周转的困难得以缓解。⑨

其次是省市政府。1937 年,福建省建设厅和厦门市政府为开通厦门与鼓浪屿之间的轮渡,以渡船等不动产和轮渡收入作为担保,向交行借款 5 万元。交行在放款支持轮渡建设的同时,还得以吸收轮渡收入作为存款,可谓一举两得。⑩

1938 年,交行向重庆市公共汽车公司提供贷款 2 万元,帮助该公司购买新车、零

---

① 夏兆营:《论抗战时期的西南运输总处》,《抗日战争研究》2003 年第 3 期。
② 《1938 年大事记》,交通银行博物馆藏资料 Y28。
③④⑤ 《1939 年大事记》,交通银行博物馆藏资料 Y28。
⑥⑨ 《1940 年大事记》,交通银行博物馆藏资料 Y28。
⑦ 《1941 年大事记》,交通银行博物馆藏资料 Y28。
⑧⑩ 《1937 年大事记》,交通银行博物馆藏资料 Y28。

件以及柴油等急用物资,用以发展市内交通。① 1940 年,重广轮渡公司向交行押借 6 万元,②一年后交行连同其他三行,再次向该公司放款,数额为 15 万元。③ 1939 年,云南汽车公司向昆明各银行借款 60 万元,用于购买新车和缴纳关税等,交行承担了 10 万元的借款额度。④

第三是有关交通运输的民营企业。民生公司是当时最大的民营运输企业,抗战爆发后,该公司组织人力、物力帮助大量沿海工矿企业内迁,对保存抗战实力卓有贡献。1938 年,该公司曾向中、中、交、农四行借款 100 万元,借款于 1939 年到期后,还欠四行 85 万元,为帮助公司正常运营,四行决定将贷款续展六个月。⑤

三、扶持后方矿冶能源等工业

在支持矿产开采、能源开发等方面,交行与国民政府资源委员会进行了良好的合作。

国民政府资源委员会的前身是成立于 1932 年 11 月的国防设计委员会,这个机构一开始隶属于参谋本部,带有军事性质,属保密单位,所从事的调查统计工作也是为国防计划服务。1935 年 4 月,该委员会更名为资源委员会,仍隶属军事委员会,由蒋介石亲自担任委员长。截至 1936 年,资源委员会下辖的各类厂矿企业涉及煤矿、金属冶炼、机器制造等行业。出于安全考虑,上述企业主要分布在湖北、湖南、云南、四川、青海等内地省区。资源委员会除兴办工厂,还对江西、湖南的钨矿、锑矿进行管理,在南昌成立钨业管理处,在长沙成立锡业管理处。抗战时国民政府再次改组资源委员会,以之隶属经济部,地位依旧超然。再加上原先负责电力工业的建设委员会改组,其技术人员转移到资源委员会,资源委员会遂将管辖范围逐步扩展至电力工业。而交行以发展实业的缘故,将资源委员会辖下采矿、冶炼等企业列为重点扶持对象。随着战事愈演愈烈,进口各类资源的渠道逐渐中断,国民政府加大了对资源的统制力度,更重视钨、锡等矿产的开采。抗战前,钨业管理处与交行订有钨砂押款合同,1939

---

① 《1938 年大事记》,交通银行博物馆藏资料 Y28。
② 《1940 年大事记》,交通银行博物馆藏资料 Y28。
③ 《1941 年大事记》,交通银行博物馆藏资料 Y28。
④⑤ 《1939 年大事记》,交通银行博物馆藏资料 Y28。

年合同到期后经双方协商,将合同由押款合同改为透支合同,额度仍为 30 万元。① 由于该笔资金不敷使用,次年又增加透支额度 20 万元,投入的资金总数达到 50 万元。② 借款到期后,交行不仅予以展期,再将透支额度提高至 100 万元。③ 此外,1940 年由交行重庆分行出面,给予锡业管理处透支 60 万元。④ 两笔专项资金的投入,大大加快了钨矿和锡矿的开采速度。

矿产品开采后,须向各地运输,也需要大量资金。1940 年,交行桂林支行给资源委员会钨锑联运处办理 50 万元透支。⑤ 从 1937 年到 1945 年,交行累计向资源委员会运务处办理借款共达 3000 万元。⑥

交行还对资源委员会在后方新办的企业予以资金扶持。资源委员会战时新办的企业主要集中在川、滇、黔三省。资源委员会与云南省政府达成协议,合作开办厂矿企业,委员会负责资金、人员和技术,盈利双方均分,亏损则由委员会承担。由于协议明显有利于地方政府,资源委员会在当地设厂颇为顺利。昆明炼铜厂是资源委员会属下企业之一,厂长为阮鸿仪。1940 年,该厂向交行昆明分行办理 30 万元押透,期限六个月。⑦ 此外,交通银行还为资源委员会属下的中央机器厂及其各分厂、中央电工器材厂等办理了借款和透押业务,单个企业的额度都在千万元以上。⑧ 大量资金的投入对这些企业在西部安营扎寨、恢复和维持生产,起了重要作用。

资源委员会属下企业众多,且以重工业为主,所需金额之巨大,非交行所能一家承担。为此,交行还与其他大银行合作。如 1940 年,资源委员会在已向四行借款 1500 多万元的基础上,再次与四行签订透支 5000 万元的合同,用以扶持矿业开发,其后,借款总额一再增加,最终合计 9000 万元,⑨ 交通银行按比例承担相应的份额。

抗战时期,地方政府和其他企业也承担了部分采矿、冶炼任务,交通银行也尽力给予支持。1939 年,湖南天锡锑矿公司申请透支 10 万元,经四联总处同意后,该笔借款由交行衡阳支行承做;为摊薄资金降低风险,后经孔祥熙协调,又改由重庆分行联合中、中、农三行共同承做,重庆分行作为四行代表负责牵头和订约事宜,资金由四

① 《1939 年大事记》,交通银行博物馆藏资料 Y28。
②④⑤⑦⑨ 《1940 年大事记》,交通银行博物馆藏资料 Y28。
③ 《1941 年大事记》,交通银行博物馆藏资料 Y28。
⑥ 《交通银行史料》第一卷,第 526 页。
⑧ 《交通银行史料》第一卷,第 513—526 页。

行按比例分摊。① 同年,湖南省为建设炼锌厂和炼铅厂,向四行借款 45 万元,交行在四行中承担 20% 份额,计 9 万元。②此外,人和制锑公司向四行押透 40 万元,其后因 40 万元不敷使用,总额增加到 100 万元,③交行在两次押透借款中均按比例承担相应额度。

水泥作为重要的建筑材料,战乱时节更是不可或缺,因此水泥制造业亦为交行积极扶持之对象。四行曾向四川水泥公司办理押透 30 万元的合同,1938 年合同到期后,四行予以续展三个月。其后水泥公司又以生产物资作抵押再次向四行借款,经协商四行合作放款 15 万元,借款到期后四行多次为其办理展期业务。④1941 年,该厂再次向四行借款,总额达到 100 万元。⑤正是利用上述多笔资金,四川水泥公司的生产能力不断提高。

黄金采掘是采矿业中极为特殊的部门,抗战时期黄金是维持国家金融稳定的重要战略储备,国民政府通过《取缔收售金类办法》、《加紧中央收金办法》等一系列法规,尽可能将黄金集中在国家手中,以便统一调配。对于黄金开采,国民政府十分重视,交行对此也是大力关注。1939 年,湖南桃园县金矿业同业公会为增加黄金产量,由其出面,代表长江、利华两家公司,向中、中、交、农四行申请透支 10 万元,经四联总处审核通过,该笔借款由四行分摊,交行承担相应份额。⑥1940 年,经济部采金局下属的松潘区采金处向四行提出借款申请,总额为 30 万元,交通银行也按比例承担 6 万元份额。⑦ 同年,采金局再次向包括交行重庆分行在内的四行借款 300 万元,重庆分行按照四行约定比例承担了这笔资金。⑧

由于战时武器弹药的需求急速提升,西部地区的冶金业飞速发展,交行亦为之提供强力的资金保障。六河沟制铁公司隶属于资源委员会,产品以生铁为主,多供应兵工厂制造炮弹壳,为当时重要的兵工企业。1939 年,该厂以生铁原料作抵押向交通银行桂林分行透支 10 万元。同年,该厂先前与中央、中国、交通三行签订的 12 万元借款合同到期;其中,交行汉口分行承担 2.4 万元,经汉口分行与另外两行商议,决定将该笔借款作展期半年处理,以缓解制铁公司的还款压力。⑨1939 年,该公司桂林铁

①②④⑥⑨ 《1939 年大事记》,交通银行博物馆藏资料 Y28。
③⑤ 《1941 年大事记》,交通银行博物馆藏资料 Y28。
⑦⑧ 《1940 年大事记》,交通银行博物馆藏资料 Y28。

厂向交通银行办理的押透 10 万元于年底到期后,交通银行将押透展期半年处理。① 1940 年,该厂与交行香港分行签订总额为 30 万元的押透合同,②一年后又向港行增借 4 万元。③ 此外,大昌矿冶公司、电化冶炼厂、全州冶炼厂等都曾获得过交行的资金支持。

建设委员会于 1928 年 2 月成立,由国民党元老张静江任委员长。这是为实现孙中山"实业计划"而设立的机构,但因多方面原因发展速度不及资源委员会。该委员会管理下的企业有戚墅堰电厂、首都电厂、淮南煤矿局、淮南铁路四家企业。戚墅堰电厂和首都电厂是当时国民政府属下众多国有企业中经验丰富、设备良好的著名大型企业,1937 年,电厂通过私有化的形式被转到中国建设银公司名下。两电厂被建设委员会寄予厚望,"一切技术设施、营业办法、会计制度,均力求精审完备,随时改进,以资他厂取法"。④ 作为电力行业的标杆企业,其资产状况也比较好,故电厂有资金需求的时候,交行予以大力协助。1937 年,戚墅堰电厂向无锡支行借款 20 万元,而先前拟定的八厘利息也降低为七厘;⑤同年,首都电厂向无锡支行借款 20 万元,也顺利达成协议。

重庆成为陪都后用电量大增,主要的发电企业为重庆电力公司,地位十分重要。1940 年,该公司向交行押借的 10 万元到期,交行为其办理展期,⑥其后,该公司又向中、中、交、农四行押借 100 万元。⑦1941 年,电厂资金告急,四行再次出面向电厂贷款 200 万元,⑧交行在两次联合放款中均按比例承担相应份额。

战时燃料供应,亦为后方建设的一大瓶颈。为求突破,交行投入大量资金,扶持相关企业的建设。1939 年,中国、交通、农民三银行为液体燃料管理委员办理为期六个月的 30 万元透支合同,交行承担 39% 的份额⑨,合同到期后经三行同意该笔款项又展期半年。⑩除能源生产的管理机构外,交通银行还直接向遵义酒精厂、浙赣铁路动力酒精厂、云南酒精厂、动力油料厂等提供贷款,帮助这些企业提高生产能力。

还值得一提的是,为支持矿业和电力工业的发展,交行还以出具信用函的方式为

---

① ② ⑥ ⑦ 《1940 年大事记》,交通银行博物馆藏资料 Y28。
③ ⑧ 《1941 年大事记》,交通银行博物馆藏资料 Y28。
④ 《建设委员会呈行政院文》(1930 年 10 月 20 日),《建设委员会公报》第 11 期(1930 年 11 月),第 49 页。
⑤ 《1937 年大事记》,交通银行博物馆藏资料 Y28。
⑨ ⑩ 《1939 年大事记》,交通银行博物馆藏资料 Y28。

企业间的合作提供担保。1937 年,鲁大矿业公司与上海电力公司订立煤炭交易合同,即由交行总行出具保证书。保证期满后,两家公司续订煤炭交易合同,交行总行再次出具总价为 7.1 万元为期六个月的保证书,促成了两家公司的再次合作。①

四、协建后方食盐工业

食盐工业是保障民生需要、投资规模较大的基础性工业,中国人口众多,每天的食盐消耗量巨大,制盐企业在产业链中地位举足轻重。抗战之前,中国的食盐工业主要集中在沿海地区,产品以海盐为主。沿海各省盐场中,对全国食盐供应最重要的为天津长芦盐场,其次为两淮地区的各大盐场。

交行一直积极支持食盐工业的发展,为其提供足额资金,以保证正常生产,即便在抗战后不久,也甘冒风险为沿海盐场提供必要的支持。1937 年 7 月,交行及中央、中国三家银行联合向长芦盐务管理局贷款 100 万元,以该局准单运照为抵押,交行承担了 20 万元。②

随着战线不断南推,两淮地区的食盐生产企业颇受威胁,1937 年至 1938 年 5 月,将两淮食盐向内地转运,成为全国食盐工作的紧迫任务。③ 当时,抢运的线路分为两条,一条是沿陇海线运往河南、陕西等省,另一条是运往湖北、江西、安徽等省。1938 年,浙江战区食盐收运处为援助河南、安徽等省的食盐抢运工作,向四联总处申请六个月贷款,交行承担 16 万元。④ 后因浙江战区还款困难,交行给予六个月的展期;⑤ 1940 年 7 月借款到期后,交行再次为其办理六个月的展期。⑥

传统产盐区不断沦陷后,食盐的存量骤然减少,国民政府遂将工作重心转向后方以及尚未沦陷的沿海地区。广东也属产盐大省,交行多次放款支持广东的盐业生产。1939 年,广东盐务管理局向四行商借信用透支 100 万元,该笔借款系财政部向四联总处提议贷放,交行承担 20 万元。同年,该局又以抵押的方式再向四行透支 180 万元,交行香港分行承担 36 万元。上述两笔借款年息均为七厘,当时属

---

① ② 《1937 年大事记》,交通银行博物馆藏资料 Y28。
③ 《抗战前期(1937—1941)的盐政设施》(1943 年 11 月),《中华民国史档案资料汇编》第 5 辑第 2 编,第 55 页。
④ 《1938 年大事记》,交通银行博物馆藏资料 Y28。
⑤ 《1939 年大事记》,交通银行博物馆藏资料 Y28。
⑥ 《1940 年大事记》,交通银行博物馆藏资料 Y28。

于低利率。① 不过,广东的食盐生产并不稳定,1938 年广州沦陷以及太平洋战争爆发,均对盐业生产带来不利影响;1943 年,广东东部盐场一度失陷,广东西部则遇到生产工具和设备的困难,盐业生产趋于停滞。②

鉴于东部、南部沿海地区的局势复杂多变,国民政府转而注重西南、西北地区的食盐生产,交行依然积极配合,对西部后方的盐业放款不断扩大,地点主要在四川和陕西。

1938 年 7 月,交行在四川自流井成立分支机构。自流井位于四川南部,该地盛产井盐。1939 年,自流井盐城和荣县的贡井盐场合并,组建自贡市,成为后方的重要食盐生产基地。自贡所生产的井盐,战前因为成本较高,卤水较淡,盐质较次,无力与其他地区竞争,逐步走向衰落。抗战爆发后,因战时的特殊需要,废弃的盐井重新投入使用,并且开凿新盐井,极力提高食盐产量。③ 交行在该地成立分支机构,用意就在于为食盐生产提供必要的资金帮助,所以说,交行自流井办事处的开设,可谓交行支持后方食盐生产的一个典型实例。

自流井办事处成立后,交行承做了大量的盐业放款业务。1939 年,川康盐务管理局向四行订立增产借款 350 万元,井处摊借了 70 万元;④1940 年借款到期后,井处与盐务管理局续订契约,继续支持当地的盐业生产。⑤ 当年,井处再次与其他三行共同承接川康盐务管理局的借款,四行联合透押额度为 100 万元;⑥其后,该笔费用又增加了 50 万元,连同先前的 100 万元一同订约。⑦1941 年,各大银行又向川康盐务局联合押款 500 万元,交行摊放 100 万元,后来,川康盐务管理局再次向四行透押,数额高达 1500 万元。⑧ 盐务管理局从交行及其他银行贷得资金后,由政府机构统一规划,将资金转贷给灶商,用于建设井灶和购置原材料。⑨ 连续多年的大额放款,使自贡地区的食盐生产迅速恢复。而且,正是因为有了资金的支持,四川和西康地区的食

① ④ 《1939 年大事记》,交通银行博物馆藏资料 Y28。
② 《财政部盐政司编十年来之盐政(节略)》(1941 年 11 月),《中华民国史档案资料汇编》第 5 辑第 2 编,第 145 页。
③ 《抗战前期(1937—1941)的盐政设施》(1943 年 11 月),《中华民国史档案资料汇编》第 5 辑第 2 编,第 55—57 页。
⑤⑥⑦ 《1940 年大事记》,交通银行博物馆藏资料 Y28。
⑧ 《1941 年大事记》,交通银行博物馆藏资料 Y28。
⑨ 《抗战前期(1937—1941)的盐政设施》(1943 年 11 月),《中华民国史档案资料汇编》第 5 辑第 2 编,第 58 页。

自流井西秦会馆由经营盐业的陕西商人集资修建,现为盐业历史博物馆。

盐行业还对生产设备和生产技术进行改良,如川康地区试办电力汲卤、真空制盐、废气制盐等,并改进提取副产品的技术,川东地区采用改垅为田的办法,避免煤炭中的二氧化硫影响盐质。①

交行对陕西的盐业生产同样给予大力支持。陕西与四川类似,也由政府机构出面担保,从银行借得资金,再转给灶商。陕西朝邑土盐为该省食盐生产的大宗,西安分行投放了大量款项。1939 年,陕西盐务办事处为收购朝邑土盐向四行透支 20 万元,限期六个月,秦行代表交行出资 4 万元,②借款到期后,交行为缓解其资金压力又为其办理六个月的展期。③ 1940 年,陕西盐务办事处又与四联总处、交行等签订多笔借款合同,交行或是摊放,或是单独承做,尽力给予帮助。

交行还为陕西食盐外运提供资金帮助。1939 年,陕西盐务办事处需购置车辆往甘肃运送食盐,遂向四行透支 14 万元,之后又续订 16 万元,④前后两次借款交行都

① 《抗战前期(1937—1941)的盐政设施》(1943 年 11 月),《中华民国史档案资料汇编》第 5 辑第 2 编,第 57 页。
②④ 《1939 年大事记》,交通银行博物馆藏资料 Y28。
③ 《1940 年大事记》,交通银行博物馆藏资料 Y28。

参与其中,承担了相应分额。1941 年,交行又单独为盐务局西北运输处办理 10 万元透支借款合同,①也用于西北食盐运输。

除四川和陕西外,交通银行还尽力为其他地区的食盐生产提供资金帮助。如昆明分行、西康省的雅安办事处等,都曾为当地政府的盐业机构和制盐企业发放贷款。1940 年,广西盐务办事处向四联总处押借的 400 万元到期后,得以展期六个月,交通银行共摊放 80 万元。1941 年,雅安办事处贷给雅安盐运销联合处的款项到期后,又为其展期三个月,同时还将利息降低为一分二厘。交行昆明分行联合中央、中国、农民三家银行,为云南盐务管理局办理 300 万元透支协议。②川北盐务管理局和中、中、交、农四行签订透支协议,首笔透支 200 万元。③1940 年,西北盐务局以兰州存盐45000 担,每担 25 元的价格做抵押,向交通银行透支 40 万元,同年又向四行押借 200万元。

五、对各类制造业的扶助

南洋兄弟烟草公司是国货运动中著名的民族品牌,外国烟草公司曾多次计划吞并该公司均未成功。1937 年,交行向南洋兄弟烟草公司提供的 50 万元透支额度即将到期,交行不仅将合同展期,还将透支额度提高到 60 万元,并且再承做信用透支 10万元。④ 借款最初以南洋兄弟烟草公司的厂址地块和厂房作为抵押,淞沪会战爆发后,因厂房多被炸毁,烟草公司另将卷烟成品作为抵押品。上海进入孤岛时期后,形势日益复杂,上述抵押品存放在虹口风险极大,经协商,交行将该公司抵押透支户改为信用透支户,先前缴存的抵押品仍由交行代为保管,以保资金安全。⑤

与南洋兄弟烟草公司类似的还有中华第一针线厂。该厂于 1936 年间以厂基和机器向交行上海分行借款 40 万元,又以原料和制成品再次办理押透 50 万元,限期三年。淞沪会战中,该厂厂址损毁严重,生产出现暂时困难,所欠交行大笔资金有变成坏账的危险。危急当口,交行为帮助该厂渡过难关,盘活资金,为该厂所欠资金办理展期手续,并将押款部分额度加以收缩。可见,即便在时局变化莫测,放款风险不断增大的情况下,交行仍决定对一些理应支持的企业,继续给予借贷或延长偿还期,只

---

① ② ③ 《1941 年大事记》,交通银行博物馆藏资料 Y28。

④ 《1937 年大事记》,交通银行博物馆藏资料 Y28。

⑤ 《1939 年大事记》,交通银行博物馆藏资料 Y28。

是放款额度必须根据各种具体情况审慎考虑。①

大生纺织和申新纺织是纺织行业的龙头企业，抗战期间交行持续并扩大了原有的合作关系，为两家企业搬迁内地，在后方恢复生产提供必要的金融服务。

南通大生纱厂是张謇于甲午战争后创办的近代纺织企业，其后生产规模不断扩大，到 20 世纪 20 年代，已有四家纺织厂，并以此为核心建成涵盖多个行业的 40 余家企业，成为当时国内最大的企业集团——大生企业集团。当该厂经营不善时，交行参加了由金城、上海、中国等银行组织的银行团为其清理债务。其中对大生二厂的借款由交通银行和中国银行共同办理。清算时，大生二厂全部财产标价 200 万元，但无人竞标，故由交通、中国两行据最后标价 100 万元共同承受债务。1937 年，扬子公司以现金 40 万元接手部分债务，剩下 60 万元由两行认摊，交行承担 18 余万元。抗战时期，交行继续对大生厂的发展给予资金支持，1939 年大生三厂欠交行常州支行的款项以股票变现的方式结清，缓解了该厂的债务压力。

荣宗敬、荣德生兄弟在民国时期创立大量近代化企业，成为当时德高望重的实业领袖。荣氏兄弟的投资领域主要集中在纺织工业和面粉工业，他们创办的申新纺织厂是当时中国规模最大的纺织企业，由上海、无锡、汉口等地的多个纺织分厂共同组成。抗战前交行与申新纺织厂就有业务合作关系，为该厂提供过资金支持。抗战爆发后，交行一如既往对申新纺织厂提供资金帮助。1939 年，上海的申新九厂以货押方式借贷的 150 万元到期，交行为其展期一年。②1941 年，交通银行为申新九厂担保的电费额度改为 30 万元，③以缓解其资金压力。抗战时期，申新纺纱厂在宝鸡设立分支机构，利用关中产棉区的资源优势继续生产，交行在西安、宝鸡的分支机构也为其提供资金支持。

此外，中国麻业公司于 1938 年向交行香港分行开立透支户港币 5 千元，次年因资金不敷使用，该公司又请交行将透支额度增至港币 1.5 万元，交行决定给予支持，双方另订新约。④

抗战时期以面粉、油料、药品、茶叶为代表的日用必需品的生产，既为民众生活不可或缺，也须供应前线军队，具有重要战略意义。因此，交行将上述食品工业作为战

---

① ② 《1939 年大事记》，交通银行博物馆藏资料 Y28。
③ 《1941 年大事记》，交通银行博物馆藏资料 Y28。
④ 《1938 年大事记》，交通银行博物馆藏资料 Y28。

荣宗敬   荣德生

时重要扶持对象,不仅加大贷款力度,还对偿还有困难的企业实行展期以及减免利息等优惠措施,为维持抗战时期民众的正常生活和军需供应作出很大努力。

广丰面粉公司曾与交行无锡支行签订借款合同,截至 1939 年,尚有 3 万余元未归还,为减轻其资金压力,交行免去该公司部分应还利息,后经三次分期还款,交行才收回大部分本金。① 交行上海民国路支行曾贷给糖业公司 5.5 万元,淞沪会战爆发后,该公司存货毁于战火,难以正常还款,故请求免除六个月利息,交行考虑到非常时期的特殊情况和食糖生产重要性,同意了该项请求。②

1939 年,协和药品公司因经营困难,流动资金出现问题,政府部门从保证药品生产考虑,要求四行联合为其提供资金支持。该笔借款由交行香港分行作为代表行负责牵头组织,经商定四行共向其贷款港币 90 万元,助其化解燃眉之急。③1940 年,政府的贸易委员会西北办事处与交通银行兰州支行签订期限 3 个月透支 30 万元的合同。同年,贸易委员会为办理茶叶贷款,向中、中、交、农四行再次借款 1500 万元,交行承担 300 万元。贸易委员会福建办事处也向四行透支 500 万元,交行承担 100 万元。此外,委员会属下的复兴商业公司于 1940 年向四行借款 2000 万元,属下的中国

①②③ 《1939 年大事记》,交通银行博物馆藏资料 Y28。

茶叶公司向四行借款 1500 万元,交行皆承担相应份额。① 此外,交行还向广西面粉厂、贵州油脂工业厂、中国植物油厂、药品经理会、第一炼油厂、贵州烟草公司等企业及政府相关机构提供贷款。

光华油漆厂由中国铅笔公司的经理人集资在后方创立,为支持其初期的发展,交行为该厂办理透支 3 万元。② 1940 年,永利化学公司向重庆中、中、交、农四行分支机构共借款 2000 万元,交行重庆分行代表交行承担该笔资金。同年,西南化学工业制造厂也向重庆四行分支机构押借 20 万元,重庆分行也按比例承担相应份额。③

除了各类工业企业,市政建设也是交行的重要扶助对象。抗战时期,交行对后方城市道路建设及发电厂、自来水厂等,也提供了大量贷款。

重庆自来水公司为添购抽水机等设备,曾向四行借款 70 万元;后因借款不敷使用,再向四行加借 10 万元,交通银行承担其中的 2 万元。④1939 年,该公司因战时市政建设需要,在旧欠未清的情况下,再次向四行提出借款 26 万元,用以敷设自来水管线。四行虽有资金安全的担心,但仍从大局考虑,同意在结清旧欠后提供该笔贷款,从 1940 年开始分期拨付,由此保证了供水管网的建设。⑤该公司最初 10 万元借款到期后,四行经协商也为其展期六个月。⑥1941 年,重庆自来水公司再向四行押借 200 万元,在已先拨付 50 万的基础上再拨 50 万,交行分摊 10 万元。⑦

值得一提的是,交行还尽量以灵活变通和多样化的方式,为企业提供实际的帮助。例如,1939 年,上海通成公司将一批纱布从上海转运重庆、云南,该公司此类业务一向由金城银行承做押汇,受局势影响,这批货物须经越南海防转运,而越南政府要求当地银行出面担保。当时,交行海防支行开业,金城银行遂请求海防支行为其担保,交行考虑到后方对纱布的迫切需要,欣然同意,为通成公司缴纳押税后,使货物顺利运抵后方。⑧

①③⑥　《1940 年大事记》,交通银行博物馆藏资料 Y28。
②④⑤⑧　《1939 年大事记》,交通银行博物馆藏资料 Y28。
⑦　《1941 年大事记》,交通银行博物馆藏资料 Y28。

第四节　抗战时期的实业投资

一、投资物资生产企业

交行在抗战期间直接投资众多工矿企业,地点集中于西南各省。有一些交行投资的企业,在当地开风气之先,云南水泥厂即为典型的一例。该厂成立于1939年,为云南历史上第一家水泥企业,由云南工商界人士和华中水泥厂厂长王涛共同发起建立,最初名为昆明水泥公司。1943年与华中水泥厂合并,改组为华新水泥股份有限公司。云南水泥厂在抗战期间也称华新水泥股份有限公司昆明水泥厂。该厂成立之初额定资本为60万元,交行认股10%共计6万元。[1] 后因物价上涨,该厂先后两次增加投资,90万元和150万元,交行皆参与其中。1940年工厂建成投产时,产品采用英国标准检验,质量过硬,为当时的国防建设和城乡建设提供了优质的建筑材料,也造就了一大批水泥工业的技术和管理人才。云南水泥厂的母公司,华新水泥公司由经济部、资源委员会、中信局和交行共同投资组建,交行共投入95万元。[2]

抗战之前,云南省已有的钢铁企业多采用土法炼钢,生产工艺落后。1939年成立于昆明的中国电力制钢厂是云南最早使用现代工业方式炼钢的企业之一。电力制钢厂的前身是国立中央研究院工程研究所,工矿企业内迁时云南省政府主动接纳其搬迁昆明,并以之为基础成立中国电力制钢厂。钢厂建立之初额定股本60万元,云南省政府投资50%,国民政府经济部投资25%,剩余部分由社会各界投资,交行予以配合,为钢厂建设投资2万元。

交行还在西北地区投资了甘肃矿业公司。1942年,为开发甘肃矿业资源和提供抗战物资之需,甘肃省出面联合四行合作成立了该公司。公司初始资本为300万元,分为3000股,后因资金周转不灵,于1943年增资700万元,资本总额共计1000万元,合1万股。交通银行先后投资甘肃矿业公司1000股,成为主要的出资方之一,因而

---

[1] 童兆瑞、李兴仁:《云南第一家水泥企业——云南水泥厂》,载《抗战时期内迁西南的工商企业》,云南人民出版社,1988年,第212页。
[2] 《交通银行史料》第一卷,第1595页。

兰州支行经理赵育美担任该公司常务董事。①

纺织业一直是交行贷款和投资的主要对象。抗战时期,中国纺织企业特种股份有限公司、裕滇纺织公司等为交行重点投资对象。

中国纺织企业特种股份有限公司于 1942 年 11 月在重庆成立,由吴昧经发起并邀请交通银行、中国银行以及裕华、申新、豫丰、沙市等纱厂共同出资创立,创办人主要为吴昧经、杜月笙、钱新之、束云章。该厂创立之初在重庆设有纺织、染整厂,后因日军轰炸,染整厂全部被毁。1943 年 12 月,花纱布管理局加入优先股,纺织厂改组为特种股份有限公司。抗战胜利后,公司在杭州设立杭江纱厂,重庆的纱厂更名为渝江纱厂。1947 年,总公司迁到上海。该公司最初资本总额为 2000 万元,后增至 5000 万元,分为 5 万股,交行投资 6000 股、国币 600 万元,②是最大的股东,交行董事长钱新之当选为该公司董事。

裕滇纺织有限公司于 1940 年 7 月 1 日正式开始生产,是抗战时期云南的重要纺织企业,公司创办人为缪云台、贝淞荪和钱新之三人。纺织厂资本总额最初为 600 万元,后因物价原因一再增资,调整为国币 4 亿元,合计 400 万股,交通银行占 20% 股份,合 80 万股,交行董事长钱新之也兼任纱厂的常务董事。③

1939 年,“渝方政绅各界为振兴西南麻业,改良纺线”,④在重庆成立西南麻业公司。公司成立时吸收各方资金总计股本 3000 股,股东主要有经济部、四川省政府、中国工业合作社等单位,各方出资后,还剩下 300 股难以认购,交通银行为保证该公司凑足资本顺利开业,由重庆分行出面认购了剩余股本。

交行对面粉工业也极为重视,抗战时期和抗战胜利后 交行持续投资许多地方的面粉制造业,取得良好成效。如广西面粉厂即由交行协同广西省政府、广西银行和中国银行等单位共同投资,交行的股份占该厂总股本的 22%。⑤ 又如阜记面粉厂,交行的投资占到该厂总股本的 25%。⑥

抗战进入相持阶段后,由于日军封锁,后方出现纸荒,新闻用纸和各种文具用纸

---

① 《交通银行史料》第一卷,第 1575 页。
② 同上,第 1568—1569 页。
③ 同上,第 1568 页。
④ 《1939 年大事记》,交通银行博物馆藏资料 Y28。
⑤⑥ 《交通银行史料》第一卷,第 1593 页。

全线告急。对此,交行有意识地扶持和投资了一批纸张生产企业,帮助后方解决难题,投资对象主要为中国纸厂和云丰造纸股份有限公司。

1943 年,纸荒严重,由经济部、教育部主导,并由交通银行、中国银行、中信局等金融机构出资的中国纸厂在四川宜宾成立,最初资本总额为 5000 万元,交行投资1800 万元,钱新之任公司常务董事。① 纸厂开工后,生产能力逐渐提高,抗战胜利后产品质量进一步改进,重庆、成都等地印刷书报大多采用该厂生产的纸张。

云丰造纸股份有限公司成立于 1941 年,由缪云台、钱新之和杜月笙等人联合发起,并获得经济部工矿调整处入股,股本定为 120 万元。工厂开工后,产品主要供应省内各大报社。1944 年国外进口纸张全部断绝后,产品销路更旺。② 但因物价一路高涨,公司资金屡屡短缺,多次增资,至抗战胜利的 1945 年,总股本额为 1500 万元,1947 年更达到 4.5 亿元。交通银行先后投资 37500 股,合计 3750 万元,钱新之兼任该公司董事。③

交通电器方面,抗战之前交行曾投资江南铁路公司、杭州电器公司、扬子电器公司等企业,抗战爆发后,沿海地区相继沦陷,上述企业皆落入日军手中。在建设、发展西部大后方的过程中,交行又在内地投资了一批交通企业,扶助后方的市政和工程建设。

重庆为山城,市内交通受山地制约十分不便。成为陪都后,国民政府为了促进市政建设,发展运输业务,发起组织重庆缆车公司,在重庆市内筹建登坡缆车三处,以此改善市内交通状况。公司组建时资本总额为 4500 万元,分为 4500 股,交通银行信托部认股 335 万元。随着重庆人口的剧增和城市规模的扩大,重庆电力公司也必须增加电力生产,为此特向中央、中国、交通、农民四家银行发出总额为 150 万元的入股邀请,交通银行承担其中 30 万元的份额。④

1937 年,江西省为改进交通运输事业,发起组织庐山电器交通股份有限公司,发起时资本定为 50 万元,官股和商股各半。交通银行出资 10 万元,占公司总股本的

① 《交通银行史料》第一卷,第 1573 页。
② 同上,第 1572 页。
③ 同上,第 1572—1573 页。
④ 《1939 年大事记》,交通银行博物馆藏资料 Y28。

20%，并派出董事一人、监事一人介入公司的日常经营管理。①

　　抗战时期交通运输事业任务繁重，资金紧张，股本的足额征收成为一个重要问题。1938 年，川黔铁路公司为执行再度紧缩原则，向各股东收缴续收股本，交行作为股东之一，按时交纳应缴股本 13.5 万元，②保证了股东权益的持续有效，也为铁路建设及时注入所需资金。

　　1943 年成立的中国桥梁公司以承建各种桥梁及其他建筑工程为主要业务，由前交通部长曾养甫和各铁路局、银行代表共同发起创立，初定资本 2000 万元，共计 2 万股。交行投资 4000 股，占总股本的 20%，副总经理赵棣华兼任公司常务董事。③1938 年成立的昆明营业公司以承办各项建筑工程为主营业务，资本总额 200 万元，成立之初该公司商请中央、中国、交通、农民四行加入股本 50 万元，四行协商后同意入股，交行的投资额为 12.5 万元。④

　　此外，主要承接大型建筑工程的馥记营造公司战前已颇具规模，在全国设有多处事务所，抗战爆发后撤退至重庆。1945 年，公司资本总额为 5000 万元，分为 5 万股；至 1947 年，资本总额达到 50 亿元，分为 500 万股。交行先后投资 456000 股，共计 4.56 亿元，占公司总股本近 10%，赵棣华也当选为公司常务董事。⑤

　　陕西省政府于 1937 年在咸阳成立酒精厂，为解决资金问题，省政府商请中国建设银公司介入合作，最后商定该厂总股本为 125 万元，中国建设银公司协助募集 50 万元商股。交行深知燃料工业在战时的重要意义，积极参与此项合作，认购股份 20 万元，促成了企业的建立。⑥

　　1939 年，中国植物油料厂为促进桐油生产，换取国民政府急需的外汇资金，与广西省政府合作，在广西创立榨油厂。成立初期的资本为 100 万元，由交通银行协同广西省政府、中国植物油料厂和中国银行共同出资，交行承担 20% 的份额。⑦

　　总之，交行在抗战时期对工矿业、交通业等物资生产企业的大力投资，不仅推动了后方社会生产力的提升，而且交行高层以投资者的身份进入这些企业，参与了各项

①⑥　《1937 年大事记》，交通银行博物馆藏资料 Y28。
②④　《1938 年大事记》，交通银行博物馆藏资料 Y28。
③　《交通银行史料》第一卷，第 1576 页。
⑤　同上，第 1591 页。
⑦　《1939 年大事记》，交通银行博物馆藏资料 Y28。

经营决策,有助于资金的合理运用,以实现安全、收益的业务目标。

二、参与各类实业贸易公司

抗战时期,中央或地方政府在内地组建了一批实业公司,再由实业公司投资经营各类生产企业。由于银行直接投资企业往往须经较长时间的考核与审查,耗费大量精力,而通过投资实业公司物色较好的实业发展项目,可节省自身人力,也能让银行更专注于本行的主营业务。鉴于上述原因,交行积极对此类实业公司进行投资。

1939 年 8 月,为促进后方工业建设,孔祥熙、翁文灏、徐堪、胡子昂等人发起成立中国兴业公司。该公司的筹建,以华联钢铁公司、中国无线电公司、华西兴业公司矿业组的原有机构及所有设备为基础,并经翁文灏呈请蒋介石获得批准。从资金的投入看,除交通银行,还有中央信托局、中国银行、农民银行、资源委员会和四川省政府,官商合股共计 1200 万元,分为 1200 股,交行董事长钱新之出任兴业公司常务董事。公司成立后,其下又分成钢铁、矿业、机器、电业、窑业等部门。1942 年 3 月,兴业公司召开第二届股东会,决议旧股 1200 万元按照三倍升值,再增加新股 2400 万元,共合股本 6000 万元。1943 年的临时股东会议决定再次增资 6000 万元,合计股本为1.2 亿元。

兴业公司历次增资,交行都有参与。公司初创时交行认购创立股 130 万元,第二届股东会议后股票三倍升值交行也增资到 390 万元,1942 年第一次增资时交行出资310 万元,1943 年再次出资 700 万元,合计股权数为 14622 股。[1]

为发展四川、西康两省的经济建设,1941 年,张群、黄季陆、邓汉祥等人奉行政院指令发起组织川康兴业公司。公司资本定为 7000 万元,国民政府承担 3080 万元,四川和西康两省认股 1000 万元,两省的金融界和民众认股 3000 万元。川康兴业公司董事长由行政院指派张群兼任,交行董事长钱新之兼任该公司副董事长。交行在全部股份中投资 12925 股,股数和代表人名单如下:

---

[1]　《交通银行史料》第一卷,第 1582 页。

表 3 - 3 - 1　川康兴业公司的交行投资股数及代表人

股东户名	代表人	股　数	股东户名	代表人	股　数
交甲记	钱新之	2000	交庚记	刘润林	1000
交乙记	赵棣华	2000	交辛记	王彝尊	1000
交丙记	庄鹤年	1000	交壬记	沈青山	925
交丁记	汤仁	1000	交子记	区绍安	1000
交戊记	张翔	1000	交丑记	黄光	1000
交己记	徐象枢	1000			

资料来源:《交通银行史料》第一卷,第1583页。

公司成立后,积极为诸多生产企业提供资金,帮助其购买原料,维持生产。中国植物油料厂、民生实业公司、四川机械公司、渝鑫钢铁厂、嘉乐造纸厂、永利化学公司等都获得该公司的资金支持。[1]

在众多实业公司中,贵州兴业公司是十分引人注目的一家。该公司由贵州省政府主席吴鼎昌提出建立,1939年春开始筹备,6月1日召开成立大会。公司的宗旨在于“开发贵州资源,助成西南经济建设”。[2] 秉持这一理念,公司的经营侧重于工矿企业,其次为农林、运输等企业,很少涉足商业经营。吴鼎昌认为兴业公司不能垄断任何行业,或与民争利,凡是私人可以开办的企业,公司皆加以倡导,财力不足时公司则予以资助,故倡导和扶持私人企业成为贵州兴业公司的营业原则。该公司在抗战时期创办了贵州水泥公司、贵州运输公司、梵净山金矿、贵州炼油厂、贵州建筑公司、贵州玻璃厂、贵州化工厂等企业,对贵州全省的经济发展起了重要的推动作用。该公司创立时,额定资本为国币600万元,分为6万股,交行认购1.2万股,成为主要投资者。[3]

交行还投资了贵州兴业公司属下子公司贵州煤矿股份有限公司。该公司成立于1941年5月,系以筑东煤矿公司的全部资产为基础,由资源委员会与贵州兴业公司合资组建。创办时资本定为600万元,分为6万股,1945年再增资为7000万元。交

---

[1]　刘素芬:《国民政府时期国家资本金融企业的发展——以川康兴业公司为例》,上海中山学社主编:《近代中国》第十八辑。

[2]　《交通银行史料》第一卷,第1581页。

[3]　该公司因业务扩展,数次增资。1947年8月,公司增资达到50亿元,分为5000万股,交行拥有1390万股,陈子培曾担任公司的常务董事。

通银行投资额为 2000 万元,贵阳支行经理陈子培兼任该公司董事。[1]

江西兴业公司成立于 1942 年,由江西省政府筹设,四行皆有份参股投资。江西兴业公司开办后,经过努力,成效斐然,业务发达。[2] 1945 年,上述地区一度沦陷,工厂被迫疏散,损失惨重。抗战胜利后,虽力图恢复,但因通货膨胀、资金不足等原因,未能重现以前的盛况。公司原定资本 3000 万元,分为 3 万股,1947 年调整为 36 亿元,分为 3.6 万股。交行先后投资该公司 3600 股,南昌支行经理魏千云任该公司董事。

此外,交行还在四川投资了大华实业公司。该公司于 1939 年在成都成立,目的为促进战时后方经济建设。公司成立时股本总额为 500 万元,经过协商由四行共同认股 100 万元,以助公司的初期发展,交通银行承担 20% 的份额。[3]

实业公司以生产企业为投资对象,而商业贸易公司主要投资销售型企业,就整个实业体系而言,商贸企业同样具有重要地位,若无商贸企业推动产品的销售与流通,生产企业的资金则难以顺利回笼,而且商贸企业的投资风险一般来说小于生产企业,为此,交行也积极投资商贸企业。

四川丝业股份有限公司成立于 1937 年 5 月。1930 年以来,受到世界性金融危机的影响,中国的生丝生产陷入困境,许多大公司相继倒闭。1937 年,四川省建设厅厅长卢作孚为谋求四川蚕丝业的复兴,与何北衡联手,将建设厅兴办的桑园和生丝贸易公司合并组建四川丝业公司。公司初始资本为 167.6 万元,分为 16760 股。此后资本逐年增加,1945 年已达到 1 亿元,至 1947 年,资本更膨胀至 25 亿元。交通银行对该公司的投资先后共计 1.125 亿元。

棉业在中国经济中也占有十分重要的地位。中国棉业贸易股份公司原先的主营业务为运销国内各地所生产的棉花,也兼营棉纱布匹。公司最初的投资者为中国银行,1937 年因扩大营业范围,增加资本至 1000 万元,交行即于此时投资参股,认购 300 万元,成为主要股东。此时的棉业公司,以振兴全国棉产贸易和辅助经营纺织业为主要宗旨,并在西北各地产棉区均设有办事处。后因战事,东部产棉区山东等省沦陷,公司损失达 100 万元以上。于是配合向后方转移的战略,公司开始将发展重点转

---

① 《交通银行史料》第一卷,第 1574。
② 同上,第 1583 页。
③ 《1939 年大事记》,交通银行博物馆藏资料 Y28。

向西部地区,新设立的广州分公司不到一年即盈余200余万元,其后又在梧州、重庆等地设立分支机构。

表 3-3-2 中国棉业公司的交行投资股数及代表人

股东户名	代表人	股 额	股东户名	代表人	股 额
甲记	胡笔江	30 万元	壬记	王绍曾	20 万元
乙记	唐寿民	20 万元	癸记	王燧生	20 万元
丙记	孔令侃	20 万元	子记	张叔毅	20 万元
丁记	庄叔豪	20 万元	丑记	浦心雅	20 万元
戊记	吴君肇	20 万元	寅记	沈笑春	10 万元
己记	陆廷撰	20 万元	卯记	黄筱彤	20 万元
庚记	徐柏园	20 万元	辰记	杨彦棠	20 万元
辛记	汪绍曾	10 万元	巳记	张勉之	10 万元

资料来源:《交通银行史料》第一卷,第1585—1586页。

大中国茶业股份有限公司为专门营销茶叶的商业公司,成立于1945年4月,抗战胜利后搬迁上海继续营业。交行对该公司投资2000万元,钱新之任公司常务董事,赵棣华任董事。

中国物产公司成立于1939年,前身为1937年由宋子文、孙哲生等人发起成立的华南米业公司。早在华南米业公司时期,交行就与中国、新华、广东等银行联合对米业公司进行投资,该公司的主要业务是将湘赣皖等省多余的大米运销华南各地,以调剂盈亏的办法促进米粮增产,并从中获取利润。公司改组成中国物产公司后,除继续经营上述粮食业务,还兼营出口业务。

1937年华南米业公司创办时资本为1000万元,分为10万股,交通银行投资2万股,交通银行管理层的主要人物代表交通银行分担了股份:

表 3-3-3 华南米业公司的交行投资股数及代表人

股份户名	代表人	股 额
交记	胡笔江	20 万元
交甲记	唐寿民	20 万元
交乙记	宋子良	20 万元

（续表）

股份户名	代表人	股　额
交丙记	席德懋	20 万元
交丁记	盛升颐	20 万元
交戊记	孔令侃	20 万元
交己记	陈健庵	20 万元
交庚记	王子崧	15 万元
交辛记	庄叔豪	15 万元
交壬记	张佩绅	15 万元
交癸记	李道南	15 万元

资料来源:《交通银行史料》第一卷,第 1586—1587 页。

三、投资国货公司,支持国货销售

从近代中国到现代中国,以抵制外国货为核心的国货运动此起彼伏。国货运动旨在推动国货企业的产销,发展民族经济,为中国民众反帝爱国斗争的一个重要组成部分。截至抗战前,国货运动蓬勃发展,各类国货团体遍布全国,甚至延伸到海外。众多国货团体开展各种活动,积极推广国货,对促进中国实业的发展起了重要作用。专门销售国货的国货公司是在国货运动中出现的,属实业贸易类的企业。国货公司直接面对广大顾客,是将中国企业的中国产品销售给顾客的零售型贸易企业。1928年 7 月在上海成立的中华国货股份有限公司是民国时期较早的大型国货销售企业。此后,国货公司这一营业模式在各地迅速推广,深为交行重视,并给予大力支持。

1934 年,温州中国国货公司成立。该公司与中国国货联合办事处密切联系,由办事处联络各家工厂,直接将货物发给国货公司,公司负责经销,形成产销合作的模式。这种合作形式大大降低了流通成本,有利于提高国货在市场上的竞争力。温州国货公司创立时资本为 3 万元,分 300 股。至 1946 年,交通银行和中国银行各投资50 万元。1948 年,其股本为 10 亿元,分为 100 万股,交通银行投资 5 万股,即5000 万元。[1]

---

[1] 《交通银行史料》第一卷,第 1588 页。

1937 年,国民政府为进一步提倡国货,由实业部、中国国货介绍所全国联合办事处、各银行以及各厂商联合发起成立中国国货联合营业公司,计划在全国 50 个大中城市开设分公司,以扶持国货销售。国货联合营业公司成立时,邀请众多银行成立银行团加入股本,资金总额为 300 万元,分为 30 个单位,交行认购 8 个单位,即 80 万元。① 1941 年,国货联合营业公司扩充股本 2000 股,合 100 万元,交通银行加入 430 股,共出资 21.5 万元。② 由于交行持股量较大,一直是该公司的主要股东之一。

国货联合营业公司成立后即在全国积极开设分支机构。1937 年,该公司联合南京市政府以及中国、交通、新华等银行联合发起首都国货公司,该公司资本为 30 万元。抗战爆发,南京沦陷,公司复业遥遥无期,遂将股本陆续返还交通银行。抗战胜利后,该公司于 1946 年 7 月正式复业,此时的公司股本改订为 1.2 亿元,共计 24 万股,交行再次参与,投资 4.61 万股。与此同时,联合营业公司在广州与中华国货公司合作,改组为广州国货公司,1938 年广州沦陷,该公司暂停营业,发还股本;1946 年复业,收回先前发还的股本 15 万元,后又增资 19985 万元,合计 2 亿元,分为 1000 万股,交行投资了 150 万股。

1938 年 9 月,中国国货联营公司总经理蔡声白邀请在港的金融界领袖发起组建香港国货公司,交行是当时在港的重要中资银行,董事长钱新之参与了发起活动。同年 11 月 19 日,公司正式成立,资本总额港币 20 万元,交行共投资 3.293 万元。③1941 年,该公司扩股港币 30 万元,交行增加认购,出资港币 1.635 万元。④开业后,公司营业情况颇为理想,先后开设了九龙分店和澳门分店,规模逐渐扩大。太平洋战争爆发后,香港、九龙遭到暴徒洗劫,商品损失殆尽,而总店存货也被日军掠走部分,损失达到港币 15 万元,⑤但沦陷时期该公司依然勉强维持。抗战期间该公司又有两次增资,1941 年增资港币 10 万元,1943 年增资港币 60 万元,合计 90 万元,分为 9 万股,交行前后投资共 1.4709 万股。抗战胜利后,公司残存资产约为 200 万港币。

1938 年 12 月 25 日,由交行贵阳分行的程志颐等八人为主要发起人的贵阳国货

---

① ③ 《1937 年大事记》,交通银行博物馆藏资料 Y28。
② ④ 《1941 年大事记》,交通银行博物馆藏资料 Y28。
⑤ 《交通银行史料》第一卷,第 1589 页。

公司成立,公司成立后程志颐作为监察人参与公司日常管理①,交行认购该公司股份4000元。② 公司成立后,业务进展顺利,销售情况良好,1940 年开设了两个分店,但1944 年豫湘桂战役爆发后,公司的进货渠道被日军切断,两个分店被迫停业。③ 抗战胜利后,通货膨胀不断加剧但公司经营情况稳健,并未受到太大打击。贵阳国货公司成立之初,资本总额仅为 10 万元,至 1947 年 3 月第七次增资后,资本总额达到 3000万元,分 30 万股,交行持有 9300 股。④

1938 年,桂林国货股份有限公司开始筹备,受物资运输影响,直到 1939 年 9 月才开始营业。公司初创时资本 10 万元,分为 1000 股,交通银行和中国银行各出资 5000元入股。⑤豫湘桂战役爆发后,公司停止营业,到 1947 年 8 月 15 日复业。⑥ 随着公司的经营,到 1947 年资本为 2 亿元,分为 200 万股,交行投资 9 万股。⑦

另外,交行还参股成都中国国货公司。1941 年,为适应经营需求公司增股 20万。鉴于成都国货公司经营情况较好,1940 年取得 15 万元的盈利,公司决定将这些盈利充作新股本,老股东增认的股款即以这部分资金抵消,对董事会的决定,交行成都分行也予以积极支持。⑧ 重庆中国国货公司成立时,交行也出资参与了公司的筹建。随着不断增资扩股,到 1948 年,交行共持重庆国货公司股份的 15%。⑨

第五节　创新业务类型,促进实业发展

一、开办工厂添购机器基金存款

抗战时期,受各种因素影响,交行的资金一直处于紧张状况。为了力求突破,交行先后采取一系列措施,如维系旧有存款客户、大力发展储蓄业务等,以缓解头寸紧

---

① 钱存浩:《贵阳中国国货公司始末》,全国政协文史办、中华全国工商联文史办等合编:《中国近代国货运动》,中国文史出版社,1996 年,第 360 页。

②⑤ 《1939 年大事记》,交通银行博物馆藏资料 Y28。

③④ 《交通银行史料》第一卷,第 1589 页。

⑥⑦ 同上,第 1590 页。

⑧ 《1941 年大事记》,交通银行博物馆藏资料 Y28。

⑨ 《交通银行史料》第一卷,第 1600 页。

张的困境,并且将筹集的资金大量用于支持实业发展,努力担起自己应尽责任。在分析、研究自身特长和客观现实的基础上,交行适时开办了工厂添购机器基金存款这一新兴业务,将拓展存款业务、吸收社会资金,与扶持实业有机地结合起来。

1942 年 10 月,交行总处通知各地分支机构同时开办此项特殊存款,用途是"便利各工厂添购机器"。① 法币和美金都可以存入,凡存入美金的储户,"以国币折合缴存代购美金储蓄券存储",②存款期限不得少于一年,但可采取分期存款的方式,有关存期、存款的具体情况亦可由工厂和银行双方协商决定。基于业务宗旨,交行设置了较高的资金门槛,法币存入的总额不得低于 10 万元,美金至少 5000 美元。此项存款的利息按照美金储蓄券和交行规定的定期利率执行,并未以高利率招徕储户。

为使各行处正确办理这一业务,总管理处随后发布《补充细则》,对存款规则中的一些细节作了说明。当时国民政府对外汇的管理日趋严格,为防止外汇资金外流,交行规定以美金存入的,都折合为法币缴存,其折合比率和购买美金储蓄券的折合率保持一致。日后购买机器设备的价款以法币支付时,或是申请以法币取回本息时,折合率与当时存入时的比率保持一致。显然,此举是为了防止通货膨胀带来的损失。

该项业务允许储户分期缴存,但存美金的客户缴存方式仍须遵照四联总处有关美金储蓄券的规定,对此,交行并无太大的自主决定权。而以法币存入的,交行允许客户每年最多分为四次存款,但间隔日期必须均匀,每次存入的金额也要固定并且为整数。③

从上述常规的存款规则看,该项业务和其他存款区别不大,只是方式比较灵活,但是交行可以凭借自身的特色优势,从诸多延伸服务中谋取利润。首先,存款到期后,工厂可以利用这些资金添购机器设备,交行对此有专门规定:"如有不足得向本行商借,其借款最高额可达已缴存款之总额。"④显然,在交行开办工厂添购机器基金存款的客户,可以获得交行的优先借款权,而且存入越多就可以贷出越多。这一规定既刺激了工厂的存款欲望,也为工厂添置设备提供了较大的资金周转空间。就交行而言,此类借款以工厂所购机器设备为抵押,贷出资金的安全也较有保证。

---

① ② ④ 《交通银行史料》第一卷,第 691 页。
③ 同上,第 693 页。

其次,交行在工厂购买机器设备时还为其提供全程代办的服务。交行依托其庞大的营业网络以及与外资银行之间的长期联系,不仅为工厂免除了繁琐的手续和人员的劳顿,也可通过相应的服务获得一定收益。由于部分机器须从国外购进,存入法币的客户在交易时,交行会为其办理申请结购外汇,由此拓展了外汇服务渠道。若存款尚未到期,客户需要提前订购机器,则可向交行申请保付价款,交行提供的保付额度以所存之存款余额为限。

第三,机器日久必然产生损耗,工厂在很大程度上会继续办理此项存款,为此总处特意规定:"遇有存户存款到期,委托代购机器时,仍须劝导赓续提存,俾循环不息,工厂银行两得其益。"[1]可见,交行希望通过开展这一业务,既达到吸引资金目的,又可逐渐形成一批长期的、稳定的客户群。

1944 年,鉴于此项存款开办后,申请动用该项资金购置设备的企业不断增多,交行进一步完善相关规定,颁布《代理购买机器简则》。规定合法设立的公私实业机构都可以委托交行代为办理购买机器事宜,企业若尚未在交行开立工厂添购机器基金存款户,则应先开户,再将购置资金全部存入后方可办理。[2] 交行根据企业提交的申请书进行审核,审核通过后再为其办理业务。原则上,委托交行购买设备的企业,须在订立合约时缴纳全部设备的价款,但经交行同意,也可先预付定金,若存户需要贷款,则按照双方约定的付款方式办理。另外,"所有保险、保管、纳税、运输、打包、装卸、提送等事项",也均由交行代为办理。[3]

经过几年发展,工厂添购机器基金存款已较为成熟,取得良好的经济效益。交行借此在烽火四起的战时状态下改善了存款结构,拓展了业务范围。而从企业方面来说,通过此项存款不仅可逐步积累资金,更新设备,还能享受系列服务,获取便利,可谓互惠双赢。

从现代金融业的发展看,交行的这项业务颇有启示。工厂添购机器基金存款与其说是一项存款业务,不如说是交行开发的一项企业金融服务一揽子解决方案。围绕该项存款业务,交行提供了一系列配套服务,介入并代为办理购买、纳税、保险、保管、运输等诸多环节的所有事务,最终将资金转化为企业需要的各种设备。在整个过

---

① 《交通银行史料》第一卷,第688页。
②③ 同上,第690页。

程中,交行已不仅仅是一个单纯的资金提供者,而是成为集资金支持、信息咨询、商业中介等多种职能于一身的金融综合服务机构,企业获得的是一站式的全套金融服务。交行在非常时期为吸收资金、服务实业所作的创新开拓,对今天建设一座具有高度服务意识的现代商业银行,仍是一个值得重视、值得研究的范例。六十多年前的交行已具有这样的前瞻意识并付诸实践,确实难能可贵。

二、协助企业进口国外机器设备

除了开办工厂添购基金存款业务,交行还开设了协助工厂企业向国外购置机器设备的业务。该项业务与工厂添购基金存款有一定的联系,已在交行开办工厂添购基金存款的客户在申请协助进口设备时,可以获得更多的优遇。

由于向海外购买设备所需资金量往往很大,程序更加复杂。交行在开办此项业务时,特向国民政府请求在英美借款中拨款 200 万英镑和 1000 万美元,作为购办机器设备的循环基金。① 交行还在纽约和伦敦设立通信处,协助国内实业机关购买设备。办理业务时,交行以代发委托购货证、代发商业信用证、代任信用保证、信托购置租用等多种方式,为实业机构提供服务。

(一)代发委托购货证

国内实业机构计划向国外购买机器设备时,可向交行预付定金,或提供必要的担保,由交行签发委托购货证后,向国外购买。其目的是为实业机构提供方便,所购器物须与实业生产密切相关。实业机构的购货申请书经交行严格审核,购货代理人必须选择纽约或伦敦的通信处。向国外购买机器设备自然涉及外汇,相关实业机构向外汇管理机关申请供给外汇,而购汇手续则由交行一并办理。

申请通过后,企业须向交行缴纳定金,定金折合成外币后不应少于设备总价的五成,如果有等于总价五成的美金储蓄券作为担保时,定金可以免交。② 已在交行开立工厂添购基金存款的客户,账户内资金可以直接转为定金,并可获得优先受理权。上述手续完成后,交行即将签发的购货证寄送到国外通信处,或联行转知售货人或代理人,所购买的设备办理出口押汇时,也由交行的通信处或联行受理。交行在接到联行

---

① 《交通银行史料》第一卷,第679—680 页。
② 同上,第680 页。

承做的押汇全套单据后,即发出通知要求购货的机构准备资金提取货物。

(二)代发商业信用证

实业机构在购买生产设备时向交行申请商业信用证,同样须经过交行审核,必要时与外汇管理机构协商供给外汇事宜。保证金方面的规定与购货证相同,工厂添购基金存款客户也享有优先权。然后由交行签发信用证,"由申请机关寄达其购货代理人或售货机关、签发归本行承兑之跟单汇票"。① 货物的保险公司和承运机关,均应由交行指定或同意,所有提单和保险单,都须以交行为抬头。货物送达国内以后,交行按照约定,对其签发信用证所产生的汇票进行承兑,同时通知购买设备的实业机构在汇票付款期限之前,将机器的全部价款向交行缴清。

(三)代任信用保证

"凡事业机关向国外定制全厂整套机件,或订购机件分批交货,订定分期还款,或定期一次还款,或以远期票据偿还,依期向其委托机关收取时"② ,须向交行提供一定的保证,请交行担任承还保证人。此项信用保证业务的保证范围限于三类,首先是事业机关和国外公司订约,出售全套工厂设备的分期还款或定期还款的承还保证;其次是订购分期交货情况下,分期付款的长期合同作为承还保证;最后是实业机关的国外分支机构,以长期票据清偿所购设备时也须交行参与保证。国内实业企业需要交行出任保证时,应事先取得国外生产厂商的同意,而实业企业也要填具相关申请书送交交行进行审核。

实业机构与交行签订相关合同,由交行出具相关信用保证后,实业机构应将所购置的生产设备抵押在交行作为担保,同时将担保总额30%的现金存入交行,或提供相当于所担保物品价值四成的其他财产,作为履行保证的补充担保品。③ 而补充保证方面,如果企业已在交行开立添购机器基金存款,存款可直接充做保证,同时由交行优先受理企业的申请。

为降低保证风险,规范交易过程,由交行出面担任信用保证的交易,企业必须委托交行为付款代理人。由交行担任信用保证购买的各种生产设备,每次装运都要通知交行,而提单、保险单等单据都须以交行为抬头直接寄到交行,设备抵达后则要在

---

① 《交通银行史料》第一卷,第680页。
② 同上,第679页。
③ 同上,第685页。

交行指定的仓库存放。

实业企业对于存放在交行指定仓库内的生产设备,在偿还期未满的情况下可以缴纳与提取设备等值的现金,或以交行认可的其他资产进行替代抵押的方式取得设备的使用权;如果提取的设备需要与其他设备进行组装,组装部分仍须向交行设定抵押权,并另以等于该项设备价值20%的其他资产作为追加保证后,也可以将设备提取使用。在所有货款本息全部终结后,交行即可将原先所有担保财产发还实业企业,整个契约履行完成。

(四)信托购置租用

所谓信托购置租用,是实业企业将计划购置的设备信托于交行,并经交行购置运到国内后,将设备租给企业使用,以租金收入抵付交行承担的设备本息,至本息全部清偿后,再将设备的所有权转移到请托机关。① 这种业务形式,实际上就是今天广泛运用于飞机、船舶、铁路等大型设备买卖中的金融租赁业务,是现代公路交通和工矿实业发展所依靠的重要金融支持,也是现代商业银行重要的业务组成单元。

交行当时开办的信托购置租用业务,适用的范围仅限于整套机器和船舶、车辆,现代金融租赁的对象也以大型生产设备和交通工具为主。为取得交行的金融支持,实业机构同样应就所购买的设备填报申请书,通过审核后,交行与申请企业签订购货契约,并就垫款总额、清偿时限、租金偿还、租用时间等问题完成协商,需要外汇机构提供外汇的也要一并完成申请。

交行为保证自身资金的安全,在信托购租业务中也设置了多重安全保障。由于设备在使用过程中会出现正常的折旧,以租金偿还本息时,最长偿还期限不得超过设备使用最长期限的一半。企业与交行订立合同后,企业应以合同总价30%的现金存入交行,作为保证金,经交行同意后也可用其他财产作为担保,在交行已有添购机器基金存款的客户,可将存款直接充作保证金,其购置机器的申请可享受交行的优先受理。

在上述准备程序完成后,交行即开始办理购货手续,在此期间双方的关系适用信托购货契约的规定。当设备运抵国内并交付使用机构后,双方即适用租赁契约的规定,租用机构开始偿还租金,以此抵付交行垫付的租金和应承担的利息。为保证租

---

① 《交通银行史料》第一卷,第686页。

金切实按期偿还,用此项业务购置设备的实业企业应将企业收付财务集中于交行,如交行认为有必要,可派遣驻厂会计或监督人员,以降低交行的资金风险并督促企业完成生产。由于信托购租业务持续时间较长,当企业出现不能按时缴纳租金的情况时,交行可终止租赁契约,收回所租器材,并将设备出售用以抵偿本息,若出售后仍不能抵偿本息,剩余部分以保证金抵交,不足时则由原承租的实业企业承担债务。

纵观交行创立的协助国内实业机构购买国外设备的四种方式,无论业务理念还是操作环节的设计,都比较先进。其间,不仅估计到银行可能遇到的风险,做了尽可能的预防,也充分考虑到实业企业的实际状况,在设置担保物和抵押时,采取多种灵活便利的办法,这使得企业和银行获得双赢的结果。

此外,交行还十分注重该项业务与旧有业务间的联系,已开设工厂添购机器基金存款的客户可享受种种优先权,这一规定无疑可吸引更多工矿企业在交行办理存款。尽管协助购置国外设备的业务本身并不吸收存款,但能促使保证金、押金等各类长期资金大量进入交行。由于该项业务只购买海外的机器设备,并全由交行在伦敦和纽约的办事处代理,这也为交行带来相应的结汇售汇业务,增加了全行的外汇头寸,扩展了外汇业务的范围。

从当代银行业的发展趋势看,现今中国银行业的基本收益仍依靠息差,这样的赢利结构恐难长久维持。当时交行协助实业机构购置国外设备的业务,并不强求实业机构必须在交行办理存款,交行更多地起了信用中介的作用,而通过业务的办理获取手续费之类的收益,则有效地减轻了对息差的依赖,与当代银行业的发展方向是相吻合的。其中,信托购租业务的开设尤其具有启发意义。金融租赁现今已成为商业银行中利润丰厚、能体现其综合实力的业务类型,而该项业务的发展则依赖所在国家的工业发展程度。交行的信托购租业务从办理方式和程序看,与20世纪50年代在美国兴起的现代金融租赁颇有相似之处,尽管该项业务的诸多方面与现代金融租赁相比仍不完善,有不小差距,但在当时的中国实有开风气之先的重大意义。

三、适应战后局势的业务调整

抗战结束后,交行继续协助实业机构向国外购置设备,继续办理工厂添购机器基金存款。通过对以往经验的回顾与总结,交行管理层认为,添购机器基金存款的吸引力须进一步增强,协助实业机构购买国外设备时,海外事宜"全赖外国洋行经手"①的状况也须改变。鉴于上述认识,并针对战后国内外形势的变化,交行对这两项业务作了一定的调整。

抗战时期,企业向海外订购设备时,交行仅起中介作用,国外的交易、运输等全由外国公司把持,致使购置设备的成本大大提高,交行从中获取的佣金也往往损失惨重。为改变这一状况,交行决定与国外重要的机械制造公司、汽车制造企业、造船厂等订立整批分期供货的长期信用合同,国内企业需要购置设备时直接与交行签订协议,简省了中间环节,降低了设备价格,提升了利润空间。

采用上述办法后,国内所有工矿企业、交通机构若需购买国外机器设备都可向交行办理申请、登记。凡有添购机器基金存款的客户,皆享有优先分配权。登记完成后,交行汇总归纳实业机构的需求状况,分别与产品最适用、价格最合理的国外设备制造商签订长期信用购货协定。合同内容包括,在一定期限内以信用购货的最高数额,确定分期还款的时限、数额等;在最高限额之内,交行应及时通知卖家设备到达和装运的时间,或通知制造厂家限期交货和运送;交行与国外设备制造厂家签订合同后,将价格、图样等信息提供给国内企业,并通知各企业备妥购货款项,经交行同意,购货也可分期付款,而交易过程中的保险、运输等费用也全由交行负责办理。

在办理业务的过程中,交行不仅获得可观的代理费用,还增加了自身的存款,因为大型设备所需资金较多,企业势必要求银行的资金支持,一旦企业与交行形成稳定的业务关系,后续资金的源源存入则顺理成章。此外,若购置设备的企业不断增加,设备进口的价格随之下降的话,交行还可获取相当的差价收益。②

1945 年以后的国际形势,对大型设备进口业务产生很大影响。一个明显的趋势是,大部分的进口设备将由政府出面,集中谈判,集中定购。事实上,英、美两国的对外信用交易,由国家机构(英国的出口信用保证部、美国的进出口银行)提供保证的事例也日益增多。③ 交行据此估计,战后国际间长期信用性的机器设备交易,在大部分的情况下,若无输出国政府机构提供保证或协助,便无法进行。所以,中国企业若需进口设备,也必须由政府出面谈判方可成功。鉴于上述判断,交行希望形成这样一

---

① 《交通银行史料》第一卷,第682页。
② 同上,第684页。
③ 同上,第683页。

种制度,即由中国政府出面与外国签订租借机器设备的协议,然后由交行承担还款责任,而进口设备也由交行负责支配,以便转售给需要的企业,再以出售设备所获款项,抵冲原先租借进口设备所付款项。

根据交行拟定的详细计划,政府和国外公私机关谈判签订的合同,由交行全部执行,设备则以分期付款的方式出售给国内公私企业使用。为保证资金安全,必要时交行可以要求企业提供其他财产作为追加保证。为保证按时偿付价款,交行还可以派出稽核会计,并集中向该企业收付。

从重新修订购置进口设备的办法看,交行一方面努力排除过多的中间层次,直接与国外企业签订供货协议,以降低采购成本,增加代理收益,通过更合理的价格吸引企业办理此项业务;另一方面又根据国际形势的变化和自身的特长,实行新的运作方式,由政府出面集中签约,银行出资办理具体事务,以更高的效率加速机器设备的进口,以支持国内企业的生产。

第四章
稳定金融市场,支持全民抗战

抗战时期,交通银行作为国家金融机构,连同其他国家银行,为稳定金融市场发挥了重要作用。战争刚打响,上海金融界陷入恐慌,挤兑风潮涌动,大多商业银行顾忌自身利益纷纷收缩贷款,金融市场流动性骤然趋紧。交行勇于担责,积极参与联合贴放委员会,为遭遇困境的金融机构提供大量资金,帮助同业度过最初的危机。"孤岛"时期,局势复杂,交行依托租界,坚持营业,为后方的经济建设筹集资金。由于法币不断贬值,国民政府与英国、美国先后建立平准基金,极力稳定法币币值,交通银行作为平准基金的出资银行,动用巨额外汇平衡法币汇率,并积极参与汇率政策的制定。当时,敌我双方在金融阵线上的抗争也异常激烈,日伪政权利用各种渠道向后方输送伪钞,打击法币信用,并竭力堵截货币供应,阻拦黄金外汇的流动,实行经济上的围剿。交行积极配合国民政府一系列政策与举措,查堵假币,严防金银外流,摊垫军政费用,协助钞券运输,为稳定后方金融秩序,支持全民抗战作出不懈努力。

第一节　抗战时期稳定金融市场的各项努力

一、承做联合贴放,救济金融同业

金融业对时事的反应最为敏感。卢沟桥的枪炮声激发了中国民众抗击侵略的斗志,也给金融中心的上海带来了剧烈震荡。银行的资金被大量提取,放出的款项难以收回,公债猛跌,资金短缺。半月之间,大康、恒利两家银行相继停业,[1]金融市场一片恐慌。

为挽救上海金融业危局,国民政府财政部于 1937 年 7 月 29 日授权中央、中国、交通、农民四家银行组成联合贴放委员会,共同办理对各家同业银行的贴现和放款。8 月 9 日,上海四行联合贴放委员会正式成立,当天即公布《贴放委员会办理同业贴放办法》和《贴放委员会办事细则》,规定了业务办理流程和日常管理规章。委员会每天上午开会,由四行代表轮流担任主席,委员会决定贴现率以及对各家银行的放款利率,这些数据由中央银行统一挂牌公布,贴放委员会所需资金由四家银行共同承担,合计的透支额度共为 1000 万元,其中交通银行摊垫比例为 20%。[2] 贴放委员会成立后,给上海经营困难的金融机构提供有效的资助,对放松银根,活跃市面,增强市场信心,起到了积极作用。从委员会成立至 11 月 18 日,累计核准贴现及放款 2255 万元,至 18 日止尚结欠 1670 万元。当时法币尚未出现大幅度贬值,如此巨量的资金投放对稳定市场确实起了非常关键的作用。

在平息这次金融恐慌的过程中,交行反应迅速,为防止大康、恒利银行的倒闭在金融界引发连锁反应,立即着手大量续做同业押款,有效缓解了同业面临的流动性不足问题。

表 3 - 4 - 1 抗战初期交通银行办理同业押款情况　　单位:法币元

借款行	借款金额	抵押品	备注
大陆银行	1000000	金公债	与中国银行合放
大陆银行	1870000	统成公债	押透
大陆银行	2000000	戍统公债票 400 万元	
金城银行	1500000	各项金债票	与中国银行合放
金城银行	5500000	外币	
通和银行	1000000	该行全部资产	与中国银行合放
亚洲银行	200000		与中国银行合放
东莱银行	500000	公债	

---

① 《交通银行史料》第一卷,第 628 页。
② 同上,第 629—630 页。

（续表）

借款行	借款金额	抵押品	备　注
中兴银行	300000		中、交两行各半分借
国信银行	250000	道契	透支
江苏银行	100000	统成公债	
国华银行	900000	统一公债及股票	
盐业银行	1000000	统一公债	
绸业银行	850000	统债及道契	
中汇银行	300000	股票	
垦业银行	600000	公债	押透
江苏农民银行	200000	土地权柄单	
四川美丰银行	500000	四川建设公债	押透
女子商业储蓄银行	600000	房地产	与中国银行合放
新华信托储蓄银行	1150000	债票	

资料来源:《交通银行史料》第一卷,第629—630页。

　　由于战争的影响波及全国,从上述表格看,交行办理的同业押款并未限于上海,也包括外地的银行。交行在援助同业时,也注意自身的资金安全,故对接受押款的银行大多以信用等级较高的金融产品为抵押,避免因坏账而导致自身的重大损失。

　　经交行等大银行的努力,上海金融市面有所好转。但1937年11月上海进入孤岛时期,随着周边地区的大量资金流入租界,反而出现资金过剩现象。资金过剩导致投机盛行,一时间众多钱庄纷纷涌现。当初联合贴放委员会的目的是促进资金的流动性,充当最后贷款人,此时却不合时宜。为此,贴放委员会对工作方针作了调整,不再对银钱业进行直接贷款,转而通过银行业联合准备委员会和钱业联合准备库对同业进行必要的资金融通。

　　交行除给同业银行以有力支持,也参与对钱业的大规模救助。截至1939年5月底,钱业共结欠1660余万元,交行承担两成份额,共计330余万元。[1] 钱业为获得交行资助,同样提供相应的抵押品作为资金担保,经财政部批准,交行对抵押的道契进

---

[1] 《交通银行史料》第一卷,第630页。

行作价了结。其中,大德钱庄等六户共提供道契九份作为抵押,这些地产分别为公共租界中区基地 25 亩 3 分余;海格路(今华山路)24 亩余,其间有中式房屋 183 幢、西式住宅两所,作价 343 万余元。经过账目冲销,交行应付款 68.7 万余元。[①] 庆大钱庄截至 1940 年 4 月,共欠款 37.6 万元,交行摊垫 20%,共计 7.52 万元,与其他债权人共同承受新闸路梅白克路永寿里英册道契 7523 亩,地产作价 466380 万元,经结算交行摊 93276 元。[②]

在抗战初期出现的金融恐慌中,交通银行连同中国、农民两行,实际上承担起央行的责任,三行为同业银行未到期的金融票据放款,充当最后贷款人的角色,从而为其他银行注入急需的流动资金,对活跃市面起了一定作用。原则上说,最后贷款人应由中央银行单独承担,但当时的中央银行并无如此实力,因而出现四家银行共同担任最后贷款人的状况。

二、"孤岛"时期的钞券运输

淞沪战役结束后,交行在租界中坚持营业。虽然租界与外界的水、陆、空交通相继恢复,却因日军控制了周边地区,不断进行干扰,不少物资仍难以进入租界,如重要的金融物资钞券,其运输就受到日军的种种阻挠。1938 年 9 月 15 日,交行通过密电告知香港总处,由于日军干涉钞券运输,租界内上海各家银行存券日渐减少,"现中外各银行并计仅存一万(亿)一千余万元"。[③] 而此时各种乡村土产急需采购,各地客商向银行大量贷款。为防止钞券断供,经浙江实业银行总经理李铭与麦加利、汇丰等银行协商,请英国大使馆向日本方面交涉,方使日本方面最终承诺不再阻挠。此后,汇丰和麦加利两行电令其香港分行,与交通银行、中国银行接洽,拟每周代运钞券二三百万元,具体细则由中交两行协商。交行上海分行此时对外宣称仅剩 1200 万元钞票,要求海关放行已扣留的交行钞券,麦加利银行也愿意代交行请英国使馆出面帮忙。

麦加利、汇丰银行协助中交两行运输钞券一事,四行在上海进行详细商讨,交行总处派代表许静甫参加会议。汇丰虽同意协助中交两行运输钞券,但汇丰和中国、交通等银行此时还协助国民政府管理法币对英镑的汇率,所以特别指出,运输钞券工作

---

①②③ 《交通银行史料》第一卷,第 631 页。

开始后,须注意不能使市面上钞券过剩,否则会导致法币贬值,给汇率管理带来不利。汇丰的担忧不无道理,孤岛时期上海投机风潮盛行,而上海的汇率一直对后方颇有影响,若管理出现失误,便会扰乱后方人心,引发一系列政治经济问题。

经过协商,四方达成协议,由香港方面着手实施钞券运输事宜。中国银行欠中央银行的1000万资金首先起运,随后交行存放在麦加利银行的300万元也被起运,加上被海关扣留的钞券,交行手中的头寸状况大大改善。按照约定,中、中、交三行以四、四、二的比例分配资金运输额度,以后若有特殊需要,再临时商议。

上海"孤岛"时期,因特殊的环境与条件,国民政府仍可在上海金融市场发挥政府的调控作用,中、中、交、农四行也坚持营业,想方设法稳定金融市场。就钞券运输这一事件而言,仅凭中资银行的力量显然无法解决问题,故中外合作势在必行。在这一事件中,各方都作出了自己的努力,李铭等上海金融界的头面人物起了联合外商银行的中介作用,英国大使馆和英资银行则利用国际关系的准则,出面与日交涉,并承担了运输的任务,交通银行和中国银行在香港组织钞券,随时准备运往上海,并参与商讨,协调各方行动,争取尽早打通运输通道。整个过程中,交行都积极行动,主动参与,总处许敬甫专门前往上海与有关各方商讨运输细则,并对运往上海的钞券做了妥善准备,可见,交行确实担负起了国家银行的职责。

三、开战之初协助政府稳定汇率

1935年,国民政府实施法币改革,规定法币不得兑换银元,但可购买外汇。法币与主要外币的兑换率为:1法币等于美元3角,等于英镑1先令2便士半,等于1.03日元。[1] 法币改革后,法币的汇率逐步进入一个相对稳定的时期,但维持法币币值的长期稳定,还须中央银行调节外汇市场,防止出现异常波动。当时,中央银行实力尚弱,不足以承担此项任务,故由中央、中国、交通三大银行出面,共同负责外汇市场的日常管理。交行代表国民政府参与外汇市场的管理,实际上已部分承担了中央银行的职能。这一时期,三行互相配合,在外汇储备、外币兑换、外汇结算、维持外汇市场秩序等方面做了很多工作,维持了法币币值的基本稳定。

抗战时期,交行凭借雄厚的实力和丰富的外汇管理经验,更深入地参与外汇市场

---

① 《交通银行史料》第一卷,第997页。

的管理,在政治、经济形势充满变数的情况下,交行与其他银行积极合作,为维持战时外汇市场的稳定发挥了关键作用。

"七七事变"后,金融市场上恐慌情绪不断蔓延,上海资金纷纷外逃,外汇需求急剧增加。此时国民政府仍执行原定的自由外汇政策,按照 1 法币等于 1 先令 2 便士半的汇率,由中央、中国、交通三行进行无限制外汇买卖。7 月 7 日至 8 月 12 日,售出外汇估计达 750 余万英镑,合法币 1.2 亿元,[①]较上半年平均每月供应数增加了 5 倍。

鉴于金融市场持续动荡,国民政府于 8 月 13 日下令上海银钱业暂停营业两天,8 月 14 日财政部颁布《非常时期安定金融办法》,出台一系列限制提取存款,遏制资金外逃的措施。与此同时,宋子文与汇丰等外商银行商定一项"君子协定",要点为:国民政府按照英镑 1 先令 2 便士半,美金 0.29 元的固定汇率供应外汇;外汇买卖仅限于现期交易;政府与外商银行或洋商之间的外汇交易,已经进行的以法币结算;中、外银行界分别提名代表二人对外汇以及有关金额方面的问题进行协商处理;外商银行暂停接受中国人的法币存款。[②]

实行这些紧急措施后,外汇供需保持了短时间的平衡。值得一提的是,在半个月中,中、中、交三行还买进外汇 40 万英镑,约合法币 600 余万元,[③]及时补充了流失的外汇头寸,缓和了自身的问题。

由于中国军队的节节败退,外汇市场形势又趋恶化。1937 年 11 月上半月,中、中、交三行供汇每周 50 万英镑,下半月,突增至每周 150 万英镑,面对这种趋势,中、中、交三行都难以长期维持。迫于巨大的压力,1938 年 3 月,财政部出台新的外汇管理规定,第一条即要求:"外汇之卖出,自本年 3 月 14 日起,由中央银行总行于政府所在地办理,但为便利起见,得由该行在香港设立通讯处,以司承转。"[④]根据规定,凡经批准的外汇使用申请,准予按照官价售予外汇,然而 3 月 17 日公布的第一批被核准的申请书,仅占全部申请总数的 37.59%,[⑤]且被拒绝者并无合理依据。此举引起各方不满,外商银行由此否定了 1937 年 8 月签订的"君子协定",此后,法币实际上已丧失了固定汇率。这一政策的实施,实质上就是放弃原先的"无限制买卖外汇"政策,

---

① 邹宗伊:《中国战时金融管制》,财政评论社,1943 年,第 33 页。

②⑤ 《交通银行史料》第一卷,第 998 页。

③ 邹宗伊:《中国战时金融管制》,第 127 页。

④ 《汉口财政部来电》(1938 年 3 月 14 日),上海市档案馆藏:上海银行公会档案,档号 S173-1-283。

开始实行一定程度的外汇管制。由于审核制度不断趋于严格,能够通过审核的用汇请求持续减少,法币的对外汇价步步下跌,徘徊于 16.625 美分左右。既然官方渠道难以获取外汇,对外汇资金有急需的个人和企业便用高于固定汇价的价格购买外汇,逐渐形成一个不受政府控制的外汇黑市。

在战时的非常状态下,汇率下跌往往会引发社会不安,人心浮动,而且汇价缩水过多也会损及英美对华贸易的获利,黑市的发展和法币汇率的不断跌落势必损害各方利益。因此,在国民政府的支持下,交通、中国二行出面与汇丰银行合作,暗中共同维持上海的黑市汇率。经三家银行的努力维持,法币对英镑的汇率在 1938 年 8 月之后的半年中暂时稳定在 8 便士左右。[①] 在此期间,国民政府在战场上连遭败绩,经济上也出现一系列问题,而且华北日伪政权又在天津大量收购外汇,扰乱市场。应该说,交通、中国、汇丰三行的努力能取得如此成效,实属不易。

第二节　协助维持战时外汇市场,开拓外汇业务

一、参与中英平衡基金

抗战初期,中国的外汇市场因国民政府的一系列措施,又经交通、中国、汇丰三行的共同努力,尚能维持相对的稳定,并未急剧恶化。然而,没有充足的外汇储备以满足市场的购汇需求,便不可能真正稳定。战局的日益严峻,国土的大片沦陷,必须建立新的外汇管理体制以适应战时的特殊情况,才能维持外汇市场的相对稳定,保持国民政府国际收支的基本平衡。为此,国民政府向英国政府寻求帮助。

1939 年 3 月 10 日,在中、英两国政府的共同推动下,以稳定法币汇率为目标的中英平衡基金成立。该基金由交通银行、中国银行、汇丰银行、麦加利银行共同订立合约组成,总额为 1000 万英镑,中英双方各承担 50%,其中,交行承担 175 万英镑。根据规定,在合同签订 14 天后,所有资金须全部拨交英格兰银行专户存放。[②] 平衡基

---

① 洪葭管、张继凤:《近代上海金融市场》,上海人民出版社,1989 年,第 209—210 页。
② 《交通银行史料》第一卷,第 1005—1006 页。

金意在制止沪、港等地外汇市场上法币买卖的异常跌价,避免法币与英镑的汇率过度变动,以此维护法币信用。中英平衡基金的建立,标志着中国、交通、汇丰三行对汇市的维持由暗中转为公开。中国的外汇市场自此进入一个新的阶段,外汇黑市交易获得政府某种程度的认可,并被纳入管理体系。

平衡基金建立后,中央银行法定的外汇官价,仍维持1先令2便士半的汇率,对于合法核准的外汇,仍照原率供给。但外汇暗市的供给比较自由,大部分的外汇交易都在"暗市中成交",[①]因此平衡基金的责任十分重大。对交行而言,战前即一直协助中央银行管理外汇市场,如今作为平衡基金中的一员,更履行了央行的职责,参与外汇管理中涉及的深度与广度,皆达到法币改革以来的巅峰。

平衡基金授权一个委员会管理日常工作,委员会由五人组成,其中交行和中国银行共推举两人,汇丰和麦加利各推举一人,剩余一人,由国民政府商得英国财政部的同意以及汇丰、麦加利的认可,推荐一名英籍人员担任,管理委员会的日常会议在香港举行。[②]

从运作看,平衡基金售出英镑获得的法币,在沪、港两地的汇丰和麦加利银行设立法币户存储,而英镑利息和贴现等收入,则在英格兰银行设立英镑收益户存储。[③]英国方面两银行参加平衡基金所垫付的500万镑,在国民政府未清偿之前,按照周息2.75厘计算利息,每年4月1日和10月1日按期在伦敦支付。此项利息,由操作平衡基金的收益进行拨付,不足部分由交通银行和中国银行负责补足。设立平衡基金的合同有效期为十二个月,到期后可以六个月为一期进行延长。合同期内,交通、中国两行经国民政府同意,汇丰、麦加利两行经英国财政部同意,可在七天以前用书面形式通知对方,解散平衡基金委员会。基金结束后,英镑收益户的余额,应首先用于清偿所欠利息,英国财政部与交通、中国两行垫付的利息和收购法币的费用,若有盈余,则按照四行出资比例进行分配。以上资金处理方案,经过四行协商后签订相关合同,交行代表李道南、张怀德、简鉴清参与了合同的讨论和签订。[④]

为保证平衡基金的顺利运作,国民政府向英国政府作出保证,平衡基金存在期

---

① 魏友棐:《平准外汇暗市的当前问题》,《财政评论》第2卷第1期,转引自宋佩玉:《抗战前期上海外汇市场研究(1937.7—1941.12)》,上海人民出版社,2007年,第216页。

②③ 《交通银行史料》第一卷,第1006页。

④ 同上,第1007页。

间,中国政府的财政、经济和货币政策皆以稳定按英镑计算的法币价值为目标,以上各项政策均以机密文件的形式,通知基金管理委员会。中国政府对下属政府机构的外汇流出须加以限制,政府机构所购买的外汇数量不能超过其承付的款项,且须经过基金管理委员会委托的银行办理。中国的国家银行将从各方面与平衡基金保持合作,绝不在外汇市场上买进卖出,以避免妨害基金的运用。①

平衡基金的建立,使交行众多外汇业务被置于平衡基金的监管之下,而管理委员会中英方成员居多,交行外汇业务的自主性由此受到一定限制。交行作为中方代表之一参与平衡基金的运作,履行部分中央银行的外汇管理职能,既是一种权利,也是一种负担。平衡基金的运作占用了交行大量的外汇头寸,而且交行还要垫付汇丰和麦加利银行的利息,这对交行开展自身的外汇业务造成不小的负面影响。

平衡基金成立后即按英镑 8 便士或美金 15.6250 分的汇价在上海、香港两地公开买卖法币,并努力使汇价稳定在这一水平。② 1939 年上半年,中国的入超额较 1938年同期增加三分之二,其中上海一地就占了一半。进口物资中,棉花和谷物的数量最大。由于战场上的溃败,以大量外汇购进的棉花多落入日军之手,为日人开设的纺纱厂所用。而且日军和日伪政权为破坏法币信用,无所不用其极,平衡基金的资源被大量套走。当时市场上极为活跃的金融投机活动,也使平衡基金的储备颇受损失。至1939 年 6 月 7 日,平衡基金会迫于形势宣布暂停出售外汇,最后决定新的汇率为美元11.75 分,英镑 6 便士半,从而大大抑制了购买外汇的冲动,一定程度上维护了平衡基金的外汇储备。③

至 7 月中旬,平衡基金原有的 1000 万镑几乎全部用完,基金委决定第二次停售外汇,6 月新定的汇率也不得不宣告放弃,金融市场顿时出现混乱,汇率直线下跌,此后平衡基金不再维持固定汇率,改为机动调节。9 月初,在英国向德国宣战这一利好消息的刺激下,法币对英镑的汇率出现上升,平衡基金抓住有利时机,在市场上迅速购进英镑,使其储备增加了 200 多万镑,使得平衡基金在市场上又应付了六个月。④

1940 年初,法币对英镑汇价上升 80%,对美元汇价上升 50%。平衡基金趁机抛出法币,回购英镑 420 万,相当于以往出售总额的 40%。⑤ 当年 5 月初,平衡基金再

① 《交通银行史料》第一卷,第 1004 页。
②③④ 同上,第 1005 页。
⑤ 《中国银行行史资料汇编》上编,第 1412 页。

次停止向上海汇市无限制提供外汇,不再对汇率予以公开维持,实际上便宣告了平衡基金的失败。自此,上海的外汇市场处于放任自流的状态,法币对英镑汇率持续下跌。

平衡基金告终后,剩余资金的处理被提上议事日程。1941 年开始清算,汇丰和麦加利银行提出建议,由参与的四行分别提请董事会同意,授权英格兰银行代为处理基金剩余资金,交通、中国两行均接受这一建议。随后英格兰银行按照先前议定的规程,陆续完成后续事宜,中英平衡基金正式结束。

二、出资中美英平衡基金

中英平衡基金失败后,法币信用日益下降,中国的对外贸易和全面抗战的形势皆受到很大的影响。为维持中英、中美之间的正常贸易,抵御日伪政权在金融市场上的干扰与破坏,中国、美国和英国于 1941 年 4 月 1 日成立中美英平衡基金,继续管理中国的外汇市场。

中美英平衡基金的资金构成如下:美国出资 5000 万美元,中国出资 2000 万美元,英国除将前中英平衡基金归并外,再出资 500 万镑,基金总额达到 1.3 亿美元,数量大大超过先前的中英平衡基金。基金的管理委员会由五人组成,中国委员三人,美国和英国委员各一人,委员会主席由中方委员出任,英美的人选则有本国财政部推荐,然后由国民政府任命。[①] 1941 年 8 月 12 日,国民政府公布了平衡基金委员会的人选,陈光甫为主任委员,贝祖诒、席德懋为委员,美方、英方委员分别为福克斯(A. Manual Fox)、霍伯器(E. L. Hall Patch)。[②] 中方三位委员中有两位都在交行董事会任职,陈光甫自 1926 年开始担任交行董事,连任第四至第九届(1944 年)董事会成员,并当选第八届代理常务董事;[③]席德懋自 1935 年 5 月起由财政部指派担任交行官股董事,并连任六至八届(1943 年)董事,任第七、八届交行常务董事。[④] 可见,在国民政府重大的金融、货币决策以及相关的举措中,交行的意见和建议受到重视,且具有重要的管理地位。

---

① 《交通银行史料》第一卷,第 1013 页。
② 童蒙正:《中国战时外汇管理》,财政评论社,1944 年,第 456 页。
③ 《交通银行史料》第一卷,第 61—72 页。
④ 同上,第 65—71 页。

交行除为基金输送管理人员外,还得承担出资任务。在平衡基金的启动资金中,国民政府所负责的 2000 万美元份额须拨入美国纽约联邦准备银行,根据 8 月 14 日国民政府与中、中、交、农四行订立的合同,交行出资 400 万元拨付平衡基金账户。①

平衡基金的利息,对美国是按照逐日使用的累积数,付年息一厘五,每月计息一次,每季按平均汇率以美元偿付;对英国是按照使用未付的英镑数目,也是年息一厘五,每半年付息一次。② 与中英平衡基金二厘七毫五丝的利息相比,利息负担确实减轻很多。此外,该项基金在不需要平衡汇市时,可将基金投资于短期库券或不超过 90 天的银行票据,赚取收益用以偿付利息,这也使付息的压力有所舒缓。先前的中英平衡基金规定,基金收益不足以偿付利息时,由交通银行和中国银行负责偿付英方利息,其中交行承担 35% 的份额③,对交行而言,是一项额外的负担。中美英平衡基金规定,中国政府结欠的利息由国民政府和中央银行承担,④由此减轻了交通、中国两行的外汇资金压力。

交行在平衡基金中承担的责任减轻,其作用与建立中英平衡基金时已大不相同。这次的谈判和决策,都由财政部和中央银行出面负责,交行只是主要出资者和具体执行者。自此,交通银行将曾经握有的外汇管理权逐步让出,中央银行在外汇管理上的发言权大大提高。

中美英平衡基金吸取了先前中英平衡基金失败的教训,改变了运作方式。平衡基金将办事处设于香港,从建立至太平洋战争爆发,八个月中,开会商议多达 40 余次。委员会密切关注上海汇市的变化,随时对平准政策和具体举措加以调整。在最初的运作中,委员们时常交换意见,并与中、美、英三国政府保持密切联系,主要工作包括订定固定的汇价、供给正当的外汇、取缔外汇黑市、管理进出口贸易等。⑤

新平衡基金停止了先前在黑市上抛售外汇的做法,确立了根据需要进行审批的制度,并通过美、英政府要求相关银行皆予以配合。9 月 8 日,上海各英、美银行宣告,今后只按平衡基金的汇率买卖外汇,停止黑市交易。于是,外汇黑市逐渐销声

① 《交通银行史料》第一卷,第 1015 页。
② 同上,第 1012 页。
③ 同上,第 1007 页。
④ 同上,第 1014 页。
⑤ 参见宋佩玉:《抗战前期上海外汇市场研究(1937.7—1941.12)》,上海人民出版社,第 275—304 页。

匿迹。

　　1941年7月26日,美、英封存日本资金,并应中国政府之请,同时封存中国资金。美、英政府将中国被封资金的解禁权,授予中国中央银行,并特许在华的14家外商银行及中国、交通、农民三家银行向正当的进出口贸易供应外汇。原先国民政府担心日本向大后方倾销货物,赚取法币后再套购外汇,至此时这一后顾之忧已被解除。[1] 此后,需要使用外汇的单位和个人均须填报外汇申请书,审核后再供给外汇资金。各家银行接受申请书后,"必仔细详究商人之申请,并在未获香港本会许可以前,切勿擅作主张"。[2] 平衡基金对各家银行申请书中所发现的各种问题也一一指出,要求各行注意。

　　太平洋战争爆发后,外汇交易极少,唯有少量外币在市场上买卖,币值呈上升趋势。1942年7月以后,日本下令禁止在上海市场上买卖外币。平衡基金委员会因香港沦陷而迁往重庆和昆明工作,汇率被维持在英镑3.1562便士和美元5.6125美分,持续到1943年7月8日。8日这天国民政府宣布新的汇率为美元5.625美分,英镑3.01562便士。[3] 但此时黑市汇率已经上涨,且两者差距不断扩大,显然,平衡基金的汇率此时已徒有其名。1944年3月,持续了近三年的中美英平衡基金委员会终被撤销。[4]

三、联络海外华侨,汇聚外汇资金

　　交行的海外行处主要分布于东南亚地区的华人聚居区,这些网点不但促进了中国的对外贸易,而且为海外华侨向国内汇款提供了极大便利,与日俱增的侨汇业务逐渐成为交行的重要收益。抗战时期,日本的极力封锁以及国内严重的通货膨胀,皆引发金融市场的一系列问题。为稳定法币汇率,外汇资源尤显珍贵。努力吸收侨汇,为国家筹集抗战急需的外汇资金,成为交行的一项重要任务。除侨汇外,交行的海外机构还通过办理进出口押汇、存放等业务汇聚外汇资金。

　　抗战初期,交行办理侨汇的海外机构颇多,主要为设在菲律宾、马尼拉、越南西贡、缅甸仰光等地的行处,其中菲律宾交通银行侨汇业务量最大。菲律宾交行开办之

---

[1] 邹宗伊《中国战时金融管制》,第21、150—151页。
[2] 《交通银行史料》第一卷,第1017页。
[3][4] 同上,第1018页。

初主要业务即为国际汇兑、侨汇和进出口押汇，其后又根据实际需要增加了小额贷款业务，可见侨汇业务始终受到菲行的高度重视。菲律宾的华侨人口，当时并无准确统计，估计在 20 万以上。据先前邮政储金汇业局代办侨汇时的不完整统计，每年的侨汇约为菲币 100 万元左右（菲币二元合美金一元），[①]是一笔很大的数目。这些汇款汇往的地点主要为福建的泉州、漳州、厦门和广东的台山等。交行在福建和广东均有分支机构，因此具备开展侨汇业务的较好基础。为保证侨汇业务的顺利进行，交行事先与邮汇局签订合约，委托邮汇局按原定的解款办法直接解送款项。因此，办理侨汇时，无论信汇还是电汇，菲行都可随到随汇，解送迅速，由此赢得较高信誉。菲行业务人员还为不识字的华侨代写书信，汇款手续十分简便，即便十元八元的零星汇款，菲行亦热情接待。最初来菲行汇款的仅限于马尼拉当地及附近地区的华侨，后来菲行推行通信汇款业务，进一步完善相关服务，使得菲律宾南部各岛屿的华侨也纷纷来信委托汇款。这项汇款，通过邮局直接送交收款人，既安全可靠，又方便快捷，极受华侨的欢迎，菲行的承汇数额也因此大大增长。

除侨汇业务，菲行的其他业务，如进出口押汇业务，也为国家获取了不少外汇资金。菲律宾华侨专门从事进口贸易的并不多，大部分是向国内批发货物，因而对进口押汇的需求较大。菲行不仅按照规定承办押汇业务，有时还为华侨介绍或代为联系国内的厂家和商家，为华侨的商贸活动提供种种便利。菲行的这些服务可谓一举三得，既为自身争取到更多的押汇业务，又为华侨找到更好的进货渠道，也为国内的生产企业开辟了出口市场。

菲行还开办代客买卖外汇的业务，随着侨汇和押汇业务的顺利开展，外币汇兑业务也得以逐步发展。菲行开设之前，进出口押汇和汇兑业务除中兴银行承做一部分外，大部分份额被美、菲等国银行占据，菲行办理汇兑业务后，无形中从外商银行手中争得一部分市场份额。

菲行的资金存放业务，接收定期和活期存款，多为菲币、美金和法币存款户。华侨存放这些钱款主要是为了可以随时接济国内家属，因此每户钱款不多，但开户数很大，而且不断增加。根据当地华侨的习惯，若手中有大量余款，除投资做生意外，尤喜欢在国内外购置不动产。一些华侨不习惯与银行打交道，往往将手头多余的钱财存

---

① 《交通银行史料》第一卷，第 1077 页。

放于熟悉的商店,因此菲行的存款数额并不是很理想。

放款方面,菲行根据资金安全性的要求,在保持一定存贷比例的情况下尽可能为当地华侨的工商企业提供帮助。华侨的经营多无健全的制度,往往不符合贷款条件,当地银行大多不愿提供贷款。然而菲行不畏风险,自成立之初,便开办了该项业务。菲行通过当地华侨商会和同业公会进行组织,共同审核贷款申请,连当地银行不屑于做的小额贷款也积极承揽。由于菲行对每笔贷款都十分慎重,资金贷出后还经常了解客户情况,在菲行开办的两年多时间中,此类贷款从未出现呆账。[1]

菲律宾交通银行是交行全资控股的公司,可在菲律宾开展各类金融业务。经过菲行员工的不懈努力,逐渐形成以侨汇、进出口押汇、国际汇兑为主干的业务结构,为全民抗战汇聚了大量外汇资源,也为当地华侨的生产和生活提供了便利,可谓交通银行海外分支机构中经营十分成功的范例。

随着战局的逐渐恶化,国民政府的外汇政策也发生变化。英、美实施封存资金令后,规定侨汇业务原则上由中央银行集中办理,但因交通银行具有海外分支机构比较健全的优势,中央银行遂委托交行办理第八区菲律宾和第九区越南的侨汇业务。

1941 年,交行海外分支机构的驻在国为防止本国外汇流失,实行一系列措施管理外汇。这一年,"西贡、仰光方面终因统制汇兑关系,当地银行办理侨汇极感困难,致本行在各该地支行均无收汇"。[2] 交行的侨汇业务主要依靠菲行,随着太平洋战争的爆发,国内与菲行的联系中断,侨汇业务也基本停止。

表 3-4-2　1939—1941 年菲行吸收侨汇情况表

年　份	菲　币	折合国币
1939	605772. 69	3673155. 76
1940	3230086. 26	27488851. 38
1941(到 8 月止)	4027160. 60	37317750. 84

资料来源:《交通银行史料》第一卷,第 1033 页。

除了菲行,交行的一些国内分支机构也积极开办代理承购出口外汇业务,并在太

---

[1] 《交通银行史料》第一卷,第 1079 页。
[2] 同上,第 1033 页。

平洋战争之前取得了较好成效。以 1941 年为例，全年办理出口结汇业务的行处中，实际结进的有重庆、成都、宁波、温州、昆明、衡阳等六处，而阳江的广东省银行于 1940 年会同中国银行委托代办，当年也有结购。①

四、想方设法充实自身外汇储备

在战时条件下，充实的外汇储备，对于组织军民坚持抗战的国民政府至关重要，对于维持经营、谋求发展的商业银行同样不可或缺。抗战时期，交行为国民政府提供了包括外汇在内的大量资金。在国民政府日趋严格的外汇管理下，交行想方设法，开辟多种渠道，积累了较为丰厚的外汇储备，这些外汇资金在抵御通货膨胀、恢复业务、保证存蓄等方面都发挥了积极作用。

抗战初期，交行即注意通过各种方式积累外汇资金。中英平衡基金成立后，交行由副理张佩绅出任代表，每天到中央银行开会商讨有关外汇市场的问题，有时由周叔廉代表交行参会。当时上海分行的外汇业务有较快发展，买卖外汇、金条等都十分活跃，商业汇票也为数不少，与国外的交易中以美国方面居多。起初一段时间，外汇市场上，现货与远期期货的价格拉开很大，上海分行利用有利时机，经常利用外汇买卖套利，即买进现货，卖出期货，在行市上赚取两者的差价，获利颇为丰厚。后因抗战形势日益严峻，法币价格不断下跌，上海分行又将卖出的外汇期货逐步补入，买进的外汇现货，也不再卖出，从而将外汇资金逐步积累起来。周叔廉升任副理后，外汇科长由张怀德出任，张怀德不但熟悉外汇业务，而且富有实践经验，操作手段娴熟灵活，遇到合适行情，即刻大量购进外汇。② 上海分行在外汇市场上购入外汇，毕竟不符合平衡基金的原则和国民政府的有关规定，若操作逾越一定的界限，可能遭到政府的处罚。据周叔廉回忆说："有一天，沪行买进现货很多，轧出头寸相当大。那时平准会对法币头寸抓得很紧，经过汇丰银行的报告，很快地知道交行放出大量法币头寸。那天孔祥熙、陈行、宋子良等为了这事，特地叫我去加以责问，我说明有正当需要，勉强应付过去。这天的交易，虽已引起外间（界）注意，却为沪行外汇头寸，打下了初步基础。"③当时沪行买进外汇，资金的一部分由交行业务部直接供给，大部分是缴作发行

---

① 《交通银行史料》第一卷，第 1033 页。
② 同上，第 1018—1019 页。
③ 同上，第 1019 页。

部的准备金,换出法币头寸,因此头寸上并不成大问题。

交行战时以港总行为依托,继续通过各种方式吸收外汇资金,以增强应对战时各种困难的能力。港行在战前,主要通过港粤沪三地套汇的方式积累外汇资金。抗战开始后,交行发行部迁至香港,当时港币对法币的汇价时有波动,而法币中现钞与汇票的价格也不一样,现钞价格低而汇票价格高。从需求看,法币需求量极大,福州行因承做菲行的侨汇业务,也需要大量法币。当时交行在英美两国及香港印制的法币,通过香港转运到上海,港行由此掌握了大量的现钞。港行利用大量的法币头寸,伺机分批抛出,结成港汇,然后再套进英镑和美元,其中尤以美元居多。至香港沦陷,港行购进共约1000万美元。①

交行通过上述操作方式集聚外汇资金,很大程度上得益于参与中英和中美英平衡基金委员会。当时,中国方面的代表,一是中国银行的贝祖贻,二是交行的李道南。根据交行职员王澹如的事后回忆:"每天外汇牌价系由平准会评定,香港汇丰挂牌,再由各银行电告上海、重庆,平准会往来电报密码曾经一度由我经手,因而知道行市高低情况。港行遇到行市要改低时,就预先抛售法币换取外汇,借此获得额外利润。这也是积累外汇资金的主要方法之一。"②

港行当时的业务经营,头寸的总数约有500万美元,其外汇代理行主要是美国纽约欧文信托公司(Irving Trust Company)和英国米兰银行(又称密德伦银行,Midland Bank, London)。交行在国外银行中的外汇存款户名大多是分散的,用意是防止出现意外时资金被冻结,而且使用化名的散户操作外汇买卖也比较方便。③港行还将买卖外汇的手续费和佣金拨出一部分,存入暗账,主要用于调剂和平衡营业上的盈亏。此外,港行还承做桐油、猪鬃等产品的出口业务,在所获收益和手续费中,还可保留一部分外汇用于临时周转。④

除港行外,总处也通过多种方式积累外汇资金。从抗战伊始到太平洋战争爆发,交行总处套购的外汇(不包括港行),约为1000万美元。在香港沦陷之前,这些外汇和外股不断被转移到国外。采取的主要方式与港行相同,以化名的户头分存于美国

---

① 《交通银行史料》第一卷,第1019—1020页。
②③ 同上,第1020页。
④ 同上,第1021页。

的纽约欧文信托公司和花旗银行、英国的米兰银行和伦敦花旗银行。[1] 截至 1942 年中央银行统一发行以前,交行拥有的外汇资产,仅据账面及资料统计,最高额达到 6000 万美元左右。[2]

五、保护外汇账户,以防落入敌手

"孤岛"时期,日军虽未占领上海租界,但前景难以预料。交行沪行为保护自身资金安全,对相关账户进行一系列操作,尽可能隐蔽资金,防止资产在突发事件中遭受重大损失。

1937 年 7 月 27 日,总处致电沪行,强调"今夕形势,与前不同,顾忌之点,更宜特加审慎"。[3] 随即,总处对沪行的资金账户进行处理。先前的内部往来账中为保密起见,已设"总处国币另户",但在资金调拨过程中,日记账与传票上仍有所记载。因此,总处为加强安全起见,对"总处国币另户"作冲销处理,并转回国外同业账上,按照实际存款数字,去除应付款项外的余额,再转拨到"总行英美金另户"。因为在此过程中,总处将来往账目做成借款记录,并通知国外代理行同样予以另户记载,所以账面上已无转账痕迹,此项外汇资金也得以隐藏起来。而后续外汇资金在积累到一定数量后,也通过这一方式转入"总行英美金另户"。

交行沪行的外汇资金大量存放于外商银行,总处与之协调,采用多种方式进行处理,防止资金被敌伪查获。1939 年 7 月,上海局势日趋紧张,为保证资金安全,账上所存外汇数额不宜过大,沪行着手将欧文信托公司往来户内存放的美元陆续拨出,另立特户记载。在操作上,沪行一面收回欧文公司往来户,一面转付总处美元另户。总处美元另户"原系假设账户",[4]开户仅为代替欧文公司特户,因此总处方面不作记账处理。为使决算时总处与沪行的账目相符,每期决算时由沪行将总处的美元另户冲入内部往来整理科目。经过沪行的操作,存放欧文公司的资金得以另立特户记载,沪行账面上的外汇头寸数额大大降低,账面上资金的进出频率减少,被查获的可能性大为降低。沪行的这些做法皆得到总处的同意,并作了相关备案。

---

① 《上海交通银行致交通银行总管理处函(1940 年 2 月 13 日)》,上海市档案馆馆藏,档号 Q55 - 2 - 1601。
② 交通银行总行:《交通银行简史》,第 33 页。
③ 《交通银行史料》第一卷,第 1022 页。
④ 同上,第 1024 页。

欧文公司特户开立后,为使外汇保值增值,也有特殊处理。例如,曾投资美国国债,同时将总处从香港调来的英镑(未正式转账)转售为美元后,一同存放于欧文特户。如此一来,特户上的余额与沪行账上总处美金另户的数额不再相符,为保证账目清楚,沪行对所有往来账目皆以草账记录,并随时与总处保持密切联系。特户内资金的来源和流向十分复杂,为保护资金安全又须作隐蔽处理,多数资金都未经正式转账,因此,草账的记录对掌握资金的真实状况至关重要。1940年2月前后,总处业务部许秀夫课长与沪行商量后决定,总处另设草账副本同时记录。许秀夫返回香港后决定重加整理,将以前所有收付款项全部补做传票,并以通用账簿分别记载,仍与正账完全分开,待将来战争结束后,再将这部草账转为正式账目。①

按照另立特账的方式,交行沪行对存于伦敦米兰、伦敦花旗、纽约花旗等银行的外汇,也都作了妥善处理,以防上海沦陷后被敌伪查获侵夺。

1939年,交行沪行还与花旗银行上海分行订立特别往来户,并租用其库房。该项事宜由总处业务部副理亲自到上海协商、办理,沪行相关人员全程参与。因在上海直接开户,为防止出现意外,交行先以总处的名义与花旗香港分行开立法币往来户,然后再由花旗港行与花旗沪行开立法币往来户,沪行的账目来往即使用以总处名义所开设的特户。这样一来,沪行与花旗沪行往来的所有法币资金,全在总处的名下,万一局势突变,上海沦陷,沪行账面上也看不出大笔款项,敌伪便无从下手。在日常经营中,沪行存放于花旗银行的资金,除保留一部分用于日常需要,其余的皆以总处电嘱拨款的方式,通过总处与花旗银行的往来户随时拨入总处特户保存,以降低账面资金数,规避可能的风险。总处还准许沪行在总处的花旗港行账户内进行透支,总额不超过特户内的资金总数,为避免账目显示透支,沪行应以等额款项收取花旗沪行的来户账。②

沪行还在花旗银行开设外币存款户,并商定若干原则性规定。其一,外币存款单仍由沪行保管;其二,所有存单都以交行总管理处的名义作为抬头,由花旗沪行代表花旗港行发出存单;其三,沪行收到花旗港行通知,可将这些存款转期,并代表总管理处收取到期利息,但没有支取本金的权力。③

---

① 《交通银行史料》第一卷,第1024页。
② 同上,第1029—1030页。
③ 同上,第1030页。

关于租借库房。沪行以前向花旗沪行租借的库房，分别使用总管理处和沪行的名义，为谨慎起见，总管理处名下的改由花旗港行出面，并制定新的细则。库房四周原围有铁栅，为了不惹人注目，应在铁栅上再蒙以铁皮或木板，门上加锁两把，其中一把的钥匙交由花旗沪行管理。①

两行在业务往来的手续上，还提出一些注意事项。例如，为了保密，沪行与花旗沪行须尽量避免书信往来，总处与沪行有关此事的书信往来应使用私人名义，或委托花旗在沪、港的分支机构代为转交。文件保管方面，凡与此项协议有关的文件应单独保存，不得与其他文件混杂归档。沪行对相关的各类账目都用总处名义进行记账，为便于区分和查考，可采用特殊符号进行标识。

这一时期，交行预判形势将进一步恶化，未雨绸缪，提早采取一系列的防范措施，或将资金转移到外商银行，或通过账目的特殊处理，将账面上的款项尽可能"隐匿"起来。但所有做法基于一个重要的前提，即英、美等国与日本依旧维持正常的国家关系，日军不敢贸然侵犯英、美等国的驻华机构和在华利益。始料未及的是太平洋战争的爆发使英、美与日本骤然成为正式的敌对交战国，原先设想可以依赖的屏障不复存在。日军迅速占领租界，英、美银行自身难保，自然不可能庇护中国的资产。幸好交行早就做了多手准备，已将大量的外汇资金和有价证券作了转移和妥善安置，只有一小部分存于上海的资金被侵略者发现并掠走。

第三节　健全汇兑网络，确保资金流通

一、适应抗战需要，保证军政汇解

交行在战前已建立起比较完备的汇兑网络，还与众多国内银行建立代理收解的合作关系，截至 1936 年，交行已在全国 24 个省市开展汇兑业务，②通汇地点不断扩大。抗战开始后，东部沿海地区的汇兑网络遭受严重打击，而西部地区通汇城市的数

---

① 《交通银行史料》第一卷，第 1030 页。
② 同上，第 570—574 页。

量则远远不能满足战争需要,根据国民政府的部署和自身业务发展的需要,着手建设新的汇兑网络,先后在原材料采购地点、物资集散地区、工商业较发达资金收付较密集的地区筹设机构,"一面委托同业代理收介,拓展通汇网"。①

抗战期间,由于券料极为紧缺,再加上交通阻隔,钞券运输不便,各行的头寸都很拮据。四联总处为此对汇款资金进行划分,按照轻重缓急确定各类汇款支付的先后次序,"以军款为第一,党政款项为第二,收购出口或平价物资为第三,盐斤增产购运及国防工业增产所需款项为第四,其余各款项为第五"。②

汇款业务涉及资金调度,会占用较多的头寸,四联总处为统筹与平衡四行的资金状况,设定了各行所承担的汇款资金比例。其中交行承担的汇款比例为20%,③其份额在四行中居第三位,但从实际情况看,交行承担的份额远不止20%。以1941年为例,全年核准汇款总额为57.1亿余元,交行承汇11.51亿余元,与应摊份额比较,多摊放947万余元,多摊的数额名列四行首位,远远超过了中央银行的502万余元。④

表3-4-3　1937—1943年上期交通银行汇款总额比较表　　　　　单位:法币元

年　份	汇款额
1937 年	850000
1938 年	433000
1939 年	572000
1940 年	844000
1941 年	2093000
1942 年	3680000
1943 年上期	4392000

资料来源:《提报廿六年至卅二年上期业务报告》,交通银行博物馆藏资料Y50。

太平洋战争爆发前,上海与后方之间的汇款始终是银行的重点业务之一。成为孤岛的上海租界,仍是国民政府的金融中心,两次平衡基金相继在租界内运作,并在上海产生汇率之类的重要金融指数,这对维持法币的信誉,激励后方居民的抗战决

---

① 《提报廿六年至卅二年上期业务报告》,交通银行博物馆藏资料Y50。
② 《四联总处史料》(下),第19页。
③ 同上,第13页。
④ 同上,第61页。

心，都起了重要作用。此外，在沪众多工矿企业虽已搬迁到后方，但生产原料仍须从上海购买，内地员工也须汇款接济家属，因而上海与后方之间的资金往来极为频繁，交行连同其他三行在租界内承担着繁重的汇款任务。随着战场上的连续失利，上海租界的局势也日趋紧张。1939 年，谣言四起，说日军要求英、法军队退出租界，即将接管租界内法院、银行等机构，以致人心惶惶。从汇款业务的资金流向看，从内地汇到上海的远远大于由上海汇往内地的，而且日军的封锁，也使券料无法运入上海。于是四行在沪机构经过商议，被迫决定，鉴于所存钞券数量有限，放出的大量资金又难以收回，银行业务只得以存款收付为主，联行汇款业务全部停止。对于财政部核定的必须承做的解款，四行也请求财政部考虑沪四行的承受能力，从严审核，慎重决定。与此同时，四行还共同请求国民政府采取切实可行的措施，以解决券料短缺的问题。①

四大银行面临的巨大困难显而易见，从总额看，汇沪款项每月至少维持在 2000 万元左右，这笔数额多数为军政资金，不可能再压缩。因此，四联总处反对四行停止汇款业务。交行为解决钞券短缺问题，先前曾联合中国银行请求外商银行的协助，此次四联总处提出："仍应责成中、交两行继续向外商银行接洽，由港运券赴沪接济，并请财政部与外交方面交涉协助。"②为鼓励上海等口岸向内地汇款，以补充四行头寸，促进资金内移，四联总处又规定："各口岸之四行，应参照市场情形，随时酌定适宜办法。"③

在战时状态下，保证大宗军政汇款的顺利，对支持全民抗战非常有利，交行对此尤为重视。可是，后方虽印制钞券，但数量很少。加上钞券印制地与使用地之间距离遥远，交通条件又十分恶劣，钞券的运送问题成为重中之重，亦使交行头疼不已。

后来国民政府对钞券的存放作了统一安排。交行按照四联总处的指令，将本行的钞券集中存放于 18 个城市。④ 若运输受阻，交行可向政府交通部门提出申请，调用车、船、飞机等交通工具予以协助。券料集中后，凡交行承担的大宗军政解款，由用款部门事先估计数额，再经四联总处批准，然后都在这 18 个城市或附近地点完成，钞

---

① 《四联总处史料》（下），第 8—9 页。
② 同上，第 10 页。
③ 同上，第 15 页。
④ 同上，第 17 页。

券的转运也由收款部门自行负责,从而降低了交行的工作强度与难度。

1942 年,四联总处颁布了《中中交农四行业务划分及考核办法》,明确规定汇解军政款项此后为中央银行的主要业务,但因中央银行尚未在后方普遍设立分支机构,仍由中国、交通、农民三家银行负责未设地区的汇解事宜。其后,中央银行不断扩大内地分支机构,其他三行才逐步退出该项业务。可见在专业化分工之后,交行仍以比较健全的汇兑网络有效弥补了央行的缺陷。

二、发挥专业优势,便利商民汇款

抗战爆发以来,金融汇款的重点集中于大宗军政解款,对于商汇往往无暇顾及,导致重庆与后方其他重要城市诸如衡阳、柳州、西安等地间的商汇出现黑市,价格过高,直接影响了后方物价的稳定。当时市场上的汇价最高曾达到 6% 至 7% ,一些商人铤而走险,串通军事部门,以军政汇款的名义从事套汇活动,或私运钞券降低汇水负担。长此以往,不仅会进一步推高物价,还将使各地法币的购买力参差不齐,影响后方的经济统一。

为消除上述弊端,四联总处决定由四行开办商汇业务,平抑资金流通成本。1941 年 3 月,《改善内地商业汇款暂行办法》开始实行,凡属商业上正当往来的资金,从重庆汇往桂林、柳州、衡阳、贵阳,可申请办理商汇。① 交行开办商业汇款业务后,颇见成效。从 1942 年 3 月至 4 月底,仅一个月的时间,交行重庆分行所做商汇即达 923.7 万余元,位列四行第二位;②从全年的业务看,1942 年与 1943 年,交行的商汇数额都列四行中的第二位。

商汇业务的开展对平抑汇率起了积极作用,但四行仍有大量军政汇款任务,必须为其留出头寸,因而商汇汇费不时上涨。为避免汇率大幅波动造成商业损失,1942 年 3 月,四联总处规定商汇汇率由四联总处重庆分处据各地上报的市场汇价,斟酌确定次日四行的商汇汇率,大致以市价的八折为原则。③

抗战时期,军政、教育、工商企业等各界人员大量迁至后方,家庭异地分居的现象成为常态,赡家费汇款的需求不断扩大。赡家费能否及时汇解,不仅关乎收款者的日

---

① 《四联总处史料》(下),第 57 页。
② 同上,第 76 页。
③ 同上,第 71 页。

常生活，也关乎大后方的人心稳定，交行为此做了很多工作。

太平洋战争爆发前，为保证内地汇往上海等地的款项不被挪作他用，交行严格执行四联总处的规定，要求收款人必须是汇款人的直系亲属，汇往地点必须是家属所在地点，唯有家属所在地沦陷后，方可将赡家费汇往附近地点。汇往上海等口岸的赡家费，四行也按比例分担，交行承担20%的份额。① 四联总处对汇往口岸地区的资金加以限制，目的是防止资金出逃，影响外汇市场。太平洋战争爆发后，上海、香港皆沦陷，外汇市场迁往后方，往口岸汇款不再受到限制。交行从后方向口岸汇款也全部按照普通汇款收费。②

交行在办理汇款的过程中，为加强内部管理，提高汇款的效率和准确性，提出一系列改进措施，促进了全行汇款业务的发展。

在办理汇款业务时，交行规定，电汇一元起、票汇百元起、条汇五百元起，都须填写暗码。③ 这对款项的核算与安全均起了积极作用。但暗码计算相当复杂，且核算款项须由各行处重要负责人员亲自操作，在人手紧缺时便难以应付。随着后方通货膨胀的日益严重，汇款资金动辄上万，填写暗码已成家常便饭，须投入大量人力。事实上，票汇和条汇，必须凭票据和委托书方能取款，金额上又须加盖公章，安全性已有保证。为此，滇行提议适当提高汇款使用暗码的起点，以提高工作效率，总处征求各行意见后予以同意。

出于特殊需要而设计的暗码十分复杂，推广使用后，一些分支机构的业务人员往往不能熟练掌握，而电报局发送电汇时出错，或核算、誊写汇票时搞错，也时有发生，由此导致解款延误，不仅使客户颇感不便，而且来回查询也很费周折。赣行在行务会议上提出，虽然总管理处要求每年更换一次密码表，但一些行处因种种原因，未能按时更换，因此需要重新制定统一的密码表。暗码的使用方法，也应由总管理处重新修订后向全行解释清楚。一旦暗码的使用出现问题，需要查询时，还须填写详细单据，以便日后核对。这些建议的提出，解决了暗码问题带来的困扰，有利于规范交行的汇款服务，增强各行之间的协调，提高全行办理汇兑的效率。

为降低汇款业务成本，简化客户申办手续，黔行提出开办定额汇票业务，汇票面

---

① 《四联总处史料》(下)，第17页。

② 同上，第55页。

③ 《交通银行行务会议记录1933年》，交通银行博物馆藏资料Y39。

额分为 100 元、500 元、1000 元、5000 元和 10000 元五种。① 若使用定额汇票,客户办理汇款至少可节省一半时间,银行的手续成本也随之大大降低,于是又可酌情降低汇款费用,这对客户具有不小吸引力。总管理处采纳了黔行的建议,并向全国各行处推广。

发展汇兑业务必然会占用解款行自身的头寸,若遇大额汇款更可能对解款行的其他业务产生不利影响,为此,黔行提出建立汇兑基金,供全行使用,可有效解决上述难题。此外,拓展汇兑业务离不开钞券运输的配合,交行可发行法币时,有较为完备的钞券运输队伍,政府也给予诸多支持,发行权统一于央行后,"运钞车辆较前减少,警备因此单薄",②钞券的运输安全难以保证。滇行提议,请央行或发行局预告运输的时间、地点及空余吨位,交行将钞券趁便搭运,可保万无一失。当时赣行是交行各行处中最靠近沦陷区的分行之一,为节省运输费用,赣行提议制定《东南联运车规定》,③由东南地区的浙、闽、赣、韶四管辖行每个月或每两个月联合派车运输现钞。

抗战八年,拓展汇款业务一直受到交行管理层的高度重视,在 1944 年的业务方针中,更明确提出"沟通汇路,便利后方汇兑,以活跃内地金融"的口号。④ 与此同时,总处在原有基础上选择工商发达、物资流通频繁的地区继续开设营业点,并加强与同业的合作,进一步扩展汇兑网络。针对战时艰难的客观条件,总处注意听取各地行处的合理建议,从方针政策到具体措施,都尽可能予以完善和改进,由此推动了汇兑业务的长足发展,也为工商活动和民间生活提供了便利。

三、协调行际关系,完善相关制度

交行对汇兑业务向来重视,认为承做汇兑"不独手续简单,利益优厚,抑与沟通货运,调剂金融,关系至巨"⑤。不过,在硝烟四起的非常时期,开展这项业务的难度是显而易见的。交通阻隔,运送现钞极费周折,不仅延宕时日,而且很不安全。银行同业之间的协调运作,则使得情形愈发复杂。从汇兑业务本身的要求说,汇款和取款的营业点分布越广泛越密集越好,但当时没有一家银行的网点能够遍布全国,所以各家银行在开展汇兑业务时,多采取联行通汇的方式,即某家银行与其他多家银行之间通

---

① ② ③ 《交通银行行务会议记录 1933 年》,交通银行博物馆藏资料 Y39。
④ 《检讨本行三十三年度业务方针》,交通银行博物馆藏资料 Y23。
⑤ 《交通银行史料》第一卷,第 560 页。

过各种形式建立汇兑业务的合作关系,利用对方的营业网点进行互补,从而将汇兑网络编织得更加完善。这样,在甲行的营业点汇款,便可在乙行或丙行的营业点取款。不过,联行通汇虽是互补互惠,但也会遇见诸多棘手的问题,例如,在头寸都比较紧缺的情况下,在甲行汇入现钞,能否如数从乙行取出现钞,在汇款行市不断波动的情况下,汇兑的收益如何分割。凡此种种,如果不能妥善处理,必然影响行际关系,进而影响整个汇兑业务。

交行在四大国家银行中,汇兑网络较为健全,而且还与中央、中国、农民等银行建立了联行通汇的合作关系,因此,如何在同业银行之间进行有效的协调,对于发展汇兑业务至关重要。对此,交行管理层也有清醒的认识,他们认为汇兑业务还不能达到理想状态,“虽限于事实环境,而联行间之尚欠通力合作,亦不无可资检讨”。[①] 于是,交行努力与其他各家银行通过协商,规定明确的操作细则。例如,各行在汇兑业务中往来的款项都须分出单独账户,不与其他款项相混,有关汇兑的所有事项,诸如资金调拨、收取汇费、承担运费等,都有一定的规约,使参与联行的银行明白知晓各自的责任与权利,且有章可循。交行还提出一些缓解资金拮据的办法,汇出行可揽收汇款,解款行也可承做逆汇,只需准备一笔资金,通过协调,即可更番应付。而且解款行的所在地多为交通要冲,若能吸收部分交通运输部门的存款,也可增加头寸。

1943 年的第一次行务会议上,《战时畅通汇兑案》经审核通过,确定了有关协调行际关系,推进汇兑业务的三项改进措施。

(一) 改善联行轧账

联行间的汇兑欠款,以 500 万元为最高限额,超过限额应尽快设法调拨资金归还,或运输现钞抵解,以免影响对方的正常营业。但双方另有约定的除外。交行内部各分行的款项往来,存款欠款的利率也应有所差别,原则上存款为月息三厘,欠款为月息八厘,各分行之间也可通过协商约定。显然,此举意在减少分行之间的矛盾。

(二) 加强联络

联行之间的往来应以尊重对方的利益为前提,若能与对方互相体谅,保持默契,形成友好融洽的关系,则可大大推动汇兑业务的发展。鉴于当时经电报局发送电报经常出现延误和出错的情况,交行在原有的基础上,在各地增设自有电台,改进电台

---

① 《交通银行史料》第一卷,第 560 页。

设备,增加直接通报的地点,以便更为迅速而准确地传达指令,互通消息。联行之间对于汇款行市应每天相互电告,以便各方及时商议和协调,包括资金的调拨、款项的收付等,都可尽快操作。应该说,交行增设自有电台,体现出管理层高度重视情报信息的先进理念。

表 3 - 4 - 4 抗战胜利前夕交通银行设有电台分支机构一览表

属别	机构名称
渝属	重庆分行、成都支行、自流井支行、泸县支行、内江办事处、万县办事处、秀山办事处、乐山办事处、五通桥办事处、龙潭办事处、三斗坪办事处、绵阳仓库、昆明分行、曲靖办事处、下关办事处、盘县办事处、陆良办事处、保山办事处、腾冲办事处
桂属	南宁办事处
湘属	衡阳直隶支行、常德办事处、沅陵办事处、晃县办事处、长沙办事处
黔属	贵阳支行、安顺办事处、遵义办事处、威宁办事处、毕节办事处、思南办事处
秦属	西安直隶支行、宝鸡支行、南郑支行、广元办事处、褒城临时办事处
陇属	兰州直隶支行、宁夏支行、天水办事处、武威办事处、平凉办事处、酒泉办事处、张掖办事处、岷县临时办事处
浙属	杭州分行、温州支行、兰溪办事处
闽属	永安直隶支行、南平办事处
赣属	南昌直隶支行、上饶支行、宁都办事处、屯溪办事处、景德镇办事处
韶属	韶关直隶支行、梅县办事处、老隆办事处

资料来源:《交通银行史料》第一卷,第 144—154 页。

参加联行的各家银行凡增加新的汇兑行处,应随时互相通告,各管辖行在每周决算后应将管辖地区内通汇地点列表相互核对一次。两地之间若经常有大宗汇款往来,应预先约定收解的数额以及调拨头寸的具体办法,若须运送现钞抵解,应规定详细的起运日期,以便收解双方心中有数。对于四联总处每月安排的军、政汇款,则由总管理处通知各相关分支机构,预先准备。

(三)配合存放业务扩展汇兑网

承做工矿业贷放款是交行建功立业的基础,鉴于当时国内工矿业尚处萌芽阶段,应关注和把握其他方面,如盐务等也须重视,可在食盐产销地和集散地酌设相应机构,以所收盐款抵解商汇,既可增加汇款收益,又可节制现钞流出。在口岸码头,每逢秋收季节等,应多做逆汇。此外,对于交汇款项,务必注意收取现钞,以免将有限的头寸完全搁置于其他银行，影响本行的正常营业。[1]

由上可见，交行管理层重视协调行际关系，在不损害本行利益的前提下，尽可能尊重对方的权益，本着互惠互利的原则，通过一系列的制度规定，巩固和发展联行之间的合作关系，力求共同推进汇兑业务的发展，争取达到多赢的结果。

第四节　抗战期间的法币发行业务

一、参与制定货币增发计划

国民政府实施法币改革后，中、中、交、农四大银行所发行的钞票都定为法币，改革过程中交行还整理了中南、盐业等四家银行的钞券发行业务，发钞能力大为增强。经过四行的一致努力，法币在抗战之前币值比较稳定，使用范围也比较广泛，对商品经济的发展和国内统一市场的形成起了重要的推进作用，而交行也因此在社会上获得更好的信誉。抗战爆发后，依然握有发钞权的交行在恶劣的战争环境中奋力前行，发钞业务稳步发展，为法币的顺畅流通作出了不懈努力。

法币改革的首要目的是实现币制的统一，稳定货币价值，因此国民政府对发钞数额有明确限制，设有发行准备管理委员会专门负责发行准备金的保管工作。正因为有一整套严密的工作制度，法币改革之初，各发钞行的发钞量皆维持在一个稳定的水平。后来，东部发达地区陆续沦陷，政府财政收入骤减，而战事的耗费却数额剧增，自开战至 1938 年的一年半时间里，政府财政支出达到 32.9 亿元，收入仅为 7.6 亿元，缺口有 25.2 亿元，而且这一缺口还将不断扩大。[2] 财政状况如此拮据，又无更多财源可开辟，只能印发大量法币以弥补财政亏空，但货币发行过度，必然导致通货膨胀，如何抉择，实属两难。上述问题在 1937 年即颇受关注，11 月，国民政府财政部约见上海银行界人士，商讨如何在维持法币币值的同时增加市面筹码，以解决财政窘迫，当时的交通银行总经理唐寿民也与会参加讨论，由于两者无法兼顾，众人议论纷纷，

---

[1]　以上均见《交通银行史料》第一卷，第 560—561 页。

[2]　洪葭管主编：《中央银行史料（1928.11—1949.5）》，第 441 页。

难以统一,都提不出万全之策。①

抗战之前,交行若需发行法币须经财政部核准,并交纳法定数额的准备金,此项准备金由发行准备管理委员会保管,中央银行负责收存,然后才能印制法币,投向市场。战争的爆发造成政府财政的严重困难,需要银行发行法币填补亏空,但交行与其他三行一样,并无足够的准备金支持更多的法币投放。上海银行界人士讨论无果后,有人建议发行不能兑换外汇的货币以解决政府财政的燃眉之急。对此,交行董事席德懋表示坚决反对,认为将"造成两种不同之币制,冲击法币信用及外汇甚大,势必崩溃法币政策"。至于解决财政困难问题,他主张"不若空发法币五万万至十万万,只要保守绝端秘密,对外否认,渠深信前途一切,当全无动摇"。②席德懋还就此咨询英国财政专家罗杰士的看法。罗杰士对此表示同意,并认为待无准备金法币发行后,若还不足用,再发行通货券不迟。当然,席德懋自己也十分清楚发行无准备金法币的负面影响极大,除再三强调严守机密外,还建议政府积极整理新旧税收,广开财源以作平衡。

随着抗战所需资金的不断增加,以及审核外汇制度的实行,交行法币发行量节节攀升。为避免对公众的信心造成冲击,交行与其他三家银行皆采取内部记账的方式,不对外公布发行准备,借以维持货币信用,防止法币系统崩溃。1938年12月,宋子文致电孔祥熙,建议四行将2月12日以后增发的法币数量另行记账,增发数额用政府发行的金公债抵充,日后再以出售外汇所得弥补准备金亏空。③ 至1939年下期开始,国民政府批准中央、中国、交通三家银行辟另账记载发行数额,"是项发行数额,特许全部以保证充准备"。④ 上述做法实际上与席德懋先前发行无准备金法币的建议基本相同,自此以后,四行法币的发行量愈发高企。

抗战时期,法币发行数量不断增加,增发速度不断加快,是国民政府应对财政危机的无奈之举。大量增发法币必然导致通货膨胀和法币信用的丧失,政府财政部和银行界人士都非常清楚这一严重后果。然而,在组织全民抗战的紧急关头,从现实状况考量,只能两害相权取其轻,为挽救民族危亡不得不牺牲币值的稳定。

---

①② 洪葭管主编:《中央银行史料(1928.11—1949.5)》,第382页。
③ 同上,第591页。
④ 《交通银行史料》第一卷,第961页。

二、法币发行量的迅速增加

交行法币发行数量的增加过程,大致可分为三个阶段:1937 年 6 月至 1939 年 6 月的两年间,法币增发数量尚较缓慢;1939 年 6 月到 1940 年底,法币发行迅疾转快,1941 年开始发行量剧增;直至 1942 年四大银行发行统一于中央银行,交行结束发钞。[①]

以上述三个阶段划分,四行法币发行的平均增加率如表 3-4-5 所示:

表 3-4-5 四大银行法币发行额平均增加速率表

起止时间	中央银行	中国银行	交通银行	农民银行	四行总计
1937 年 6 月—1939 年 6 月	13.0	11.8	11.5	7.9	11.5
1939 年 9 月—1940 年 12 月	136.7	31.3	38.6	32.1	61.2
1941 年 3 月—1942 年 3 月	176.9	120.9	100.6	160.5	137.1

资料来源:《交通银行史料》第一卷,第 965—966 页。

从四行的增长速率看,交行的法币发行增长率经历了一个由慢到快,再由快趋慢的过程,从最初的第三位到第二位,而至法币发行统一之前,位居最后一位,增长速度大大低于其他三行。与四行的平均发行速率相较,等于或低于四行的平均水平。可见交行法币发行增长速度,在四行中一直是相对缓慢的。就法币发行的总量看,交行的法币发行量处于较低的位置。

表 3-4-6 抗战时期四大银行法币发行数额 单位:法币千元

期 别	中央银行		中国银行		交通银行		农民银行	
	数额	占比(%)	数额	占比(%)	数额	占比(%)	数额	占比(%)
1937.6	375840	26.71	509863	36.23	313548	22.28	217951	14.78
1937.9	415678	26.91	543534	35.17	371713	24.07	213532	13.83
1937.12	430608	26.27	606548	37.01	371143	22.64	230798	14.08
1938.3	444354	26.46	654188	38.96	319013	19.00	261632	15.58

[①] 《交通银行史料》第一卷,第 962 页。

（续表）

期　别	中央银行		中国银行		交通银行		农民银行	
	数额	占比（%）	数额	占比（%）	数额	占比（%）	数额	占比（%）
1938.6	489667	28.35	653252	37.83	321859	18.64	262220	15.18
1938.9	566382	29.43	661937	34.39	429704	22.32	266714	13.86
1938.12	738028	32.55	711050	31.36	543131	23.95	275247	12.14
1939.3	852861	35.37	710429	29.47	548456	22.75	299268	12.41
1939.6	767756	28.43	990558	36.69	602632	22.32	339218	12.56
1939.9	1388447	38.71	1132358	31.57	694267	19.35	371921	10.37
1939.12	1880142	43.86	1226830	28.63	841232	18.99	365432	8.52
1940.3	1982218	42.27	1411021	30.09	896593	19.12	399694	8.52
1940.6	2894013	47.74	1650062	27.22	1007567	16.62	510968	8.42
1940.9	3286440	48.03	1777109	25.97	1137325	16.63	640958	9.37
1940.12	3851570	48.96	1946914	24.75	1329008	16.89	937173	9.40
1941.3	4301638	53.08	2539920	27.74	1517936	16.58	791971	8.70
1941.6	4807723	44.87	3044944	28.41	1783806	16.65	1078934	10.07
1941.9	5487174	43.37	3669182	38.34	2125654	16.80	1370039	10.83
1941.12	6341290	41.90	4348552	28.74	2631326	17.29	1811593	11.97
1942.3	7176202	40.93	5029423	28.72	2905879	16.60	2407858	13.75

资料来源:《交通银行史料》第一卷,第964页。

从四行发钞的数量看,中国银行在抗战初期法币发行量最大,其后国民政府加大对中央银行的扶持力度,中央银行的法币发行量急剧膨胀,最高时占全国法币发行数额的一半以上。交行的发行量和发行占比一直较稳定,位居四大银行第三位,但因中央银行发钞数额剧增的情况下,交行的发行占比呈下降趋势,1940年6月以后在16%强,相较最高位时的24%,份额减少8%。

根据财政部的要求,中央、中国、交通三行在1939年6月以后增发的法币数额以另账记载。详见表3-4-7。

表3-4-7　中央、中国、交通三行另账发行数额表　　　　单位:法币千元

期别	中央银行	中国银行	交通银行	合计	指数
1939.6		287200	54176	341376	100
1939.9	592111	403103	145190	1140404	342.0
1939.12	533162	454833	216853	1204848	352.9
1940.3	537301	384833	235000	1157134	338.9
1940.6	1027632	549833	280000	1857465	615.3
1940.9	1059548	534833	320000	1914381	692.6
1940.12	1654988	384833	379000	2418821	708.5
1941.3	1880169	384833	400000	2665002	780.7
1941.6	1955937	384833	400000	2740770	802.9
1941.9	2202098	384833	400000	2986931	874.9
1941.12	2815023	384833	399999	3599855	1054.5
1942.3	3378666	384833	400000	4163499	2196.2

资料来源:《交通银行史料》第一卷,第966页。原表个别数字有误,已据计算改正。

从另账发行的增长轨迹看,总数不断加大,尤其是1941年12月至1942年3月,发行指数翻了一番。另账发行中,交通银行在1940年以前处于第三位,从1941年开始位居中央银行之后,但绝对数量远不及中央银行。

将抗战时期每个季度的发行数额,以1937年第二季度为基准期,计算各行增加的指数,至1941年3月,中央银行增加19倍,中国银行增加10倍,交通银行增加9倍,农民银行增加11倍。而从1941年12月开始,农民银行发钞数额剧增,升至四行中的第二位,交行则降至最后一位。[①]

作为发钞行之一,交行发行法币的绝对数额是不断上升的。然而作为商业银行,其清楚地意识到,如果无所顾忌地滥发,一旦通货膨胀达到不可收拾的地步,市面上充斥交行法币,其商业信誉势必遭到毁灭性打击。为此,交行在增发法币的过程中是有所节制的,选择了一条比较温和的道路,无论发钞量还是增长速度皆未刻意追赶其

[①] 《交通银行史料》第一卷,第963页。

他三行,而是希望尽可能在政府的特殊需要与银行的信誉之间寻求平衡。应该说,交行的做法是明智的。

三、推广法币的流通与使用

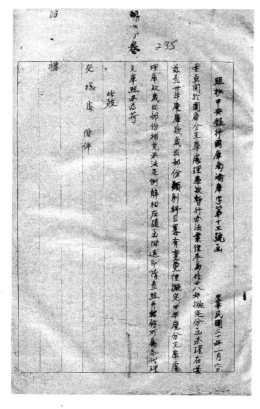

受国民政府中央银行委托,交行与中国银行共同承担国库收支及国币发行兑换业务。图为1941年中央银行国库局致交行的函件。

经过币制改革,法币成为国家统一的货币,但其在西部地区的流通和使用仍不够广泛,加上通胀的加剧,也造成不少问题。面对复杂的局面,交行积极配合国家政策,与其他三行密切合作,为法币在后方的推广使用,发挥了重要作用。

受战争影响,各家银行的印钞原料都很紧张,而日伪的封锁,又使国外印制的法币难以运入内地,法币现钞一时颇显紧缺。为节省法币现钞和调剂市面银根,交行与其他三行于1940年联合印制发行定额本票,面额分为50元、100元、500元、1000元、5000元、10000元六种,以缓解法币的紧缺。[①] 以本票代替法币使用,节省了现钞,增加了筹码,有助于市面的活跃。限于分省使用的规定,也使其不会流向口岸,影响外汇,而且本票可在内地印制,使用便利,避免了运钞的困难。[②]

抗战初期四行发行的法币,面额10元以上的只有50元、100元两种,缺乏中等面额的钞券作为兑换行使的中介,尤其在沿海和接近前线的地区,大额钞券换小额钞券更为困难。一些商家乘机牟利,以差价的方式大钞换小券。为调节大小钞券的兑换流通,消除兑换时的差价,财政部与中央

---

① 《四联总处史料》(中),第18页。
② 同上,第15页。

银行协商，由央行将库存关金券按照每一关金折合法币 20 元的规定发行。关金券的发行纯为解决大小钞券兑换的不便，与币制改革并无关系，但社会上因此出现很多谣言，有人借此抬高物价，谋图私利。交行及其他三行为维护金融市场的秩序，对关金券和法币一律不加限制地准予互相兑换，很快平息了谣言，稳定了市面。①

交行所发行的法币最初全部委托美国和英国的厂家印制，然后再运回国内。随着战事趋紧，新券运抵内地更为困难，交行只得委托国内大东书局印制面额为 1 元、5 元和 10 元的法币。② 战争持续不断，钞券运输成为大问题，而通货膨胀的加剧，又使商民的每次交易都需要更多数量的现钞，各地的法币供应纷纷告急。面对上述问题，交行别无良策，只得开始发行大面额法币，将有限的券料集中用于印制大钞，以缓解市面流动性不足。如 1941 年，交行委托美国钞票公司印制的无地名法币，其中即有面额 500 元的。③

发行大钞虽说无奈，但大钞的发行等于向民众公开承认通货膨胀的存在，不利于社会的稳定，而且大钞的增加更使大小钞失去平衡，兑换找零极为不便。为合理安排大钞的使用，四行经商议一致决定，对于数额较小、零星分散的款项，不得搭发大钞，凡大宗款项，可根据实际情况搭配大钞，但最高不得超过全额的两成。④ 为防止大钞发行影响上海外汇市场，四联总处特规定大钞不能在口岸和战区流通。⑤ 大钞使用限制了地域，更增加了兑换的难度，致使大钞兑换小券在各地都出现差价，其中尤以西安、洛阳最为严重。为解决这一问题，交行根据四联总处的统一调配，在上述两地准备 5 元、10 元的钞券一千万元，可无限制兑换大钞。⑥ 对商人赴香港、上海采购货物，交行尽量采取汇款的方式，以降低钞券的流出，维持内地钞券的供应。此外，发行大钞之初为防止流往口岸和战区，都加印重庆地名，鉴于大小钞券差价过大，从统一流通考虑，将重庆地名删除，交行在口岸和战区的分支机构开始接受大钞，希望通过扩大大钞的使用范围，拉低大小钞券的兑换差价。⑦

① 《四联总处史料》(中)，第 36—37 页。
② 《交通银行史料》第一卷，第 969 页。
③ 同上，第 845 页。
④ 《四联总处史料》(中)，第 84 页。
⑤ 同上，第 98 页。
⑥ 同上，第 99 页。
⑦ 洪葭管主编：《中央银行史料(1928.11—1949.5)》，第 814 页。

要根本解决大小钞券的差价问题,必须增加小额钞券的发行数量,促进两者的流通兑换。如上所述,四行券料都极为紧张,且小额钞券的印制和运输成本更高,各行难以承担。1940年,财政部为协助四行推行小额钞券,决定小额钞券的印刷和运输费用均由财政部负担,财政部还出面在内地筹设印刷局,降低发钞成本。财政部的上述举措给予各行很大帮助,小额钞券发行遂有明显改善。①

交行战时发钞的重要任务之一是保障各战区支付军费所需要的钞券。为此,交行与其他三行联合在战区尽可能囤积足够的钞券以确保军需。1940年,根据四联总处的安排,交行在陕、甘、豫、宁、青地区储存法币1900余万元,在桂、粤、湘、鄂四省存放3000余万元,在浙、皖、赣三省储存1700余万元。② 1941年4月,根据蒋介石的手令,湖南、江西两省应存放法币5000万元,四川、贵州两省应存法币10000万元,限令两个月内筹集完成,没有蒋介石本人的命令任何人不得动用。其中,沅陵、吉安两地分别存放的4000万元,由交行负责保管。四省总计1.5亿元的法币由四行按比例分担,交行承担20%,计3000万元。③ 在钞券种类上,1元和5元应尽量多存,50元和100元的大钞最多不能超过20%,小钞的运输自然更加困难,交行所负责的两地资金于5月初即筹集完成,提前完成了任务,所有资金筹集完成后,随战局的进展逐步解封,迅速投入军费拨付。

法币改革后,全国大部分地区的流通货币得以统一,但仍有一些省份继续使用本省发行的钞券。广东、广西两省自开战后有大批士兵奔赴前线参加战斗,但两省流通的桂钞、粤钞与法币价值悬殊,此类钞券随抗战将士一同流向华东前线。为此,交行与其他三行联合开展兑换业务,确定粤钞银毫券按照144毫折合法币1元,桂钞按照1元折合法币0.5元予以兑换。④ 交行随即通知沿海及长江沿岸各分支机构尽量予以兑换。此举既维持了币制的统一,也保证了抗战将士的日常所需。与此类似的还有四川地区。法币改革后四川铜元继续流通,与法币的兑换价格也比较稳定。抗战爆发后,由于各种因素的影响,加上不法商人造谣惑众,兑价骤然上升。1938年12月,交行等四行通过在四川的业务网络协助四联总处,对铜元种类、流通区域、近六个

---

① 《四联总处史料》(上),第176页。
② 同上,第89页。
③ 同上,第94页。
④ 同上,第9—11页。

月内与法币的兑价等进行了详细调查,为国民政府重新核定铜元与法币的兑价提供了决策依据。①

除了推广法币、消除大小钞差价、为军需提供钞券等,交行还为法币的流通做了许多有益的工作。为将法币的使用推广至边疆地区,交行按照四联总处的要求,特别在交行发行的部分法币上加印藏文数额,这部分法币专对蒙藏各地发放,从而扩大了法币的流通范围。② 由于券料缺乏,一些地区的法币流通时间过长,出现大量破钞,其中四川地区尤为严重。于是,交行在各地积极收兑破钞,保证钞券流通稳定,便利居民使用。

纵观交行在抗战时期为法币的发行、流通、推广而从事的各项工作,应该说,在保障战时军费需要以及维护币制统一和币值稳定等方面,积极努力,发挥了一定的作用。日本军国主义发动侵华战争,惨烈程度史无前例,对国民经济包括金融体系的破坏是极端严重的。在经济严重破坏、财源难以开辟、外部支援有限的严峻状况下,组织全民抗战必须动员全国的人力、物力、财力,承担极为巨大的军费开支,国民政府已别无良策,只能通过增发货币勉强维持。交行遵从政府指令,为抗战的特殊需要而增发法币,实出无奈。对增发大量法币将导致通货膨胀的严重后果,国民政府和银行界人士是早有预见的。在通胀不断加剧的情况下,国民政府还是采取不少措施希望尽可能抵消和减少一些通胀的影响,交行等四大银行也为之作出种种努力。八年抗战,经济没有全面崩溃,金融尚能勉强支撑,全民抗日仍可坚持下去,这离不开国民政府和国家银行的竭力维系,而其中就有交行的一份功劳和苦劳。

四、联手打击日伪的假币伪钞

抗战时期,中日双方不仅在烽火连天的战场上激烈搏斗,而且在不见硝烟的经济战线展开殊死较量。中国东部发达地区陆续沦陷后,经济较为落后的西部地区担负起抗战建国的重任。当时,日伪方面伪造了大量法币,通过各种渠道将伪钞运往内地,企图以此冲击后方经济,造成中国货币体系的崩溃,来使国民政府陷入混乱,不战而败。

---

① 《四联总处史料》(上),第4—8页。
② 同上,第17页。

交行在全国各地设有众多分支机构,太平洋战争爆发前,东部沦陷城市租界中以及香港等地,仍有行处维持运营,分布于各地的分支机构对监测伪钞流向、拦截伪钞进入后方均起到十分重要的作用。

抗战之初,日军即着手印制假钞破坏法币信用。1938 年 9 月,四联总处侦得消息,日军自成立特务部起,即开始秘密伪造四行发行的法币,并已投放到沦陷区。同年 11 月的情报亦显示,日军还在上海附近私印法币伪钞数千万元,已完成印制,即将投入国内外金融市场。日军还在大连设立印刷厂,专门伪造中央、中国、交通三行法币,已印制 2200 万元,这些伪钞被混在真钞中,通过采购物资之类的大额交易流入市面。[①]

日本伪造的交行法币,不但有大额钞券,还有许多小额钞券,此类小额伪钞可迅速流向基层社会,危害巨大。1940 年 4 月,根据四联总处的情报,曲江地区"敌货充斥",大量假币通过交易混入市场,其中伪造的交行版 1 元法币数量尤多,故四联总处特别提请当地行处注意防范。[②] 日军除在中国境内伪造交行法币,还在东京印刷交行版法币伪钞并运往中国流通,这些伪钞以 5 元的小面额券为主。[③] 交行获得上述情报后,由总处出纳股负责协调处理,并将情报"密转所属行处切实注意,如有发现,并希随时密报为盼"。[④]总处以内部协调合作的方式,向有关分支机构部署任务,将责任层层落实,全力以赴,对伪钞进行堵截。

为更加详细准确地掌握日军伪造货币的情况,1941 年,交行在四联总处的部署下开始收集日军制作的伪钞、假币、军用票等。交行在沪、港两地的分行及其所属分支行就近搜集所在地区的伪钞寄送总处和四联总处,北平、天津地区的交行分支机构因环境所迫,只能秘密收集伪钞,汇集后转送上级部门,"并请特种经济调查处、战地党政委员会及各战区经济委员会协助搜集检送"。[⑤]

交行发行的法币最初多由外国印刷公司印制,质量较高,印制完成后先运至香港存放,再运入内地投放市场。香港沦陷时,港行库房中留下一批未及销毁的法币,因其与后来印制的法币几无差别,遂被日军用以扰乱中国的货币市场。1942 年,江苏

---

①④　《敌军特务部秘密制造中央各银行伪钞在各地行使》,交通银行博物馆藏资料 Y52。

②　《四联总处史料》(上),第 435 页。

③　《敌人伪造我法币要密切注意事》,交通银行博物馆藏资料 Y52。

⑤　《四联总处史料》(中),第 29 页。

东台范公堤东西沿海一带突然发现大量伪钞流入市面，这些伪钞基本上都是交行1935年版10元面值的法币，与真钞相比，仅缺电台水印。东台一带也发现伪钞，钞券上虽有电台水印，但经理签章均属伪造。经财政部推断，上述伪钞就是香港沦陷时港行库房内未及销毁的钞券，日军获取后伪造经理图章，将其投放市面流通，"冀图蒙混使用扰乱金融"。[1] 这一情报十分重要，财政部长孔祥熙亲自批示后转交行总处处理，急令速查伪钞来源。交行管理层遂采取一系列措施，进行查验和封堵。

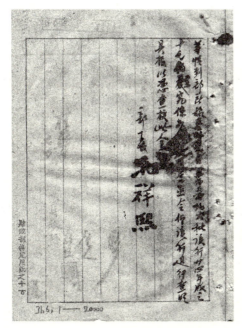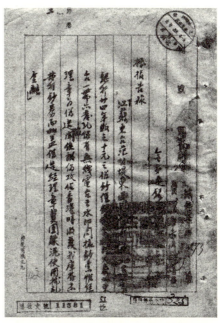

1942年财政部长孔祥熙为查明伪钞事密发训令

交行除全力处理政府部门交办的伪钞案件，还积极参与地方伪钞案的侦办，尽力堵截伪钞流入内地。当时四川峨边县（今峨边彝族自治县）有一名为陈明金的居民携带交行50元面额的钞票在市面上使用，结果被查出是伪钞，扭送警署后发现，他还携有50元的交行钞票共40张。根据陈的口供，县政府又逮捕了他的上家莫监明，经调查得知，这些伪钞都来自于新十七师师长刘树成的岳父，他从成都带来这批伪钞，找人在当地高价收购烟土，至此案件全部告破。[2] 因此案涉及的伪钞全与交行有关，

---

① 《密训令渝钱币字第30273号》，交通银行博物馆藏资料：钞券发行。
② 《峨边县查获交通银行伪钞》，交通银行博物馆藏资料：钞券发行。

交行相关部门参与了案件的侦办,破案后总管理处将案情汇报至蒋介石处,蒋也相当重视,通过四联总处转饬四行,注意防范此类案件的发生。

由于伪钞问题涉及国家金融安全,四联总处于1939年特别制定了应对办法,要求银行、宣传部门以及其他国家机构相互配合,抵制伪钞的流入。从银行方面说,四行应在靠近前线的分支机构多准备成色较旧的法币投放市场,使真伪两种法币形成明显区别,利于民众辨识。而且,"四行应择要发送各种样本券与接近沦陷区域之县政府,请其张贴示众,使人民发现伪券时就近可以核验不致受欺"。① 此外,为扩大宣传范围,四行还须将区别钞券真伪的方法以及伪钞的危害予以总结,制成印刷品,由国民政府宣传部门设法在沦陷区内散发宣传。当时,四行发行的货币均被定为法币,而同一银行发行的法币又有版式的区别,情况比较复杂。为此,四联总处建议,"四行应将现有各种版式中择其最精良一种,作为标准,并将其他杂版继续收回,以后规定一种券类每行不得并用二种版式,庶可统一钞币,抵制伪造"。②

交行严格执行政府部门的指令,与银行同业密切配合,部署各级分支机构全力查核、堵截,在抵制伪钞渗入内地金融市场的斗争中,成效显著,大批交行版伪钞被清除出货币流通市场,给日伪企图扰乱内地金融的阴谋以有力的回击。日本"速胜"战略的失败,交行在经济、金融战线的无声战斗自有其独特的功勋。

五、维护金融体制,抵御经济侵略

抗战时期,敌伪除以假钞扰乱内地,还采用多种手段打击中国经济。日军侵入中国后,在沦陷区成立各类伪银行机构,大量发行各种钞券,企图达到多重目的。其一,此类伪银行钞券若使用范围不断扩大,会迫使法币的流通区域逐渐收缩,而法币的回流后方,将导致通胀的进一步加剧。其二,用伪币兑换法币,然后运往上海等地购买外汇和物资,进行套汇之类的活动,扰乱中国政府的金融体制,削弱中国的经济力量。而且,伪币的广泛使用,还可切断内地与沦陷区的经济联系,造成中国地区经济的分裂。其三,伪币的流通还可减少日元的使用,延缓日本国内的通货膨胀,获取以战养战之效。

国民政府深知日本的险恶用心,故采取多项措施予以回击,中日双方遂在经济

---

① ② 《敌人伪制法币对付办法九条》,交通银行博物馆藏资料 Y52。

战线展开激烈争夺。交行作为国家银行,积极参与,协助政府部门制定各项抵抗敌伪经济侵略的政策,并坚决贯彻和执行,以实际行动努力维护后方经济的正常运行。

国民政府基于"调整战区金融,收购物资,促进生产,并防止敌人一切经济侵略"①的考虑,特于1940年设立战区经济委员会。该委员会由财政部、经济部、交通部、四联总处等多个政府部门牵头组成,意在协调各方面力量,强化对日经济作战,促进内地农、工、矿等各业生产。战区经济委员会对区内财政、经济、金融、交通以及查禁伪币、封堵敌货倾销、调查与摧毁敌伪经济金融设施等事项均负有责任,并可随时督导、指挥各相关的主管机构。② 委员会成立后的主要工作目标,是在各大战区中构建缉私网、物资网、运送网、金融网,通过这四大网络,组织各种力量,从经济上"摧毁敌方,营卫自身"。委员会的组建对抵御敌伪的经济侵略,维护后方的稳定确实起了积极作用。交行在战区经济委员会中承担了重要责任,协理赵棣华作为军政部门特派的代表,担任第三战区经济委员会的主任委员,负责管理江南、浙江、福建、皖南等省区的经济事务,而且其也是四行之中唯——位出任战区经济委员会主任委员的银行高级管理人员。③ 第三战区所辖省区最临近江苏、上海的沦陷区,当地经济发达,日军对这一地区的经济控制尤为严酷,经济侵略活动也十分猖獗,国民政府自然对该地区予以高度重视。第三战区经济委员会递交1941年工作计划时,四联总处特别要求,"对于粉碎敌人封锁及破坏敌伪经济金融机构"应进一步加强。④

按照蒋介石的指示,四行必须选派第一流人才进入战区经济委员会承担工作,因此交行桂林分行经理李钟楚作为四联总处派驻战区经济委员会的代表,出任第四战区经济委员会副主任委员,负责广东、广西两省的经济事务。宋子文在筹设战区经济委员会的呈报中提出,副主任委员应常驻委员会,协助一切工作,对委员会日常工作有较大权限,主任委员外出时可代行职责,⑤可见李钟楚当时所负责任之重大。此外,交行还有不少工作人员也进入战区经济委员会工作,为挫败敌伪的经济侵略做出

---

① 《四联总处史料》(上),第420页。

② 同上,第422—424页。

③ 同上,第429页。

④ 同上,第457页。

⑤ 同上,第420、421、429页。

了重要贡献。

自1938年开始,在日本扶持下,日伪势力在沦陷区先后成立中国联合准备银行、华兴银行等多家伪银行,大肆发行纸币,并通过强迫法币贬值、抑制法币使用等手段打击法币信用,企图促使法币回流后方,加剧内地的通货膨胀。天津地区的资金汇往外省主要通过中国、交通两家银行办理,交行为维持法币在华北地区信用,自1939年3月起,商民或同业使用法币汇款至外地的,皆提供便利,放宽各种限制,意在提高法币在华北的价格。这一措施,使天津至上海的法币汇款大为方便,因此,华北地区法币对日伪钞券的价格非但没有跌落,反而日渐提高,自4月至5月,比价已从102涨到130以上。时任四联总处秘书长的徐堪认为,"此乃维持法币在华北之流通与阻抑伪钞推广发行之最有效办法"①。交行在华北地区除维持交行法币(华北地名券)的流通,另一任务就是防止敌伪通过套汇牟利打击法币信用。②

1941年1月,周佛海密谋将伪中国银行的货币流通于上海的租界内,企图进一步压缩法币在华东地区的流通空间。交行对此迅速做出反应,在香港办公的董事长钱新之和总经理唐寿民立即电令上海分行,绝对服从国民政府命令,维护金融政策,拒绝使用伪中行货币。③ 同时,北平、天津地区的交行分支机构也坚决抵制华北日伪政府发行的钞券,不接受伪币的汇款。④

抗战爆发后,国民政府虽转移至后方,但金融活动的重心仍在上海,外汇交易、票据交换等业务都在此办理。其中,上海银行公会的地位十分重要。由于战时交行与中央、中国两行同在票据交换所承担重要责任,三行共同负责保存上海各行用于票据交换的准备金,数额高达1.5亿元,这还不包括同业存款的2000多万元。而这总计1.7亿元的巨款运作,便与上海银行公会密不可分。为防止日伪侵占上海银行公会,攫取银行联合准备库资金,国民政府方面要求:其一,上海银行公会可移往香港办公;其二,银行联合准备库是否留存,由中央、中国、交通三行共同决定,若三行觉得已无法掌握控制权,准备库应即刻予以撤销;其三,准备库撤销后,各行票据交换的差额由

① 《四联总处史料》(上),第407页。
② 同上,第542页。
③ 同上,第445页。
④ 洪葭管主编:《中央银行史料(1928.11—1949.5)》,第461页。

各行自行清理。① 经过三行的细致准备，公会及联库都得到了很好的保护，未给日伪以可乘之机。

抗战前期，中国的外汇市场位于上海，与后方相隔遥远，国民政府难以实施有效控制，仅靠交行等几家大银行的合作，很难维持法币的价格。在敌伪势力的猛烈攻势下，1940年底上海汇价暴跌。此事的起因是有谣传称，国民政府将停止在上海供应外汇，此类谣言是继日伪中央储备银行成立后对市场的又一轮冲击。为此，交行董事长钱新之联合总经理唐寿民、董事席德懋以及中国银行的宋汉章、贝祖贻，共同致电孔祥熙，要求政府出面辟谣，以维持汇率稳定。

交行等国家银行团结协作，维护金融体制以抵御日伪侵略的斗争一直持续到太平洋战争前夕。后因日军完全侵占上海，中储券被其指定为苏、浙、皖、京、沪三省二市唯一的合法货币而告终。在此期间，战斗在第一线的沪上行员，几度陷入险境。1941年3月24日中午，敌伪特务机关派遣武装人员至沪西极司非尔路（今万航渡路）交行员工宿舍，绑架沪行员工两人。中央、中国、农民三行也遭遇员工被绑架、行屋被炸毁等事件。敌伪方面声称，这是对日伪银行职员和政府官员迭遭暗杀的报复，并扬言以后若再有此类事件，四行工作人员将一律以同样方式处置。② 对此，四联总处一方面积极营救被绑架的银行员工，一方面勉励四行员工"不避艰难，照常营业，以尽为国家社会服务之职责"。③ 鉴于当时租界内形势已十分严峻，四联总处也要求四行设法收缩存款、汇款业务，工作人员陆续撤出，库存资金须尽量缩减，账册等应设法置于安全地点。

抗战时期，经济战场上敌我交锋大多在无声无息中进行，激烈程度实不亚于军事战场，而较量的结果往往直接影响到抗战的大局。包括交通银行员工在内的众多银行人员，为坚持全民抗战默默地做出自己的贡献。我们在回顾抗日战争的胜利时，不应忘却这些金融领域的斗士。

---

① 《四联总处史料》（上），第452页。
② 同上，第448页。
③ 同上，第449页。

第五节　法币发行业务的结束

一、法币发行的统一

交行于清光绪三十四年（1908）正式营业，自宣统元年（1909）起开始发行兑换券，主要有银两券、银元券等，①是为交行发钞之始。此后，交行的发钞业务不断扩大，虽经历民国初年两次停兑风潮的挫折，但经积极改革和努力维持，发钞量依然在全国银行中处于前列，并在社会上获得良好的信誉。法币改革时，交行被国民政府指定为发钞行，特许发行法币，又接收了浙江兴业银行、中国垦业银行、边业银行、湖北省银行、大中银行、津四库等金融机构发行的纸币和发行储备，发行实力进一步增强。抗战前期，交行为推广法币的流通与使用作出很大努力，法币发行业务臻于全盛。

法币改革后，中、中、交、农四行共同行使本应由国家中央银行独掌的发钞权。四行之中，依据《中央银行条例》成立于1928年的中央银行身份特殊，为国民政府的央行，条例明确规定其"为国家银行，由国民政府设置经营之"。②北洋时期实际上成为国家银行的交行，依据国民政府新修订的条例，被定位为"政府特许之实业银行"。中央银行虽为央行，但成立之初资本比较薄弱，信用尚待积累，法币发行量也低于交行，③而且四行之间并无明显的统辖关系，中央银行与交行都是国家金融系统中的重要成员，共同对财政部等经济主管部门负责。

然而，国民政府建立中央银行实际上是对银行界放出的一个信号，即货币的发行等应由央行单独负责，目前由多家银行共同参与的局面，最后终将结束，中央银行将履行实质上的央行职责。随着国民政府对中央银行扶持力度的不断加大，央行的实力也不断增强，发钞、经理国库等业务的经手数量逐渐在四行中占据上风，尤其在抗战时期，央行的发钞数量一度占到四行发钞总量的一半，国民政府强化中央银行职能，统一发行的时机趋于成熟。

---

① 《交通银行史料》第一卷，第805页。
② 洪葭管主编：《中央银行史料（1928.11—1949.5）》，第18页。
③ 同上，第58页。

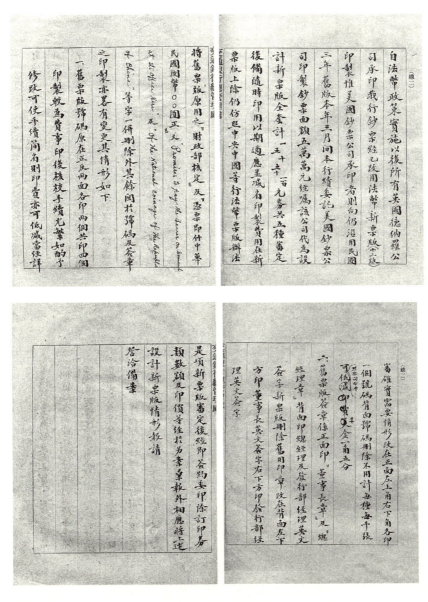

交通银行关于印制法币的文件

1942年3月22日，蒋介石为加强四行统制，发出七条训令，特别注重限制四行发行钞券，改由中央银行统一发行。① 自此，发行统一于央行的政府行为进入实质性推

---

① 《交通银行史料》第一卷，第942页。

进的阶段。根据蒋的手令,四联总处、财政部会同中央银行,协商起草了《统一发行办法草案》六条,经 5 月 28 日四联总处临时理事会议修正通过后,《统一发行办法》正式颁布。

该办法规定,自 1942 年 7 月 1 日起,所有的法币发行业务统一由中央银行办理。中国、交通、农民三行,应将截至 1942 年 6 月 30 日所发行的法币数额、准备金数额详细造表,送交四联总处、财政部和中央银行核查。三行已订印而未交货,或已交货而未运送的新钞,全部由中央银行负责接收,与印钞公司签订的印钞契约也由央行负责接收。7 月 1 日以后,中国、交通、农民三行因办理四联总处核定的贷款,或因本行业务贷款以及支付存款等,需要资金,可在提供一定数量担保后,向中央银行商借。①

与 5 月 28 日同期公布的还有《中、中、交、农四行业务划分及考核办法》。该办法明确规定,中央银行的主要业务为"集中钞券发行",其他三行均无此项业务。交行的主要业务围绕实业建设而展开,包括工矿交通及生产事业的贷款与投资,国内工商业汇款,公司债券和公司股票的经募或承受,仓库和运输业务,储蓄和信托业务等,被指定为发展实业的专门银行。② 上述两个文件的颁行,明确规定交行以后不能再发行法币,同时还对交行法币发行业务的移交方式作了初步的部署。交行自 1909 年开始的发钞业务由此告终。《四行业务划分及考核办法》还明确指出交行日后的发展方向,以帮扶实业发展作为全部业务活动的出发点。交行与实业连接得如此紧密,可谓前所未有。

5 月 28 日颁布的《统一发行办法》仅就统一发行作了原则性的规定,推进程序和具体操作中的诸多问题尚未涉及。经四行以及四联总处等机构的联合商讨,6 月 18 日通过《统一发行实施办法》,该办法对交行等三家银行如何移交发钞权以及发钞权移交后的资金保障等问题作出详细规定。

实施办法的草案最初由中央银行发行局于 6 月 2 日提出,交行等三行一致认为该草案第十一条"发行集中于央行后,中、交、农三行需要现钞,得以业务上之方式向央行业务局办理之",规定过于笼统,且缺乏可操作性,其他条文也存在不少问题。四联总处秘书处按照三行提出的意见进行修改,并于 6 月 6 日继续商讨,讨论的重点之

---

① 洪葭管主编:《中央银行史料(1928.11—1949.5)》,第 629 页。
② 《四联总处史料》(上),第 562 页。

一是，统一发行后中、交、农三行业务所需资金的供应问题。统一发行前，交行等自身拥有发钞权，资金调动可有较大腾挪空间，若遇大的资金缺口，可通过申请发行新钞予以弥补，便于扩展本行业务。统一发行后，资金缺口无法通过自身弥补，必须仰仗中央银行接济，这对业务发展确实是很大的牵制。交行被指定为发展实业的专门银行，所需资金必然巨大，如何在统一发钞后能比较便捷地获得央行的头寸支持，无疑是交行最关心的问题之一。其实在这一问题上，交行的忧虑与中国银行、农民银行是一致的，因此在商讨中三行联合提出，希望有优待的条件和配套的详细规定，以期在资金上获得长期保障。然而，中央银行独掌发钞权后，利益诉求自然与三行不同，故认为资金供应的办法不能规定得过于严格，若央行实际上无法执行，流于一纸空文，反而误事。央行希望相关规定应该从宽，若力所能及，当尽量予以支持。会上相持不下，最后决定由中央银行业务局先拟定资金供应办法，然后再进行商讨。①

经 6 月 10 日又一轮商讨后，四联总处按照中央银行发行局提出的方案，结合中、交、农三行代表的意见，对《统一发行实施办法》重加修正，并于 6 月 13 日再次提交讨论。在新的修正稿中，规定了四种资金供应方式：（一）重贴现；（二）同业拆款；（三）财政部垫款户划抵；（四）以四联总处核定贷款转作押款。所供资金的利率可按照原定利率降低二到四厘（周息）。中、交、农三行还要求增加一项规定，可用领券的方式获得补救，但中央银行则以蒋介石曾有相关指示为由，表示反对，三行的这一诉求最终未被采纳。②

经过反复的协商、讨论，交行等三家银行的联手努力取得一定效果，要求中央银行保证资金供应的诉请大部分得以实现。即发钞权统一于央行后，接济三行的四种资金供应方式全部写入《统一发行实施办法》，成为央行必须执行的强制性规定，文件还要求"中央行应于各集中站，充分存储钞券，以便供应各地之需要"③。

发行权统一后，交行日后的资金调用将受制于中央银行，这对扩展业务、调剂行内资金、降低银行负债率等大为不利。然而，从另一方面看，也因压力而生成一种激励机制，促使交行更加注重提高内部的管理水平和工作效率，努力降低经营成本，更加重视贷款风险的防范，进一步加强审查稽核、调查研究等工作，经营决策和发展规

①②　《交通银行史料》第一卷，第 943 页。
③　同上，第 947 页。

划也更需要深思熟虑、积极稳妥。作为一家建立于晚清的商业银行,在与国际接轨,向现当代转型的过程中,经营管理的精细化是必须具备的素质。仅此而言,丧失发钞权的影响,也不全是负面的。

二、准备金移交时限的争论

发行统一于中央银行后,交行等三行的发行准备金如何向中央银行移交,也是一个大问题。交行在清末发行兑换券的时期即由发行准备制度,此后不断改进完善,形成一整套严密的准备金制度。统一发行前,交行的发行准备金主要有黄金、白银、外汇等,这也是交行最有价值的资产之一。抗战时期资金十分紧缺,上述资产对银行可谓性命攸关。因此,交行与中国、农民两行联手,共同与中央银行及财政部谈判磋商,强烈要求延缓准备金移交的时间,争取喘息的空间,以便平稳过渡,不致影响银行的正常业务。

5月28日国民政府颁布《统一发行办法》后,交行等三行与中央银行、财政部、四联总处等作了磋商,考虑到三行的实际承受能力,最初拟定的《统一发行实施办法》对准备金移交的时间尚比较宽松,其第九条规定:“中、交、农三行所存发行准备金,得分期移交央行,在卅一年(1942)底以前先交金额二分之一,其余二分之一应在第二年以内如数交清。”[①]但在6月3日就实施办法进行讨论时,中、交、农三行代表还是认为时间过于急促,希望进一步放宽。对此,中央银行以蒋介石手令为由,提议三行拟定具体意见呈报主观部门审核。

中、交、农三行经过协商,由交行代表三行草拟了请求放宽准备金移交时限的书面意见并上报。然而,经过多轮磋商,准备金移交的时限问题始终相持不下,无法决定。6月14日,财政部断然颁发《统一发行办法五条》,命令三行照此办理。其第四条规定:“中、交、农三行,卅一年(1942)六月卅日止所发法币之准备金,限于卅一年七月卅一日以前,全数移交中央银行接收,并由中央银行贴还百分之四十之保证准备利益,按周息五厘计算,以三年为限,自卅一年七月一日起,至卅四年(1945)六月卅日止,每半年结算一次。”[②]按照规定,交行等三行的发行准备金必须全数移交中央银

---

①　《交通银行史料》第一卷,第942页。
②　同上,第943—944页;参见洪葭管主编:《中央银行史料(1928.11—1949.5)》,第629页。

行,时限不仅没有采纳三行的意见予以放宽,而且连最初拟定的可有一年多时间过渡的条文也予以取消,三行必须在一个月内完成发行准备金的移交。至于中央银行贴还40%的准备金收益,则是对三行的一种补偿,意在安抚三行的情绪。

财政部的强硬规定使三行极度失望,交行董事长钱新之、代总经理赵棣华与中国、农民两银行的高层主管宋汉章、贝祖诒、周佩箴、浦拯东、朱润生等于6月16日联名向行政院长孔祥熙上书,请求政府体谅三行的实际困难,修改《统一发行办法五条》中第四条的规定。三行列举了诸多难处,其中最重要的有两点。一是抗战爆发以来,三行在各地的分支机构损失很大,目前仍无法清算,若现在立即将所缺的准备金补齐移交,"则所缺者全补,应收者难收,而应付者势将无自照付"。① 二是三行配合国家政策,为抗战服务,在后方广设机构,吸引游资,"高利揽存,低息摊放",经营成本极高,一时间也难以完全调整。上书中最后说:"三行之发行历史既久,为数又巨,而其存款之关系,又普及于全国工商各界与人民。此后发行既已统一,垫款随而停止,国库自亦不需再令代理。则不独此后之存款难期增加,即以前之往来亦必大量移转而减少。头寸之补给,应付之方策,稍一不慎,颠蹶堪虞,影响所及,关系尤巨。"② 为此,三行希望将财政部的第四条规定修改为:"中国、交通、中国农民三行发行之现金与保证准备,自卅一年(1942)七月一日起,分五年,每届年底平均摊交五分之一。现金准备,尽财部垫款暨其他政府借款抵交。保证准备,尽原保证准备之证品及公债库券等抵交。"③

三行的联名上书,虽理由充分,言辞恳切,但孔祥熙本身就兼任财政部长和中央银行总裁,财政部的时间表必定经他首肯,或者就是他授意的,所以对三行的上书未予理会。上书的当天,《统一发行实施办法》获得通过,并于6月18日正式颁行,发行准备金的移交时限未作任何改动。

不过,从后来的实施情况看,交行的六成现金准备金于1942年12月31日前移交完成,另外四成保证准备金于1943年12月31日前移交完成,大致按照最初拟定的时间表。④ 交行等三行为放宽准备金移交时限所做的努力,应该说还是起了一些

---

① 《交通银行史料》第一卷,第954页。
② 同上,第954—955页。
③ 同上,第955页。
④ 同上,第956—957页。

作用。

三、准备金移交的曲折过程

除发行准备金移交的时限问题,移交资金的具体操作,对交行而言也是一个重大问题。在必须全部移交的前提下,从维护自身利益考虑,避免正常的经营遭受过大影响,交行利用其与政府部门在多年合作中形成的债权债务关系,以政府的欠款抵交发行准备,尽可能多保留一些现金、外汇等高价值资产。交行管理层为此作了不少努力。

各方就《统一发行实施办法》进行多轮的磋商讨论时,交行等三行共同努力,积极争取,在准备金移交的问题上与中央银行达成一定的和解。由央行统一发行后,三行可将一部分发行库存转移为业务库存,这部分库存可避免上缴。[1] 6 月 19 日,蒋介石还提出,三行应移交中央银行的发行准备金,除已交存于央行的白银应充作准备外,其余部分应尽先以全部国库垫款充作准备,[2]这也是交行等希望争取的有利于自身的规定。

7 月中旬,财政部与中、中、交、农四行经协商,就准备金移交事宜确定了三项原则:其一,现金准备内白银部分,应照原价计算;其二,现金准备内以垫款抵充一节,先由财政部将中、交、农三行垫款额通知央行,然后按照数额拨还三行,三行再以收回的垫款缴交现金准备;其三,保证准备占四成,这一部分可以财政部所还垫款以及各行现款,向财政部结购公债抵充。[3]其中结购公债一项,四联总处特别规定,三行必须按照公债票面额度十足认购公债,而不像以往,银行往往可以较低折扣购买政府公债。

交行 1937 年 7 月以前发行的法币共为 3.35 亿余元,至 1942 年上期结束时,已达 42.03 亿余元。根据以上原则,所有应移交的准备金,交行以下述资金缴纳,为财政部垫款的 34.28 亿余元,金银、华北白银及沦陷区金银共 1.13 亿余元,农产工矿贸易三个调整委员会内债本息农贷共 1.72 亿余元,为两次平衡基金垫款 1.38 亿余元。以上四项资金缴纳后,交行应缴准备金尚有 3.51 亿余元的缺口。交行曾向国民政府请求,以北洋政府时代的政府欠款抵充,但未能如愿。[4]

①③ 《交通银行史料》第一卷,第 944 页。
② 洪葭管主编:《中央银行史料(1928. 11—1949. 5)》,第 629 页。
④ 《交通银行史料》第一卷,第 948 页。

　　于是，剩余的资金缺口，交行只能改用 1938 年间中央银行向交行发行准备项下调用的 1050 万美元抵充一部分。双方几经磋商才确定兑换比率，按此计算，共折合法币 1.97 亿余元。最后剩余的 1.53 亿余元，中央银行原先要求以现金缴纳，双方又经反复磋商，最终商定其中的 1.5 亿元作为央行存于交行的存款，交行自 1942 年 7 月 1 日起开给中央银行存单。其余的数额，交行以现金缴付。①

　　至于交行接管湖北省银行、四川省银行、江苏农民银行的钞券及其准备金，以及接收中国实业银行、浙江兴业银行、垦业银行、湖北省银行、边业银行、大中银行的钞券及其准备金，已于 1942 年 11 月及 1943 年 10 月先后移交央行发行局接收。此外，交行与中国银行共同接收的津四库钞券与准备金的移交工作，两行接洽后，确定由中国银行出面办理。②

 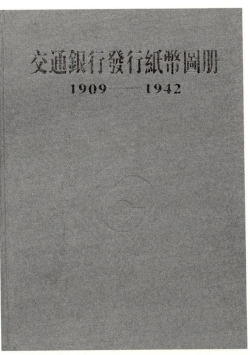

交通银行发行始于 1909 年，止于 1942 年。33 年总共发行了银两券、银元券、辅币券、铜元券、法币券 5 种以及 45 种地名券，107 种加印标记的领用券。

---

① 《交通银行史料》第一卷，第 948—949 页。
② 同上，第 956 页。

法币发行统一于中央银行,对交行是个很大的挑战,先前利用发钞获得的所有便利,此后不复存在,包括经营策略、运作模式、发展规划、内部管理等,都必须进行重大调整。交行管理层从日后的发展考虑,努力争取在发行准备金移交的过程中,尽可能维护本行的利益。国民政府也清楚交行等三行的实际困难,所以在磋商中听取了各方意见,兼顾了中、交、农三行的利益,最终形成各方都比较能够接受的方案。交行利用争取到的时间上、资金上的有限宽松,迅速进行内部调整,平稳地完成了过渡,日常经营未受很大影响,并很快适应了新的定位和新的分工,重振精神,继续前行。

第五章
日伪对沦陷区行处的改组与操纵

太平洋战争爆发后,日军大肆洗劫沦陷区中的交行分支机构,并强令其改组,以为己用。日军在上海成立由日伪政权操纵的伪交通银行,大力推广伪中央储备银行发行的中储券,并为日伪政权的经济统制政策服务;其主要业务从抵押放款逐步转向贴现放款,使日伪控制下的统制企业获得巨额低息贷款,进而套购大量物资。日军在华北地区成立由日伪政权操控下的伪北京交通银行,致力于推广伪中国联合准备银行的伪联银券及有奖存款,并办理工商业抵押放款,后期还推出小额抵押放款,但一直经营不善,连年亏损。伪交行的大多数员工或受威逼,或为糊口,违心地在伪交行中任职。但他们身在曹营心在汉,为后方的国民政府提供沦陷区的金融情报,想方设法保全原交行的资产,与日寇周旋,为抗战胜利以及胜利后的恢复工作,起到一定的积极作用。

第一节 伪上海交通银行的成立与"复业"

一、唐寿民的被俘与落水

抗日战争全面爆发后,交行形成特殊的二元格局,总管理处名义上在重庆,经营管理的重心却在香港,总经理唐寿民数年间常驻香港,负责总处在港的一切业务。

太平洋战争爆发前夕,逗留在香港的唐寿民对战事预感不妙,多次向已在重庆的钱新之请示应变措施。然而,重庆方面和港英当局都未料时局变化之快,一直未对港总处下达明确指示。1941 年 12 月 7 日,钱新之发给交行驻港机构的密电仍叮嘱保持镇定,不必多虑。① 12 月 8 日,日军偷袭珍珠港,美、英等国对日宣战,太平洋战争爆发,次日,中国政府正式对日本及德国、意大利宣战,重庆方面才明白,香港已危在旦夕。钱新之于 12 月 8 日、9 日、10 日、12 日连续急电香港,部署各项应变措施,要求将存港的票版、钞券等紧急转运,必要时予以销毁,重要人员和文件尽快内迁。此后,渝、港之间的电讯中断。几日之内,事态急转直下,港行对重庆方面的指令仓促间根本不可能切实执行,除销毁票版和部分钞券外,人员和文件的内迁转移已无从谈起。②

12 月 8 日当天,日军从陆、海两路向驻港英军发起进攻,迅速突破深圳一线的防御,直逼九龙半岛的防线,切断九龙与香港本岛的轮渡。唐寿民被困在九龙的家中,只能通过电话指示港岛的交行总部,把库存巨量兑换券及公债连夜截角打洞,避免落入敌手。13 日,九龙半岛被日军完全占领。九龙陷落之前,国民政府曾连续派遣多班飞机前往启德机场紧急接运滞留香港的重要人士,据说最初的接运名单中有唐寿民。钱新之 9 日给唐寿民的急电中也有"嘱即安排港总处事务,即晚去渝"之语。以唐与宋子文、孔祥熙等人的密切关系而言,③上述说法当有一定可信度。但不知何故,接运人员竟未能与唐寿民取得联系,唐始终未接到登机离港的通知。

滞留在九龙的唐寿民深感愤懑、沮丧,却无可奈何。为躲避日军追捕,他不敢留在自己的住处,只能隐匿于朋友家中,化名华天福,伪托是上海朋寿堂药店的职工,俟机再逃。不料,九龙沦陷后仅数日,日军即得知其行踪,并于 12 月 21 日将其俘获。日本宪兵强行把唐寿民及金城银行董事长周作民等人一同带至尖沙咀的半岛酒店,以保护为名实施看管。12 月 25 日,港英总督投降,香港地区完全被日军占领。唐寿民、周作民以及其他一些滞港而被日军控制的知名人士,如香港盐业银行经理倪士钦、香港中国银行经理郑铁如,政界名人颜惠庆、许崇智、陈友仁、李思浩等,皆被押往香港酒店监禁。唐寿民后来回忆这段被关押的日子说:"自是与外界完全隔绝,虽餐食无缺,而行止限于斗室,不能稍越雷池。囚禁期中,百感交集,念及各行之沦陷,同

---

① 《交通银行史料》第一卷,第 971 页。

② 《港变应急纪实(1941.12—1942)》,交通银行博物馆藏资料 Y47;《交通银行史料》第一卷,第 1675 页。

③ 《交通银行史料》第一卷,第 1675 页。

人之安全与生计,益难自已。"①日军曾取来纸笔逼他发表对"和平"的感想,他义正词严地回绝:"不平则鸣,强迫是不平,侵略也是不平,如此不平,实无和平可言。"在极端郁闷和绝望中,他万念俱灰,想一死了之。与他一同被囚的李思浩后来回忆说,唐寿民"时痛愤交集,恒思跃出楼窗,了此生命,言时泪痕被面"。某次,唐正欲破窗跳楼,恰被看守发现,及时制止,否则他可能已成为舍生取义的烈士,不再有日后的故事。唐寿民后来对人说起此事,仍叹息不已:"是命也夫!"②

1942 年 4 月,在香港被囚禁了百余日的唐寿民等人被日军押送回沪,先软禁于华懋公寓,一段时间后,才分别释放回家,但"晤客交谈,仍受限制"③,日军强令其不准与外界联络,不准随意外出,必须随传随到。唐寿民当时体弱多病,忧惧愤懑,只想静心疗养。殊不知,日军将唐寿民押回上海,其实有其特殊目的,更大的噩梦和陷阱正在等着他。

太平洋战争爆发后,日军迅速占领租界,将租界内的中央、中国、交通、农民等银行以及美、英等国银行确定为"敌性银行",勒令关闭,实施接管。上海交行虽在先前已将大部分黄金、外汇、有价证券等各类资产秘密转移至香港和重庆,但此时账面仍有存款 9800 余万元,账外资产 8200 余万元,其他财产估值 5900 余万元,另有一部分黄金、证券、道契等秘密存放在中法实业银行仓库中。这些资产全部被日军查封接收,甚至连客户支取存款和职工发放薪水也深受限制,难以应付。

清理、接收告一段落后,日本军方和汪伪政权决定对中、中、交、农四大银行区别对待,分别处理。中央、农民两行与国民政府关系尤为密切,"敌性"显著,予以撤销关闭。交行和中行,历史悠久,声誉卓著,且股本中商股比例不小,具有商业银行属性,决定两行清理、改组后"复业",但必须与重庆国民政府脱离关系。日伪导演中、交两行"复业"的真实企图是"以战养战",为日军的侵华战争服务。一方面操纵并利用两行辅助 1941 年成立的汪伪中央储备银行,推行伪中储券,搜括战略物资,以弥补占领区金融力量的不足;另一方面借助两行的良好声誉,拉拢银行界人士,粉饰太平,麻痹民众,制造日伪统治区政治稳定、经济繁荣的假象。既然决定让交行"复业",便需有合适之人主持,此人应有相当才干,且在银行界颇有声望,若原交行高层管理人

①③　石磊选编:《审判唐寿民档案》,《档案与史学》1997 年第 5 期。
②　参见邢建榕:《民国银行家唐寿民的一生》(下),《档案与史学》2003 年第 2 期。

员能"出山"担责,最为理想。身为交行总经理的唐寿民自然成为日伪实施图谋的最佳人选。

唐寿民回到上海家中后,日伪一方的头面人物频频造访,竭力劝说他出任伪交行董事长,主持交行的"复业"。包括与唐颇有交情,时任汪伪政府财政部长的周佛海也对他百般诱说。事关民族大节,唐寿民起初并未心甘情愿地为虎作伥,执意推却了好几次,但在日伪的威逼利诱、软硬兼施之下,经过数月的犹豫彷徨,终于答应出任伪职,主持交行"复业"。

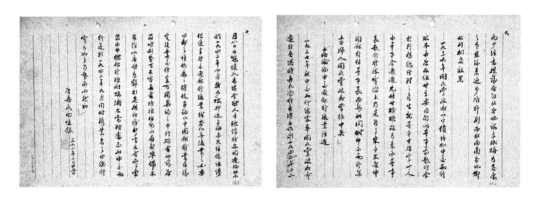

唐寿民回忆录手稿,其中涉及抗日战争时期伪上海交通银行的情况。

唐寿民失足落水,被人视为汉奸,固属咎由自取,但最终促使他迈出这一步确实还有一些复杂的原因。唐任交行总经理近十年,确实对交行颇有感情,并自认为负有一定责任。由港返沪后,不时有行内同事前往探访,得知各行处皆被勒令停业清理,员工生活全无着落,人心惶惶。为此,唐寿民"惟自慨叹,瞻念前途,危惧莫名,嗣念长此旁观,殊非得计。乃约行中重员来谈,冀获维护之策"。1942 年 7 月,他前往行中巡视了一番,与众员工"相对凄然"。唐寿民自然知道附逆"复业"的后果,所以长时间犹豫不决,"余是时尝自检讨,为一身计,当以养疴为上,然若目击数百同人悲惨之状,数千存户无以维持之若,则又何忍独善其身。复又回思,苟若牺牲一己,而仍无补无实际,则又觉宁以不置闻问之为愈。绕室旁皇,莫知所之"。在此期间,他又与中国银行南京分行经理吴震修商讨,是否中、交两行一同复业,理由是"敌方意在必行,与其事后听人摆布,不如自我恢复,盖如是吾行数十年基础,或犹得保存,数百同人,亦或得免于冻饿,数千存户亦得赖以周转也"。吴震修同意两行一致行动,于是,唐寿民横下心来,"余处兹环境,虽仍觉一无把握,然终迫于责任之心驱使,乃不顾毁誉荣辱,挺身而出,为吾行及存户尽最后之微力焉"①。唐的辩解自然多有文过饰非之语,但说曾考虑到行产的维护、员工的生计、客户的利益等因素,当有几分实情,而且他后来确实在这些方面尽了不少努力。

二、伪上海交通银行的"复业"

在威逼利诱中、交两行高层出山的同时,"复业"的具体筹备工作也紧锣密鼓地步步推进。日本军方与汪伪政权经过磋商,确定两行的复业分为三个步骤。

第一步,设立组织,专司筹备。1942 年 7 月 8 日,日伪成立"处理交行、中国银行中日联合委员会",具体负责有关两行复业的一切事项。委员会的成员有日本陆海军当局、日本公使及驻上海总领事堀内干城、汪伪政府财政部长周佛海、伪中央储备银行副总裁钱大樾、原中国银行南京分行经理吴震修、原交行总经理唐寿民等。②

第二步,确定股本,换发股票。日伪复业委员会规定:中国银行的股本总额为"新法币"(即伪中央储备银行发行的中储券)2000 万元,交通银行为"新法币"1000 万元;所有两行原商股股东持有旧股票者,凡无"敌性"关系,或已与"敌方"断绝关系者,可按照 2:1 的比例,以旧股票换取新股票(当时伪中央储备银行规定法币与中储券的比例为 2:1)。

第三步,登报公告,定期复业。1942 年 8 月 29 日,日伪复业委员会登报发布中、交两行于 9 月 1 日起同时复业的消息,并公布汪伪政权修订的中、交两行条例。同时,汪伪政府财政部长周佛海发表书面声明,称:"中、交两行在新机构之下,重新开业,俾能适应金融政策,以为中央储备银行之左右手。故其发达可以预卜。今两行虽无发行纸币特权,但仍为金融事业之重镇,其重要职员,又多为国内具有声望之银行家,于发展国家实业,助长生产,振兴贸易,必能有新贡献。"③

日本军方决定,中、交两行复业,必须先按照新修订的条例改组董事会。根据日伪新订的《交行条例》第十条规定,董监事应由股东总会选举产生。但交行新股票尚未完全换发,股东大会无法如期举行,而预定的复业日期已临近,因此新任的董监事均由汪伪财政部指派。交行核定董事 11 人,监事 5 人,分别组成董事会和监事会。

---

① 石磊选编:《审判唐寿民档案》,《档案与史学》1997 年第 5 期。
② 参见《中国银行行史(1912—1949)》,第 588 页。
③ 交通银行总行:《交通银行简史》,第 38 页。

董事会成员为唐寿民、叶扶霄、王子崧、李思浩、裴复恒、柳汝祥、朱博泉、陶俊人、吴继云、卢宠之、周叔廉。董事的人选构成大致可分四类:第一类是交行旧人,除了唐寿民之外,王子崧、周叔廉分别为原交行上海分行经理、副经理;第二类是上海金融界的头面人物,叶扶霄为上海银行公会主席,朱博泉为上海银行业联合准备会经理,李思浩为原北京政府财政总长;第三类是与唐寿民有特殊关系的人物,陶俊人为原哈尔滨金城银行经理,卢宠之为上海绸业银行总经理;第四类是日伪方面委派或介绍的人物,裴复恒为上海商学院院长,与周佛海关系密切,吴继云、柳汝祥分别为伪中央储备银行总务处长、业务局长。根据条例规定,董事会选出唐寿民、陶俊人、卢宠之三人为常务董事,唐寿民任董事长兼总经理,全面主持行务。

经过改组,伪交行于1942年9月1日正式"复业"。其总行设在上海,下设业务部,直接从事对外业务,不再另设上海分行,原在上海的四个支行及一个仓库同时复业,直隶总行。先前迁入上海租界的原华东、华中地区的一些分支行与办事处,也自9月1日起集中在上海办理收付,日后再视具体情况陆续迁返原地营业。

当时,日军实施分化政策,切断占领区内中、交两行各地行处之间的联系。位于东北、华北、香港、华南等地的交行分支处,均由当地日军根据各地情况,另拨资本,重新成立董事会,改组复业,不同区域的伪交行之间并无隶属关系。例如,华北地区的伪交行改组复业时,资本金定为500万元,由华北伪政委会和联合准备银行各出一半,总行设在北平,仅在华北的天津、济南、唐山等地设置分行。因此,在上海复业的伪交行总行,其实也只是一个地区性的银行,其辖区范围非常狭小,仅覆盖上海以及苏、浙、皖的部分地区。①

唐寿民虽答应出面主持上海交行的复业,但内心始终惴惴不安。他曾私下对人解释说:"交行复业,好比一家人家被盗,主人逃避,账房先生出来为主人看家,保存未被强盗拿去的财产。等主人一朝回来再行交还。"②为了获得国民政府和交行管理层的谅解,他在筹备复业的过程中多次向重庆报告相关情况,征求意见,但重庆方面始终没有回音,不置可否。

伪上海交行正式复业后的第九天,重庆国民政府方面很快作出反应。1942年9

---

① 以上均见交通银行总行:《交通银行简史》,第38—39页。
② 石磊选编:《审判唐寿民档案》,《档案与史学》1997年第5期。

月 9 日,财政部会同四联总处通过重庆中央广播电台的广播,向沦陷区民众揭露敌伪假借交行和中行的名义为其侵华战争服务的图谋。重庆的中、交两行总管理处也发出联合公告,严正申明:"(一)自太平洋战事发生,中国、交通两行总管理处即经遵令通饬沦陷区分支行处一律停业,所称在沪及其他沦陷区开业之行处纯系假借名义,希图混淆。至谓两行总管理处由渝迁沪,更属荒谬,纯非事实;(二)中国、交行两行股东,应各保持立场,勿受敌伪欺骗,如有串通敌伪换取伪股情事,除将其股权取消外,并以附逆论;(三)假借名义在沪及沦陷区开业之中国、交通两伪行,一切行为及其债权、债务在法律上一律无效。"[①]尽管重庆方面公开与复业后的伪上海交行断绝系,但沪、渝之间仍通过秘密电台保持一定的联系,沟通信息。例如,重庆交行员工留沪家属拨付每月的生活费事宜。这次拨款涉及的家庭约 200 余户,金额达数千元,并且一直持续到抗战胜利,所留余款后全部移交重庆交行来沪的接收人员。

三、唐寿民主持下的伪上海交通银行

唐寿民在伪上海交行恢复营业后,就当时特殊环境下的经营方针提出三项基本原则:其一,保全行产;其二,维护存户利益及工厂生产;其三,维持同仁生计。关于日常业务的开展,则提出三项具体办法:1. 存款业务应注意吸收新客户,对存款进出不多、数额不大的旧客户,仍应维持联系;2. 放款业务必须重视事先的调查研究,且应以押汇和贴现为主,严格控制信用放款与透支;3. 尽可能清理并收回旧欠,注重投资新兴事业。[②]

唐寿民的主导经营思想,与他为复业所作的辩解,"如是吾行数十年基础,或犹得保存,数百同人,亦或得免于冻饿,数千存户亦得赖以周转",显然相吻合。伪上海交行复业后,被日伪查封接收的行产均解冻返归,被侵占劫夺的黄金、证券等资产陆续收回,与客户及同业的存欠也逐渐理顺。复业一年后,唐寿民在《致本行同仁书》中以颇为欣慰的语气总结一年来的成绩:"本行复业一年以来,业务方面整旧营新诸端,悉依复业初之本旨,取稳健渐进主义。整旧则将各地资产顺序整理,债权设法收回,行产竭力保护,不但未损丝毫,且有增加,各支行亦多次第复业,恢复行誉不少";"此

---

① 《中国银行行史(1912—1949)》,第 451 页。
② 交通银行总行:《交通银行简史》,第 39 页。

皆深赖诸同仁同心协力之助,殊深嘉慰。"①

抗战胜利后,唐寿民因汉奸罪受审,战时寓居上海,奉重庆国民政府之命从事地下情报工作的原北平市长袁良曾出具证明,为唐申辩:"唐氏服务于银行界垂40年,对于交行尤富有责任心。……迨至押解来沪,感于行基之危险,存户之生活,及同人之难苦,再鉴于中、交两行之复业为伪方已定之政策,为免受敌伪之宰割摧残,乃逆来顺受,忍痛出任其事。三年之间,全部财产得以保全,即已为敌伪所占夺者亦经次第收回,所有同业及客户之存欠任其陆续理直,免受伪币贬值之损害。……详细情形均有账册记录可考,且一切事项均与伪中行取同一步调,完全为保全各该行数十年之基业着想,似无罪行之可言。"②袁良为人清廉公正,其列举事实应当基本可信。

日伪残暴统治下的沦陷区人民,生活在水深火热之中,伪交行的员工同样生活困苦,备尝艰辛。唐寿民自称同意复业的一大考虑是员工的生计,在主持伪交行期间,确实尽可能对员工的生活给予关照。他不仅多次调高员工薪金,并通过各类福利、补贴措施,如子女教育贷金、子女教育补助金、特种人事贷金、团体人寿保险、福利基金储蓄金、购米借款、同人消费合作社等,给员工及其家属以实际帮助,甚至在行内设置医疗机构,降低医药费用,为员工治病提供方便。以当时行内自办的"同人消费合作社"为例,其目的是跳过市场批发、销售环节,直接从生产厂商进货,以远低于市场零售的价格向本行员工供应粮、油、布匹等生活必需品。但该社并无资金来源,进货所需款项皆向行方透支,然后以销售收入在该社透支户账下抵冲欠款。该社成立之初即透支100万元,其后又多次向行方透支大额款项。唐寿民主持的总行联席会议对该社的透支要求皆给予通融,并且议决以后该社每批进货皆可按照实需价款随时向行方申请,核准后即可垫借。

当然,唐寿民的上述措施对行内员工的生活虽有一定帮助,但无法解决根本问题。为此,他开诚布公地向全体员工说明行方的难处,求得同人谅解。他在1943年9月30日的《致本行同仁书》中曾说:"年来一般物价逐步高翔,同人生活备尝艰苦,虽经一再调整待遇,终难使个人收支平衡。鄙人忝主行务,无时无刻不以此萦怀,并引为深忧,故凡在可能范围以内,但能为同人设想者,则无不尽力图之。惟有迫于环境

---

① 《唐寿民致本行同人书(一)》(1943年9月30日),上海市档案馆藏,档号Q55-2-248。
② 石磊选编:《审判唐寿民档案》,《档案与史学》1997年第5期。

事实者,则又不得不兼顾事实与环境……想亦为诸同仁所深谅。即当共体时艰,努力节约,以待承平,并希望诸同人仍一本复业时之初衷,共同协力以赴之。……在个人原无丝毫权利之思想,谅亦诸同人所深知,复业之初,规划折冲,备尝艰苦,忍辱含垢,言之痛心,所隐忍不言者,无非为吾行保护基础,为诸同人解决生活,此非虚言,均为诸同人亲历其境者目睹之事实。"①从这番情真意切的言辞中,可以看出,就维持同人生计而言,唐寿民称得上是尽心尽力。

处在非常时期的特殊环境之下,伪上海交行的部分员工对前景颇感绝望。自暴自弃、消极怠工的现象时有发生,唐寿民对行风行纪作了整治。例如吸食鸦片,唐寿民告诫说,生活如此艰难之际,"一切消费,应力求俭约,一切嗜好,应力予戒除",何况鸦片,"本行同人绝对不应再有染此嗜好",希望各级主管者严加观察,"如有可疑者,即予调验,果有其事,绝对不予宽容,立即开除"。唐寿民希望,"即望体念爱行即是爱己,关于爱惜行物,为行谋如何发展,如何遵守行纪,同人与同人间如何求互助合作,一切之一切在诸同人自动行之"。②

尽管唐寿民多方辩解,但伪上海交行为日伪操纵和利用的金融工具,确是不争的事实,其内心也一直充满矛盾,其行为始终具有两面性。他在伪交行董事长任上,时时挂在嘴边、不断强调的是"青白乃心"四字,并特别将这四个字刻在伪交行的徽章上。更为重要的是,他还与国民政府在上海的地下情报人员建立联系,并在行内特别设置"调查统计室",调查沦陷区的经济情报,并密报重庆。据说伪交行内部还有中国共产党的地下活动,唐寿民也佯作不知,未加干涉,甚至还掩护身份暴露的地下党员,使之安全进入抗日根据地。③战后唐寿民受审时,袁良证实当时奉张群传达的蒋介石命令,搜集日伪军政、金融、经济及工商等各方面的情报,派人送往重庆,其中大部分情报由唐寿民提供。袁良的证言称:"(唐寿民)特设调查统计室,专办调查沦陷区金融、经济、物资等重要事项,密报中央供参考,先后由李升伯、徐子为两君及军委会所派沦陷区经济调查团副团长张子奇君分批带渝。又当袁文钦先生在沪主持中央同志敌后行动委员会,在沪调查敌伪经济、金融状况,材料亦多由其供给。"袁良还指出,在所递交的情报函中曾有特别说明,"此项工作以唐出力最多",情报函直接呈报

---

① 《唐寿民致本行同人书(一)》(1943 年 9 月 30 日),上海市档案馆藏,档号 Q55 - 2 - 248。
② 《唐寿民致本行同人书(二)》(1944 年 9 月 30 日),上海市档案馆藏,档号 Q55 - 2 - 248。
③ 参见邢建榕:《民国银行家唐寿民的一生》(下),《档案与史学》2003 年第 2 期。

蒋介石,有案可查。①

1945 年 8 月 15 日,日本宣布无条件投降,8 月 16 日,伪上海交行董监事会自动宣告结束。8 月 19 日,重庆国民政府代表蒋伯诚通知上海交行暂时维持现状。8 月 30 日,重庆交行总管理处派遣李道南等人赴沪正式接收上海交行,由日伪改组复业的伪交行至此结束。②

战后,唐寿民因汉奸罪被起诉,1946 年,上海高等法院以汉奸罪判决唐寿民无期徒刑。唐不服判决,多方申诉,经两次改判,最终获刑八年。1948 年底,国民政府大赦政治犯,唐在其列,于 1949 年初出狱,实际关押三年半。③

第二节　伪上海交通银行的经营活动

一、业务范围与资金来源

伪上海交行复业后,汪伪政权仍确定其为发展全国实业的专门银行,不过没有货币发行权。按照日伪新修订的条例,伪上海交行的业务范围为存款、放款、汇款、储蓄、信托,经营的重点是投资实业和农村金融两个方面,与"复业"之前大体相同。然而,该行成立之初的股本仅为中储券 1000 万元,其中包括伪中央储备银行所缴股款 600 万元,实力之弱,可想而知。发展新客户、尽力吸收存款的措施,在经济萎缩、工商凋敝的战乱年代,不可能正常推行,因此,伪交行营运所需头寸捉襟见肘,业务实难开展。日伪方面对此也十分清楚,为其输血注资。伪中央储备银行在上海交行复业不久,即在伪上海交行存中储券 5000 万元作为特别存款,年利率仅 2.4%。④ 事实上,伪上海交行存在的近三年时间中,其实业投资和农村金融这两方面的资金皆依赖伪中央储备银行的支持。

---

① 石磊选编:《审判唐寿民档案》,《档案与史学》1997 年第 5 期。
② 交通银行总行:《交通银行简史》,第 40 页。
③ 建国后,唐寿民于 1953 年被法院重新起诉,在上海被管制两年,1974 年病逝。参见邢建榕:《民国银行家唐寿民的一生》(下),《档案与史学》2003 年第 2 期。
④ 《中国银行行史资料汇编》上编,第 440 页。

1943年9月,唐寿民在《致本行同仁书》中回顾复业一年来的营业状况,坦言营运资金窘困,"本行开支每月现达一百六十余万元,区区一千万元之股本,不敷半载开支",而且"本行产业多属不生利之不动产",只能求助伪中储行。他承认,伪交行在整旧、营新两方面,"营新则全赖中储银行协助之低利资金,充作本行辅助生产事业放款,不仅将所得利息应付开支及股息,并可博得工商界之好评"。[1] 即便依赖伪中储行供给资金,伪上海交行的实力依然不济,只能针对中小型生产企业发放数额不大的贷款,投资业务无法形成规模,遇有大宗贷款,除与伪中国银行合做部分外,大多与伪中储行承做。

1943年4月,汪伪政权又指定伪上海交行为全国唯一经营农业金融业务的银行,营业范围涉及融通各种土地资金,收受农民存款,发放农、林、渔、牧等企业的贷款。为此,伪上海交行特别增设农业经济处,还先后派遣人员分赴苏、浙、皖三省农村进行实地调查,拟订农业金融业务及各种贷款的实施大纲,逐步贯彻推进。为了适应农业金融业务的需要,伪上海交行在上海、南京、苏州、无锡、嘉兴、东台等地设立农业经济办事处,负责具体办理农贷业务。到1943年底,伪上海交行先后发放6000余万元农业贷款,其资金主要由伪中央储备银行拨给。[2]

伪上海交行依赖伪中央储备银行提供的资金开展投资放款业务的过程,实际上也是帮助汪伪政权推广中储券的过程。

1940年3月,汪伪"中华民国国民政府"成立。5月1日颁布所谓的《中央银行筹备委员会章程》,将伪中央银行改组为"中央储备银行"。该银行借日本1亿"自由日元"(即可随时兑换外汇的票券)作为资本,拥有经理国库、发行兑换券、铸发国币、承募国内外债券以及经理还本付息事宜等一系列特权。1941年1月6日,伪中央储备银行(简称伪中储行)总行在南京正式成立,周佛海兼任总裁。不久,伪中储行上海分行开始营业,总行各局、处主管经常在沪办公,上海遂成为该行重心,南京仅为名义上的总行所在地。伪中储行设置人数多达三四十人的日本顾问室。这一机构掌握审批大权,如钞票的印发、大额的放款、重要规章制度的订立、对外重要文件的签发以及科长以上人员的任免等。

---

[1]　《唐寿民致本行同人书(一)》(1943年9月30日),上海市档案馆藏,档号Q55-2-248。
[2]　交通银行总行:《交通银行简史》,第39页。

伪中储行成立后的首件大事就是发行"中央储备银行券"（简称中储券），并与华北伪中国联合准备银行发行"联银券"各自划定流通的区域。鉴于当时中日之间尚未正式宣战，国民政府属下中、中、交、农四行所发行的法币在华中、华东已沦陷的地区仍然大量流通，汪伪宣称："所发钞券，概为法币，举凡纳税、汇兑、及一切公私往来，一律行使，关于现在流通之各种法币，暂准与中储券等价流通。"①其意是想让中储券与法币并存通用，然后逐渐扩大流通范围与规模。但伪中储券一出笼，即遭各方面抵制，重庆国民政府也利用在上海租界内坚持营业的中、中、交、农等银行对伪中储券进行阻击。为此，汪伪政权不得不公布《妨害新法币治罪暂行条例》，通过一系列硬性规定强制推行，如关税、盐税、统税等"中央"税收，一律仅收中储券，日军支出的军费及日商收购物资的资金等，也都用中储券支付。

太平洋战争爆发后，日军进驻租界，租界内银行被全面洗劫，法币难以立足，汪伪乘机大量印发中储券，1941 年 12 月一个月内即发行 8000 万元，占当年发行额的三分之一。1942 年 3 月 6 日，汪伪政权通过《华中通货暂定处理要纲》，认定旧法币为"敌性"通货，予以取缔。5 月 31 日，伪财政部正式公告，禁止法币流通，并且废止法币与日圆、中储券的等价兑换。为有效地推广中储券，汪伪政权和伪中储行迫切需要借助像交行这样的大银行的力量。汪伪政权扶持伪上海交行"复业"后，即强迫其改变先前以法币为计量单位的惯例，改以中储券为计量单位。伪中储行向伪上海交行提供大量低息存款，实质上也是利用其平台为其推广中储券服务。

自 1942 年 9 月 1 日"复业"，至 12 月 31 日，短短四个月，伪上海交行的放款，包括抵押放款、信用放款和贴现放款，共达 29826593 元。汪伪政权宣布禁止法币流通后，截至 1942 年 11 月，以中储券收兑旧法币达到 20 亿元，在此过程中，伪上海交行起了重要的协助作用。由此可见，伪上海交行刚"复业"，即迅速沦为日伪的金融工具。

二、由抵押放款转向信用放款

伪上海交通银行"复业"之初，仍大体秉承"支持工商实业"的宗旨与传统。至 1942 年 12 月底，伪上海交行近 3000 万元的贷款中，其放款对象绝大部分为工厂、商

---

① 上海档案馆编：《日伪上海市政府》，档案出版社，1986 年，第 494 页。

号以及各类实业公司。就贷款的类别看,抵押放款计25784124元,占贷款总额的86%。抵押品中,最大宗的为纱布,折合市价约1677万余元,占抵押品总值的65.1%;其次为房地产,折价329万余元,占总值的12.8%;纸张烟叶折价224万余元,占总值的8.7%;绸缎呢绒折价147万余元,占总值的5.7%;债权存单折价112万余元,占总值的4.3%;其他抵押品折价86万余元,占总值的3.4%。信用放款为3904195元,其中公司、商号放款311万余元,占80.8%,工厂放款为55余万元,占14.3%,其他单位放款为19万余元,仅占4.9%。[①]

伪上海交行在1943年度的放款业务报告中,确定其放款对象仍以工商实业为主,除旧欠各户以到期收回为原则外,新的放款对象必须为"生产工厂及正当之公司、商号,而可与本行发生其他连带业务者"。计划仍以抵押放款为主,并作出一系列规定。例如,押品选择"以不违反现行法令及避免助长投机,随时易于处分者为限";押品折扣,"有限价者,照限价五折计算,无限价者,照市价三折计算"。考虑到贷款资金的安全问题,还规定抵押及贴现放款以三个月为限,信用放款最长不超过六个月。

不过,从1943年度的实际放款看,以工商实业为对象的抵押放款不断收缩,以汪伪政权各类机关为主要对象的信用放款明显增长。具体数据显示,当年新放款户中,抵押放款44户,共计23408050元;信用放款从上年的21户增至49户,共计113667600元。其中,抵押放款至年底已收回39户,计21100900元,未收回和未到期的仅5户,计2307150元。信用放款中,贷给各类机关的数额最大,达8100万元,占信用放款总额的71.3%;贷给工厂、商号和公司的款项,共计2595万元,仅占总额的22.8%;其他放款为671万余元,占5.9%。至年底,各项信用放款中,已收回20户,计2308万元,未收回和未到期的多属汪伪机关的借款,共计29户,达9058.76万元。

显而易见,伪上海交行复业的次年,放款方针已发生根本改变,由面向工商实业的抵押放款转向主要针对汪伪机关的信用放款。1943年度投向工商实业的抵押放款都为三个月以下的短期贷款,至年底已收回近90%;贷给各类机关的信用贷款总额则为抵押贷款的近三倍,大多为六个月或更长期限的中长期贷款,年底大部分未能收回。为汪伪政权各类机关提供的大量信用放款,以汪伪政权的财政收入为保证,而日伪方面的所谓"财政收入"自然是以对华的侵占和掠夺为基础。因此,伪上海交行

---

① 以上均见《三十二年度放款业务报告》,上海市档案馆藏,档号 Q55-2-219。

不断扩大对汪伪机关的信用放款,沦为汪伪政权的财政工具,显然是汪伪政权操控的结果。这一放款方针本质上是为汪伪政权在沦陷区的统治服务,直接损害了沦陷区民众的经济利益。①

伪上海交行不断收缩抵押放款,还与当时物资的缺乏以及日伪的统制政策相关。1943年初,纱布、粮食等物资十分紧缺,市面人心浮动,不少商贾乘机囤积居奇,抬高物价,大做投机生意。伪上海交行管理层预见到汪伪政权有可能对投机现象予以打击,因此从"避免助长投机囤积嫌疑起见",对于新的抵押放款"概行紧缩"。当年3月初,伪财政部颁布《限制银钱业放款办法》,要求各银行钱庄对放款必须慎重,并要视其用途是否正当,若运用于投机方面,一经查实,即严予取缔。办法还规定各银行钱庄的抵押放款,其抵押品折算以公定价格为准,不得依照黑市市价;不再接受以粮食、棉纱及其他日用品作为抵押,之前以此为抵押品贷款者,其放款到期后绝对不再展期。伪上海交行抵押放款的抵押品原本即以纱布居多,约占其抵押放款总额的五分之一,在上述办法颁布之前已逐渐紧缩,办法一经颁布,到期陆续收回后不再承做此类抵押放款。1943年3月15日,汪伪政权着力推行统制政策,在上海正式成立伪全国商业统制总会,于8月9日下达《收购棉纱令》。以上一系列举动都对伪上海交行的放款方针产生了极大的影响。②

三、统制政策与贴现放款

伪上海交行复业之初仅做一些商业、金融业的本票贴现,其1942年底账面的贴现数额仅13.8万余元,③1943年开始急剧增长。但这一时期的贴现放款实非商业银行正常的贴现业务,而是为配合汪伪政权统制政策所进行的一项特殊的金融活动。

太平洋战争爆发后,日本提出所谓的"对华新政策",在中国沦陷区内,由原先的直接控制转向通过汪伪政权进行间接控制,把一部分控制权让渡给汪伪政权,以换取其对日军更加积极的支持与配合,其中包括物资统制权。汪伪为了自身利益,也向日方争取商品统制权。

汪伪政权经过一番筹划,于1943年3月15日在上海成立伪全国商业统制总会。

---

① 以上数据均见《三十二年度放款业务报告》,上海市档案馆藏,档号Q55-2-219。
②③ 《三十二年度放款业务报告》,上海市档案馆藏,档号Q55-2-219。

商统会表面上是"同业自治统制之团体",总部设有理事会与监事会,①但实际上是完全受日伪支配的半官方商业经济组织,为汪伪统制政策的执行机构。该会的组织体系十分庞大,下设油粮、粉麦等专业部门。1944 年 7 月,商统会又进行改组,总会之下设米粮、棉业、粉麦、油粮、日用品五个统制委员会,分别办理一切统制事宜。② 为了给商统会强行收购各类战略物资提供巨额资金,伪中储行除直接放款外,还千方百计组织伪交通银行、伪中国银行为代表的上海数十家银行,包括日本正金、住友等银行在上海的分行,成立各类借款银团,迫使各行以转抵押、转透支、重贴现等形式向这些借款银团提供资金。

商统会成立后,即对当年的冬小麦实施统购。1943 年 5 月,伪中储行组织了收购小麦借款银团。其中,中方银行以伪交行、伪中行为代表,此外还有金城、大陆、盐业、中南、浙江兴业、浙江实业、上海商业、中孚等银行,日方则有正金、朝鲜、台湾、帝国、三菱、住友、华兴等银行。商统会属下的粉麦专业委员会以承兑汇票的方式向借款银团各承借行贴现,各承借行则将所有承借款项按票面十足向伪中储行重贴现,本行不必垫付头寸。在统购小麦的过程中,借款银团各家银行先后贷给粉麦专业委员会的贴现放款总计 10 亿元中储券。在银团与粉麦专业委员会签订的首笔贴现贷款契约中,贷款总额为 5 亿元,伪上海交行摊放 1.9 亿元,占总额的 38%。首笔贴现贷款不久即告罄,于是双方又续订合约,追加贷款 2 亿元,伪上海交行又摊放 7600 万元,也占总额的 38%。其后,统购的范围扩大至大麦和元麦。第三次契约中,贴现贷款额为 1 亿元,伪上海交行再摊放 3800 万元,仍占总额的 38%。交行在其中承担了高比例、高数额的贷款,利率皆按为年息八厘,借款银团再与伪中储行订立年息七厘的重贴现契约,这样,可获得年息一厘的净收入。③

当年数额较大的贴现放款还有为收购蚕茧提供的资金。5 月,伪上海交行等 23家银行为收购春茧,组成"中国丝业公司放款银团",贷款总额为 5000 万元中储券,伪上海交行摊放 900 万元,利率按月息一分八厘计算;④11 月,为收购秋茧,又组成借款

① 《全国商业统制总会暂行条例》,汪伪档案二〇〇二,214,中国第二历史档案馆藏。

② 参见张根福:《汪伪全国商业统制总会述论》,《档案与史学》1997 年第 3 期。

③ 《收购小麦资金放款办法》,上海市档案馆藏,档号 Q55-2-260;《三十二年度放款业务报告》,上海市档案馆藏,档号 Q55-2-219。

④ 《中国丝业公司放款银团章程草案》,交通银行博物馆馆藏资料 Y57;《三十二年度放款业务报告》,上海市档案馆藏,档号 Q55-2-219。

银团,与中国丝业公司等厂商签订总额为 7000 万的本票贴现合同,伪上海交行摊放的贴现款额为 1500 万元,利率按月息一分一厘计算。随后,伪上海交行与伪中储行签订了总额为 1050 万元的再贴现合同,利率为月息八厘,从中获得三厘的收益。[①]年底,伪上海交行又参与组成"中国丝业公司新借款银团",拟提供总额 7000 万元的贴现放款,伪上海交行摊放的数额为 2300 万元。

此外,1943 年底还有"米粮借款银团",拟为收购稻米提供总额 7 亿元的贴现放款,伪上海交行摊放的数额为 1.75 亿元。

伪上海交行以代表行的身份参与各类借款银团,其贴现放款数额直线上升。截至 1943 年 12 月 20 日,据账面数据显示,伪上海交行贴现放款的总额高达 2 亿元,占全年各类放款总额的 85%,其中,商业承兑汇票贴现 1.6 亿余元,银行承兑汇票贴现 460 万余元,商业本票贴现 3783 万余元。[②]

1944 年,贴现放款的范围和规模继续扩大。同年 7 月,伪上海交行等 20 家银行组成银团,与伪商统会属下的粉麦统制委员会签订了收购小麦与保藏粉麦的借款合约,贴现总额高达 30 亿元,伪上海交行摊放 7.5 亿元。[③] 10 月,以伪上海交行为首的 13 家银行组成"收购秋茧放款联合银团",与中国丝业公司及 24 家丝业厂商签订合约,借款方以本票贴现的方式向银团借款,贷款总额为 5 亿元,伪上海交行摊放 8330 万元。[④]

当时贴现放款的用途扩大至收购植物油、肥皂等物品。1944 年 10 月,伪上海交行、上海中行及华兴商业银行组成银团,与油粮统制委员会签订总额为 1 亿元的承兑汇票贴现合约,款项用于收买植物油,伪上海交行承借 3500 万元,期限六个月。[⑤] 同月,油粮统制委员会还与上述三家银行签订了收购棉籽本票贴现合约,贷款总额为 1.5 亿元,伪上海交行承担 5000 万元。[⑥] 11 月,日用品统制委员会为办理肥皂的收购与配给,又与伪交行、中行及华兴商业银行签订本票贴现合约,借款 2.95 亿元,伪上

---

① 《收购秋茧贴现合同》(1943 年 11 月 9 日),上海市档案馆藏,档号 Q55-2-215。
② 以上均见《三十二年度放款业务报告》,上海市档案馆藏,档号 Q55-2-219。
③ 《收购小麦借款银团合约》,交通银行博物馆藏资料 Y57。
④ 《收购三十三秋茧联合银团》,交通银行博物馆藏资料 Y57;《三十三年度本行放款业务报告》,上海市档案馆藏,档号 Q55-2-219。
⑤ 《收购植物油承兑汇票重贴现契约》(1944 年 10 月 1 日),上海市档案馆藏,档号 Q55-2-215。
⑥ 《收购棉籽本票重贴现契约》(1944 年 10 月 1 日),上海市档案馆藏,档号 Q55-2-215。

海交行承借 1 亿元,借款期限为四个月。①

　　1944 年度,交行各项放款业务中,"委托承兑汇票"项共计 11 户,贴现总额 1.47 亿元。"票据贴现"项共计 289 户,贴现总额 39.43 亿元。票据贴现中,参加各银团,为统制机构收购物资提供的借款共计 17 户、27.11 亿元;为收购春茧、秋茧提供的借款共计 5 户、1.8 亿元;为一般工商业临时周转提供的贴现借款共计 267 户、3.66 亿元。②

　　1945 年,日本军方和汪伪政权仍在垂死挣扎,进行最后的掠夺,仅商统会下属的米粮、粉麦、棉花、油粮等统制委员会,所获统购物资的资金即高达 1367 亿元中储券,依然由伪中储行组织各类银团代办,伪上海交行仍积极参与其中。据伪上海交行当年的放款业务概况报告,自 1945 年初至 8 月 31 日被国民政府接收为止,贴现放款的数额如下:1. 委托承兑汇票,共计 47 户、4.09 亿元。2. 票据贴现,共计 140 户、267.92 亿元。其中,参加各银团,为汪伪统制机构收购物资提供的借款共计 14 户、257.96 亿元;为收购春茧提供的贴现贷款共计 3 户、4 亿元;为一般工商业临时周转提供的贴现借款共计 123 户、5.96 亿元。③

　　对于伪上海交行的复业,尽管其管理层有为国护行之义,事实上一开始就沦为受日伪操控的金融傀儡,服务于日本侵华战争,直接损及抗日军民的利益,直至日本战败方告结束。

第三节　日伪对交通银行北平支行的改组

一、沦陷区内的艰难支撑

　　"七七事变"后,日本大举侵华,全面抗战打响。华北战场上,日军调兵遣将,于 7 月下旬开始发动猛烈进攻,29 日北平沦陷,次日天津沦陷。其后数月内,大同、保定、石家庄、德州等地相继失守,11 月 9 日太原陷落。至此,华北大片国土为日寇所

---

① 《收购肥皂本票重贴现契约》(1944 年 11 月 23 日),上海市档案馆藏,档号 Q55-2-215。
② 《三十三年度本行放款业务报告》,上海市档案馆藏,档号 Q55-2-219。
③ 《三十四年一月至八月三十一日止放款业务概况报告》,交通银行博物馆藏资料 Y50。

侵占。

针对当时的局势,国民政府财政部于 1937 年 8 月 15 日颁行《非常时期安定金融办法》,以稳定战时金融市场,维护法币的正常流通,同时命令中、中、交、农四行在上海组成"四行联合办事处",共同应对战时的金融危局。鉴于当时中国尚未正式对日宣战,法币在华北沦陷区依然流通,交行北平支行、天津分行等仍坚持营业。北平支行遵照《非常时期安定金融办法》,采取一系列紧急应对措施,避免了挤兑风潮,努力维持当地的法币信用。①

1937 年 12 月 14 日,日本扶植的华北地区傀儡政权伪"中华民国临时政府"(习称"伪华北临时政府")在北平成立②,民国北京政府时期曾任财政部长和中国银行总裁的王克敏出任行政委员长。为控制华北金融,掠夺当地资源,日伪又于 1938 年 2 月 11 日成立伪"中国联合准备银行"(以下简称伪中联行),3 月 10 日正式开业。该行发行纸币"联银券",强迫华北民众使用。对此,重庆的交行总处和中行总处发表声明,对旧有存户依然以法币收付,不与"联银券"相混。设在北平的英国、美国等外商银行,收付仍一律使用法币,不使用联银券。日伪方面为扩大联银券的发行和流通,采取一系列手段打击法币。伪华北临时政府颁布《旧通货整理办法》,向交行北平支行等下达多道"训令",严格限制旧法币的使用期限。1938 年 3 月规定,旧法币中仅津、鲁地名券可行使一年,其余各券一律限期三个月,逾期禁止使用,必须换用联银券。8 月,又下令强迫法币贬值 10%;1939 年 2 月,再迫令法币贬值 30%。在日伪的严厉打压之下,法币流通范围日渐收缩,北平支行 1938 年上半年,非津、鲁地名的本钞兑换业务还比较繁忙,至下半年,除柜面尚有少数破钞兑入,已几无收付。③

日伪政权和伪中联行的钳制、挤压,加之战争的影响,交行北平支行的日常经营极为艰难窘困,各项业务都持续萎缩。

存款业务,包括定期存款、活期存款和储蓄存款等的总额不断递减。1937 年下半年较上半年减少 300 余万元,1938 年上半年较 1937 年下半年减少 108 余万元,1938 年下半年较上半年减少 157 余万元,1939 年度较 1938 年度减少 92.2 万元。④

---

① 《北京金融史料》银行篇(5),内部出版,1993 年,第 447—449 页。
② 该政权以北平为都,其官方文件皆称北平为北京。
③ 《北京金融史料》银行篇(5),第 20、32、449—454 页。
④ 同上,第 516—522 页。

放款业务也不断收缩,交行北平支行努力催还以前的粮食押款。1937 年下半年新做的粮食押款仅 2.7 万元,与当地银行公会或其他银行合作的临时摊认的放款,或同业的透支,总数也不超过 10 万元。1938 年以后新做的几项放款,数额更小。

汇款业务,由于处在战时状态,交通阻隔,南北汇价相差甚大,各地通货不一致,为减少损耗,北平支行对于汇出款项予以严格限制,而汇入款项则因联行之间已大多停汇,也大为减少。例如,汇往上海的款项,因行市比差过大而有亏损,但出于政治上的考虑,又不能骤然提高汇费,于是不得不严格控制,仅承做小额汇款,借以维持局面。汇往天津的款项虽需求较多,但因券料缺乏,也颇受限制。

业务的不断收缩导致北平支行连年亏损。1938 年上半年纯损 18.2 万元,下半年纯损 18.5 万元,1939 年上半年纯损 7 万余元。在这样的状况下,只能通过节省开支,压缩人员勉强支撑。当时,北平支行内设文书、会计、出纳、存款、放款、汇款、信托七股,所有员工共计仅 51 人。此外,北平东城支行 6 人,北平西城支行 5 人,北平木厂胡同办事处 3 人,共计 14 人。1939 年 9 月,英、法对德宣战,国际形势愈加严峻,交行总处将天津分行的一些中级主管人员调往西南地区的分支机构,北平、天津的分支行更从内部予以收缩,形成勉力维持的看守局面。[①] 这一状况一直持续到太平洋战争爆发。

二、日伪对北平支行的强行重组

1941 年 12 月,太平洋战争爆发,美、英等国和中国国民政府相继对日宣战,国际形势发生重大变化。1942 年 1 月上旬,日军强行接管沦陷区内美、英等国的花旗、大通、汇丰、麦加利等银行,以及中国的中、中、交、农等银行。经过"甄别",日方决定派遣日籍顾问整理行务后,另拨资本,重组董事会,重新"复业"。

汪伪"中华民国国民政府"于 1940 年 3 月在南京成立后,伪华北临时政府改称"华北政务委员会",名义上隶属南京汪伪政权,实际上是具有相对独立性的伪政权。对北平支行的强行重组,即由日本军方和伪华北政务委员会实施。

1942 年 10 月 29 日,日本"兴亚院"和伪华北政务委员会财务总署召集会议,[②]重

---

① 《北京金融史料》银行篇(5),第 21 页。
② 日本内阁设立的专门负责处理侵华事务的机构,在中国北平、上海、青岛、汉口、广州、厦门等地设有分支机构。

组平、津地区的交行,并确定了重组后的董监事人员,王毓霖任常务董事,罗韵孙、欧阳载祥任董事,江怀澄任常务监察人,夏肃初任监察人。与此同时,日伪又颁布了伪北京交行的"章程"和"组织大纲"。改组后的交行仍定名为"交行股份有限公司",①该行在北平设立总行,原交行北平支行即被改组为伪北京交行总行,地址仍在北平前门外西河沿 17 号。原交行平、津地区的其他行处则被改组为伪北京总行属下的天津、济南、唐山三个分行,以及北平东城、北平西城、北平木厂胡同三个办事处。11 月 4 日,伪北京交行举行首次董事会议,宣布重组后的董事会正式成立,审议通过总行组织大纲,并委任了事务处长、业务处长、营业部经理以及天津、济南、唐山三个分行经理。至此,交行北平支行及平、津地区的其他分支行皆被强迫脱离重庆的交行总管理处,经重组后"复业",成为日伪控制下的金融工具。② 伪华北政务委员会直接操控的伪北京交行与唐寿民任董事长的伪上海交行之间,并无隶属关系,都是区域性的日伪金融机构。

日伪重组平、津地区交行,是为了使其成为伪中国联合准备银行的羽翼,以便进一步控制华北金融,所以在营运资本的调拨、高层主管的委派、日常经营的管理等方面,予以全力掌控。

日伪强行接管交行北平支行时,把所有现金及账面资产尽数劫夺。当时该行库存现银总数共计 9643783.69 元,分别储存于北平的比利时华比银行和法国东方汇理银行的金库中;存于华比银行共计现洋 6458783.69 元,存于东方汇理银行共计现洋 3185000 元。两库钥匙均被日伪收缴,全部现银移存伪中国联合准备银行。③ 重组北平支行时,日伪又将掠走的资金以"出资"的方式注入,共拨出"联银券"500 万元作为伪北京交行的股本,伪华北政务委员会财务总署和伪中联行总行各出其半,一次缴足,改组后的董监事 5 人仅象征性地出资共 4 万元。伪北京交行将原北平支行的所有账目划分为新、旧两部,选择可靠的账户并入伪北京交行账目内,其余被认为早已到期而未取的存款,以及国民政府旧欠的款项和证券等,则另立旧账,保留会计。经过核算,资产不足的数额总计 17512275 元联银券,再由伪华北政务委员会增拨相等金额,作为"更生资金",以此平衡资负。伪北京交行在其后两年的营业中持续亏损,

---

① 本书下文为与其他"交通银行"名称相区别,概称"伪北京交通银行"或"伪北京交行"。
② 以上均见《北京金融史料》银行篇(5),第 402—403、544—558 页。
③ 《北京金融史料》银行篇(5),第 585 页。

1944年12月,该行第十二次董事会议提出"拟请增加资本案",要求当局将资本金从最初的500万元增至1000万元。1945年5月,伪中联行批准其申请,仍由伪华北政务委员会和伪中联行各出250万元。同年9月,该项资金由伪中联行总行照数拨到。① 显然,在伪华北政务委员会和伪中联行"全额出资"的情况下,该行的决策权自然也由其完全掌控。

伪北京交行的组织结构,按照其"章程",表面上仍实行股份有限公司的董监事制度,设有股东总会和董事会、监察人。但依据"出资"的状况,股东总会实际上形同虚设。章程规定董事会设董事三人,并"互选"出常务董事一人,常务董事代表该行总理日常业务,并作为董事会长,召集董事会议。监察人共设二人,也互选出常务监察人一人,监察人负责监察该行业务,并于必要时出席董事会,陈述意见。其实,所有的董事、监察人全由日伪方面指派,并没有履行选举程序。从董监事的组成人员看,常务董事王毓霖为王克敏的门客,曾任北洋保商银行协理、伪华北政务委员会总务局长,董事欧阳载祥为伪中联行发行局局长,罗韵孙曾任伪华北政务委员会秘书厅事务处长,常务监察人江怀澄为伪中联行营业局经理,监察人夏肃初曾任伪华北政务委员会政务厅长,显然都是华北伪政权和伪中联行的代表人物。章程还规定,该行设有日本顾问,即由伪中联行日本顾问充任。基于上述的高层机构,该行的经营方针、业务管理、人事调配等,必然全部听命于伪华北政权和伪中联行。②

伪北京交行的下属部门也有所收缩,仅设事务处、业务处和营业部。事务处下设总务、人事、文书三科;业务处下设业务、计算二科;营业部下设会计、营业、出纳三股。总行员工共计53人,直属的东城、西城、木厂胡同三个办事处员工共计16人。天津、济南、唐山的交行被改组为伪北京交行总行所辖的三个分行后,天津、济南分行仅设文书、会计、出纳、营业四股,唐山分行仅设会计、出纳两股。北平、天津、济南、唐山四地原交行员工共219人,改组后仅留用156人。③

伪北京交行存在不满三年,其间,由于日军的掠夺和战争的影响,物价飞涨,生活艰辛,员工入不敷出,难以度日。管理层迫于压力,虽曾增加过一些津贴补助,但无济

① 《北京金融史料》银行篇(5),第37、580、587页。
② 同上,第544—550页。
③ 同上,第550—554、560页。

于事。因此,总行、分行的高级职员,也有以各种借口离职不归、另谋出路的现象。①

三、战后对伪北京交行的接收

抗日战争胜利后,伪北京交行也告结束。交行总管理处奉国民政府之命,特派接收委员郑大勇于 1945 年 10 月 17 日开始对伪北京交行进行接收,各项清理工作至 11 月 30 日完成。

当时接收的员工共 129 人,其中,职员 75 人,工役 54 人。接收北平地区的不动产,包括西河沿 17 号该行总行行屋三层楼房一幢,以及王府井大街 89 号东城办事处行屋二层楼房一幢,西单牌楼 208 号西城办事处行屋二层楼房一幢,木厂胡同 56 号木厂胡同办事处行屋旧式平房一幢。所有行屋内的器物设备一并接收。接收的库房有西河沿出纳库、户部街库房、东方汇理银行内库房、华比银行内库房。

接收的现金总额共计联银券 10550 万元。截至 1945 年 10 月 17 日,伪北京交行负债总额 16830 余万元,资产总额 14700 余万元,账面损失达 2000 余万元。其中,有价证券、营业所用的房地及器具等,伪北京交行先前已估价抵债,以弥补累年的亏损,因此实际损失远超过账面。

原交行北平支行存于华比银行和东方汇理银行库房内的现银被日伪劫夺,移存伪中联行后,在战后接收时已移交国民政府中央银行。②

接收完毕后,交行北平支行恢复,并升格为分行,重新开始营业。

第四节　伪北京交通银行的经营活动

一、配合日伪的吸存措施

伪北京交行的"章程"规定其"以专营普通银行业务为目的",业务范围包括经收存款,票据贴现,放款,汇兑,代收债权款项,代人保管,债务保证,代理保险,有价证券

---

① 《北京金融史料》银行篇(5),第 567—570 页。
② 同上,第 578—581 页。

的经募、承受或买卖等。① 其中,招揽存款是集中资金维持运作的重要基础,而伪北京交行"复业"之初,在吸存方面困难重重,举步维艰。原交行北平支行自抗战爆发以来已连年亏损,存款利率压得很低。伪北京交行改组复业后,存款利率仍不敢定得过高,其中,定期存款利率为周息六厘半,活期存款利率为周息三厘,均比其他商业银行低,所以并无吸引力。而且当时北平市面上资金紧缺,招揽难度极大。根据1943年3月的业务报告,自1942年11月复业,至1943年2月,四个月中全行存款陆续付出316万余元,而新增加的存款仅108万余元。②

当时,日本推行"以战养战"的侵华政策,需要大量资金。为此,伪中联行为此连年滥发纸币,1938年发行为1.62亿元,1940年发行为7.15亿元,1942年发行为15.92亿元,四年中增幅高达8.8倍。③ 伪政权迫于恶性通胀的压力,也力图进一步吸收民间资金供给日伪军需,想方设法遏制市面上的资金流动。为此,伪中联行要求各银行限制提存,并推出有奖定期存款的办法,竭力吸揽资金。伪北京交行积极配合,其新存款的数额有较大上升,至1943年8月,达到800万元,扣除付出的旧存款370万元,实际增加额达到400多万元。④

1943年10月1日,伪中联行推出第三次有奖定期存款,伪北京交行负责承募100万元。为完成指标,伪北京交行董事会议决定将100万元的总数分摊给总行和各分行,北京总行营业部负责劝募30万元,天津分行负责劝募30万元,济南分行负责劝募25万元,唐山分行负责劝募15万元。⑤

有奖定期存款虽有一定吸引力,但定期存款毕竟限制了工商企业的资金流动,劝募并非易事。为此,伪北京交行又试行一些其他办法。例如,企业若参加有奖定期存款,日后可以存单申请抵押贷款。但该项业务并不符合伪中联行关于有奖定期存款的规定,因此只能根据特殊情况在很小的范围中试行,无法全面推广。⑥

1944年,通货膨胀愈加严重,伪中联行迫于压力,只能以硬性规定的方式下达存

---

① 《北京金融史料》银行篇(5),第544—546页。
② 同上,第560页。
③ 参见[日]浅田乔二等著,袁愈佺译:《1937—1945日本在中国沦陷区的经济掠夺》,复旦大学出版社,1997年,第188—190页。
④ 《北京金融史料》银行篇(5),第563页。
⑤ 同上,第564—565页。
⑥ 同上,第567页。

款数额的指标,试图以此缓解通胀。当年伪中联行函告各家银行,规定自4月起至8月底,共须完成的吸存指标为2.9亿元。伪北京交行的吸存指标为1500万元。为此,伪北京交行召开行务会议和董事会议,对吸揽存款的总额加以分摊,确定北京总行营业部承担850万元,天津分行承担400万元,济南分行承担150万元,唐山分行承担100万元。

为完成存款指标,伪北京交行实行多项优惠政策。当时,华北各家银行为吸引存款,都酝酿提高存款利率,并形成共同遵守的协定,只是尚未签订契约,各行还未正式推行。伪北京交行要求各行处按照内部协定利率,视情况先行提高,以夺先机。一年期的定期存款利率提高至年息一分以内,半年期的定期存款年息提高至八厘以内,活期存款年息提高至四厘以内。同时,还着手修改储蓄存款的规则,提高储蓄利率。原先规定活期存款的数额,每户不得超过5000元,此时也取消该项限额,允许客户自由存储,试图尽可能吸收市面上的游资。①

二、谨慎灵活的放款业务

伪北京交行重组复业后,虽被日伪指定为"普通商业银行",但仍重点关注工商实业。惟因时局动荡,经济凋敝,日伪统治下的华北地区,投机盛行,实业萎缩,伪北京交行的高层主管只能力求"稳健谨慎"地开展放款业务。其复业初期的业务报告即提出:"值此时会,对于投资势不得不力求审慎,详加调查,以免助长囤积之嫌,是以择其股实可靠之家认为必需营运资金者酌量承做押款。"此外,对一些与市政设备或民生有关的企事业单位,适当地予以投资,如塘沽、汉沽、新河滩业公会,长芦芦纲公所,济安自来水公司等。就伪北京交行复业后的最初四个月看,放款业务有所进展,新放出的款项总额为843万余元。其中,定期押款225万余元,活期押款19.9万余元,活期透支9.4万余元,抵押贷款透支556.7万多元,贴现票据32.1万余元。②

此后,伪北京交行配合伪中联行,采取多种措施吸揽存款,各类存款的实际增加额逐渐提高。鉴于资金有所"过剩",该行董事会考虑到复业后的业务冷落,尤其是所属三个办事处"每日各该处传票常降至十张以内",于是"为营运并繁荣柜面计",

---

① 《北京金融史料》银行篇(5),第569页。
② 同上,第560—561页。

决定自 1943 年 8 月开始,酌量承做以各家商店为主要对象的小额信用放款。先由北京总行及其三个直属办事处试行办理。该项放款方案规定:"为推进业务起见,各办事处得酌做商店小额信用放款。取额少多,视商店状况定额度之大小,至多以 1 万元为限,利率特予从减,暂定为月息一分一厘,期限至多半年,借款人不得彼此互保。此项信用放款完全为推进业务而做,凡与存汇款无关系者,不必揽做。个人信用放款绝对不做。"①经过两个多月的试行,小额信用放款对活跃业务,带动存、汇款都颇有帮助。因此,当年 10 月,其总行主管通饬各分行予以推广,"本行营业部及本市东、西、木三处自试办小额信用放款以来,该部、处业务确见畅旺,各分行自应一致仿办,以谋推展"②。

与此同时,对于以存单为抵押的贷款也酌情放宽信用。其贷款利率按照其存款起初确定的年息改为月息,或再酌情增加半厘至一厘即可。例如,原存款利率为年息八厘,押款利率即按月息八厘或八厘半、九厘计算,折合后年息约为九厘六毫至十厘八毫,存贷款利息差仅为 2% 左右,实际上等于扩大了信用。但对于抵押放款的手续,仍强调必须按照规定办理:额度在 3 万元以下的,由各办事处填具申报表,再经营业部经理、副经理、襄理以及会计营业主任加章;3 万元以上的,则须营业部代具申请书,并经各部门主管核准后,方可照放。所有关于放款调查及对外接洽事项,均由各办事处主任亲自负责。③

三、有限恢复的汇款业务

抗战爆发后,因战事频繁,交通阻隔,交行北平支行的汇款业务一直处于停滞状态。

伪北京交行改组复业时,抗战已处于相持阶段,局势相对平稳。日本军方和各地伪政权为稳定沦陷区的金融市场,促进伪币的流通,希望其扶植的各地日伪银行能协调合作,恢复汇兑业务。

日伪华北政权为促进华北地区的资金流通,于 1943 年 5 月由伪中联行发出指令,要求在其控制下的北京交通银行及中国银行、河北银行、冀东银行、大阜银行、鲁

---

① 《北京金融史料》银行篇(5),第 563 页。
② 同上,第 564 页。
③ 同上,第 563—564 页。

兴银行、山东农业银行、山西实业银行、河南实业银行等九家日伪银行签订通汇合同，制定通汇办法，自 6 月 1 日起互相通汇。随后，上述九家伪银行又签订代收代付票据合同，自 7 月 1 日起实行。① 后来，日伪华北工业银行也签订合同，加入了协定。

通汇合同的内容大致包括以下数项：互相委解以信汇、票汇、电汇为范围；通汇地点包括各行的总、分行和办事处；备付汇款以预先调存为原则，必要时可透支，以 5 万元为限；存息日息五毫，欠息日息二厘；清算汇款由各行总行办理；互送负责人员印鉴及用纸密押；各项汇款凭印鉴及证明文件付款；有伪中联行所在地者，不收手续费，否则另订收费办法。②

同年 8 月，伪北京交行与伪北京中国银行商定，因成本增加，酌情提高汇出汇款的汇费，计每笔 0.3 元。次年 2 月，因物价腾贵，邮费激增，前订汇费难敷支出，两行再次商定，酌情提高各地汇出汇款的汇费。伪北京交行为便利顾客，还承做汇出汇款的电汇业务，汇电或由各办事处直接发出，或送营业部办理。③

由于华北沦陷区与华中沦陷区所使用的伪币不同，1944 年春，伪中联行指定伪北京交行为汇兑银行，按照中储券 100 元对联银券 18 元办理非贸易性质的汇款。同年 7 月，经伪中联行核办，伪北京交行与伪上海交行签订华北、华中通汇办法。双方各开立往来账户，伪上海交行在伪北京交行开户后，若调款充抵不及时，可透支联银券 10 万元，存欠利率按年息四厘半计算；伪北京交行在伪上海交行开户后，必要时也可透支中储券 50 万元，年息也为四厘半。各行处所收汇费仿照伪北京中国银行所定汇率执行。④

1945 年 8 月 15 日，日本战败投降，9 月，各家日伪银行停做对通汇行的收解款。

伪北京交行在其存在的近三年时间中，始终秉承日伪的意图行事，自然不可能遵循商业银行的营运方针，所以连年亏损。在 1944 年 12 月的第十二次董事会议上，提出"本年下期决算结亏拟设法弥补案"。该方案称："查本年下期全行预计损益约亏 190 余万元，盖收益仅 255 万余元，内各项利息 223 万余元。损失方面付出各项利息 119 万余元，开支达 300 万元，其他摊销及杂项损失约 30 万元。"正因为"两年以来亏

① 《北京金融史料》银行篇（5），第 562—564 页。
② 同上，第 577—578 页。
③ 同上，第 568、575 页。
④ 同上，第 570 页。

损已多,按诸最近经济界情况,更显资力薄弱",所以要求伪华北政权和伪中联行再增加资本 500 万元。①

　　战后,交行总处接收伪北京交行时,仅账面亏损已达 2000 余万元,而实际亏损更大于这一数额。显然,日伪留下的实为一个烂摊子。

① 《北京金融史料》银行篇(5),第 572—573 页。

第六章
抗战胜利后的新局面

　　1944年,抗战胜利的曙光初露天际,对局势作出准确预判的交通银行管理层开始着手制定战后发展规划,满怀热情与信心,准备投入战后的恢复建设中。抗战胜利后,军工订单的骤然下降,使后方工矿企业大量亏损,交行及时伸出援手,为其办理紧急贷款,助其维持生产,避免了大规模倒闭风潮的出现。众多工商企业陆续向东回迁时,交行也在资金、汇兑等方面积极提供便利。总管理处迁回上海后,原处沦陷区的分支机构经过清理整顿,陆续恢复营业;西南地区因战争需要而增设的某些营业网点则多数被裁撤;经过一番重新规划与合理调整,交行在全国主要地区建成布局均衡的营业网络。按照国民政府的统一部署,交行接管了大批原受日伪控制的金融机构,充实了自身实力,部分挽回战争期间遭受的损失。此后数年,交行努力振兴,积极开拓,在扩大经营范围的同时,加强内部管理,出现了一个短暂的发展高潮。

第一节　抗战后期提出的恢复计划

一、为战后恢复网罗人才

　　自1943年底开始,第二次世界大战发生重大转折,盟军的胜利已指日可待。在中国战场上,日军的失败也已成定局。四联总处和中行、交行等对战局作了正确的分析和预判,从1943年起即未雨绸缪,逐步考虑和制定抗战胜利后的恢复计划。

1943 年,蒋介石对四联总处 1943 年度中心工作纲要作出批示:"其中筹划各行局战后业务实施,并会同财政部拟定金融复员方案一款,甚为重要,饬注意办理。"①根据这一批示,四联总处聘请相关领域专家组织战后金融复员设计委员会,拟定《战后金融复员计划纲要草案》,要求交行等机构提出修改意见,同时结合自身情况拟定战后业务复员的相关计划大纲,送交四联总处。当年年底,四联总处召集专门会议讨论交行《战后金融复员计划纲要草案》。交行总经理赵棣华亲自带领相关工作人员赴会,就大纲的拟定进行说明。

交行为战时特殊需要,曾努力培养各级工作人员,但八年抗战,人员的老化和流失非常严重,无法满足战后恢复与发展的需要。为此,交行在《战后业务复员实施计划大纲》中明确提出:"本行原设行处大部沦陷,人员内归者为数虽属不少,然战后以业务扩充仍属不敷配用,则人才之如何培植、储备亦须事前规划。爰就机构、人事、业务各方面分别拟定复员实施办法,俾失地一旦恢复,政府经济建设计划付诸实施后,本行业务即可与之配合全面展开。"显然,金融人才的缺口,将会成为战后发展的瓶颈,"人事"问题被交行管理层提到十分重要的位置。

1944 年,交行开始着手推进与"人事"相关的各项工作。各级银行从业人员中,高级金融人才的招揽与引进最为困难。民国时期,国内没有完备的培养高级金融人才的制度体系,各大金融机构的高级人才,一部分是在国内或海外的大学中受过正规的高等教育,然后应聘入行的,更常见的是从钱庄、银行的低级职位上凭借实践经验步步擢升。当时,不仅金融人才的总量少,而且行与行之间也较少流动,民国时期各大银行的经营方针与业务范围各不相同,即便有学历或者有一家银行的工作经验,也未必能在另一家银行担当重任。因此,交行将重点放在内部人才的选用提拔上。总处先拟订后方各级分支机构需要增设的副理、襄理、副主任等职务,然后在本行内遴选优秀人员出任。以前未担任过此类职务的,可通过见习历练,迅速成长;曾担任过此类职务的,则"使其熟习最近后方业务情形,不至隔膜"。交行管理层认为,待战争结束后,这些在实践中成长起来的人才,可迅速充实到收复区恢复、重建的各分支机构,从而完善各级管理体系。

除部分人员从后方原有行处抽调外,交行还通过多种渠道扩充人员储备,通过社

---

① 《本行拟定战后业务复员实施计划大纲案》,交通银行博物馆藏资料 Y23。

会招聘等方式积极招揽人才,尤其注重引进、培养素质较高、有干劲的大中学校毕业生。交行一般通过公开的招聘考试,录用大中学校的毕业生为实习员、实习生,然后分配到各分支机构进行学习培训;如果是银行专业的学生,如复旦银行专修科的毕业生,则直接录用。直接录用的还有四联总处开办的银行人员训练所的中高级毕业生,该所是四联总处为弥补各行专业人员不足而专门开设的。为了吸引优秀学生,抗战时期,交行在后方设立育才奖学金,奖励优秀学生并详细掌握他们的资料,待其毕业即可迅速招聘为交行员工。总处要求对于这类人员"以酌量配置于接近沦陷区之各行处为原则,以便战后在收复地区恢复行处,可就近调往,迅赴事功"。除此之外,交行注重挖掘原沦陷区内伪交行的人力资源,详细甄别其工作人员,可以留用其中一部分。

交行在数十年间已形成自身的企业文化和办事风格,大量聘用外部人员未必能够很好地融入交行的主体工作,而积极提拔内部员工,鼓励他们向高级职员的方向发展,则有助于提高员工的工作积极性,形成合理的人员擢升流动机制。交行根据四联总处的部署和自身的需要,较早注意后备金融人才的延揽和培养,为日后的恢复和发展奠定重要基础。

二、规划全国实业金融网

抗战时期,交行陆续丧失了东北、华东和中部地区的大量分支机构,能控制的下属行处主要分布在西部地区。按照国民政府对于金融机构的规划与部署,交通银行作为"四行二局"体系中的重要成员,被政府指定为发展实业的专门银行。展望抗战彻底胜利,国土全部收复的前景,交行意识到要真正担负起发展全国实业的重任,战后必须迅速建立名副其实的"遍布全国"的营业网。为此,交行管理层以积极主动的姿态,提前进行全面谋划。

从1943年拟定《战后业务复员实施计划大纲》到抗战胜利的到来,交行将这一时期确定为准备阶段。这一阶段,交行主要开展调查设计工作,依据国民政府的部署和本行的任务与特点,分阶段、分地区逐步恢复与增设分支机构,即"遵照国父实业计划及总裁《中国之命运》,配合我国战后工业建设计划,筹设实业金融网,再根据战事进展情形,决定各阶段中本行应设机构之地点"。在提前规划的同时,为保证国土收复后新开设的分支机构可以迅速投入运营,交行积极推进一系列铺垫性的工作。在接近前线的重要交通枢纽地区,交行酌量增设分支机构,并对已设行处的人员、资金等予以充实,一旦沦陷区被收复,并迅速开设新的行处,周边的分支机构即可提供必要的支援,帮助解决业务人员、头寸调拨等方面的困难。

抗日战争取得全面胜利后,全国进入战后恢复阶段,交行依据各地分支机构的具体情况,制定三套处理方案。一是抗战中从原沦陷区迁往内地,并继续营业的行处,战争结束后即刻迁回原营业地点继续营业。二是从原沦陷区撤退至后方,因种种原因停业的行处,战争结束后,选择重要行处迁回原地,配备必要条件后陆续复业。三是基于战时特殊需要在后方大量开设的行处,战争结束后,业务量必然急剧下降,应根据形势变化再作调整,"对后方若干未尽符合平时需要之行处,应即紧缩裁并,以便集中资力、人力移充充实收复地区复业,又新设行处之用"。

战前交行的分支机构较其他银行更健全一些,但距离构建"全国性"的金融网络尚有很大差距,西部、中部地区均留下不少空白。为此,交行决定"一俟战后时局大定,本行应积极完成实业金融网之敷设",并通过回迁、复业、新增等一系列计划,尽快形成遍布全国的营业网点,以便在与银行同业的竞争中取得先机。对于"实业金融网"概念,尤其是其与一般金融网的区别和层级性营业网点的选择问题,交行内部经过多番思考与讨论,基本形成共识。首先,总处确立了开设分行的标准:以经济地理的考量为依据,将全国分为若干区域,在每一区域的工矿中心城市开设分行,或者在有可能成为实业中心城市的地区预先开设分行。其次,总处也制定了分行之下的支行、办事处等分支机构的设置地点的四条标准:1. 交通运输或经济发展方面的重要中枢;2. 有工矿业特产的地区;3. 易于吸收存储的资金集中的码头地区;4. 重要的通汇地点。总处希望以区域性工矿业中心城市为枢纽,通过若干枢纽将全国重要的工矿生产基地、工矿产品和资金集散地、交通要冲、汇兑业务发达地区等联系起来。当时各大银行都在考虑战后金融网络的建设问题,交行更多依据政府的部署和本行的专业分工,力求营业网点的重新规划能凸显自身特色,避免各大银行之间的同质化竞争。正因为如此,交行基本放弃了对农村地区的金融业务,而重点保障属本行专业范围内的需求。

"九一八事变"后,东北地区陆续被日本侵占,此后十年中,交行虽与东北的分支机构保持联系,当地行处的业务数据和经营状况也向上海总行汇报,但实际上交行总处已基本丧失对东北行处的实际控制权。国民政府正式对日宣战后,东北各地行处彻底脱离总处领导,成为日伪政权控制下的金融机构,业务数据不再计入全行营业报表。鉴于东北地区的特殊情况,总处对战后东北金融网建设拟定专门计划,规定战争结束后,东北地区应根据当时的环境,先选择交通要冲设立行处,然后再根据各方面的情况,综合考虑,陆续增设行处。显然,这与总处面向全国的实业金融网建设目标不同。东北地区的形势比较复杂,因而总处坚持谨慎稳妥的原则,网点的建设不求数量和速度,首先考虑交通要冲之地。台湾地区自《马关条约》签订后也被日本长期侵占,情况与东北相似。开罗会议上,国民政府明确提出,台湾是中国领土的一部分,应当归还。因此,战后在台湾和澎湖地区设立分支机构也纳入交行的计划之中。考虑到这一时期局势的特殊性和复杂性,交行决定"另行组设委员会或相当机构先事调查,再行办理各该地拓展事宜"。

抗战时期,国民政府号召海外华侨通过各种方式支持抗战,为后方建设出力,交行也成立相应机构,吸引并帮助华侨到内地投资实业。国民政府计划战后继续引进海外华侨资金,并协助国内工矿、交通等企业利用现金购买国外设备,这与交行的专业分工密切相关,需要交行穿针引线,具体操办。因此,交行管理层也非常重视海外分支机构的恢复和增设问题。抗战末期,交行在海外仅保留加尔各答支行,显然不能适应战后的需要,因此"拟在国外酌设行处,或酌派专门人员留驻纽约、伦敦,负责联络国外投资公司及重要厂家,并与国外同业树立代理关系"。

从交行制定的战后重建实业金融网的规划看,总处对未来充满了憧憬,希望能在发展实业方面先声夺人,取得显著成效。在具体的设想中,既强调了高效迅速地积极推进,也对某些比较复杂的地区予以多方面考虑,谨慎对待。总体而言,交行的计划比较周密细致。

三、安排战后恢复的工作步骤

抗战胜利在即,如何部署战后的全面恢复工作,使各项事宜有条不紊地逐渐推进,是伴随胜利的曙光而摆在交行面前的一个难题。这需要周密而详实的计划。在综合考虑各方面因素的基础上,总处对战后恢复工作进行了整体规划和具体安排。

交行战后需要恢复和重建的各层级分支机构数量众多,能否尽快开业营运,除人员配备和行屋、桌椅、橱柜、保险箱等硬件设施外,各类营业账册、报表等同样至关重要。如果待国土全部收复后再临时赶印此类单据,很可能延误各地行处的复业时间。

交行总处有关人员于1946年前往
济南分行视察行务后在机场留影

总处很细致地考虑到这个问题,提前对各地分支机构复业时所需要的单据数量进行统一估算,并事先做好准备。各类单据提前印制完成后,运送至邻近沦陷区的各分支机构备用。一旦战争结束,预先配备在沦陷区周边分支机构中的业务人员可立即携带单据前往收复地区,恢复网点,迅速开业。战后大量分支机构的回迁,必须有快捷的交通运输保障,总处也预定计划,"战事将近结束时,应在复业行处所必经之交通冲要地点,事先配置相当运输工具",便于人员、账册、钞券等都能及时到达复业网点。

管理层预计,战后全面恢复初期,军、政、工、商、学等各类机构与人员,必然由西向东大规模回迁,与之相应,汇款、提存的数量必定急速上升,而短时间内又难以通过存款吸纳资金,很可能导致全行头寸紧缺。为此,交行提出一系列缓解办法:1.总处准备尽力筹措复业基金,以备各行调度头寸之用,对于各分支机构,则打算在临近战事结束时提高其存款准备金缴存比例;2.总处预先与中央银行接洽,请央行提供必要的支援;3.总处要求进一步拓展信托、储蓄、存款三大业务,以充实资金储备。自1943年到抗战胜利前夕,交行的信托和储蓄相比战争初期突飞猛进,尤其是储蓄业务名列各行之首。管理层还考虑到,中国实业欲有长足的进步,必须获得持续而有力的资金支持,关键就是建设一个统一而稳定的资本市场。中国长期的资本市场始终未能真正形成,抗战时期更无从谈起。交行曾致力于中国资本市场的建设,设计处专门翻译介绍了国外资本市场的著作,总经理赵棣华也在各种场合表示交行愿意为此作出努力。面临战后的各项恢复工作,这一任务显得更为急迫,因此,交行在拟定战后恢复计划时明确提出,"应秉承政府意志,在国内通商重邑,斟酌环境,由本行邀同同业,筹设产业证券市场",并就各国实业金融制度和国际投资、金融合作、引进与利用外国资本等问题展开研究。如何通过发行实业股票、债券等方式募集资金,也被提上议事日程。

扶持工矿企业一直被交行视为主要职责，但由于对工矿企业的贷款周期长、风险大，做好调查与评估至关重要。总处要求在抗战胜利到来之前，尤其应该加强对各类工矿企业的调查统计工作，为战后恢复工作提供重要参考。战后，全国的经济格局发生重大变化，交行的资金投向也随之发生改变，更注意基础较好的东部地区，在西部地区的适当收缩。但也不能一概而论，仍要区别对待，对经营卓有成效并在战后经济建设中仍能发挥作用的产业，要继续提供资金支持。事后证明，交行对后方工矿业前景的预测十分准确，战后西部工矿企业因军工订单骤减而出现暂时困难，国民政府组织各行实施紧急工贷，交行针对性的资助政策经调整后为政府部门采用。

抗战初期，沦陷区行处撤退时带走大量统计资料，总处要求以这些资料为基础，统计战争造成的资产损失，并清算业务往来的债权、债务关系。战前与交行关系密切的国营工矿交通企业，战后更要加强联系，继续合作，"为其代理发行或承销股票、债券，集中购买生产器材，并供给流动资金"，争取共赢的结果。交行还依据均衡、全面的原则，对拓展业务版图作了部署，例如，"着手搜集东北、台湾、澎湖各地有关工矿金融业务资料及敌伪在各该地区经济上之措施，以为将来恢复及设立行处时在业务上应取方针之准备"。

抗战时期，交行陆续恢复并发展了信托、仓库和交通运输业务，对发展实业起了积极促进作用。交行拟在战后继续扩充信托部，除致力于一般信托业务，"特注意于实业仓库网之筹设与生产器材之代购"。而实业仓库网络的建设，"拟先就交通冲要及物资集散中心设置，然后总结推广，分期完成"。代购生产器材的业务，则计划由交行驻外人员与国外厂家广泛联络，为国内厂商购买各类机器设备作代理。

除本行自身的各项恢复工作，交行作为国家行局，还需要协助国民政府进行相关的接收、清理工作，对此，交行也预先作了部署。如协助政府部门接收曾由敌伪经营的企业，然后视其实际需要及今后的发展前景，为其提供一定数额的流动资金，接收后即可迅速恢复生产；如果其产品为战后紧缺用品的民营企业，更应尽快发放贷款，帮助其恢复生产。此外，交行还"协助政府清理敌伪钞券、公债，接收敌伪银行，管理外汇及推销公债"等。①

---

① 以上引文俱见《本行拟定战后业务复员实施计划大纲案》，交通银行博物馆藏资料 Y23。

四、繁荣汇兑业务的大讨论

随着战争局势发生重大转折,交行踌躇满志。1944 年 2 月,交行召开行务会议,总处和各地分支机构就畅通汇兑的问题各抒己见,展开热烈的讨论。

总处就汇兑业务的现状和前景提出七条意见。1. 原定联行通汇时欠款的限额为 500 万元,已无法满足需求,为适应新的趋势,对汇款较多的银行,垫解额度可放宽至 1500 万元,具体情况由汇款行与解款行互相协商确定。总的原则是,汇款行应当准确估算解款行代垫头寸的实际数额,以便及时拨还,或预为调存,即便在双方约定的额度之内,也不宜经常拖欠,给对方造成不便。这是维系联行关系的重要基础。2. 解款行对于约定额度内的汇款,应随时告知汇款行,以便对方及时拨还。若因自身头寸一时紧缺,需汇款行立刻拨还,也应预先通知,以免对方仓促间难以筹措。3. 每笔汇款数额超过 150 万元,或积欠解款行款项已达到垫解额度时,都必须先与解款行接洽协商,征得对方同意后方可实行。4. 解款行通知拨还欠款,应双方预先商定期限,若限期内汇款行未将欠款拨还,解款行可通过其他方式临时筹集资金,筹集资金造成的损失由欠款行酌量分担。5. 各行之间往来户的利率,存款利息改为月息五厘,若在 1500 万元以内,应按月息一分计算,超过 1500 万元,超过部分按月息一分六厘计算。6. 各管辖行所属行处汇款较多时,建议尽可能直接开户往来。7. 对于上述各项规定,若两家银行之间同意自行约定其他办法,可遵从其约定。①

总处指出,汇兑业务的发展关键在于妥善处理联行关系,形成稳固而互惠的合作,提出上述意见"均为融通各行间之汇兑着想,而其首要仍在各行主动之努力及彼此精诚合作,庶资金川流不息,汇款业务得以日臻繁荣"②。

会议期间,各地分支行也坦率提出各自的建议。赣行是在抗战胜利前夕最接近沦陷区的行处之一,考虑到抗战胜利后东部地区必将出现汇款高峰,为避免届时头寸紧张,特"请总处预拨汇兑基金若干,分存东南各行,以便垫解"③。赣行提出汇费全归汇款行所有,而向解款行拨还垫解头寸所产生的运费等,全由汇款行承担,以简化业务办理流程,避免各行之间因费用支出和利润分割产生纠葛。此外,为避免解款行

---

①② 《交通银行史料》第一卷,第 562 页。
③ 同上,第 563 页。

垫款造成利息损失,赣行建议提高联行彼此之间垫解头寸的利息,利率与当地市面放款利息相等。联行之间结算地点不明,会导致颇多问题,赣行建议各联行行处解款,皆以管辖行所在地为结算地点。联行之间若托收多于托解,仍需另外开户,多余头寸的利息由双方协商确定,但托收行欲将多余头寸调回时,费用由托收行负担。赣行作为邻近沦陷区的分支机构,比较注意总处的资金支持和汇款利润的分配,具有一定代表性。

陇行十分关注分支机构的汇款额度,强调由各行按照总处规定和彼此间业务联系的具体情形,核定各联行最低垫解汇款额度,在核定额度内不准退汇或迟交,以此确立汇兑基金的基础,避免各行为自身利益而挪用头寸。陇行还提出,各联行间解款数额超过预定额度时,超额部分的利息应比照汇款行放款的平均利率计算,以免解款行的资金损失。头寸管理方面,则尽量利用电台,各行处汇出汇款应每天或每三天综合统计数额,通过电报上报管辖行,以便各行精确匡算头寸。

汇款业务涉及联行之间以及各分支机构之间的资金往来,秦行在提议中强调严格订立调还内部往来款的办法,明确双方的责、权、利,使汇兑更为通畅。秦行认为,虽然总处此前已经制定一系列办法,但汇出行延期不还解款行垫解资金的现象仍比较普遍,甚至将此项资金挪作他用,导致解款行头寸窘迫,影响其他业务。因此,希望各行处严格执行相关规定,各行收到汇款头寸,应随时调往解款行,不得延误或转为他用。若经解款行催收仍不拨还,建议所欠资金按照中央银行的拆款利率,由垫款行逐日计算利息,以弥补因资金迟迟不到位造成的损失。已订立互分汇费合约的分支行双方,存在共同利益,其往来资金仍需划分清楚,欠款须及时归还,以免解款行单独承担头寸成本。各联行之间需加强联系,利用电报通告每日行情,以及时把握合适的套汇时机,共享经营收益。[①]

从各分支行发表的意见看,战后的汇兑业务可望获得更快的发展,成为交行新的利润增长点。然而,业务的进一步拓展也会使汇兑业务原有的一些问题,如汇款行与解款行之间的头寸垫解、归还问题,费用的支出和利润的分配问题等,更显突出。这些问题涉及各大银行之间以及交行内部各分支行的关系,处理不好必然影响汇兑业务的发展。

---

① 《交通银行史料》第一卷,第 564 页。

交行内部的这场大讨论,与会者畅所欲言,提出各项解决方案和措施,供总处以及各地行处参考,虽未必能够解决全部的实际问题,但确实起到尽可能统一认识的作用,为日后在新的形势下拓展汇兑业务作了思想上的准备,确立了应对的基本原则。总处在这场讨论中并未作出硬性规定,但对开展汇兑业务应遵守的原则再次强调:"汇款额度彼此商定,超过限度时汇出行应预先与解款行商洽,方能做出。汇款行一经解款行通知,应即设法调还或运还,勿使延宕,以利汇务。"[1]出于大局考虑,总处还告诫各地分支机构,必须加强资金的流动效率,不得拖欠解款行头寸或是挪作他用,"否则解款行固难源源应解,影响所及不但汇款不得舒畅,有失对外声誉,引起同业间之乘隙竞揽,驯致联行业务因头寸搁耗而全盘受窒,就本行整体言殊非得计"[2]。

第二节　总管理处领导下的恢复工作

一、营业网络的恢复与重构

抗战全面胜利后,战时的特殊需要已不复存在,全国政治、经济中心重新向东转移,整体格局向战前的状态回摆。此时,交行整个营业网络呈现西部稠密、中部疏落、东部完全空白的局面。面对新形势,总处按照先前制定的战后恢复计划,以各地实际状况和需要为原则,调整分支机构的布局,部署营业网点的恢复与重建工作。

对于交行营业网络的重建工作,四联总处从国家发展高度,拟定了各行局在收复区第一期复业的地点 27 处,包括上海、南京、汉口、广州等重要城市,并经第 290 次理事会议决通过。截至 1945 年 10 月底,交行共完成其中 11 个城市的复业工作,列居"四行二局"的第三位。[3]

至 1946 年 4 月,用不到一年的时间,交行基本完成恢复工作,而原规划中提出的

---

[1] 《交通银行史料》第一卷,第 564 页。

[2] 同上,第 575 页。

[3] 《四联总处史料》(上),第 336—337 页。

覆盖全国的实业金融网络也初步形成。恢复、重建、调整的过程,其实也是总处各部门随同国民政府东迁的过程。在原先的沦陷区,交行依据政府指令,接收了包括伪交行、日本正金银行在内的一大批日伪金融机构,不仅恢复和增强了自身的实力,还网罗了众多原在日伪金融机构中谋生的专业人才,经过培训、改造和审查,对其中合格者予以留用,充实了各复业网点的人手。金融业的大量敌产经迅速转化后,部分较完好的软、硬件被充分利用,省却了重建营业网点的诸多麻烦,东部地区一片空白的状况得以迅速改观。在一些必须重新建设分支机构的地区,由于总管理处在抗战末期已预制了恢复方案,并在金融人才的培养、调配,以及资金筹措、设施配备等方面,都作了比较充分的准备,复业工作的进展也相当顺利。

1946 年,交行新设的分支机构共 84 处,主要集中在江苏北部、河南、河北以及东北地区。[①] 东北地区因被日本长期侵占,情况比较特殊,管理层在恢复计划中提出"加强研究,谨慎稳妥"的方针,要求在东北金融网的建设过程中,不单纯追求速度,必须在保证金融资产安全的前提下,以交通枢纽为中心稳步推进。根据这一思路,交行陆续在营口、锦州、四平、抚顺、鞍山、葫芦岛、本溪等工业和交通重镇设立分支机构,填补了东北地区的空白。遗憾的是,交行虽然在恢复计划中提出派遣专家赴台湾、澎湖考察,在适当时机建立分支机构,但直至 1948 年底,由于种种原因,始终未能在台湾地区建立分支机构。

西部地区分支机构的情况比较复杂。抗战结束后,设于西部的营业网点出现两种截然不同的状态。成都、重庆、西安、昆明、宝鸡等重要地区,即便在平时仍有大量金融服务的需求,仅需在数量与布局上稍作调整,即可纳入交行规划的战后实业金融网,继续发挥作用。一些偏僻的小城市中所设的网点主要依赖战时的特殊需要而维持,随着各类机构及其人员的大量回迁,业务量急剧萎缩,无论从当地的社会效益还是交行自身的经济效益考量,都已失去存在的必要,应当予以裁撤。为此,交行根据不同的情况,区别对待。1946 年,因"经济情势变迁已无存在之必要"而被裁撤的西部营业网点,共计 16 处。

---

① 《交通银行三十五年度业务状况》,交通银行博物馆藏资料 Y50。

表 3 - 6 - 1　1946 年后方被裁撤分支机构表

所在地区	机构名称	所在地区	机构名称
重庆	小龙坎、新桥、化龙桥、黄桷垭、歌乐山	云南	下关、宜良
泸县	蓝田坝	贵州	盘县
贵阳	图云关	广东	老隆
沅陵	孝平乡	广西	百色
四川	彭水、涪陵	陕西	大荔

资料来源:《交通银行三十五年度业务状况》,交通银行博物馆藏资料 Y50。

从表格中的营业网点看,战时,重庆地区的金融服务需求极大,交行所设网点也十分密集,多属"同在一埠之辅助机构"。战后,重庆分行显然已不再需要如此大量的辅助机构,因此,予以适当裁撤。其他地区被裁撤的网点大多地处偏远,战后几无金融业务可做。

太平洋战争爆发后,交行的海外业务陷于停顿,海外分支机构全线收缩,仅剩加尔各答支行维持营业。抗战胜利后,交行于 1946 年恢复了原有的越南河内、西贡两处分支机构,以配合侨汇等外汇业务的恢复和开展。

1947 年 2 月交通银行南京下关支行新屋落成时的全体同仁合影

经过近两年的恢复与调整,至 1946 年底,交行下属各类营业机构共 223 个,1946 年新设分支机构 86 处,总数与新设机构数均大幅增长,列"四行六局"中的第二位,仅次于农民银行(农行总数 286 处,新设 123 处),①足以满足日常营业的需要。

1946 年 12 月,交行董事长钱新之在第二十九届股东大会的致词中,谈到建设实业金融网络的情况时,说:"在增设的行处当中苏北和东北等地不在少数,本行设在全国的金融网可以说大体已经近于完成。"②情况确实如此,交行基本扭转了原先营业网点地域分布不平衡的局面,其营业网络基本覆盖全国,以前的薄弱环节和应予突出的重点地区均得以加强,为日后业务拓展提供了良好的基础条件。

二、加强地域联系,畅通汇兑

抗战刚取得全面胜利,交行即按照既定规划与其他各大银行一同积极恢复和重建全国汇兑网。汇兑网的构建既需要依托本行的营业网,也需借助其他银行的营业网,形成联行通汇的合作关系,因而较一般营业网更为复杂。

抗战时期,大后方和沦陷区的资金流通基本中断,唯有一些隐蔽的地下通道可办理汇兑之类的资金流通业务。战后各地汇款量急剧上升,但原为后方的西部地区与现已收复的东部地区之间的联系和沟通仍有一些阻隔。因此,拓展本行的汇兑业务首先要加强地域之间的联系,排除各种隔阂,建立全国统一的比较均衡的汇兑网络,这与交行一般营业网的恢复与重建相辅相成。在战后一年多的时间中,交行在全国各地恢复、重建、增设了大量营业网点,并与其他银行形成广泛的联行通汇关系,由此大大延伸和扩展了本行的汇兑网络。

与此同时,交行为了吸引客户,减轻商民负担,还降低了收复区各地的汇款手续费,规定重庆与上海两地之间的汇款收费不超过 8%,其他地区的收费不超过 8% 至 10%。③ 为规范各地分支机构办理汇兑业务的程序,总处于 1945 年 9 月制定并颁布《交通银行汇款规则》,共 5 章 23 条,明确规定了票汇、电汇、条汇三项汇款业务所涉及的各类问题的处理办法,如银行与客户双方的责任与权利、手续与程序以及各类注

---

① 《四联总处史料》(上),第 227—229 页。
② 《本行第二十九届股东总会董事长致词》,交通银行博物馆藏资料 Y46。
③ 《交通银行史料》第一卷,第 576 页。

意事项。[1]

当时,收复区的资金比较紧张,全靠后方调拨,而钞券运输又十分困难,因此,交行先将"汇兑资金之调节集中统筹于工商繁盛解款重要地点",[2]然后在这些地区设置汇兑基金,借以促进收复区主要城市的资金流通。另外,交行还通过进出口押汇业务与汇兑业务相互调剂资金余缺,以此增加汇兑业务的头寸供给。对此,其实在战后恢复计划中,交行都已作了设想,如"便利各地工商业款项之拨汇,以促进各地资金与物资之移动"[3]。而汇兑基金一事,在恢复计划中也提出由总管理处出面筹措头寸组成复业基金。显而易见,事先的充分准备为汇兑业务的迅速开展打下了良好基础。

汇兑网络的建设,对战后全国社会经济的恢复具有重要意义,因而四联总处、财政部等政府部门也给予大量的协助和指导。1945 年 9 月初,四联总处发布通告,对中、中、交、农四行办理工商企业向收复区汇款的业务作出规定:工商企业汇款时应填具申请书向四行申请洽汇,如果数额过大,则经办行可视自身头寸情况予以分批支付,汇款的收费标准"可照市价九折收费为原则"[4]。这一规定既照顾到抗战胜利之初四大银行头寸调拨上的困难,同时也充分考虑了工商企业的困难,使双方均获得一定实惠。

抗战胜利后,交行在四联总处的统一组织下开办赡家费汇款,为后方居民接济收复区的亲友提供便利。汇兑地点最初仅限于重庆汇往南京、上海、汉口、广州、长沙和杭州,随着战后恢复工作的推进,四联总处放宽地点限制,规定后方设有四联分支处的地方,可以一律办理赡家费汇款,可汇往所有收复区内设有六行局分支机构的区域[5],所需头寸由中央银行负责解决,按照各地承汇数额免费调拨。

至于工商业汇款事宜,四联总处在 1945 年的《中心工作纲要》中明确要求:"应由中、交两行力谋畅通。"交行为发展实业的专门银行,中行为发展贸易和承办外汇的专门银行,由该两家银行共同担责,合力解决工商业汇款问题,理所应当,同时也说明

---

① 《交通银行史料》第一卷,第 589—591 页。
② 《交通银行三十五年度业务状况》,交通银行博物馆藏资料 Y50。
③ 《本行拟定战后业务复员实施计划大纲案》,交通银行博物馆藏资料 Y23。
④ 《金融法规》,中国第二历史档案馆等合编:《中华民国金融法规档案资料选编》,档案出版社,1989 年,第 1305 页。
⑤ 《四联总处史料》(下),第 129 页。

四联总处相信两行有实力、有能力担当建设全国汇兑网络的重任。①

东北地区曾被日本长期侵占,战后又有苏联军队驻扎,交通迟迟未能完全恢复,原先流通的日伪货币废除后,工商业头寸不足问题十分突出。为解决东北资金流通问题,四联总处决定发行东北地名券,暂时代替法币,在地名券使用期间,所有关内外贸易往来,则由国家行局开办汇兑业务进行沟通。该项业务性质特殊,"如不由国家行局采用管理汇兑方式办理,深恐酿成走私,扰乱地方金融种种不良现象"②。因此,四联总处组织中国、交通、农民等行局,专门制定办理东北商汇的审核办法,对汇兑手续、汇兑资金管理等事宜作出详细规定。此时,交行已在东北地区的重要交通枢纽城市建立分支机构,承担了大量的商汇业务,对沟通关内外的经济联系起了积极作用。

战后,随着国民政府各部门迁回南京,军政汇款数额激增。四联总处于1945年9月专门下发四行办理军政汇款的实施办法。抗战后期,国民政府实施《公库法》,要求政府各部门将经费存放于中央银行,所有军政汇款原则上都由中央银行负责。但战后初期,中央银行在收复区尚未形成营业网,军政汇款遂由中国、交通、农民三银行协助办理。若遇大额汇款,则由三行的重庆分行平均分摊办理。四联总处规定,支取巨额现款时,"应由收款人按照《公库法》之规定说明详细用途,由各行核明支付"③。四联总处在1946年的《中心工作纲要》中仍要求"督促中央银行畅通军政汇款,其未设中央银行地方,应由其他各行局协助办理"。可见,此时中央银行依旧无力单独承担军政汇款的业务。

对于承做买入同业汇款的业务,财政部在战时曾制定十分严格的管理办法。1945年10月,四联总处提出,"目下战事业已结束,今后汇兑益趋殷繁,资金更有赖灵活之调度,故此项对期汇款,实有开放之必要"④。随着军政、工商、买入银行同业汇款等国内汇款业务的陆续恢复或开放,交行的汇款业务出现大幅增长。

---

① 《四联总处史料》(上),第265—266页。
② 《四联总处史料》(下),第124页。
③ 同上,第122页。
④ 同上,第126页。

表 3-6-2 1945 年收复区内复业各行属解付汇款总数表　　　　单位:千元

行属名	解款数额	行属名	解款数额
京属	562590	滇属	1383200
沪属	6248560	闽属	1035430
浙属	434130	赣属	28270
粤属	794970	湘属	792020
桂属	936920	津属	1003840
共　计	13219930		

资料来源:《交通银行史料》第一卷,第576—577页。

从表中汇款总额看,1945 年为 13410.2 万元,1946 年更达到 154100 万元,一年中增长 10 倍有余。汇款数额在短时间内的大幅增加,说明汇兑业务已成为交行新的业务增长点,也说明交行在战后积极构建汇兑网络是卓有成效的。

三、清理伪交通银行

抗战胜利后,原沦陷区各行处的恢复、重建工作全面展开,对各类敌伪机构的清理与接收也迅速推进。战争期间,交行虽竭力维护行产,减少损失,但仍有大量行产被日军侵占,一部分被转入敌伪控制下的各地伪交通银行,一部分被其他日本机构掠走,这些资产理应由交行全部追回。

按照国民政府规定,伪交通银行的各类资产,由交行自行清理,并作为交行的资产继续运用,不必上交中央银行。[1] 总处依据财政部指令,成立上海伪交通银行清理处,李道南任处长,潘启章任副处长。[2] 清理、接收工作开始前,上海伪交行及其下属位于苏州、无锡、镇江、扬州、泰县、蚌埠、芜湖、常熟、南通、汉口等地的分支机构,遵照统一指令,于 1945 年 9 月 25 日全部停业。[3]

《京沪区伪交通银行清理办法及附则》规定,上海伪交行的清理工作由特派员办

---

[1] 《交通银行辖属行关于接收敌伪银行的来往文书之三》,上海市档案馆藏,档号 Q55-2-918,第 52、60、61 页。
[2] 《伪财政部特派员办公处致汪伪交行及日寇住友等 3 银行接收人员交通银行经理李道南关于接收事项的来文之一》,上海市档案馆藏,档号 Q55-2-1581,第 16—17 页。
[3] 《交通银行清理汪伪交行清理处的各项通知函》,上海档案馆藏,档号 Q55-2-878,第 2—5 页。

公处总负责,上海伪交行项下的不动产、生金及外币等资产,未经许可不得擅自转移。① 伪交行先前存放在伪中央储备银行的存款准备和存款,则可申请提取,为交行挽回一定损失。② 在清理过程中,清理处贯彻特派员办公处确立的原则,即原属于交行的资产仍归交行所有,敌伪资产部分予以冻结查封,与敌伪无关的资产则由交行继续拨付,对存放在伪交行的各类保管箱以及客户存放的私有财产进行甄别鉴定,区别处理。③

对于存放在上海伪交行及其各地分支机构的资金,财政部制定专门的处理办法,指示各支行存款中储券约426000余万元、库存中储券241000余万元中,先开付五成;查明存款人,如果为敌伪机关或其主管人员,以及附逆的个人或团体所有,则扣留其存款。④ 其后,交行根据清理的实际进展,调整了支付办法。凡与敌伪没有关系的资金,不满50万元的储蓄存款,可优先支付;50万元以上的存款,则分期支付;汪伪政府属下公用事业、慈善团体的存款,在报请特派员之后支付,支付数额以稳定治安之需为限。⑤

抗战期间,伪交行受伪中央储备银行控制,其存款准备并不充足,在清理过程中出现不敷支付的情况。为保证清理工作顺利进行,清理处将伪交行名下的一些房产变卖后充作存款准备⑥;把清理伪交行时发现的100余两黄金抵押给中央银行,⑦获得856万元的资金支持;⑧此外,伪交行承受质押品项下同人福利基金还有若干剩余资产,交行变卖其中一部分,获得资金269万余元,其余资产也逐步变现。⑨ 这些资金的获得,为清理工作的顺利进行奠定了基础,提供了保证。

按照接收原则,伪交行资产应全部由交行接收,但在执行过程中仍有不少波折。例如,伪上海交行持有大量中国丝业公司股份,苏浙皖区敌伪产业处理局主张把这些

① 《伪财政部特派员办公处致汪伪交行及日寇住友等3银行接收人员交通银行经理李道南关于接收事项的来文之一》,上海市档案馆藏,档号Q55-2-1581,第50页。
② 同上,第51页。
③ 同上,第21—22页。
④ 同上,第23—24页。
⑤ 同上,第52—53页。
⑥ 同上,第27页。
⑦ 《交通银行辖属行关于接收敌伪银行的来往文书之三》,上海市档案馆藏,档号Q55-2-918,第74页。
⑧ 同上,第79页。
⑨ 同上,第88—91页。

股份作为敌伪资产全部没收充公。① 交行对此提出异议,认为伪上海交行投资中国丝业公司利用的是交行的原有资金,丝业公司的债务也由伪交行负责,而苏浙皖区敌伪产业处理局仅将股权没收,而将债务留给交行,有失公允。交行总处多次向四联总处申诉,坚持应由交行接收上述股权。

农贷是上海伪交行的重要业务,交行总处出面接收了上海伪交行京农处的各类营业设施和用具,其资产折合伪币共计282654元,按照200伪币折合1元法币计算,共有法币1413.27元。② 上海伪交行下属的芜行、蚌行、苏行、锡行、通行等各分支机构,所存的资金也陆续折成法币转交当地的交行分支机构,各类营业设施和用具也登记造册后移交。

关于房屋之类的不动产,虽然四联总处明确规定,"所有敌伪金融机关占用之房屋,以前如为各行局所有或使用者,应于接收后立即归还原有或原使用行局",③但实际执行过程中,困难重重。

历经八年抗战,一些战前本属于交行的房产产权已模糊不清,总处想方设法使这些房产的属性得到确认,最终得以收回。如芜行在战前自行购置了芜湖公安街六号作为营业用房,抗战期间这幢房屋被芜湖医院占用,芜行经过多次交涉,才促使医院搬走。苏浙皖敌伪产业处理局驻皖办事处插手该处房产,认为"该屋在敌伪时期即改设医院,故亦列入敌产"。为追回合法资产,总处亲自出面与苏浙皖敌伪产业处理局商洽,最终将房产收回。④

交行各地行处在接收过程中还十分注意联合其他金融机构共同追讨原属自己的财产。蚌行在接收中发现"一切设备在敌人占据时已被摧毁无存";"新船塘仓库、五行仓库及中、交、金房屋等现均被军队驻用"。⑤ 于是,蚌行联合当地中国、金城等银行,共同与占用行屋的部门交涉,尽最大努力收回资产。

尽管如此,由于种种原因,仍有一些产权十分明确的资产,难以迅速收回,对交行的恢复工作产生不利的影响。例如,抗战期间伪中央储备银行在常州的分支机构以

① 《交通银行辖属行关于接收敌伪银行的来往文书之三》,上海市档案馆藏,档号Q55-2-918,第1页。
② 《交通银行辖属行关于接收敌伪银行的来往文书之一》,上海市档案馆藏,档号Q55-2-918,第2页。
③ 《交通银行辖属行关于接收敌伪银行的来往文书之三》,上海市档案馆藏,档号Q55-2-918,第11页。
④ 《交通银行辖属行关于接收敌伪银行的来往文书之一》,上海市档案馆藏,档号Q55-2-916,第51页。
⑤ 同上,第63页。

伪币 15 万元租借交行常行的行屋,并买下所有营业用具。抗战结束后,此类严重侵害交行权益的租借、购买合同自当作废,常行可以收回属于自己的财产。但是当常行与伪中储行的相关人员接洽财产归还事宜时,却被他们以"在未奉该行清理处正式公函前,未便启封检点"为由拒绝,接收工作只能按照对方进度进行。①

上海分行有大量资产被转入伪交行,但接收、追讨的过程颇费周折。1945 年 12 月初,上海分行仓库主任俞谟即函告上海区敌伪产业处理局,要求与该局商洽光复路仓库的交接事宜,并明确提出希望尽快归还仓库,以便恢复营业。② 当时实际占用该仓库的机关是江海关,于是上海分行同时发函江海关,申明有道契、完税凭据等产权证明,恳求江海关配合交行的接收工作,尽快将仓库中的物资搬出。③ 但事情拖延数月,直至次年 4 月,仓库才被收回,至 12 月,才对仓库设施、用具及资金登记造册完毕,上报总管理处。④

接收上海伪交行的同时,对北京伪交行的接收也在按部就班进行。1945 年 10 月 17 日,交行派郑大勇为接收委员,开始对北京伪交行及其在天津、济南和唐山的分行进行接收。⑤

经过清点,截至 10 月 17 日,北京伪交行及其下属机构,库存伪联银券共计 105502672.71 元,从账面看,负债总数为 16830 余万元,资产总额仅有 14700 余万元,账面存失高达 2000 余万元。⑥ 为弥补先前经营上的亏空,交行对其存放的有价证券、营业用房产以及各类营业用具逐笔估价,以便日后变卖抵债。

北平分行被敌伪侵占之前,存银总数为 9643783.69 元,分别存放在华比和汇理两家外资银行的库房内。1941 年 12 月 8 日,敌伪强行夺走两家银行的库房钥匙。华比银行的库房钥匙于 1944 年 7 月 11 日转交伪交行时,库房内的所有存银已被洗劫一空。据悉,这些白银被全部运往伪中国联合准备银行总行。汇理银行的库房钥匙在中央银行接收伪中国联合准备银行总行时,由央行保管。经交通银行和中央银行共同调查,两库房内的白银总数与伪中国联合准备银行总行的账目相符,确定这些白

---

① 《交通银行辖属行关于接收敌伪银行的来往文书之一》,上海市档案馆藏,档号 Q55－2－916,第 84 页。

② 同上,第 45 页。

③ 同上,第 47—48 页。

④ 同上,第 61—63 页。

⑤ 《北京金融史料》银行篇(5),第 548—581 页。

⑥ 同上,第 579—580 页。

银确系交行所有,由交行接收。①

四、接收其他敌伪银行

交行除追回自身资产,还配合国民政府接收各地敌伪银行。国民政府制定了接收敌伪银行的方案,指派交行接收住友、正金等日资银行。按照规定,接收人员到达敌伪银行后,应首先与对方负责人面谈,出示接收文件后,索取该行所有员工的名册,并向对方介绍接收人员的构成。敌伪银行停止营业后,接收人员还应索取该行本年上期结算书、财产目录、最后一天营业终结时的日记表、各种财产证明及清单等文件,以便对资产进行全面清理。②

1945 年 9 月 20 日,交行派遣李道南进入日资住友银行,开始接收工作。经李核实,查明该行上海分行营业处房屋为花旗银行所有,因此将其返还花旗银行。截至接收之日,该行全部库存为伪中储券 9072490551.4 元。③ 9 月 25 日,李道南又前往日资上海银行和日资汉口银行上海分行,查封了两行房产,核定两行库存资金至 9 月 22 日,分别为伪中储券 6990322370.9 元、3278200024.1 元。④ 交行为保证清理、接收工作的顺利进行,还派遣行员驻扎被接收的敌伪银行,如江宝钧等四人常驻住友银行,杨壮元等四人常驻上海银行,林植慧等四人常驻汉口银行上海分行。⑤

抗战期间,日伪银行凭借日军军事方面的强势地位,大肆侵夺沦陷区内大量外资银行的重要资产和文件,交行在清理过程中,陆续返还原主。美国大通银行的所有文件被住友银行掠走后,存放在原花旗银行的库房内,交行清理时发现了这批文件,悉数返还大通银行;⑥住友银行在上海九江路 45 号的行屋原属美国花旗银行,交行查清后,将房屋连同各类办公用品全部移交花旗银行。⑦

清理中涉及的资产非常复杂,交行坚持审慎仔细的态度,认真核查各类要求归还

---

① 《北京金融史料》银行篇(5),第 585 页。
② 《伪财政部特派员办公处致汪伪交行及日寇住友等 3 银行接收人员交通银行经理李道南关于接收事项的来文之一》,上海市档案馆藏,档号 Q55-2-1581,第 55—56 页。
③ 《交通银行李道南发送伪财政部特派员办公室关于接收日寇住友等银行及汪伪交行清理事项的文件之一》,上海市档案馆藏,档号 Q55-2-1583,第 15—17 页。
④ 同上,第 20—25 页。
⑤ 同上,第 94 页。
⑥ 同上,第 47—48 页。
⑦ 同上,第 6—7 页。

财产的申请,据实处理。例如,一位自称梁钟韵的申请人,诈称日资上海银行北四川路支行所在的靶子路 350 号为其 1937 年间为开设学校而租赁的房屋,"八一三事变"后被上海银行侵占。交行查实,上海银行北四川路支行于 1940 年 12 月开业,所在行屋原属英商通和洋行,1941 年 3 月以法币 17.5 万元出售给上海银行,当时的买卖履行了合法的手续,有地契及其他合同可证明。据此,交行驳回了梁钟韵的申请。① 有时,多个金融机构参与接收工作,交行还注意与其他金融机构的协调与合作。如中央信托局接收中华日本贸易联合会时发现,该会有大量存款存放于住友银行,为此,中央信托局商请交行详细核查该会在住友银行的准确存款数额,交行予以积极配合,查实该项存款。②

　　交行的接收过程包含大量具体而细致的工作,其中,"敌性"银行的债务清偿问题尤为棘手。这些银行战时多滥发钞票,战后难以清偿债务。经多次商讨,四联总处最终确定,"凡敌性银行于接收后,清查其资产负债之确实数字,其债权方面凡予追回,其债务则一律暂不予清偿"③。交行接收敌性银行时,照此依据,尽力追回债权,而债务则暂不清偿。例如,与上海银行有业务往来的大中公司共欠该行伪中储券14936.6 万元,当时大中公司以肥皂作为抵押,清理工作开始后,大中公司请求将抵押品变卖,清还债务,交行表示同意。④ 另一家与汉口银行上海分行有业务往来的企业,欠该行伪中储券60257869 元,以上海昆明路 749 号厂房内所有设备作抵押,但交行发现这些厂房设备已被政府经济部接收,为此,交行设法协调各方关系,努力追回欠债。⑤ 对于敌伪银行留存的钞券,以及金银钱币、珠宝、首饰等,交行皆按照相关规定,全部清点造册后,"一律移送当地中央银行专户保管"⑥。不过,交行在接收敌伪银行时也注意区别特殊情况,予以通融处理,避免因查封敌伪资产而伤害本国民众,

① 《交通银行李道南发送伪财政部特派员办公室关于接收日寇住友等银行及汪伪交行清理事项的文件之一》,上海市档案馆藏,档号 Q55-2-1583,第 73—75 页。
② 《交通银行接收日商住友等 3 银行及汪伪交行的文件材料之一》,上海市档案馆藏,档号 Q55-2-1590,第 52 页。
③ 《交通银行辖属行关于接收敌伪银行的来往文书之三》,上海市档案馆藏,档号 Q55-2-918,第 39 页。
④ 《交通银行李道南发送伪财政部特派员办公室关于接收日寇住友等银行及汪伪交行清理事项的文件之一》,上海市档案馆藏,档号 Q55-2-1583,第 10—11 页。
⑤ 同上,第 57—59 页。
⑥ 《交通银行辖属行关于接收敌伪银行的来往文书之三》,上海市档案馆藏,档号 Q55-2-918,第 41、50、51 页。

激起社会矛盾。①

抗战胜利初期,国民政府属下的行政机构、军事单位等纷纷返回原沦陷区。当时,主管当局的政令往往不统一,下属部门各行其是,强行占用或肆意抢夺敌伪资产的现象时有发生,给交行的清理、接收工作造成了很大阻碍。例如,住友银行胶州路500号行屋被宪兵司令部东南特务区联络处占用,康脑脱路(今康定路)770号行屋被宪兵23团下属部队占用,交行为清理、接收这两处房产,费了不少周折。② 1945年10月,交行清理汉口银行上海分行员工宿舍时,发现部分被占用的美国捷运公司物件以及其他应查封的物件。上海市警察局虹口分局保安第二大队勘查现场后,强行占用该处房产,该大队200多人住进各个房间,清理、接收被迫停顿。③

更为严重的是对敌产的抢夺。1945年11月,上海银行的顺风牌轿车,竟遭全副武装的士兵抢劫,负责看守汽车的工人被打伤,幸亏第三方面军及时赶到,阻止了这起抢劫事件。④ 日商双叶运输公司为上海银行客户,先前曾以水泥作为抵押向上海银行借款,第三方面军京沪司令部高级参谋部李某却以接收的名义强行将水泥全部运走,双叶公司无可奈何,只得与交行商议改以其他抵押品偿还所欠借款。⑤

第三节 战后业务重心的确定

一、配合政府扶持西部工业

抗战后期,西部地区通货膨胀十分惊人,1942年以后,物价平均上涨年率均保持

---

① 《交通银行李道南发送伪财政部特派员办公室关于接收日寇住友等银行及汪伪交行清理事项的文件之一》,上海市档案馆藏,档号 Q55－2－1583,第29—35页。
② 同上,档号 Q55－2－1583,第38—39页。
③ 同上,第100页。
④ 同上,第53—56页。
⑤ 《交通银行接收日商住友等3银行及汪伪交行的文件材料之二》,上海市档案馆藏,档号 Q55－2－1591,第75页。

在 200% 以上。① 通货膨胀导致生产成本不断上涨,但居民收入并未相应提高,产品出现滞销,工业发展遭遇极大困难。国民政府为平息民愤,对多种工业产品采取物价管理措施,但又导致生产企业亏损巨大。这一时期,后方游资泛滥,贷款利息高涨,一些企业利用其信誉获得银行的低息贷款后,转而从事高利贷,而真正的生产性企业不断萎缩。抗战胜利后,军需用品订单骤然减少,而政府机构和各界人士纷纷向东回迁,也使物品消费大幅下降,造成众多生产企业陷入绝境,难以为继。为帮助后方工业摆脱困境,国民政府出面牵头,推出一系列措施,包括信贷资金的支持。交行为发展实业,义不容辞,做了大量有益的工作。

1944 年 9 月 6 日,赫尔利以美国总统罗斯福私人代表的身份访问重庆,陪同赫尔利来访的还有美国战时生产局主席纳尔逊及其两个助理。赫尔利来华的目的之一即是"增进中国境内战争物资的生产,并防止中国经济崩溃"②。11 月初,纳尔逊和赫尔利再次访华,中美双方达成协议,于 11 月 6 日正式成立战时生产局。其一项重要的任务是促进中国工业生产,防止中国经济崩溃,并能在战后继续推动中美经济合作。战时生产局拥有极高权威,"凡是生产局局长所决定的,不管各部意见如何,一概不能更改;美国援助都经由生产局,不用另给各部"③。而战时生产局的资金,其实都来自包括交行在内的国有银行。战时生产局从银行获得贷款,再与各企业订立契约,订购产品,生产完成后再行验收。

战时生产局所需资金,经与四联总处商议,决定给予 100 亿元的透支额度。所有经费由交通银行、中国银行、中央信托局、邮政储金汇业局共同承担,其中交行出资 40 亿元,占总数的 40% ,为四行局中的第一位。④ 交行承担的数额,也由各地行处共同分担,并由重庆支行集中办理。这笔资金主要投向生产战时紧缺物资和设备的企业,大致分三种方式投放。1. 订购产品:由战时生产局拨付定金,直接向厂家订货,或由生产局联系有此需要的机关,向工厂订购。2. 添置设备:企业为执行生产局的生产计划需要添置设备时,由生产局核定后,设法向国外订购。3. 趸购成品:即一次性购买工厂产品,解决企业产品滞销的问题。

① 洪葭管主编:《中央银行史料(1928. 11—1949. 5)》,第 659 页。
② 世界知识出版社编辑:《中美关系资料汇编》第一辑,世界知识出版社,1960 年,第 139 页。
③ 《交通银行史料》第一卷,第 509 页。
④ 同上,第 510 页。

对于所承担的 40 亿元支持资金,交行等四行局与四联总处和战时生产局协商,制定一系列保障措施。首先,所有借出资金由财政部出面担保,借款期限定为一年,可以续借或增订。期限较短便于交行及时对企业的生产状况作出评估,防范可能的风险。其次,借款利率定为月息二分。战时生产局原计划以无偿划拨的方式获得资金,但遭到各行局及财政部的反对。当时四行局都感到头寸紧张,贷款成立后,四行局可照八成的比例把贷款向中央银行办理转抵押,从而盘活资金。最后,生产贷款办法还特别规定实收实付,按照实际需要贷给生产局,意在防止企业低成本获得贷款后,不投资生产而从事高利贷。

战时生产局的设立,对挽救后方诸多濒临破产的企业起了一定积极作用,接受资金援助的企业,得以重新开工,维持生产,为抗战物资的供应做出积极贡献。在战时生产局贷款中承担主要份额,交通银行自然功不可没。

抗战胜利后,经战时生产局负责人翁文灏的建议,生产局停止办理资金的拨付工作,而专注于清理企业对银行的欠款,以防止坏账产生。在生产局和二行二局的共同努力下,各厂矿企业都按时结清所欠本息,战时生产局的工作暂告结束。然而,战争的结束,使各类支持后方企业的资金也逐渐减少,信贷资金开始流向收复区。军需订单骤减,后方物价的暴跌更是雪上加霜,先前高价购进生产原料的企业无法维持正常的生产和销售,西部的工矿企业发展再次恶化。

为应对这一严重问题,国民政府组织交通、中国、农民等行局,在西部推行紧急工贷,由财政部、经济部、战时生产局、四联总处等机构共同制定紧急工贷实施办法。紧急工贷以西部工矿企业的原料、成品和机器作为抵押,贷款期限为一年半,从第 13 个月起,分六个月按月还清。由于西部工矿企业众多,凡申请该项贷款的企业必须获得战时生产局或经济部的证明。[1] 为保护银行方面的资金安全,与先前战时生产局的贷款一样,紧急工贷的贷放也由财政部总担保,并由中央银行按九成进行转抵押。为便捷迅速起见,四联总处、战时生产局和各行局在办理贷款的过程中,特意规定了来往书函的统一格式,以便及时处理。

紧急工贷的限额为 50 亿元,从 1945 年 9 月开始办理,交行一开始就参与其中。

---

① 《金融法规》,《中华民国金融法规档案资料选编》,第 1110—1111 页。

截至 1945 年底,交行共发放紧急工贷 11 亿余元,1946 年又先后贷出 5200 余万元。①紧急工贷的发放,有效缓解了西部工矿企业流动性不足的问题,对支持企业恢复生产,帮助其回迁等,起了重要作用。交行先后两次参与国民政府组织的救济行动,并在其间做出重大贡献,担起了"发展实业"的责任,赢得了良好的社会信誉。

二、力推存款储蓄,充实资金储备

抗战的全面胜利给中国带来全面复兴的契机,国民受到极大鼓舞。交行管理层预计,战后和平时期,全国的实业发展将有一次跃进,各类工矿、交通企业对金融服务的需求大大提升,银行业务量必然出现明显增长。但审视交行当时状况,至少有两方面存在极大不足,一是实业金融网的构建,二是资金的储备。

银行业是一个高负债率经营的行业,从最基本的盈利模式看,只有尽可能吸收资金,充实资金储备,才有可能贷出更多资金,通过利息差获取基本收益。交行虽然业务种类多样,但息差依旧是其最基本和最重要的收益来源。四行专业化以后,交行的存款来源遭到压缩,八年抗战也对交行的资金结构产生很大影响,抗战末期交行的储蓄业务虽居四行之首,但长期资金占比过低的状况并无根本改观。战后业务量大幅上升,资金头寸偏紧必然成为交行发展的一大瓶颈。面对抗战胜利后的新形势,管理层及时提出"配合胜利复员中经济形势,乘机收揽储蓄存款"。②

总处认为,抗战期间吸揽资金非常困难,主要原因在于后方物价飙涨,黑市利息远远高于银行利息,抗战胜利后,后方物价开始跌落,黑市资金也开始向国家银行回流,"此乃国家银行大量吸收存揽储蓄之良机"③。战时,交行已高度重视并大力发展储蓄业务,开设了三大类 13 个储蓄品种,形成完备的储蓄产品结构。在活期储蓄中,为鼓励资金长期存放,多个品种都有增息等优惠条款,对储户有较大吸引力。鉴于上述吸揽储蓄的政策在战时已发挥积极作用,总处认为在战后"宜积极宣传,积极揽收各种储蓄,以裕行力"。综观交行开办的各类储蓄中,诸如劳工团体储金、劳工福利基金储蓄等品种,都与工矿企业有着密切联系,若能利用交行与工矿企业长期形成的良好业务关系,积极开拓客户资源,可以吸揽更多资金进入交行,对此类储蓄更应"多予

---

① 《交通银行史料》第一卷,第 533—534 页。
②③ 《配合胜利复员中经济形势乘机收揽储蓄存款由》,交通银行博物馆藏资料 Y53。

便利,加以保持以及发展"。总处希望"际此时会揽储实较以往为易,愿我各行处勿失良机努力推进为要"①。

除交行自身的重视与推进外,四联总处也通过制定一些方针、政策为中、中、交、农四行在战后尽可能多吸收资金,提供指导与帮助。四联总处要求各行局对于存户兑取本息及转移存款地点,商定统一办法,以便利储户。1945 年 9 月初,四联总处发布《复员时期便利存户兑付本息办法函》。该办法规定:存款户迁居他处后,可要求原存款行局将其存款转移至迁往地点;各种国币储蓄券,也可携往迁居地点,继续由发行行办理相关业务;在银行方面,后方分支机构搬迁或撤销时,需提前一个月登报公告,结清所有储蓄存款;若有未结清的业务,则交由附近分支机构或管辖行妥善处理;如果附近没有其他分支机构,则可委托其他银行代为办理。在银行的日常业务中,异地存取资金需收取较高的手续费,存户迁居他处再行取款,相当于办理异地存取资金业务。为此,四联总处特别规定:"存户移转存储地点或托收本息,不取手续费,其汇水由各行局酌予减收或免收。"②这些方针表明国民政府相当重视战后资金问题,并希望通过加强服务和给予一定优惠以吸引闲散资金,对交行的工作具有指导意义。

在四联总处支持下,交行上下团结奋进,推动储蓄业务延续抗战后期以来的良好态势,出现较大幅度增长。截至 1946 年底,储蓄总余额达 298.7 亿余元,较 1945 年底增长 276%。从储蓄品种分析,普通储蓄存款 91.89 亿元,增加 119%,其中定期2.72 亿元,增加 52%,活期 89.16 亿元,增加 121%;节建储蓄存款 193.65 亿元,除去美金储券,增加 42%,其中节建储金 800 余万元,减少 20%,节建储券 10.7 亿元,增加 43%。当时美金储券、乡镇公益储蓄、法币折合黄金存款已陆续停办,仅办理兑付手续。③ 1946 年初,交行确定全年储蓄目标为增加储蓄资金 40 亿元,而年底实际增加额度达到 52 亿元,远远超过预期。

储蓄存款的大幅增加,尤其是定期储蓄较 1945 年的大幅增长,一方面说明交行的揽储颇有成效,另一方面也显示民众对战后前景非常乐观。不过,抗战胜利后,通货膨胀的状况未得到改善,国内政治前景也很不明朗,仍存在内战的风险。

---

① 《配合胜利复员中经济形势乘机收揽储蓄存款由》,交通银行博物馆藏资料 Y53。
② 《四联总处史料》(中),第 269—270 页。
③ 《交通银行史料》第一卷,第 1142—1143 页。

交行管理层在总结 1946 年的业务状况时不无感慨，"值此物价动荡，市拆高昂环境上，对于招揽储蓄原极不易，然本行储蓄数字仍能逐年增高"①，实属不易。"嗣后国内经济情势倘能趋于安定，则以本行历史之悠久，信誉之昭孚，储蓄业务之更见发展当可预卜。"②但实际上前景却难以预料，字里行间透露出管理层的悲观心境。交行虽属国民政府体系中的金融机构，但也是一家以发展实业为目标的商业银行，自然希望国内能有一个和平安定的政治形势和社会环境，以利于业务的开展，造福于国民经济。但金融家毕竟无法左右政局的走势，一旦内战打响，一切便无从说起。

三、支持工矿交通的战后恢复与重建

抗战爆发后，不少东部的工矿企业辗转迁往后方，在抗战初期显示出勃勃生机，但随着战争的持续和条件的恶化，逐渐陷入困境，至抗战末期，已滑向崩溃的边缘，全赖国民政府和各大银行的紧急救援。还有更多的企业由于种种原因未能迁出，留在了沦陷区，在日军的铁蹄下，或被抢劫一空，彻底破坏，或被榨取利用，至抗战结束，也已基本丧失生产能力。抗战胜利后，国内发展实业的呼声再度高涨，交行深知自身肩负的责任，将支持国内实业的恢复与发展置于本行业务的首位。在四联总处的部署下，交行着力推进工矿交通的战后恢复与重建。

（一）支持交通设施的恢复与重建

收复区内的公路、铁路等交通基础设施因战争遭受极大破坏，钞券的运输、资金的流通、汇兑网络的构建等都受到限制。因此，修复交通线，成为交行战后首先支持的实业工程。交行在 1946 年的工作报告中指出，"胜利以后，收复区内各大铁路及江海各线轮航以及空航莫不亟待积极恢复"，交行使命所在，竭力予以贷助。铁路方面，交行支持了津浦、平汉、粤汉、陇海、湘桂黔、北宁、中长等铁路干线的修复工程，1946年全年的贷款总额达 200 多亿元。公路方面，交行为覆盖全国公路干线的修复工程提供贷款，其资金规模可想而知。除协助交通部公路总局修复公路干线，交行还为民营的长途汽车公司提供贷款，帮助其购置汽车，恢复因战争中断的长途运输线路。对公路和汽车公司的贷款，1946 年全年贷款总额达 100 多亿元。轮船方面，交行主要

①②　《交通银行三十五年度业务状况》，交通银行博物馆藏资料 Y50。

为船商购买轮船和打捞沉船提供贷款,并为航运经营企业提供临时流动资金贷款,总额达 140 多亿元。当时中国的航空事业尚不发达,交行贷款的数量相对较少,其中为中央航空公司提供的贷款最多,达 11 亿元。①

(二)协助各大城市重建市政公用事业

公用事业中,发电行业是一切工业的基础,对城市居民日常生活而言,也不可或缺。因此,交行对市政公用事业的贷款重点放在发电行业。交行为相关企业提供必要的流动资金和购置发电设备等,在上海、南京、重庆、汉口、南昌、济南、湖州、绍兴、兰溪、温州、武昌、镇江、蚌埠、芜湖、宜昌、成都等地,提供贷款达 70 多亿元。另一个贷款重点是城市中供应自来水的企业,涉及的城市主要有上海、南京、重庆、成都等,贷款资金主要被用于购买机器和相关材料,总额达 20 多亿元。其他市政公用设施贷款则投向市内交通、下水道、码头、轮渡等设施,协助相关机构和企业购买汽车以及其他机器设备,总额也达 90 多亿元。②

(三)继续支持工矿生产企业

抗战结束后,军用物资的需求一时骤降,交行将贷款资金重点投向与民众生活密切相关的工矿生产企业。其中,纺织染业、食品工业、化学工业和矿业四大门类成为最重要的扶持对象。

纺织染业主要涉及棉花、丝、毛三大类,这是中国当时所有工业门类中历史最悠久且形成一定生产规模的门类,所获贷款也最多。如 1946 年,交行为其提供贷款 700 多亿元。交行根据社会经济发展现状及民众所需,确定贷款数额最大的是棉纺织业,其次为丝织业,再次是毛纺织业。交行选择贷款对象,不拘泥于企业规模的大小,"全国各大小城市由数十万锭之纱厂以迄一般有关人民生计之手工业,凡合乎贷款条件者莫不尽力予以协助"。③丝茧绸织方面,抗战前苏浙沪一带为主要产区,由于日军的肆意掠夺,这些地区的丝厂战后已基本停工。交行为帮助该地区尽快恢复丝织品生产,从多方面给予贷款扶持,例如,为苏、浙、皖三省提供春茧贷款,为扶植茧农增加生产提供贷款,为上海丝织业及杭州丝织业、丝绸商业提供贷款等。在各项贷款中,交行或参与其中,或主持办理,皆发挥重要作用。

---

① 《交通银行史料》第一卷,第 531—532 页。
②③ 同上,第 532 页。

交行为食品工业提供的贷款总额达 200 多亿元,涉及的工业门类十分广泛,在资金头寸有限的情况下,把面粉工业作为重点贷放对象。贷款投放以原料成品为抵押,在小麦收获季节,以垫款的方式协助面粉企业赴产地采购生产原料。这样,不仅使粮农与厂家可以迅速而及时地完成售、购过程,而且便于监控资金确实用于采购原料,不至挪作他用。

化工工业方面,交行投放的贷款资金达 100 多亿元。当时中国的化学工业尚不发达,抗战时期以永利为代表的规模较大的化学工业遭到重创。为此,交行尽力支持这些规模较大的化工企业。同时,又从民众生活之需考虑,扶持一些规模较小的日用化工企业。此外,诸如水泥、炼油、制革、橡胶、汽车配件、建筑材料等门类的生产企业,也都获得交行的资金支持。①

采矿工业方面,交行的贷款总额达 200 多亿元,资金重点投向全国主要的产煤省区,如山东、河南、河北、湖南、四川等地,其中,以中兴、开滦、淮南、河南民生、四川天府等大型煤矿为代表的煤炭生产企业所获贷款较多。淮南矿路股份有限公司成立于1937 年夏天,前身为国民政府建设委员会经营的淮南煤矿和淮南铁路。抗战爆发后,淮南煤矿被日军占领,与毗邻的大通煤矿合并开采,八年中被挖掘煤炭 400 多万吨,不但矿脉备受损伤,而且从水家湖到路溪口的 180 公里铁路也被完全拆毁。抗战胜利后,凭借交行的信贷支持,部分煤矿逐渐恢复正常生产。②

交行对各类实业的贷款支持,成效显著,因战争而遭受严重破坏的工矿、交通业逐步恢复,而信贷资金的投向也对不同工业门类的发展起到了一定的调节、平衡作用,引导实业生产从服务战争转向服务民众的日常生活。

四、致力信托业务,构筑资本市场

抗战胜利后,国内政治、经济形势出现短暂好转,交行的信托业务迎来新的发展。一些先前尚处于计划中的业务项目逐步推出,付诸实施,信托资金的募集也较以往更为顺利。

1946 年是交行战后恢复的第一年,信托资金的募集数量即出现爆炸式的增长。

---

① 以上均见《交通银行史料》第一卷,第 532—533 页。
② 《交通银行史料》第一卷,第 1574 页。

截至当年年底,信托存款总余额达到 175.9 亿余元,较上年增加 158.6 亿余元,增长近 10 倍。其中,定期存款为 109.1 亿余元,较上年增加 108.2 亿余元,增长 100 多倍,活期存款 66.7 亿余元,增加 50.04 亿余元。[①] 1946 年的数据显示,交行信托资金不仅在数量上增长显著,更难能可贵的是结构上出现历史性的变化。从抗战时期交行开办信托业务以来,活期信托业务一直处于压倒性的优势,定期资金仅在 1944 年突破 1 亿元大关,但至 1945 年,又回落到 1 亿元以下。1946 年,定期资金数量一举突破 100 亿元大关,而且比重已远高于活期存款。在抗战时期,无论信托存款、普通存款,还是储蓄业务,都不可能出现这种现象,即便计入通货膨胀的因素,交行定期资金的增长速度仍十分可观。这表明交行作为发展实业的专门银行,已获得投资者的充分认可,交行的命运已与中国实业的发展紧密联系,如果有和平、安定的外部环境,两者的同步发展是可以预期的。从信托资金的运用看,抗战胜利后的放款数额较之前大幅增长也可说明这一点。

表 3 - 6 - 3　抗战胜利前后信托资金贷放对比

单位:亿元

年　份	放款总额	定期放款	活期放款	贴现放款	证券及生产投资
1945	5.411	0.436	2.797	2.175	2.618
1946	244.8	36.6	192.3	15.7	9.9

资料来源:《交通银行史料》第一卷,第 1270 页。

说明:活期放款包括垫款代理购运原料及运销成品。

从抗战胜利前后的对比可以看出,由于吸收信贷资金的数额出现大幅增长,信托资金放款的总额也随之增长,从 1945 年的 5 亿多元增长到 1946 年的 244 亿多元,提高 28 倍。从增长幅度看,信托放款的增幅大于吸存的幅度。1946 年,各类放款都较上一年有所增长,尤其是定期放款由抗战胜利前的不足 5000 万元猛增至胜利后的 36.6 亿元,与定期信托资金吸收数量的大幅增长呈正比关系。

除募集信托资金,交行还配合国民政府参与中国长期资本市场的建设。抗战结束后,上海证券交易所于 1946 年恢复,资本总额为 10 亿元,上海华商证券交易所原股东认购 60% 股份,剩余 40% 股份仍由中国、交通、农民、中央信托局、邮政储金汇业

---

① 《交通银行史料》第一卷,第 1268 页。

局认购。

上海证券交易所与实业发展有着密切关系,公司章程规定:"本所提倡企业投资,促进经济复员,建立健全证券市场,辅助工商企业为宗旨。"①其营业宗旨与交行的专业责任高度一致。上海证券交易所的设立对交行战后业务的开展具有积极意义,双方主体任务一致,可在很多方面相辅相成。

上海证交所于9月9日开业,交行信托部"鉴于代理买卖有价证券系属信托部业务重要部门,为协助政府施行政策,适应业务环境",尽快办妥经纪人登记手续,由经济部核定为第31号经纪人,全称为"交通银行信托部上海证券交易所31号经纪人"。交行信托部负责证券的日常交易,代表人为信托部副经理陈静民,并专门拨款1亿元作为运作资金,在内部管理上以信托会计往来科目信托部经纪人子目进行处理,并另设证券经纪会计。②

为推动中国资本市场的顺利发展,交行做了大量工作。上海证交所成立当年,交行即推动证交所办理交割事宜,协助将证券交易导入正轨。交行还负责承募上海市轮渡公司股票,以协助公用交通建设,并投资沪南长途汽车公司,开办委托代收股款等业务。③

交通仓储事业也是交行的重要业务部门,其恢复与发展对促进实业经济和物资流通具有一定作用。截至1946年底,交行在上海、南京、汉口、长沙、沙市、重庆、西安、江门、青岛、天津、南昌、泸县、成都、宝鸡、金华、兰州、桂林、郑州、嘉兴、蚌埠以及越南海防等21个城市拥有自设仓库。这些仓库都处于人员物资交流密集的地区,加之合作或代理关系的仓库,交行基本形成网络化经营,为押款、押汇等业务的开展提供保障。

---

① 罗友山:《国家金融垄断资本扩张的产物——评1946—1949年的上海证券交易所》,《上海经济研究》2002年第9期。
② 《交通银行史料》第一卷,第1271页。
③ 《交通银行三十五年度业务状况》,交通银行博物馆藏资料Y50。

第四节　抗战胜利后的外汇业务

一、重新开办外汇业务

抗战时期,国民政府为稳定法币币值,集中财力坚持抗日,对外汇管理作出严格规定,自1942年实施《统一四行外汇管理办法》后,交行不再具有独立管理本行外汇头寸的权力。抗战结束后,交行准备恢复与外汇相关的各项业务。

1946年2月25日,国防最高委员会通过开放外汇市场案,决定"将现行官价外汇汇率予以废止,并规定中央银行应察酌市面情形,并依照供求实况,随时供给或收买外汇,以资调节,而防止过度之波动"。该案提出:"查现在买卖外汇无公开市场。对外贸易陷于停顿,因之工商企业并相观望,实为经济复员之一大障碍。且以解决办法尚未公布以致群起猜测。黑市之纷扰,乃日甚一日。近更牵动黄金市价,尤足影响金融,刺激物价。自应速将汇市纳入正轨,以促成经济之发展与民生之安定。"[①]自此,交行又重新掌握本行外汇业务的决定权。

开放外汇市场案通过当天,中央银行公布《管理外汇暂行办法》,规定中央银行可"指定若干银行为'指定银行',指定银行得经营外汇业务"。[②] 当年3月,中央银行公布27家外汇指定银行,交行为其中之一,并与其他10家银行被推选为常务委员,[③]由此获得外汇业务经营资格。由于中央银行的外汇管理中心设在上海,交行总处批准先由上海分行按照相关外汇管理办法,经营外汇业务。随后,汉口、天津、广州、汕头、江门、梧州、青岛等地分支机构陆续开办相关外汇业务,在业务办理上"除购入外汇外,所有出售外汇,悉以合乎规定用途为限",[④]严格执行《管理外汇暂行办法》。

外汇市场开放后,上海的外汇交易尤其突出,各家准备复业的外商银行均摩拳擦掌,跃跃欲试。例如上海的中国银行大量揽做持有国外所开信用状的出口商以所运

---

① 《交通银行史料》第一卷,第1045页。
② 同上,第1046页。
③ 同上,第1053页。
④ 《交通银行三十五年度业务状况》,交通银行博物馆藏资料 Y50。

货物做抵押的国币押款,收益十分丰厚。援引此例,交行于 3 月 23 日要求各分行"择户予以贷助",①以协助推进国外贸易并兼顾自身发展。

沪行自开办外汇业务以来,曾将"进出押汇保证金缴存国行达美金 120 万元",因而其营运资金经常出现短缺。总处为缓解沪行头寸紧缺,想方设法,积极活动。总处查考核对由稽核处抄来的外币账单,"其中'C'户为沪行正账,'E'户为沪行另账。兹经核对,小数均有不符,除请检寄各该行寄来账单以便查对外,先请将'C'户全数转回"。对于内容较繁杂的"E"户,则"乞先另拨美金 250 万元,暂支沪册"②。

此外,交行管理层还先后将总处的 150 万美元拨给沪行。鉴于总处的美金头寸也很有限,只好设法寻求外援。1946 年 6 月,总处与美国欧文公司积极协商,为沪行透支金额争取机会,最终商定交行"暂以本处 D 户项下证券作抵,由沪行透支 400 万美元,期限三个月至六个月,利率年息一厘七五"③。沪行头寸紧张的状态得到暂时缓解,外汇业务顺利展开。

抗战胜利后,中国经济亟待恢复,面对开放的国际市场,国内众多企业纷纷扩大出口,极力加强与国外企业的交流与合作,进出口押汇成为交行发展外汇业务的重点领域。1945 年至 1948 年的三年间,交行与中国植物油厂之间即做了不少此类交易。中国植物油厂是国营企业,抗战时期,交行衡阳支行就与该厂往来频繁,曾为其承办 150 万元的押透业务,帮助其发展生产。④ 该厂在旧金山设立分公司,名为太平洋植物油料厂,与国外每次签订合同,金额一般有三五十万美元,是交行的大客户,往往占用交行外汇业务资金的很大部分。

国际贸易牵涉面较广,加之国际形势风云变幻,贸易市场风险无处不在。尽管如此,交行依然秉持诚信、友好合作原则,与对方公司共渡难关,争取共赢。交行与南洋企业公司的合作即是很好的例子。南洋企业公司是以出口为主要经营业务的企业单位,与外国企业合作较多,资金交流十分频繁。交行与该公司建立合作关系后,承做其进出口押汇业务,双方共赢合作建立了良好关系。⑤

---

① 《告洽做出口商货物国币押款由 1946 年》,交通银行博物馆藏资料 Y49。
② 《交通银行史料》第一卷,第 1045 页。
③ 同上,第 1056 页。
④ 同上,第 513 页。
⑤ 同上,第 1059 页。

另外,为了配合国民政府疏通物资、平抑物价,交行遵照四联总处订立的押汇原则,积极推进国内埠际押汇业务。当时,地区之间的土特产贸易十分频繁,资金流动比较广泛。因此,交行尽力为采购各地土特产进口及运销土特产出口的厂商承做进出口押汇,厂商在打包期间有需要融通资金,也尽可能酌情予以贷款帮助。[1] 秋季是棉花收获的季节,棉花交易十分频繁。交行为协助各厂商赴产区收购棉花,积极办理购棉押汇。对于在内地搜购物资运销国外,从事海外贸易的出口商,交行也尽量给予资金帮助。截至 1946 年底,交行办理埠际押汇计 1200 余亿元,购棉押汇计 200 余亿元,出口国外物资押汇押放 300 余亿元。这方面的押汇取得一定成绩,但因当时国内交通尚未畅达,成绩还不够理想。[2]

《管理外汇暂行办法》虽授权"指定银行"可从事一部分外汇业务,但同时对另一些外汇业务作了严格限制,如外汇存款业务。其第九条规定:各银行"不得接收新开外汇存户,原有外汇存户,并不得增加新存款";"各银行原有外汇存户,至民国卅五年九月卅日尚有余额时,此项余额应照该日市价售于中央银行"。[3] 该办法实施后,交行即停止所有外币存款业务,至 1946 年 9 月 30 日,所有国内分支机构吸收的外币存款,包括美元、英镑等,皆按照相关规定,以法币结算余额,全部转售给中央银行。当年 11 月,国民政府又修订《进出口贸易暂行办法》,规定凡进口各类物资,皆须事先申请输入许可证。其中,上海地区进口某些价格在 2000 美元以下的特定货物,输入申请可由指定银行直接办理,高于 2000 美元的货物,或其他地区进口货物,其输入申请都需经官方专门机构核准。而政策的变化,使交行的相关业务受到限制,包括办理进口商登记结售外汇业务,也"一时暂形停滞"。此外,在出口结汇方面,因汇价与国内外成本售价之间并未维持一个均衡状态,基本无利可图,交行虽继续承做,但数量并不多。[4]

综观交行战后恢复时期的外汇业务,由于海外分支机构数量仍不多,加上国民政府对外汇市场的限制,交行虽有规划,却无法全力推进。而且,受国内通胀严重和汇率大幅波动的负面影响,交行的外汇业务始终不能良性发展。就外汇管理而言,战时交行、中行曾代表国民政府与英、美政府组成平准基金,共同维持外汇市场的稳定,其

---

[1][2] 《交通银行三十五年度业务状况》,交通银行博物馆藏资料 Y50。
[3] 《交通银行史料》第一卷,第 1048 页。
[4] 同上,第 1058—1059 页。

地位与实力可想而知。而战后，中央银行在国民政府的特殊照顾和极力扶持下，权力和地位迅速上升，在外汇市场管理上颇有"一言九鼎"的威势。交行则相形见绌，地位不断下降，只能顺从中央银行确定的所有规则。交行遭遇的诸多无奈，是官方体系中各大银行地位升降演变的具体表现，反映了国民政府战后继续加紧对金融的统制，加强官僚资本主义的垄断地位。

二、海外分行复业后的侨汇业务

抗战时期，众多华侨大量投资大后方的工矿企业，为国内抗战做出重要贡献，交行随之加大侨汇业务。抗战结束后，交行继续开拓华侨市场，为海外华侨办理业务提供各种方便。

侨汇是交行最早恢复的外汇业务。抗战期间，交行的海外分支机构不断收缩，最后仅剩印度加尔各答支行坚持营业，战后该支行继续办理侨汇业务。菲律宾交通银行原先是交行重要的侨汇办理机构，也是中央银行指定委托办理菲律宾侨汇的机构，菲律宾沦陷后菲行业务被迫结束。

1945 年 7 月，菲律宾光复，菲行经过积极筹备，于 7 月 27 日迅速恢复营业。复业初期的菲行，华侨汇款异常踊跃，资金主要汇往福建泉州一带。当时国内交通阻隔，华侨汇款数额一般较大，遂对交行的及时解付造成很大困难。不久，日本投降，抗战取得全面胜利，各地侨汇业务陆续恢复，头寸紧张的问题更加凸显。为此，交行制定《复员初期侨汇业务实施办法》，并与中央银行接洽协商，拟定侨汇外币结拨国币的办法，"除所有越南、缅甸等地侨汇俟局面规复常态，当积极着手办理外，一面依照办法将菲汇外币拨由中央银行折还国币，免费汇拨闽泉应解"[①]。鉴于解付侨汇集中在广州、福州等地，如果中央银行无法在该地区解付汇款，则由交行自行将钞券运送到解付地点，途中所需保险费用由中央银行全额承担。交行办理的侨汇业务，在中央银行所存侨汇法币户头寸，由中央银行按照周息八厘付给利息，并为其免费调拨。[②] 交行通过自身努力，以及与中央银行等通力合作，采用灵活的政策与措施，尽力保证侨汇畅通，使侨汇业务得到恢复与发展。

---

① 《交通银行史料》第一卷，第 1087 页。
② 《四联总处史料》（下），第 220 页。

据统计,从 1945 年 7 月 27 日至 1945 年 12 月底,菲行接收的侨汇业务共计 1228 万美元,折合法币 614400 余万元;印度加尔各答分行的侨汇业务,自实行按照牌价另加补助费 24 倍的办法后,业务量也逐渐增多,1945 年全年共收卢比 20 余万盾,折合法币 2900 余万元。①

1946 年,交行总处根据恢复时期的特殊情况,对侨汇业务的规范作了修订。4 月 5 日,总处发文强调侨汇事宜仍按照上述办法,由总处集中办理。鉴于菲行情况特殊,总处又于 5 月 15 日下发文件,明确了菲行侨汇的处理办法。当时总处已迁往上海,本身并不对外营业,所以美汇的抛售或运用,以及法币头寸的调拨等,都暂时委托沪行代为办理。为节省时间和简便手续,菲行办理侨汇所收入的美金,直接发往欧文公司或沪行的其他美国代理行。沪行接到菲行来电通知后,按照数额呈报总处美金户,并将菲行相关电文抄附。此项美金头寸由沪行承购或委托抛售。沪行代菲行抛售或承购的美金头寸,除将美金数额报总处美金户外,还要将法币金额报总处的菲行侨汇户。沪市汇价的变动由沪行随时电告菲行,汇票通知书或电汇印底由菲行直接寄往各解款行核验。② 这些规范,对菲行侨汇业务的每个环节都作了细致规定,并且明确了国内分支机构、菲行和总管理处三者之间的责任,菲行与沪行通力合作,菲律宾地区的侨汇业务得到较好发展。

抗战胜利初期,菲行每天承接汇款数十笔,甚至上百笔。根据交行董事沈叔玉事后回忆,这一时期菲行的侨汇额每年可达到三四百万菲币,③较菲律宾沦陷之前高出许多,为国家争取到大笔外汇资金。

除健全管理制度外,交行还积极扩展侨汇办理机构。从印行侨汇看,由于所收汇的侨款在按照官价每 1 美元折合国币 20 元后,另可获得 24 倍的补助费,④侨汇业务日渐增加,印行原先的资金短绌局面得以暂时缓解。据统计,抗战结束的 1945 年,印行共收罗比 20 余万盾,折合国币为 2900 余万元,⑤成绩可圈可点。抗战胜利后,越南和缅甸的分支机构也陆续恢复营业。从 1946 年的情况看,全年所收侨汇以汇往福

① 《交通银行史料》第一卷,第 1087 页。
② 同上,第 1088—1089 页。
③ 同上,第 1078 页。
④ 《1946 年档案袋》,交通银行博物馆藏资料 Y51;《交通银行史料》第一卷,第 1087 页。
⑤ 《交通银行史料》第一卷,第 1087 页。

建、广东一带为大宗,交行为此在侨眷集中的地区增设分支机构,并尽量简便收解手续,方便华侨汇款。总体而言,自 1946 年国民政府开放外汇市场,提高美汇汇率后,侨汇数额一度增加显著,但后来因不少华侨归国,侨汇数额又逐渐下降,当年 8 月美汇汇率再度提高后,收汇数额仍难见起色。据统计,交行全年承接的侨汇折合法币共 45.5 亿余元,菲行贡献最大,高达 38.7 亿余元,其余主要来自印度和缅甸,合计 6.7 亿余元,①较 1945 年有明显下降。

抗战胜利后,财政部为帮助华侨投资的企业尽快恢复生产,专门颁布《华侨复业贷款办法》,规定由交通银行、中国银行的海外分行办理华侨复业贷款,总额为 5000 万元,②所需资金由中央、中国、交通三行共同分担。该项贷款的发放划分五个区域,交行承办菲律宾和缅甸两个区域,对于菲律宾的华侨,总处委托菲交行出面与当地领事馆协商办理;对于缅甸的华侨,则由仰光支行发放贷款,申请贷款的华侨很多,到 1946 年,放出的贷款约为卢比 200 万盾。③

三、参与美金公债的认购与发行

1946 年全面内战爆发后,国民政府财政赤字居高不下,而法币的无限制发行,又使国统区的币值骤降,物价飞涨,通货膨胀日益加剧。为了抑制通货膨胀,弥补财政赤字,国防最高委员会于 1947 年 3 月 26 日下达发行美金公债的指令,试图通过充实外汇基金,调剂对外贸易,以扭转局势。④

公债条例于 3 月 28 日正式公布,公债名称为"民国三十六年美金公债"。条例规定公债发行总额为 1 亿美元,分两期发行,4 月 1 日及 10 月 1 日各发行半数。对于购买者缴款认购的方式,政府给出明确说明:1. 以美金存款或美金现币缴购。2. 以其他外币存款或现币依照中央银行牌价折合美金缴购。3. 以黄金缴购,折合率由财政部决定。政府还成立基金监理委员会,负责办理基金监理事项。⑤ 为促进美金公债的顺利发行,国民政府又成立募销委员会,采用广播、文字,举行招待会及游艺等方式进

---

①③ 《交通银行三十五年度业务状况》,交通银行博物馆藏资料 Y50。

② 《交通银行总管理处行为附送 1946 年度业务报告书函》(1947 年 2 月 12 日),《中华民国史档案资料汇编》第 5 辑第 3 编,凤凰出版社,2000 年,第 660 页。

④ 洪葭管主编:《中央银行史料(1928.11—1949.5)》,第 1043 页。

⑤ 同上,第 1045 页。

行宣传推广。

公债发行初期,中央银行总裁张公权即表示,希望由中国银行、交通银行及中国农民银行分别先认购一定数量,额度为中国银行1000万美元,交通银行500万美元,农民银行300万美元。但因当时交行可动用的外汇头寸仅380万美元,何况认购时必须以美金外币或黄金等支付。为此,钱新之向当局申请仅认购300万美元。张公权担心交行单方面减少认购数额后,中国银行和农民银行也可能援例要求减少认购数额,于是稍退一步,让交行认购400万美元[①]。但后来在各种压力之下,交行最终仍然认购500万美元。为筹措这笔款项,交行颇费周折。

当时,交行等国家银行对公债库券的认购数目都是由总处统筹认定的,对于其他各方面的托销,则可代理承募,本身不必再摊认。所以,当银行向各家厂商放款时,可“照放款额代征募百分之二至百分之零点五之办法”,向厂商劝销。为了支持银行业劝销,募销委员会还印制劝募公函,由放款银行代致借款厂商,劝其认购。[②]

为了扩大美金公债发行,当时国民政府同意海外侨胞以外币折购的节约建国储蓄券,可申请换购民国三十六年美金公债。抗战期间,侨胞曾在海外用外币按照当时的官价折购了一批国币节约建国储蓄券,交行海外分行及部分国内行处曾参与当时的推销,向侨胞发行不少建国储蓄券。抗战结束后,这些建国储蓄券的一部分已经回收,但仍有相当数量留存于侨胞手中。1948年,财政部公布《海外侨胞原购国币节约建国储蓄券换购民国三十六年美金公债办法》,规定凡抗战期内侨胞以外币按照当时官价在国外折购,或直接汇回国内原发行行局折购的国币节约建国储蓄券尚未受理的,均照此项手续申请换购;在国外的可向原发行行局或其他代理机关申请,在国内的可向当地原发行之分支行局申请;如当地无代收行局,可以通信方法径向原发行行局总行局申请。[③] 按此规定,交行各分支行必须承担回收储蓄券,以换购美金公债的任务。对申请换购公债的侨胞,交行先严格核实其身份证明、币券日期(要求在抗战期间,即1945年9月3日以前)等,然后代向财政部申请换购并核发1947年发行的美金公债。领到美金公债后,邮寄原经办行处通知申请人凭原收条及申请时所用签

---

①② 《交通银行史料》第一卷,第1060页。
③ 《本行各行处办理侨胞以外币折购之节约储券申请换购36年美金公债手续须知》(1948年下),交通银行博物馆藏资料Y53。

章到行申领,申请人领回美金公债后,各行处收回收条并销毁。① 由此,交行既收回了原发行的废券,又协助政府扩大了美金公债的发行范围,对促进美金公债的购销起了一定作用。

1947 年美金公债的发行,虽使用"美金"的名义,但因当时经济形势持续恶化,通货恶性膨胀,政府诚信度很低,民众对公债的发行普遍缺乏兴趣,认购数额寥寥无几。而金融业也觉得无利可图,风险又大,因而认购量少,销售情况与原计划相差甚远。据有关资料记载,至 1948 年 3 月底止,美金公债实销仅 2355 万美元,不足原计划的四分之一。②

四、通货膨胀影响下的外汇业务

抗战胜利后,为促进国民经济迅速恢复重建,外汇市场重新开放。由于国家对外汇市场放松控制,1946 年 3 月,外汇汇率由 1 美元折合法币 20 元提高到 1 美元折合法币 2020 元,当年 8 月再次提升到 3350 元,较战前的汇率 1 美元折合国币 3.3 元,上涨了约 1000 倍,③由此造成有利于进口而不利于出口的局面。以美国为首的西方国家抓住机会,向中国大量输入商品,占据中国市场,中外贸易不可避免地出现巨额逆差。据统计,1946 年 4 月至 6 月,每月入超数额均高达 1200 亿元以上。④ 自开放外汇市场至 1946 年 11 月 17 日止,国家售出外汇已高达 4.54 亿美元,外汇储备的消耗极大,⑤已难以持续。国民政府为扭转这一局面,颁布《进出口贸易暂行办法》,实行进口许可证制度,对外汇申请加以限制,虽然一定程度上有利于保存外汇储备,但始终无法避免外汇黑市的再度兴起。

1947 年,法币出现巨大危机,"黄金风潮"案的发生更是雪上加霜。物价狂涨,币值猛跌,通货恶性膨胀,国民经济急剧动荡,人心惶惶,极有可能导致黄金、外汇等大量流失。国民政府为稳定局势,决定实行全国经济管制。1947 年 2 月 27 日,国民政府颁行《经济紧急措施方案》,管制外汇,控制物价,禁止黄金、外币的买卖与流通,并

---

① 《本行各行处办理侨胞以外币折购之节约储券申请换购 36 年美金公债手续须知》(1948 年下),交通银行博物馆藏资料 Y53。
② 《中国银行行史(1912—1949)》,第 672 页。
③ 《交通银行史料》第一卷,第 1054 页。
④ 《中国银行行史(1912—1949)》,第 654 页。
⑤ 此据国民政府检察院的调查报告,转引自《中国银行行史(1912—1949)》,第 655 页。

极力鼓励生产及对外贸易。至此,1946年以来的放任政策转变为管制政策。但官价汇率与市价相差极大,外汇黑市盛行,侨汇逃避及货物走私日益严重,又有内战的不利影响,国民政府的管制措施难以取得预计成效。而且,管制政策对正常的银行业务造成很大的负面影响,交行也受到冲击。

交行作为国家实业银行,承担战后实业恢复重建的任务,不仅需对国内各实业单位进行放款、投资,还应尽可能利用所存外汇向国外购买先进设备,以提高民族实业企业的生产能力,但国民政府的管制政策却对交行购买国外设备造成很大障碍。例如,抗战胜利前,交行曾向美国怀丁厂订购五十万锭棉纺机器,以美国政府国库券票面75万美元作为保证金,而国内各纺织厂又以大部购储美金公债或储券作为保证金,向交行订购这些机器设备。抗战期间此次交易被搁置。抗战胜利后,国民经济亟待恢复,需要引进先进设备,交行多次与怀丁厂协商交货日期。但对方称订购户必须先按每锭50元交付10%的价款,其余90%也必须同时开给信用状,才可确定交货日期,设备引入再次陷入困局。尽管仍可以向国家申请外汇,但必须在信用状开立后三个月内办理进口,而怀丁厂的交货则要在开立信用状后至少十月,两者时间相差很大。国内厂商即使有能力购买设备,也无法获得外汇,因此,大部分厂商只能选择放弃。交行曾就此与中央银行磋商,但无法获得通融,为竭力挽救这笔大交易,交行与众厂商形成口头谅解,订购厂商如有美金债券或美金储券,可代向国行申请解冻抵付扣价",但所获外汇仍极有限。一再拖延之后,随着外汇申请管制的加强,上述债券储券到期,只能按照当日牌价折付法币。交行的所有努力付诸东流,计划只能不了了之。① 仅此一例,即可管窥当时交行外汇业务的困难。

1947年8月17日,中央银行颁布经修正的《中央银行管理外汇办法》,并成立外汇平衡基金委员会,旨在预估市场供需以调节外汇买卖所发生的暂时差额,以期避免汇市剧烈动荡。交行作为从事外汇交易的指定银行,此后"对于所有其他经许可或核准之外汇交易,概照市价结计",办理结汇事项。② "指定银行"在外汇头寸不足时,则由中央银行供给。然而,法币制度行将崩溃之际,国民政府完全寄希望通过币制改革扭转危局,为使"十足准备金制"的金圆券顺利出台,国民政府下令各国家银钱业把

---

① 《向美国怀丁厂订购棉纺机50万锭》,交通银行博物馆藏资料Y51。
② 《交通银行史料》第一卷,第1055页。

全部金银外汇移存中央银行，以充实发行准备。可见，所谓指定银行外汇头寸不足时由央行供应的说法只是一纸空文，外汇储备原本就捉襟见肘的交行，无奈接受命令，外汇业务更难开展。

交行虽为指定经营外汇的银行之一，但因外汇官价过低，黑市盛行，其外汇收入已逐渐减少。外汇市场开放后，交行的分支行，如上海、天津、广东、汉口等地分行依据中央银行管理外汇暂行办法开出大量不可取消购买证，而此时交行的外汇头寸除美金储券专户外，购买证中尚未到期及在结售期的外币共超过 370 余万美元、20 余万英镑，再加上缅甸和菲律宾的华侨复业贷款由交行承担四分之一，共计 250 万美元，全行净余外汇资金仅有 300 余万美元。交行当时的外汇头寸，即使仅供海外加尔各答、仰光、海防、西贡、香港、马尼拉等分支行业务必需的周转金，以及国内沿海各行办理进口结汇所需外汇资金，"已感不敷周转"，倘若将外汇全部移存中央银行，则"海外各分支行业务因周转失灵，势必陷于停顿，终恐无法立足"，从而对吸收侨汇造成致命打击，而且国内沿海各行原先按照国家规定承做的进出口结汇业务也无法继续办理，所谓"指定银行"已徒有其名。为此，交行管理层与财政部、中央银行反复协商，恳求暂缓办理向央行移存外汇事宜，并留下一定外汇用于交行的周转。[1]

然而，交行的恳求也只能拖延有限时日，国民政府的决定以及相关的命令不可能改变，到 1948 年 6 月 30 日，交行已全部完成向央行移存外汇事宜。据交行总处向董事会的报告，至 6 月 30 日，交行各项外汇共计折合 2500 万美元，遵从政府命令全数移存中央银行，考虑到交行延续的外汇业务尚需必不可少的周转需要，央行另外拨付给交行 1613 万美元，两者相抵，交行实际交出 887 万美元。[2]

1948 年 8 月 19 日，国民政府颁布《财政经济紧急处分命令》，金圆券改制正式实行。原有的外汇市场被取消，外汇全由中央银行统制，民众手中持有的金银外币也被要求向央行申报登记。但这次货币改制仍未能挽救趋于崩溃的金融体系，交行的外汇业务已渐趋停滞。1949 年 4 月，上海临近解放，交行的高层管理人员南下广州，于 30 日成立穗总处，所有业务往来款项报单一概寄穗总处办理，但外汇款项报单不在此内，"外汇账移港办理，各行发稽核处报单应改寄港"。[3] 这样，各项外汇业务都由

---

① 《交通银行史料》第一卷，第 1072 页。
② 同上，第 1074 页。
③ 《外汇移港办理》，交通银行博物馆藏资料 Y47。

上海转到香港办理。

当时,国民政府各行局见大势已去,纷纷将所存资金移往国外,交行也不例外。钱新之、赵棣华在国民政府授意下,嘱咐沪行经理李道南将交行剩余的外汇头寸陆续转移到菲律宾交行。至上海解放前夕,交行国内的外汇资金已抽逃殆尽,此为后话。

第七章
政局巨变之际的动荡与变迁

抗战结束后,中华大地满目疮痍,百废待兴。全国民众满怀胜利的喜悦,期待图强振兴。交通银行为抗战胜利后的恢复与发展作了全面而细致的规划,并在短暂和平时期,进行了有益的探索和努力。1946年6月,全面内战爆发,交行的远景蓝图化作泡影。随着恶性通胀愈演愈烈,国民经济趋于崩溃,交通银行对发展全国实业之责有心无力,遂转向维护自身利益、谋求生存和确保安全上。经营方面,交行尤其注重吸存揽储,尽力充裕资金储备;更加谨慎放款,勉力扶持实业;汇款业务则力求拓展,以增强营利。这一时期,国民政府进一步加强对交行的行政干预,不断削弱其经营自主权,操纵其高层主管人员的任免、鼎革前夕的资金向外转移等事宜。与此同时,交行内部的职工运动也方兴未艾,不断推进,为交通银行迈向新时代奠定了群众基础。

第一节　进退维谷的存款储蓄业务

一、战争与通胀的双重影响

1946年6月,全面内战爆发,日本侵华战争造成的巨大伤痛尚未平复,中华大地又因连绵的战火再次陷入混乱与动荡。抗战时期已不断升级的通货膨胀,战后未得到控制,又因内战的爆发而更加严重。从法币的发行额看,1937年6月为14.1亿元,

1945 年 8 月为 5569 亿元,1946 年 6 月为 21125 亿元,1947 年 12 月骤增为 331885 亿元,到币制改革前的 1948 年 8 月更达到 6636946 亿元。[1] 全面内战爆发仅两年多,法币发行的增幅即高达 313.17 倍。滥发纸币的结果必然是货币贬值、物价飞涨。有人做过一个统计,100 元法币在 1937 年可购买两头牛,在 1945 年可买一条鱼,至 1947 年只能买三分之一根油条,再往后,则完全是一张废纸。[2]

为了限制物价疯狂上涨,挽救空前的财政危机,维持巨额军费开支,国民政府决定实行币制改革,废弃法币,改发金圆券。1948 年 8 月 19 日晚,蒋介石以总统名义发布《财政经济紧急处分令》,并公布《金圆券发行办法》、《人民所有金银外币处理办法》、《中华民国人民存放国外外汇资产登记管理办法》、《整理财政及加强管制经济办法》等条例。规定:自即日起以金圆为本位币,由中央银行以十足准备发行金圆券,总额为 20 亿元,每 1 元金圆券法定含金 0.22217 克;限于 12 月 20 日之前,以金圆券 1 元折合法币 300 万元、东北流通券 30 万元的比率,收兑已发行的法币和东北流通券;禁止私人持有黄金、白银、外汇,持有者限于 9 月 30 日之前收兑成金圆券,违者没收。与此同时,国民政府把全国物价冻结在 8 月 19 日的水平,强令商人以此日之前的物价供应商品,禁止抬价或囤积。然而,以行政手段强压物价,造成商品流通瘫痪,市场上有价无市,大多交易转入黑市,社会陷入一片混乱。物价管制终于失败,被迫于 11 月 1 日全面撤销。

更为致命的是,金圆券的发行并未恪守其限额。1948 年 11 月 9 日,金圆券的发行额已达到 19 亿元,但仍无法应付巨大的军政费用。11 月 11 日,国民政府公布《修正金圆券发行办法》和《修正人民所有金银外币处理办法》,取消金圆券的发行限额,并准许私人持有金、银、外币,但金圆券的法定含金量大为降低,仅为最初的 20%。此举等于公开宣布币制改革的失败。自此,金圆券的发行犹如脱缰野马,一路狂奔。1948 年 12 月为 83.2 亿元,1949 年 1 月为 208.22 亿元,2 月为 596.44 亿元,3 月为 1960.6 亿元,4 月为 51612.4 亿元,5 月为 679458 亿元。[3] 金圆券的币值江河日下,一泻千里,1949 年 5 月一石大米的价格竟然为 4 亿多元。

战火的蔓延,经济的破坏,恶性通胀的持续发展,金融体系的土崩瓦解,给银行业

---

[1] 吴冈:《旧中国通货膨胀史料》,上海人民出版社,1958 年,第 92—96 页。
[2] 朱斯煌:《民国经济史》,银行学会编印,1948 年,第 114 页。
[3] 以上均见洪葭管:《中国金融通史》第四卷,第 529—543 页。

带来极大冲击,交行也未能幸免。

1947 年 2 月,四联总处提出推进存款业务的方案,要求四行二局积极实施。方案中称:"国家行局,因推行政府政策,举办各种生产事业贷款,亦应尽量吸收存款,以资挹注。诚宜趁此时机,积极推进存款业务,加紧吸收社会游资,一方面既可协助政府推行紧缩通货政策,一方面亦为本身宽筹资金来源。取之于收缩信用,用之于协助生产,一举两得,并行不悖也。"[①]显然,此时的吸存揽储,不仅是自身业务的需要,也是执行政府指令的表现。但将吸收社会游资、缓解通货膨胀的希望寄托在银行身上,仅是一厢情愿,金融体系渐趋崩溃的趋势已无法挽回。日益严重的恶性通胀直接影响了包括交行在内的各家银行,使其陷入进退维谷的境地。

这一时期,交行吸收的存款数额虽然有所增长,但以实际购买力衡量,却并不乐观。

表 3-7-1　抗战胜利以来交通银行存款总额折合黄金两数

年　别	存款总额(法币)	同期黄金每10两市价	折合黄金两
1945	46655720000	731374	637918
1946	327895990000	3167600	1035155
1947	3568948160000	85000000	419876
1948.4	7578620000000	364038000	208182

资料来源:《沪人行档案》,交行卷 226 号;《上海解放前后物价资料汇编》,上海人民出版社,1958年,第 116 页;《交通银行史料》第一卷,第 331 页。

表 3-7-1 显示,交行存款的实际购买力在 1946 年以后急剧下降。将这一现象置于 1945 年以来法币发行额急速飙升,其币值迅疾跌落的过程中看,原因十分明了。持续的恶性通胀严重劣化了交行的存款品质,造成资金的实际价值大幅缩水。面对这种状况,交行陷于两难。若停止或减缓吸揽存款储蓄,资产缩水的幅度便会迅速加大,由此导致的实力下降必然损及交行在全国银行界的地位与声望,其生存和发展都将遭受种种随之而来的负面影响;若继续吸存揽储,所存资金的实际价值及其运作的获利,则始终跟不上货币贬值的速度,最终无法避免存款总额越高,资产亏损越大的怪圈。

① 《四联总处史料》(中),第 187 页。

　　恶性通胀造成的另一难题是,吸收资金的成本不断增高。在通货膨胀日益加剧的状况下,客户不仅存入银行的本金不断贬值,而且利息收入也是负增长。在同业竞争中,各家银行为增强存款储蓄业务吸引力,纷纷提高利率。交行也别无良策,只能如此,致使业务成本增高。

　　对于存款储蓄利率,国民政府主管部门本来有明确规定。1945年10月,四联总处理事会议曾就中国、交通、农民三行及中信、邮汇二局在上海办理普通存款及储蓄存款业务作出规定:三行两局普通活期存款利率,用支票者不得超过周息三厘,用存折者不得超过周息五厘;普通定期存款利率,定期三个月不得超过周息六厘,定期六个月不得超过周息七厘,定期一年不得超过周息八厘;储蓄存款比照上述规定增加周息一厘。① 1946年8月,四联总处理事会议又议决,提高各行局在上海、汉口、江西、西安、浙江等16个重要地区的存款利率。以上海为例,活期存款利率提高到八厘至一分,定期存款半年期的利率提高到一分一厘,一年期的提高到一分二厘。②

　　但主管部门的规定并不符合金融市场的实际状况,交行并未严格执行。1945年,交行推行的特种活期储蓄利率原先定为周息九厘,每决算期内逐日存款余额保持在10万元以上的,加息二厘;定额支票储蓄利率也是周息九厘,并无加息优惠。为了顺应需要,吸引储户,交行提高特种活期储蓄的加息优惠,每结算期内逐日存款余额保持在10万元以上者加息二厘,保持在100万元以上者加息二厘,保持在1000万元以上者加息三厘;定额支票储蓄也给予加息优惠,办法按照特种活期储蓄。③

　　到1948年,吸存揽储所获资金已处于不断亏损之中,但鉴于各家银行之间的激烈竞争,交行仍决定在一些重点地区尽可能提高存款储蓄利率。同年5月,各分支行经理谈话会在上海召开,总处指示各行可适时酌情提高利息,凡数十亿元以上的巨款,存款期限在一个月以上的,京、沪、津、汉、粤等地可提高月息至一角八分。如此高额的利息支出其实已超过交行的承受能力,为稳妥起见,总处也特别要求各地分支机构在承做此类存款时,必须随时呈报,并在收储当日及时补进短期国库券,以规避头寸滥耗。④当时,交行的放款范围已有所收缩,资金使用十分谨慎,大量储款仅提供本行内部运用,支出的利息往往高于收入的利息。交行管理层清楚地意识到这一问题,

---

① 《四联总处史料》(下),第533页。
② 同上,第538—539页。
③④ 《交通银行史料》第一卷,第1150页。

但并无退路,只能逆势而上。就在当年 5 月的谈话会上,总管理处坦言其尴尬的处境:"去岁虽值币值动荡,揽储困难之时……储款仍有增进,与年前相比约增十余倍。……现储部所收储款几全部供应行方运用,收入利息仅八厘至一分七厘五,而付出利息高至一角以上,储部处此情况之下,揽存愈多,本身损失反而愈大,惟为充裕行方资金及奉行国策起见,虽在艰难环境中,今后仍当不惜亏损,继续努力,随时提高利息以与同业相竞争,而尽本身之职责。"①

即便如此,各地行处在办理存款储蓄业务时,仍遭遇种种困难,纷纷诉苦:"币值动荡,黑市利率作祟,揽收方面难与一般行庄相竞争。"②青行经理在 1948 年的谈话会上也提出"高利吸存为青行所难负荷"③。

然而,在同业激烈竞争的情况下,交行要保持其资金实力,维护其地位和声望,并履行政府赋予的职责,不得不履艰涉险,迎难而上。诚如总处于 1947 年 7 月向各行处所发通函中所说的:"本行奉行国策,积极推行储政,既不能因环境之困难而疏解,亦不能因循敷衍以塞责,惟有于困难中力谋推进,于无办法中创设新办法,锐意迈进,方无负于职责。……此时如能加意服务,多方联络,多拉储户,不仅为本行来日币值稳定,经济昭苏时多增若干基本储户,亦为目前协助政府收缩通货,抑低物价,安定民生,促进国家经济建设之重要工作。吾人自不愿以苟安塞责,畏难自馁,更不愿以收储不多,盈利有限,斤斤计较,消极不前,致陷本行储政于停滞,使业务落后,难与同业竞争。"④细细品味这番训辞,豪言壮语之中更多几分无奈与苦涩。

二、时局动荡与资金结构的失衡

时局的动荡与混乱,不仅造成交行存款的实际价值不断下降,也导致了资金结构的严重失衡。

交行一直以扶助工商实业为己任,其管理层在凝练经营理念、制定发展规划、确立业务范围、构筑营业网络等方面,包括具体金融产品的设计,都有意识地向工商实业倾斜。理论上,交行的存款客户和放款对象都应该以工商实业为大宗,但在第三次

---

① 《交通银行史料》第一卷,第 1143—1144 页。
② 同上,第 1147 页。
③ 《1948 年交通银行各行经理在沪谈话纪要》,交通银行博物馆藏资料 Y40。
④ 《交通银行史料》第一卷,第 1147 页。

国内战争时期,国民政府军政机关的存款却成为其资金的主要来源。

据 1947 年 12 月统计,交行全行普通存款余额中,政府机关和国家公库存款占 55%,工商业存款仅占 35%,其他存款占 10%。① 这是全行的平均数字,若从各地行处的具体情况看,某些重要地区资金结构的失衡现象更加严重。例如,京属(南京)机关存款占总存款余额的 86%,工矿存款占比仅 7%;沪属机关存款占比为 60%,工矿存款占比为 17%;秦属机关存款占比为 59%,工矿存款占比为 28%;汉属机关存款占比为 56%,工矿存款占比为 18%。② 这些行处在交行系统内具有重要地位,存款的绝对数额也位于前列,其资金结构的失衡,对全行关系重大。尤其是上海和陕西,前者一直是全国工商业最发达的地区,后者为抗战期间工矿企业内迁的集中地,并成为后方建设的着力点。这两个地区的工商存款占比如此之低,足见内战期间工商实业的萎顿凋敝。

在 1947 年上海召开的各行经理谈话会上,秦行经理表达了对不合理的存款结构的担忧。他承认存款的数额虽勉强可以自给自足,但因为军政机关的存款占了绝大部分,所以"对于运用及调度均须审慎灵活办理"。③ 至 1948 年的谈话会上,京行经理已明确表示,因工商存款不断下降,难以完成总处下达的存款指标,虽"颇思达到一万亿目的,终未能如愿为憾",而这些资金中"大部分为军政机关存款"。④

再以浙行为例,1948 年该行存款虽达 900 多亿元,较半年前增加了三四倍,但绝大部分为国营事业机构的存款,"其他无存款可言"。⑤ 单一的存款结构给银行的经营留下隐忧,一旦国营事业机关大笔转存,就好比釜底抽薪,该行的业务极有可能被迫停滞。还有一些地区,既无众多的政府机关和国营事业单位,经济也欠发达,吸存揽储就更为困难,桂行经理即在 1948 年的谈话会上诉苦说:"广西中央机构甚少,招揽存款大非易事。"⑥

不过,经总处督促,也有一些地区的工矿实业存款仍保持较高比例。例如,津属的工矿存款占全部存款余额的 46%,沈属占 65%,青属占 57%。⑦ 必须指出的是,这些行处大多位于战前工业基础较好且受战争破坏较小的地区,其实业存款占比较高

---

① 《交通银行史料》第一卷,第 331 页。
②⑦ 同上,第 332 页。
③ 《1947 年交通银行各行经理在沪谈话纪要》,交通银行博物馆藏资料 Y40。
④⑤⑥ 《1948 年交通银行各行经理在沪谈话纪要》,交通银行博物馆藏资料 Y40。

仅为暂时现象,随着经济形势的进一步恶化,不断下滑。

交行作为发展全国实业的专门银行,其实已与工商实业形成一种双向互动、一荣俱荣的特殊关系,工商业的衰颓凋敝必然导致工商存款的急剧下降,而交行扭曲失衡的资金结构也大大限制了其支持工商实业的力度。无奈的是,对于这种状况,交行本身根本无力扭转。

战争导致的社会动荡,以及不断加剧的通货膨胀,还直接影响了储户的心理,致使交行的资金结构产生另一个问题,即大部分存款为活期存款,定期存款所占比重不断下降。

抗战爆发前,交行的定期存款通常占30%左右,活期存款占70%左右。[1] 抗战结束后,随着国内经济形势的日趋恶化,定活期存款的比重发生根本性的逆转。

表3-7-2　交通银行抗战前后定活期存款比重对照表

单位:千元

年　别	定　　期		活　　期		合　　计	
	金　　额	百分比	金　　额	百分比	金　　额	百分比
1912	8758	40.54	12845	59.46	21603	100
1926	20808	29.48	49782	70.52	70590	100
1936	131741	28.75	326494	71.25	458235	100
1947	6647680	0.54	1214691470	99.46	1221339150	100
1948.4	28344000	0.66	4249012000	99.34	4277356000	100

资料来源:《交通银行史料》第一卷,第333页。

由表3-7-2可知,交行早期存款中定期存款的比例较大,一度高达40%,此后不断下降,但抗战爆发前的变动,尚在合理范围内。内战爆发后,交行的定期存款比例急剧下降,所吸收的绝大部分资金为活期存款。至1947年底,交行定期存款在全部存款中的占比已不足1%,99%以上为活期存款。

再从储蓄存款看,1945年度交行储蓄存款的总余额为79.3亿元,较1944年底的总余额增加144%;1946年底的储蓄存款总余额为298.7亿元,较1945年底增加

---

[1]　《交通银行史料》第一卷,第332页。

276%;到1947年底,交行储蓄存款的总余额已到1373亿余元,较1946年增加近360%。[①] 仅从数字变动看,交行的储蓄存款余额每年都有极大幅度的增长,但从储蓄存款的结构看,存在的问题很大。以1947年为例,当年普通储蓄存款的余额为706亿余元,其中定期储蓄仅115亿余元,[②]占普通储蓄存款总余额的16%,远低于30%的正常水平。而且,1946年以后,一些在抗战期间为抗战需要而推行的特种储蓄品种,诸如法币折合黄金存款、美金储券、乡镇公益储蓄存款等,都已停止运作,仅办理兑付业务。这些储蓄品种利息较为优厚,尤其是美金储券,在法币不断贬值的情况下极具吸引力。这些属于长期储蓄的储蓄品种停办后,交行储蓄存款结构的改善便少了一条重要途径。

内战时期交行储蓄存款总额的不断攀升,表明全体员工为争揽业务付出不少努力。但从实际情况考量,储蓄存款总额只是账面上的增长,而其真实的币值始终不断缩水。再者,其中的军政存款与工商存款占比的高低悬殊,活期存款与定期存款占比的高低悬殊,又表明资金结构严重失衡与扭曲。这使交行的资金运作大受牵制,无法将较多资金投入工商实业方面。

三、迎难而上的吸存揽储

交行的吸存揽储陷入数额越高、亏损越大的怪圈,即便如此,交行仍打起百倍精神,想方设法努力吸收资金。首先,作为国民政府属下的四行二局之一,必须遵从主管部门推行的鼓励存款储蓄的政策。其次,交行管理层也确实希望通过吸收社会游资,为缓解通货膨胀出一些力。再者,从保持交行的资金实力,维护其地位和声望考虑,不顾亏损,尽力拉高存款数额也是特殊境况下的恰当选择。

然而,国凋民敝之时,吸收存款储蓄谈何容易。在1948年于上海召开的各行经理谈话会上,青行经理直言不讳地提出发展储蓄业务实难推行。以青岛为例,全市人口不足百万,其中难民人数已接近30%,其余工人、学生等也全无储蓄能力,"可以说谈不到有几个富裕之家,更谈不到有储蓄能力之人,在此局面下推动储蓄实等空谈"。[③]

---

① 《交通银行史料》第一卷,第1142—1143页。
② 同上,第1143页。
③ 《1948年交通银行各行经理在沪谈话纪要》,交通银行博物馆藏资料Y40。

对吸存揽储的困难,交行管理层自然心知肚明,但也只能迎难而上,勉力为之,为此,多次向全行发布声明、文告,以交行应该担负的社会责任勉励全体员工。例如,1947 年 7 月与 9 月,总处两次函告各行,强调了推进储蓄业务对于国家建设和稳定金融的重要意义,希望以责任感和使命感激发员工的积极性。

就具体措施而言,交行尽可能提高储蓄存款的利率。但这毕竟会直接扩大资产亏损,不可能无限制地使用。因此,总处又督促各行员工从提供便利、改善服务等方面吸引储户。

1947 年 9 月,总处函告各行"收揽储蓄应以服务周到,收付敏捷,取得顾客之好感为主,并以储户之利益为前提","办理储蓄人员对于顾客之态度务应谦和,并应按照储户之需要协助选择认储,处处予以方便,存户来行存款取款,应力求迅速"。连说明文字使用何种形式、何种字体、置于何处等细节,都考虑得十分周到。

总处深知储蓄客户销户的原因,"不外利息太低、经济困难、迁移地址或对本行有不满等事",因此要求各行办理储销户时,详细调查缘由,设法使其继续存储。如果是因为利息太低,可建议其改换储蓄方式,以提高利息;如果因为地址迁移,可代为转存其迁往地的交行;如果对服务不满,则尽量改善,让其满意。

总处还指示各行,做好宣传工作,指出"宣传亦为推展储蓄之重要方法"。对外可通过著名报纸杂志登载广告来宣传,但"重要之推展仍为本行已有之储户",必须使储户切实了解本行的服务精神及办理储蓄的目的,并使其对交行的服务满意,促使其代为宣传介绍,"收效自必更宏"。[1]

与储蓄业务相较,交行的存款业务面临更大的竞争与压力。由于国民政府对金融业的管控不断加强,中央银行对交行等各家银行的挤压效应也日益显现。国民政府《公库法》规定,政府机关的存款必须存放于中央银行。北京政府时期及南京国民政府早期,交行与政府部门的关系密切,且承担"中央银行"的部分职责,因此吸收了大量军政机构存款。至抗战结束后的数年内,军政机关和国营事业单位的存款仍占有很高比重。随着《公库法》执行日益严格,自 1948 年开始,大量军政存款转存中央银行,交行颇受冲击。南京地区的京行的大部分资金为军政存款,《公库法》的严格

---

[1]　以上均见《交通银行史料》第一卷,第 1149 页。

执行使之"甚受影响,故今后困难益多"。①

连年战争使各地经济造成严重破坏,吸收工矿实业的存款也是难上加难。如在湖南地区,工商实业在抗战结束后恢复得极为缓慢,内战又阻遏了当地的恢复进程。1948年,即使是全省煤炭产量最高的湘潭地区,每天的产煤量也仅三五百吨,②企业自然不会有大量资金存入银行。

面对困境,各地行处皆全力以赴,积极揽存。京行发动全体行员竭力吸收存款,不限定某人负责,促进众人合力。其经理随时驻守南京,或拜访客户,或督促行员,"未敢稍离"。针对《公库法》的规定,交行总处确定,以公营事业单位以及一般企业和团体为主要吸存对象。诸如招商局及其下属企业,煤矿公司以及各种原材料生产企业,可代收学费及各种公用事业费的学校、公用事业单位等。总处还要求各行,"应不仅以开户为已定,尤当求其进出频繁,余存数字累增",③特别要求各行处主管与营业人员改善服务,提高客户忠诚度对拥有大量资金的客户"应与更番往来,随时随地以尽力代为服务,设法谋取密切联络,期收揽之效",④并通过减收汇水、增加存款利息等方式以留住客户。

此外,交行在选择放款对象时也更有针对性,并与接受贷款的企业保持密切联系,努力巩固双方的关系,商请这些企业将资金存入本行。以上诸多措施都对稳定存款业务颇有助益。

四、政策举措的改进与调整

在异常艰难的环境中拓展存款储蓄业务,必须要有相应的规章制度、政策举措与之匹配。交行在抗战时期制定的一系列有关存储业务的条例和规定已无法适应此时的需要。为此,总处对各项规定作了大幅度修改,并推出一系列新的业务种类,以期推进存储业务的发展。

为了激励行员开展存储业务的主动性、积极性,1946年5月,总处对1945年制定的《办理储蓄人员考核办法》加以修订,加大对办理储蓄人员的奖励力度。新的办法规定,各分支行处推行储蓄超过规定目标一倍以上并逐月增加的,授予该行处特等奖

---

①② 《1948年交通银行各行经理在沪谈话纪要》,交通银行博物馆藏资料Y40。
③④ 《嘱努力设法揽收存款》,交通银行博物馆藏资料Y50。

状;超过规定目标 50% 以上者,授予该行处甲等奖状;到达规定目标及超过规定目标 50% 以内者,授予乙等奖状;目标巨大的行处能超过其目标者,视超过之多寡,参照一二两项办理。①

对于存款储蓄利率的管理,交行等三行二局此时皆受中央银行的制约。国民政府财政部于 1946 年 6 月颁行的《银行存放款利率管理条例》规定:"银行存款利率不得超过放款利率之最高限度,由当地银钱业同业公会斟酌金融市场情绪,逐日拟定同业日拆及放款日拆两种,报请当地中央银行核定牌告施行。"②显然,当时的利率主要基于利率市场化原则下的优先管制模式,只要不突破中央银行制定的原则即可,实际上为日后各银行提高利率留下一定空间。

1948 年,京行提出增加存款利率的提案,尽管总处对此给予理解,但考虑到仅提高利率未必能即刻吸入大量存款,而且过高的利息也非交行能够承受,因此怎样在可承受的范围内适当提高利率,并求取最佳效益,确实颇费思量。最后,总处答复京行称:"可由总处核定一最高额度,由各行分别情形酌定,以资伸缩。"③其后,总处对提高利率的建议采取了积极的态度,核定最高限额,再将利率的确定权下放给各行,让各行根据当地的实际情况灵活处理,也是利率管理原则的一项顺时而为的改革。

为了加强对储蓄业务的指导和管理,有效督促各地分支机构开展工作,交行管理层还对内部机构进行调整。自 1948 年开始,总处储蓄部在各管辖行内建立储蓄分部,并指定由管辖行的一位副经理负责办理储蓄业务,以便切实推进该项业务。

这一时期,交行还特别注意金融产品的创新,竭力为客户提供更切合其需求的金融产品。通货膨胀的加剧导致纸币价值急剧下降,人们购物用钱往往需要携带大叠钞票,给经常出差旅行的人带来极大不便。交行敏锐把握市场的需求,于 1948 年 3 月修订《旅行支票储蓄存款简则》。该项业务依托交行遍布全国的业务网而开展,在便利行旅的同时,也增加了本行的存款。

办理旅行支票储蓄存款,储户需填具申请书,交行则根据储户购储的面额发给同额的支票,支票面额分为 20 万元、50 万元、100 万元三种。储户须在交行留下印鉴,以备支票兑付时用于验对。为了便利储户,旅行支票除可在原存款行以及当地分支

---

① 《交通银行史料》第一卷,第 1154 页。

② 同上,第 1453 页。

③ 《1948 年交通银行各行经理在沪谈话纪要》,交通银行博物馆藏资料 Y40。

行处兑付外,全国所有的分支机构均可代兑。为了鼓励储户认购旅行支票,交行特别规定,在存款地以外的分支机构兑付时,仅扣除汇水,免收手续费。旅行储蓄支票的利息按每周一分二厘计算。[①]

为保障旅行支票的可靠与安全,交行也采取一系列措施。除预留客户印鉴外,支票上须有交行硬印及储蓄部经理签章,并经存款行处在票面"代发行行经理"处签字盖章后方告生效。未经储户签字盖章的支票一旦遗失,储户须立即将支票号码、户名、面额、购买日期等信息通知遗失地代兑行处及原存款行,以便停止兑付,并登报声明作废。经两个月未发生兑付纠纷后,再由原存款行归还储户支票内剩余资金。这些规定保证了银行与储户双方的利益。

旅行支票储蓄存款开办一段时间后,收效比较明显。交行储蓄部总结该项业务时,指出:"社会称便,并充裕内地各行头寸",若要进一步推进,"须予顾客以方便,维持支票之信用。"显然,这项方案确实增加了可贷资金的总量,有利于各行头寸的运用,汇水所得也增加了银行的收益,受到各方好评。交行管理层决定继续拓展该项业务,第二批旅行支票的制作更追求印刷的精美,由中央印制厂印制,纸张采用美国钞票纸,其面额则增加了 500 万元和 1000 万元两种,以便于储户选购。[②]

除旅行支票储蓄存款外,交行在这一时期还设立了礼券定额支票、优利分红储蓄等新业务,同样受到市场欢迎,为吸收资金拓展了新的渠道。[③]

第二节　勉为其难的实业放款

一、谨慎保守的放款方针

交行作为发展全国实业的专门银行,对工商实业的贷款、投资无疑应成为其主营业务,应该说,在抗战时期以及抗战胜利后的一段时间内,交行确实为此作了不懈的努力。内战爆发后,随着恶性通胀的加剧,交行的账面资金数额迅速上升,实际价值

---

① 《交通银行史料》第一卷,第 1198 页。
②③ 《1948 年交通银行各行经理在沪谈话纪要》,交通银行博物馆藏资料 Y40。

却不断下降,照理说,也只有通过积极的放款投资,获取较丰实的回报,才能弥补资产的亏损,争取略有盈利。然而,这一时期交行对工商实业的贷款投资,就实际币值而言,却呈现明显的下降趋势。究其原因,其一,面对经济的破坏和实业企业的凋敝,交行为保障自身资金的安全,放款方针趋于保守,更加谨慎小心地对待企业的贷款要求;其二,各地工商企业在经济衰颓的大环境下,步履艰难,勉强维持,寻求贷款以扩大生产的意愿普遍萎缩,交行在开发优质客户方面遭遇重重困难。

从下述表格可清楚看到,抗战前后及内战时期,交通银行的贷款业务同样呈现账面数额持续增加,实际币值不断减少的状况。

表 3-7-3　放款金额折合金价比较表

年　份	放款金额(单位千元)	同期黄金价 (每市平 10 两市价,单位千元)	放款金额折合黄金两数
1936 年底	343500	1.153	297918.47
1945 年底	11582000	731.374	15835.95
1946 年底	208500000	3167.6	65822.70
1947 年底	2081700000	85000	24490.58
1948 年 4 月底	3996573000	364038	10978.45

资料来源:《交通银行史料》第一卷,第 538 页。

从内战时期的放款数额看,截至 1948 年 4 月底,全行的放款金额较抗战前的 1936 年增加了 11633.86 倍,较抗战刚结束时的 1945 年增加了 344 倍。但如果折合成黄金两数即可看出,1948 年 4 月底贷款资金的实际价值较 1936 年减少了 96.31%。内战爆发后的三年里,交行放款数的实际价值明显呈现逐年下跌的趋势。

此外,从交行贷出资金流向的地区看,也表现出明显的不合理之处。

表 3-7-4　1948 年 4 月底交通银行贷出资金流向一览表　　单位:百万元

属　别	金　额	百分比
沪属	1661661	41.58
京属	770967	19.29
津属	256592	6.42
汉属	244415	6.12

（续表）

属别	金额	百分比
秦属	99686	2.49
渝属	173134	4.33
沈属	63941	1.60
青属	130471	3.26
浙属	52270	1.31
粤属	173491	4.34
桂属	73708	1.84
湘属	106193	2.66
赣属	46494	1.16
闽属	71347	1.79
滇属	12246	0.31
黔属	19324	0.48
总处	40633	1.02
合计	3996573	100.00

资料来源:《交通银行史料》第一卷,第 539 页。

从投放贷款的地区看,上海地区行处的信贷额度占用全行信用额度的 40%,而除南京、天津、汉口、成都、广东等一些地区外,其余地区,尤其是抗战期间曾予以重点扶持的西南、西北一带,贷款业务则全面萎缩。显然,这样的结构比例并不正常。

然而,在极为艰难的环境中,交行并未放弃发展实业的职责,尽管放款的范围有所收缩,对放款对象的审查更加严格,贷出资金的实际价值也不断下降,但交行的放款业务仍保持了自己的特色,贷出资金的绝大部分仍用于扶助工商实业。

表3-7-5　1948 年 4 月底交通银行贷款对象一览表　　单位:百万元

贷款行业	贷出金额	占贷出资金百分比
工矿	2329351	59.28
交通	517738	12.95
购销	535041	13.39
机关	131255	3.29

（续表）

贷款行业	贷出金额	占贷出资金百分比
盐　务	216681	5.42
粮　食	48886	1.22
其　他	217621	5.45
合　计	3996573	100.00

资料来源:《交通银行史料》第一卷,第539页。

从表格中不难看出,交行面向工矿企业、交通业和商业的放款占贷出资金总额的85.62%,若加上盐务和粮食生产加工业,放款比例达92.26%,而投向机关及其他单位的贷款,所占比重不到9%。显然,交行在客观条件许可的情况下,仍力求不辱使命,积极发展实业。

当然,在当时经济破坏、实业萎顿的情况下,一些大城市中的投机行为非常盛行。以上海地区为例,贷款需求持续高涨,交行放出的资金也占总额的40%以上,但很难判断这些资金究竟有多少真正流向实体经济。很可能有大量资金被一些实业企业贷入后,实际上用于各类投机行为。对交行而言,这种情况难以完全避免,只有加大审核力度,谨慎对待各类贷款申请。这也是交行的放款业务趋于消极、保守的一个原因。

在内战持续的数年中,由于种种不确定因素,交行管理层更多从维护交行自身利益的角度考虑,为了保证本行的资金安全,不仅在放款的范围和数额上有所收缩,而且对放款的性质也作了调整。

表3-7-6　1947年度交通银行放款结构一览表　　　　单位:亿元

贷款项目	投放金额	占贷款资金总额的百分比
定期放款	4234	20.3
活期放款	11543	55.5
贴现及押汇	5040	24.2

资料来源:《交通银行史料》第一卷,第534页。

表 3 - 7 - 7　1948 年 4 月底交通银行放款结构一览表　　　单位:百万元

贷款项目	投放金额	占贷款资金总额的百分比
定期放款	948880	23.74
活期放款	1731631	43.33
贴现放款	211980	5.30
押汇放款	1104082	27.63
合　计	3996573	100.00

资料来源:《交通银行史料》第一卷,第 539 页。

表 3 - 7 - 8　抗战前期交通银行放款结构一览表　　　单位:千元

年　份　　　类　别	定期放款	活期放款	合　计
1937	115377	262632	378009
1938	95616	536090	631706
1939	171933	972773	1144706
1940	201364	1871882	2073246
1941	271866	3599879	3871745
1942	601852	252618	854470
1943 年上期	711077	510422	1221499

资料来源:《交通银行史料》第一卷,第 502 页。

以上三份数据显示,抗战时期,交行定期放款的资金占比虽有短期的下降,但从长期走势看,定期放款的资金投入力度不断加大,到 1943 年上半年,定期贷款的投放数额已占贷款总额的一半以上。这些资金为工矿企业的长远发展提供了比较稳定的支持,降低了企业为融资而耗费的各项成本,对实业企业的帮助较大。

内战时期,交行定期贷款的资金比重迅速下降,1947 年占贷款资金总额的20.3%,1948 年占 23.74%。与之相对,活期贷款的比重则迅速攀升,1947 年占比

55.5%,1948 年占比 43.33%。活期贷款是不确定偿还期限的放款方式,就银行方面而言,这种贷款方式较定期贷款更为灵活,流动性更强,银行可根据自身的资金状况随时放出,一旦资金紧张,或感觉有风险,则可随时通知客户,迅速收回贷款。但就借款方而言,因偿还期的不确定,资金投入生产后,若银行突然通知收回,往往造成被动。处于非常时期的交行,不得不从自身利益考虑,尽管活期贷款对企业的帮助有限,利率也较低,但本金安全更有保证,因此尽量多做活期贷款,少做定期贷款。这些调整,虽在某种程度上使交行降低了对实业发展的扶助力度,但亦是非常时期的无奈之举。

二、适时调整的放款方向

内战时期,交行遵照国民政府的指令,利用贷款投放等手段,协助平抑物价、缓解通胀。

1946 年 6 月,四联总处对中、中、交、农四行的业务范围作出调整,规定交行的业务范围为:1. 协助交通事业的整理改善与拓展,包括对国营、省营铁路、公路、航业事业,民营运输交通事业及各项新事业的协助;2. 协助发展城市公共事业,如电灯厂、自来水厂、市内交通以及其他公用事业;3. 与中国银行一起共同负责策划协助国内工矿业的发展,包括煤矿业、纺织工业、化学工业、机器工业、瓷器业,以及各种小手工业和各地特有的手工制作业。[①]

根据四联总处的调整方案,交行围绕上述三个方向积极展开实业调查。在此基础上,至 1947 年,交行的贷款方向已作出相应调整。当年工矿事业贷款中以纺织染业投入最多,化工业、食用工业、电厂、自来水厂以及钢铁工业都获得数量不菲的资金支持;交通事业方面,投放的资金超过 300 亿元,以铁路和轮船为主要贷款方向,其次为公路修复、汽车购置以及公共交通事业等。特别值得一提的是,交行还向航空事业投放了资金,与交行"策进新事业"的任务相吻合。[②]

随着恶性通胀的加剧,四联总处开始改变贷款的审核方式,于 1948 年颁行《贷款业务处理方案》,将贷款分为"国策放款"和"业务放款"两大类。国策放款由政

---

① 《四联总处史料》(上),第 585—586 页。
② 《交通银行史料》第一卷,第 534 页。

府核准指定专款贷放,业务放款由各行自由承做。① 其中,国策贷款的范围依次为:"1. 为完成经建设施,以应领各费临时抵借之款项。2. 为配合动员戡乱,情势紧急不及核定预算,临时商借之款项。3. 为推行物资管制政策,由政府机关委托或政府特案指定贷放之款项。4. 农业及合作生产贷款。5. 其他经四联总处理事会特案核定之贷款。"②四联总处直接核办的仅限国策放款,其他贷款分别由中央银行以及其他行局办理。

交行非常清楚四联总处推行这一方案的意图。总经理赵棣华指出,所谓"国策放款",就是依照国家所需要的事业而确定,范围狭小。中央银行从治理通货膨胀考虑,一直坚持紧缩政策,各行的贷款项目难以进入国策放款的范围,中央银行正是想通过这一划分,使"各行就自身资力,自给自足,免向彼有所斫求,故贴放会无形为央行之盾牌"。③鉴于此,各行贷款项目转向"业务放款"为主,难以获得中央银行的贴现放款支持。交行先前的放款方向,大部分属于非国策放款,影响很大。为此,交行管理层商讨研究对策。经过与政府部门的协商洽谈,交行了解到国策放款与非国策放款之间并无绝对清晰的界线,划分时可以有一定的松动。例如,煤炭生产属于交行的专业范围,在强调其作为轻重工业的动力原料,应由国家重点扶持后,交行获得国家经济部的支持,争取到大额资金作为国策放款。有了这个成功案例,交行管理层决定再接再厉,即放款方向严格遵守1946年四联总处所划定的专业范围,把有可能获得政府重点扶持的行业作为重点,争取把尽可能多的放款项目纳入国策放款的范围。

对于放款方向的"专业化",总经理赵棣华在1948年的各行经理在沪谈话会上说到,在通货膨胀的恶劣环境下,交行不得不利用政府力量,但必须坚持以专业为根基,"始臻永固"。虽然交行的专业化已达到相当程度,但是同业竞争激烈,如果不以专业为前提,交行将失去优势。他说:"对于政府,亦须运用专业化,方具较高之鹄的,否则亦无以取得政府之帮助。"因此,他要求各行经办放款业务时,"以专业向政府吁请,即各种业务放款,亦尽可能分别向各部门接洽,使成国策放款"。④

鉴于此,交行放款时,也尽可能争取政府部门及中央银行各种形式的支持。例如,广州黄埔港修建仓库贷款,全国性的修船贷款,皆属业务放款,可提请中央银行转

①③④ 《交通银行史料》第一卷,第536页。
② 《四联总处史料》(中),第434页。

抵押，"转出再放，放出即转，以资循环取贷而免头寸困难"。又如电信局申请3000亿商贷，该局有政府补贴，又以营业收入作抵押，并以政府补贴作为第二担保，可信度很高，还能形成吸存关系，需积极联络承做，"免为他人乘隙争揽"。①

在内战爆发、通胀加剧的特殊时期，交行纯粹以商业银行的身份和关系单打独拼，很难在市场上立足。交行从保存实力、维护行基为出发点，凭借其四行二局之一的特殊地位，竭力争取政府部门的支持，是情势使然，而其经营自主性由此进一步丧失，则是势所必然。

三、更趋谨慎的放款政策

内战时期，交行放款业务的指导思想和方针政策，不断趋向谨慎保守，对各类贷款申请实行更为严格的审查，尽量把资金投向信誉良好、有发展前途的实业企业，以此确保本金的安全，争取可靠的利润回报。

通过资金运作获取收益是银行存在的基础，所以谨慎放款其实包含两个方面，一方面是收缩范围，严格审查，另一方面是积极选择并争取本金和利润皆有保障的优质放款对象。各类重大基础设施建设项目，往往有政府的资助，完工后还有相当稳定的收入用于还款，成为银行青睐的放款对象。交行历来注重对各类基础设施建设的扶持，包括铁路、公路、船舶等领域。内战时期，交行对此类项目的贷款，仍一如既往地积极争取。

1947年，招商局申请资金支持，由于该企业在交通运输行业占有优势地位，各家银行都竞相承揽，交行自然当仁不让。在当年的各行经理在沪谈话会上，总经理赵棣华即以此为例，阐述了争取此类放款对象的重要意义。他指出：因交行专业化程度还不够高，还不能完全发挥实业银行的引领作用，如果能制定交通公用事业的整体扶助计划，改变被动等待客户的请求，主动担起引导与协助的责任，"整个交通公用事业庶几不难归我把握"。② 因此，他希望各行更加积极争取公用交通事业的放款项目，不断提高工作的主动性和计划性。在一些具体项目上，交行取得一定进展。如交行全部承揽了平汉路自许昌以南、粤汉路的所有路款。③

---

① 《交通银行史料》第一卷，第537页。
②③ 《1947年交通银行各行经理在沪谈话》，交通银行博物馆藏资料Y40。

工矿企业是交行传统的放款领域。内战时期,一些企业难免有投机的行为。中央银行曾告诫交行,贷出资金后需注意不能任由厂方随意抬高商品价格,以配合政府的物价管制措施。因此,在1947年的谈话会上,赵棣华要求各行,对工厂放款需有完整的计划,选择资质优良的企业予以扶持,而且"对工厂放款须自始至终予以管制,勿任其流于投机操纵之途,以策应政府政策之实施"。①

对企业的放款,交行不仅注意监管贷出资金的流向,而且对企业资质的审核也更为严格。抗战结束后,重庆地区的企业普遍陷入困境,虽然有紧急工贷的救助,情况依旧不容乐观。内战期间,渝行对企业的放款,皆经过仔细比较和严格审核,保证把资金投放给实力较强的企业;对不符合条件的企业所提出的贷款要求,则一律婉拒。②

交行管理层还就放款问题与属下各行经理商讨,听取他们的意见和建议。浙行提出,可利用交行实业银行的身份,创立存放款供配物资的制度,保证资金的安全。所谓"存放款供配物资的制度",即交行利用存户的资金贷放给需要资金资助的工厂,帮助其增进生产,同时将工厂的成品直接配发给存户,满足其需求,交行作为中介的桥梁,不但保证了双方合作的真实有效,而且可在授信时取得相当手续费,可谓一举三得。董事长钱新之非常赞赏这一提议,但提出"须与国家各方面有统筹之办法方能合理实施",仅依靠交行一方,恐怕难以付诸实施。③可以看出,交行管理层为使交行在艰难的局势下维持良性发展,可谓殚精竭虑。

由于各省的工业发展状况不一致,一些工业基础较薄弱的省份也根据当地的实际情况开发新的贷款对象,以保证资金投放的安全有效。如江西地区,企业和公用事业单位几乎没有符合放款条件的对象,但该省出产的瓷器、木材等,数量较大,获利颇丰。因此,赣行将放款范围侧重于土产运销方面,取得不错的效果。

至1948年,交行各地行处更以审慎小心作为放款业务的首要原则。例如青行当年的放款数额占存款数额的60%至80%,主要为安全系数较高的押汇放款,以及经四联总处核准的押款押透项目,一般的工商业贷款不再放出。采取这种极为小心谨慎的态度,"皆为预防减少意外动乱时处理之困难"。④

---

①②③ 《1947年交通银行各行经理在沪谈话》,交通银行博物馆藏资料Y40。
④ 《1948年交通银行各行经理在沪谈话》,交通银行博物馆藏资料Y40。

四、加强实业调查,规避放款风险

无论是审查贷款申请人的资质,还是选择优质的放款对象,都离不开事先的调查研究。交行一直高度重视对各实业企业的调查研究,并指定设计处专门负责。设计处不仅为放款业务提供直接的审核依据,而且为交行管理层制定长远的发展规划,提供重要的参考资料。

设计处细致调查了上海、江浙、东北等地区的造纸业、染料业、水泥制造业、煤炭工业等,分门别类,就其行业现状与发展前景作出合理判断,于 1947 年印发一批业务参考资料,供内部使用,为当时的放款业务提供了重要依据。

经过对上海和江浙地区造纸行业的调查,设计处认为该地区造纸业设备落后、效能低劣、产品质量受材料所限质量不高,缺乏竞争力,因此建议对该地区该行业的放款必须慎之又慎。对于上海的染料工业,设计处则认为颇有希望。上海的染料企业是国内规模最大、制造工艺最为先进的厂家,由于进口染料售价太高,又受到国家保护,所以具有一定市场竞争力,设计处建议对其持谨慎的乐观态度。[1]

对之前相对封闭的东北地区的工业,设计处也开展了系统调查,为交行在该地拓展业务提供第一手资料。比如,设计处提出东北地区的水泥厂获取原料比较便利,产业比较好,在产量上领先全国,虽然暂时受到交通不利的影响,但总体上比较有希望,还能争取海外市场,前途不可限量。煤炭工业也具有广阔的发展前途,认为东北煤藏丰富,可以为我国工业化奠定深厚基础。因此在东北地区,交行可以加大力度,努力使之复兴。[2]

交行与交通事业渊源深厚,抗战后交通事业的恢复与发展自然也成了调查研究的重点对象。经设计处深入调查,发现当时的航运业现状不容乐观,但也有一些积极因素。其一,拥有轮船的公司大量增加,吨位不断提高;其二,四条航线中的南洋、北洋、长江航线已经恢复,仅远洋航线尚未独立发展,而政府日益重视航运事业,招商局等国营轮船公司也开始涉足远洋航线。因此航运业将有较大的发展前途,对银行贷

---

[1] 《交通银行关于上海市暨江、浙区造币现状、后方花纱布产销状况及纺织工业可能发展范围之分析等业务参政资料》,上海市档案馆藏,档号 Q55-2-244,第 2 页。

[2] 《交通银行关于东北水泥业、东北的煤业、上海公用事业、我国航空概况及世界人造丝工业与我国人造丝工业建设等参考资料》,上海市档案馆藏,档号 Q55-2-245,第 10 页。

款需求大增,只是因为国内"政治不安,工商凋敝,业务仍难开展"。因此,设计处提出"我国航运建设之需要与发展实重且急",[1]交行责无旁贷。

在纺织业方面,设计处主要调查了人造丝行业。鉴于当时国内几乎没有人造丝工业,产品基本仰仗进口,设计处对其前景充分肯定,认为人造丝工业的发展可带动化学、丝绸等其他工业的发展,"我国一切新工业之前途实利赖之"。因此提出通过学习先进技术,创立研究机构,谋求化学原材料自给,奖励商办等措施,共同推动人造丝工业的发展。[2]

在公用事业方面,设计处选择公用事业较发达的上海地区进行调查,并提出建议。设计处认为该项事业应继续坚持商办,可组织投资上海公用事业银团募集所需资金。设计处的调查结论和相关建议其实也为交行进入上海公用事业领域提供了理论依据。随着上海公用利权的收回,设计处还建议外籍员工暂时不必调整,日后再逐步替换。该项建议对促进上海公用事业的平稳发展,颇具参考价值。

这一时期,交行通过全面而深入的调查研究,进一步掌握了全国实业的现状,并预测了其发展前景。这对放款业务如何规避风险,以及如何选择优质客户,都具有非常重要的作用,对全国实业发展也具有一定指导意义。

五、投资政府债券,经营保险和贸易

抗战胜利的喜悦尚未过去,全面内战的阴霾悄然降临。1946 年 10 月,国共两党谈判破裂,惨裂的战火再次燃遍大河南北。国民政府财政赤字倍增,通货膨胀严重程度日剧。在这种恶劣的局势下,交通银行的资金运用,逐渐游离于生产事业。一方面,作为专业分工的实业贷款逐年降低,如 1946 年的工矿企业放款比重为放款总数的 50%,1947 年则跌至 43%,到了 1948 年只有 31% 了。[3] 另一方面,将大量的资金用于投资和贸易。1947 年交行的证券及投资总额为 11345 亿元,相当于放款总额的半数,其中生产事业投资仅 257 亿元,只占 2.3%,通过信托部经营的政府债券投资占

---

① 《交通银行关于东北水泥业、东北的煤业、上海公用事业、我国航空概况及世界人造丝工业与我国人造丝工业建设等参考资料》,上海市档案馆藏,档号 Q55-2-245,第 43 页。

② 同上,第 51 页。

③ 参见洪葭管:《中国金融通史》第四卷,第 494 页。

97%以上。①国民政府在战后发行的内债，已不再用法币作本位，而是改以美金、黄金为单位的外币公债和以稻谷为单位的粮食债券。在通货膨胀中，以法币购买这些债券，可以起到保值的作用，较之投资于生产企业要方便、有利得多。

在商业贸易的经营方面，交行通过附属企业蜀余公司，把大量银行资金用于囤积物资，以投机牟利。蜀余公司是交行独家投资的企业，1944年3月在重庆成立，原名蜀余盐号，经营食盐运销，运营资本为法币400万元。同年11月，经改组为蜀余盐业股份有限公司，增加资本为法币2000万元，并在四川省较大城市设立分公司。1946年总公司由重庆迁到上海，在九江路69号的交行总处信托部营业。此时的蜀余公司以运销食盐为主，兼营国内土特产运销、国外物品的输入及经销。蜀余公司初由总处信托部管理，董事长和总经理由信托部经理和副经理兼任，1948年起改由赵棣华兼任董事长。蜀余公司的土特产经营，以桐油购销最有优势。抗战胜利后，蜀余在重庆和万县的分支机构大量收购桐油，通过中国植物油厂运销上海出口。据1948年6月到9月的记录，三个月期间，桐油价格上涨110倍，而交行的投资资金扩大了160倍，取得了惊人的利润。②

同一时期，交行通过投资孚中公司，获利亦多。孚中公司由宋子良发起，成立于1945年12月，在美国注册称孚中合作贸易公司，资本金为60万美元，同时在国内注册，股本为法币1800万元。交行均出资三分之一，由信托部投资。钱新之任董事长，宋子良任总经理。该公司成立后不久，即取得美国惠勒汽车公司的中国总代理权，以平价汇率进口吉普车7000辆，每辆吉普进品成本为800美元，售价达2040美元，③获利之巨，实在惊人。

此外，交行还重点投资于太平洋保险公司等企业。太平洋保险公司成立于1943年12月8日成立于重庆，资本总额为法币1000万元，交行投资占45%，其余由川康银行、新华银行、金城银行、大陆银行、民生实业公司、中华实业公司及华侨企业公司集资凑足。30年代初，交行曾投资太平保险公司，总公司设在上海，经营水火险及人寿险。太平洋战争爆发，上海沦陷，太平保险公司将交行在该公司股东地位上的一切权益划归伪上海交通银行。有鉴于此，在重庆的交行总处决定，放弃太平保险公司而

---

① 《交通银行史料》第一卷，第1609页。
② 同上，第1619页。
③ 同上，第1580页。

另组新的保险机构,"新的保险机构是太平洋战争爆发促成的,将来拟向南洋群岛发展,故命名为太平洋保险公司"。①太平洋保险公司董事长以外交界名人王正廷任董事长,钱新之兼任总经理。公司开业后,营业兴旺,很快在四川、云南、贵州、甘肃等地建立了十余个分支机构。1946 年 3 月迁上海,又在南京、芜湖、徐州、厦门、长沙、汉口、沈阳、香港等地添设 46 个分公司,并广招代理机构,建立业务网。②大部分分支机构的经理由当地交行的经理兼任,另由总公司派遣熟悉业务的人员处理内部工作。这些机构附设在各地交行之内,既利于节省开支,又方便开展业务,更重要的是交行于从中可以获取更大利益。

第三节　国内战争时期的汇款业务

一、内战对汇款业务的影响

汇款是交行的重要业务,早在抗日战争爆发之前,交行在全国范围内已形成覆盖面颇广的通汇网络。③ 内战全面爆发后,社会的动荡,经济的破坏,以及随之而来的各种问题,都对交行的汇款业务产生很大的负面影响。下列《各属汇出汇入款总数分类比较表》大致反映了当时的一般状况。

表 3-7-9　各属汇出汇入款总数分类比较表(1947 年 12 月)　单位:百万元

属别	汇出汇款				汇入汇款			
	摊汇	商汇	其他	合计	摊汇	商汇	其他	合计
沪属	38152	148016	77531	263699	30303	222008	135462	387773
京属	27582	98011	82838	208431	384	65837	53248	119469
津属		64111	202069	266180		202670	127559	330229
汉属	6136	25879	64698	96713	12184	40298	88333	140815

① 《交通银行史料》第一卷,第 1560 页。
② 同上,第 1562 页。
③ 参见《交通银行史料》第一卷,第 570—574 页。

（续表）

属　别	汇　出　汇　款				汇　入　汇　款			
	摊　汇	商　汇	其　他	合　计	摊　汇	商　汇	其　他	合　计
秦　属	23919	73299	61787	159005	6760	21831	59400	87991
渝　属	25123	52971	24059	102153	8018	100218	35862	144098
沈　属		107371	59288	166659	100	18152	19342	37594
青　属		50481	58812	109293		25079	60279	85358
浙　属	1233	61044	118603	180880	9036	66572	81407	157015
粤　属		42141	32187	74328	2423	14146	29169	45738
桂　属		13057	24303	37360	232	15015	11783	27030
湘　属	1608	33108	25311	60027		28276	26383	54659
赣　属	7	20063	10697	30767	385	22062	15737	38184
闽　属	1229	29307	15575	46111	1336	27364	15128	43828
滇　属	1308	2714	7265	11287	1893	5538	2050	9481
黔　属	5490	7668	6895	20053	1457	12717	5723	19897
国外行		32908	20394	53302	33659	11881	1751	47291
总　计	131787	862149	892312	1886248	108170	899664	768616	1776450

资料来源：《交通银行史料》第一卷，第582—583页。

从这一时期汇款的数额来看，1945年的汇款总额为1.34102亿元，1946年的汇款总额为15.41亿元，1947年的汇款总额为102.449亿元，[1]尽管绝对数值呈现快速上升的趋势，但去除通货膨胀的"水分"，实际金额不仅没有上升，反而有所下降。1947年12月的法币发行额已达到331885亿元，较1946年12月的发行额37261元增加了7.9倍，[2]而1947年的汇款总额较1946年仅增加5.6倍。也就是说，自内战爆发以来，交行的实际汇款金额有较大幅度的减少。显然，交行在抗战末期为战后汇款业务制定的计划为内战所阻，无法落实。1948年5月，交行坦承，尽管建立了较完善的汇兑网络，具有较强的承接汇款业务的能力，金融市场上也有较高的汇款需求，

---

[1] 《交通银行史料》第一卷，第585页。
[2] 吴冈：《旧中国通货膨胀史料》，第92—96页。

但受时局影响,实际的汇款业务数额却远低于其能力和市场需求,"似尚未臻理想"。①

受时局影响,交行汇款业务本身,如收解流程、资金调配等在此时也出现不少问题。

与其他大银行一样,交行庞大的汇兑网络依赖的基础,是由各地分支机构之间,以及与其他银行之间,通过协议结成的联行通汇关系。各联行无论是汇款还是解款,都必须严格按照协议,密切联系,通力合作,方能使汇兑网络正常运作。但随着国内局势的日益恶化,经济凋敝,通胀持续,各家银行都深陷困境。为自身利益考虑,各联行包括交行内部的各分支机构往往在汇款和解付的流程中,利用其间隙,通过买汇等方式,进行变相商业放款或同业拆放。原本以买入汇款的方式供调拨头寸、调剂金融之需,只要操作得当,不妨碍收解流程,无可厚非,但各联行既从牟利考虑,自然将联行协议置于其下,从而影响了收款、解付的惯例,引发了行与行之间的矛盾。对此,沪行经理曾忧心忡忡地说:"窃以汇款业务除从事努力招徕外,端赖各联行联系合作,以完成此项任务。联行间为谋取自身利益,有争揽汇出行之汇款承做买汇者,有竞收委托行之收款承做汇款者,有以调运费用增巨,限制垫解额度,使对方行感觉不满者,误会滋多,其间亦难免不有因相互竞争关系,迁就顾客,削减整个收益之处。"②

其实,交行早在内战爆发不久已觉察上述问题,曾于1946年11月向全行发出通函,指出各行利用买汇作变相的商业放款或同业拆放,既不符合财政部与四联总处的要求,也违背买汇业务宗旨,应该切实纠正。为此,总处明确作出限制:1.买汇应以头寸调拨确切需要为限;2.买汇对象可包括同业行庄和工商业,但期限最长不得超过五天;3.当地若有多个行处,头寸调拨应统一由当地管辖行办理,下属行处不得从事买汇;4.调拨头寸较繁的行处,确有买汇需要时,把详情呈报总处核准,方可办理;5.临时需要买汇的行处,3000万元以下可随做随报,3000万元以上须事先呈报,核准后再做;6.绝对禁止各类变相放款。1947年11月,总处因各行"擅自收做者亦属不少",再次通函各地行处,重申各项规定,并强调:"凡确因调拨需要,必须经常买入外埠汇款者,应先将拟做各户填具商号调查表或生产事业调查简表,并匡拟额度及承做办法(包括地点、期限、买价、保证等),一并陈由管辖行加具意见转报凭核",经总处批准

---

①② 《交通银行史料》第一卷,第565页。

后方可办理。①

　　然而,总处的限令收效并不明显,在 1948 年 5 月的各行经理在沪谈话会上,沪行经理仍就买汇导致联行往来不畅的问题大叹苦经:"沪行资金缺乏,计欠央行及中信局拆款六千亿,以致每天轧头寸,向各处拆款。此为我行三十年来所未有之现象。考其原因,则以联行调款不易收回,致头寸运用欠灵,此为联行往来制度不良有以致之。……如渝、闽、汉、青等行与沪行以汇水平分,向无磨擦,而未分汇水各行则不如此,深以影响汇兑业务。"②为此,他提出改革联行制度的方案,建议参考中行的联行往来办法,改进本行联行制度。中行以每一区属为单位,不分币别,统一按照国币户记载存欠利率,一律按月息六分计算;另外再订立垫解额度,超出额度时,按月息八分一厘计算;联行所收汇费在每届结算时互相平分,以往所欠的存款除轧算外,由中行总处及沪行组织的调拨委员会统筹调拨;同时,建立汇兑基金,由各属行按存款额度的十分之一提拨,调拨委员会给予月息六分。该项基金由委员会拨交中国银行沪行存储,按该行的交换户利率年息八厘计算,委员会贴付的差息及其调拨费用,统按各联行所得汇费比例分担。沪行经理认为这些做法,"意良法美,足资仿效,拟请酌予采用,借以促进联行汇业,而收通力合作之效"③。这些建议也得到某些行处的支持,但多数行处并不认同,交行管理层考虑到各行的态度以及本行的具体情况,最终并未采纳沪行的建议。总经理赵棣华称:"往来户制分别往户与来户,此或于沪行稍有不利,但大多数行均表需要,拟仍旧办理。"④此后,局势更加动荡,国统区的金融体系渐趋崩溃,联行制度上的问题更难以解决。

　　内战时期汇款业务的另一个大问题是,汇款资金流向严重的不对称、不平衡现象,造成某些行处的解付困难。例如,上海地区的资金往来非常频繁,上海分行的汇款业务就十分繁忙。内战爆发后,国内资金明显呈现由北向南的流动趋势,上海遂成为钱款的主要汇入地。自 1946 年秋冬开始,各地汇款纷纷涌入上海,而从上海汇出的却很少,沪行出现汇入多于汇出的现象,解款难度不断加大,资金难以调度。按照规定,交行本可向中央银行申请调汇,以解燃眉之急,但"国行厉行紧缩政策,调汇极为不易"。在这一情形下,沪行几乎天天竭尽全力筹措头寸,"去年(1946 年)九月至

①　《交通银行史料》第一卷,第 577—578 页。
②④　《1948 年交通银行各行经理在沪谈话纪要》,交通银行博物馆藏资料 Y40。
③　《交通银行史料》第一卷,第 565 页。

十一月为最甚,其中间有各行送款来者,总处方面亦力向国行交涉疏通,至去年十二月始渐见好转"。①

至 1947 年,国统区经济形势继续恶化,为了挽救通货,国民政府采取紧急经济措施,加强金融管制。年底,为防止各地游资涌入上海,四联总处决定紧缩申汇。1948 年初,财政部下达指令对上海等地汇出汇入款项进行限制,要求各地国家行局库汇至上海、广州两地的款项,数目在两亿以上者,必须逐日列表送当地金融管理局核查。同时规定,由内地携运现钞至上海、广州两地,每人不得超过 2 亿元。后来又规定上海、汉口两地汇款至广州,每日汇出总数每地不得超过 2000 万元,每笔不得超过 20 万元。② 汇款限令在一定程度上减少了汇入上海的资金额,但无法从根本上解决问题,而且对各家银行的汇款业务产生了不小的负面影响。

汇款的大量南流,不仅造成南方行处的解付困难,流出汇款的北方各行,尤其是东北各行,也出现资金短缺的状况,日常营运十分艰难。

表 3-7-10 东北地区交通银行汇款金额统计表(1946 年 9 月 16 日至 12 月 31 日) 单位:元

类 别	汇出金额	汇入金额
贸 易	551716303.11	
赡家费	533053932.49	13000.00
学 费	6329402.00	—
旅 费	6365381.00	—
国际宗教社团	500000.00	—
慈善团体	1800.00	—
合 计	1097966818.60	13000.00

资料来源:《四联总处史料》(下),第 145—146 页。

说明:该统计表编制于 1947 年 3 月 13 日。

内战爆发后,国民党军队在东北战场连遭败绩,至 1947 年,东北大部分地区已处在中国共产党的控制之下。此时,东北地区的大量资金通过银行汇往南方,境内钱款的流失极为严重,表中数据即显示汇出金额与汇入金额的悬殊。与此同时,因交通的

① 《1947 年交通银行各行经理在沪谈话纪要》,交通银行博物馆藏资料 Y40。
② 《中国银行行史(1912—1949)》,第 638—639 页。

阻隔,向东北地区运送钞券遭遇极大困难,所以东北行处的资金流通无法顺畅,各项业务难以正常开展。

山东地区的行处也出现资金短绌的情况,解付汇款非常困难。例如,"青行每月均因此煞费周章,除日日设法揽做买汇应解外,每须仰赖总处核给国行汇额及沪行之格外帮忙,方克勉渡难关"①。

其后,随着内战局势的根本逆转,国统区不断缩小,交行越来越多的分支机构处于解放区的覆盖之下,资金调拨更为困难,汇款业务逐渐停滞。

二、改进汇款业务的若干举措

汇款业务在收款与解款之间有一定的时间差,如果有大额汇款,银行可利用这一时间差进行资金运作,汇费收入除去成本后也有较高利润。因此,汇款业务若有较大发展,且调度得当,确实可以收到"资金方面固可资挹注,其汇费收益为数亦宏"的成效。基于此,交行历来十分注重发展汇款业务。内战爆发后,交行的努力屡次碰壁,但仍力图在逆境中前行,不断在规章制度和方式方法上加以改进与完善。

早在抗战结束不久,交行为大力推进汇款业务的恢复和发展,即于1945年9月21日颁布新修订的《交通银行汇款规则》,对票汇、电汇、条汇三种汇款形式及其办理方法、注意事项等作了详尽的说明和规定。② 其后,总处又以通函的形式先后下发《办理解款及退汇应行注意各点》、《汇兑科办理汇款应行注意事项》等文件。1947年,受形势影响,交行的存、放款业务都陷入困境,总处希望汇款业务能有一些起色,以维持银行的运营。于是,在当年3月再次通函各地行处,下发《重申办理汇款应注意各点》。文件开宗明义地强调汇款业务在当时的特殊意义,分析了交行分支机构的普及对扩展汇兑的优势,并要求各行处着重从"改善服务"、"招徕顾客"两个方面改善汇款业务。

为了提高顾客对本行服务的满意度,总处要求各行处提高效率,便利服务,努力做到做好以下十一点。1.汇款函电随到随送,不得积压;2.收到汇款函电,即日将通知书送达收款人,若当日未能送达,尽可能于次日送达;若有电汇,则优先办理。如果

① 《1948年交通银行各行经理在沪谈话纪要》,交通银行博物馆藏资料Y40。
② 《交通银行史料》第一卷,第589—591页。

有巨额解款通知书,要想方设法揽做存储,其送交方式由经理、副经理、襄理等决定;3.解款行对联行托付款除因密码、印鉴、收款人姓名、地址等不符,或有与政令及本处规定抵触处,不得以任何理由拒解;4.各行主管汇款人员应准确估计存欠联行头寸,保证核定限度内酌量收汇,如有超额并则迅速调还,或陈请总处核办;5.比照邮局对各地邮包封发及电台通报时间,排定寄发各地汇信发电时刻表,按时分批转发,不得等到营业终了一并汇送,以耽搁时日;6.汇电拍发后,当日内即快邮寄出补发的委托书;7.委托行收到代理行报单,要当日转账,并将收条随时整理,以便汇款人换取;8.解款报单日久未到,随时向解款行查询;9.汇款人来行换取收条,不得因以事忙推脱拖延;10.汇款业务繁忙的行处,酌情分组办理;11.顾客有对手续等提出问题的,务必详加说明,并竭力解决其困难。

为招徕更多顾客,总处要求各行特别注意四类关系。1.行内贷款户,要把握其汇款,尽力由本行承做;2.经常委托本行汇款者,避免让他行揽去;3.随时调查当地工商团体,是否有汇款可揽者,设法揽致;4.可能与联行发生存汇关系者,互相关注,代为争取。

一系列措施的颁布及督促落实,对维持汇款业务的运作起了一定作用。然而受客观条件所限,交行的努力未能扭转汇款业务的颓势。

此外,交行鼓励各行处尽可能运用多角套汇的操作方式,降低成本,增加收益。当时承做汇款业务,汇款与解款的流程大致有两种方式。一是运现抵解,即甲地收入汇往乙地的款项后,通过各类交通工具将钞券送至乙地解付。这一方式,运送的成本较高,途中还有风险,收入的款项也难以用于资金运作。二是套汇的方式,即甲地收入汇往乙地的款项后,并不将钞券送往乙地,而是与乙地的联行联系、合作,由乙地联行将收入的汇出款或可动用的闲置资金用于解付。反过来,乙地有汇往甲地的款项,甲地联行也进行同样的操作。如果有三处或多处联行通力合作,交互进行相应的汇款、解款,即为三角套汇或多角套汇。套汇的方式,若合作顺利,运用得当,不仅可降低运送钞券的成本和风险,而且可利用时间差对收入的汇款进行资金运作,在许多情况下,还可利用不同地区的不同市场价格,赚取一定差价,以提高汇款收益。鉴于套汇的诸多长处,总处曾于1946年8月通函各行处,要求尽可能多做套汇。

对总处的这一要求,不少行处予以遵行,并取得一定成效。在1947年4月举行的各行经理聚餐会上,秦行经理严懿卿谈及北方一些行处在套汇方面的经验,并呼吁联行间加强联系,进一步推行多角套汇。他举例说,上海棉商向郑州购棉时,郑行利用时机做逆汇,贴进汇水,又承揽灵宝、陕州等棉区汇出汇款,以补头寸,多出部分的申汇头寸即供由陇行汇出,陇多头寸则调运到秦行,以济灵、陕。经此多角套汇,至少可较例汇多出二倍以上汇水收益。

1948年5月,在各行经理谈话会上,闽行、黔行介绍套汇经验。据闽行经理沈祖彝介绍,闽省出口以木材、茶叶为大宗,主要运销津、沪,需要申汇较多,但申汇行情,一直处于倒挂状态。闽省是单方面解款码头,库存配备常有缺口。闽行为适应市场需要,把多余资金套做津、沪买汇,再经信托部及沪行调运现钞,同时利用进口商如中纺公司、颐中烟公司等申汇抵补头寸,以利周转。① 黔行原先"汇款成绩亦微",汇水收益颇低。其后,自1947年上期起,利用各地汇率经常变动把握有利时机,加强联行间联系,用彼此头寸作多角调拨,并灵活运用,使成本降低。于是,黔行的汇兑业务渐趋活跃。1947年度全年汇出、汇入总数均达400多亿元,较1946年度全年汇款总数增长两倍多。到1948年4月底,黔行汇款的累计数已高达850亿元,汇费收入累计数达到35亿元。因此黔行经理感叹:"一年余来,黔行账面未曾结亏,幸赖有汇款收益以资弥补。"②

第四节　鼎革前夕的高层南迁与资金转移

一、鼎革前的高层机构与分支行处

交行在抗战之前已形成比较完备的股东会和董监事制度。1937年4月1日,交行第二十六届股东总会在上海召开,确定第七届董事会成员共21名。其中,由国民政府财政部指派的官股董事为宋子文、王儒堂、席德懋、沈叔玉、宋子良、李承翼、杨啸天、陈行、徐新六等9人,由股东总会选出的商股董事为胡笔江、唐寿民、钱新之、周作民、李铭、叶薰、王承祖、盛升颐、秦景阜、孔令侃、吴鼎昌、陈辉德等12人。在随后的

① 《交通银行史料》第一卷,第575页。
② 《1948年交通银行各行经理在沪谈话纪要》,交通银行博物馆藏资料Y40。

董事会议上,众董事以记名连记法投票选出胡笔江、唐寿民、陈行、宋子良、席德懋、孔令侃、盛升颐等 7 人为常务董事,财政部指派常务董事胡笔江为董事长。[1] 董事会还聘任常务董事唐寿民为交行总经理。

董监事制度也力求保持。交行于 1925 年始设监事,1928 年国民政府改组交行时,废置监事,改设监察人,员额 5 名。1935 年,又奉国民政府之命修改相关条例,员额增为 7 名,其中,财政部指派 3 人,商股股东选举 4 人。1935 年 4 月,交行召开股东总会,组成第三届监察人会,其成员由财政部指派的为赵棣华、许修直、张寅,由股东总会选举的为叶崇勋、邹敏初、贾士毅、温襄忱,赵棣华任主席,许修直任常驻监察人。[2]

抗战爆发后,局势危急,财政部命令交行改组总行为总管理处,管理机构移往南京。鉴于战时状态下,董监事制度难以正常实行,在 1937 年 9 月 30 日召开的交行第六次董事会上,董事秦景阜提出,如果总处迁移他处,召开董事会时,可能多数董事不能按时出席,建议董事会把职权暂时授予常务董事代为执行。该项提议经董事会议决通过,又经常务董事会议决,把董事会所有职权暂授予董事长代为执行。[3] 此后六年多的时间内,董事会的全体会议一直停开,重大事项都由常务董事会和董事长决定。

胡笔江和徐新六于 1938 年 8 月遇袭身亡后,财政部以钱新之递补常务董事之缺,并指派钱继任董事长;徐新六所遗官股董事之缺,财政部派杨介眉递补;商股董事之缺,则由二十六届股东总会选举时票数列第 13 位的徐堪递补。当年 9 月 9 日召开的常务董事会,确认了上述人事变动,补选钱新之为常务董事,并补推钱以董事长身份签盖交行股票。[4]

随着抗战的持续,大片国土沦陷,尤其是太平洋战争爆发后,上海租界和香港也被日寇侵占,该届董事会和监察人会中有不少成员滞留于沦陷区,甚至还有人落水附逆。如常务董事、总经理唐寿民被俘后,于 1942 年 9 月主持伪上海交通银行"复业"。为此,国民政府决定改组交行的董事会和监察人会。1943 年 12 月,财政部下令解除

---

① 《交通银行史料》第一卷,第 65 页。
② 同上,第 75—78 页。
③ 同上,第 66 页。
④ 同上,第 67—68 页。

久居沦陷区内的官股董事沈叔玉、李承翼，商股董事唐寿民、周作民、叶薰，官股监察人许修直，商股监察人叶崇勋等，商股董监事暂由财政部一并派遣，等股东会召开时再照章补选。于是派杜镛、俞鸿钧、郭锦坤、钟锷、赵棣华为董事，张度、吕咸为监察人。又派邓汉祥补充身故的原商股监察人邹敏初。财政部还指派董事王正廷（儒堂）、徐堪、陈德辉、赵棣华代理缺席常务董事，以维持常董会议正常召开。

1944 年 1 月 10 日，交行董事会在停开多年后，于重庆再次召开第七次董事会议，并决定自即日起恢复常规的董事会议。此次董事会议确认了财政部对交行董监事人员的调整，组成第八届董事会。董事中，除上述应财政部命令作出改变外，另有连声海代替杨介眉出任官股董事，常务董事为钱新之、赵棣华、陈行、宋子良、席德懋、孔令侃、盛升颐，代理常务董事为徐堪、王儒堂、陈辉德。因原总经理唐寿民附逆，董事长钱新之提议，经常董会通过，于 1942 年 5 月 8 日聘任赵棣华为交行副总经理，代总经理。改组后的监察人会，官股监察人为王伯群、张度、何竞武，商股监察人为吕咸、温襄忱、贾士毅、邓汉祥。[①]

不久，国民政府决定增加交行官股股本，并据此修改《交通银行章程》，将董事名额增为 25 人，官股董事增为 13 人，监察人增为 9 人，官股监察人增为 5 人，至此，官股董监事人数都超过了商股。

1944 年 2 月 15 日，交行在重庆召开抗战爆发后的首次股东总会，再次改组董事会和监察人会。新成立的交行第九届董事会成员中，部派官股董事为宋子文、俞鸿钧、王儒堂、陈行、连声海、王伯群、宋子良、潘宜之、谭伯羽、戴铭礼、杨虎、浦拯东、郭锦坤等 13 人，股东总会改选的商股董事为钱新之、赵棣华、钟锷、李铭、杜镛、周佩箴、王承祖、吴鼎昌、徐堪、陈果夫、陈辉德、梁定蓟等 12 人。常务董事为钱新之、赵棣华、钟锷、周佩箴、陈行、宋子良、俞鸿钧。钱新之仍任董事长。后王伯群病故，由李叔明补缺。[②]

新一届的监察人会成员中，部派官股监察人为何浩若、李中襄、何竞武、刘攻芸、邓汉祥等 5 人，股东总会改选的商股监察人为徐柏园、温襄忱、吕咸、贾士毅 4 人，邓汉祥任主席，吕咸为常驻监察人。[③]

---

① 《交通银行史料》第一卷，第 69—71、78、125 页。
② 同上，第 71—72 页。
③ 同上，第 78 页。

当年 3 月 9 日召开的第九届董事会第一次会议,正式聘任常务董事赵棣华为总经理,原副总经理一职由渝行经理汤钜兼任。① 此后直至大陆解放,钱新之和赵棣华的职务未再有变化。

抗战胜利后,因管理机构忙于回迁恢复,交行董事会议曾一度停开数月。1946 年 6 月,交行的常董会和董事会皆在上海恢复,董事会议重新推定钱新之、赵棣华、陈行、周佩箴、钟锷 5 人签盖交行股票。②

1945 年 5 月的监察人会议对《交通银行监察人会规程》作了修订,正式确认财政部规定的监察人名额,常会由每月两次,减为每两月一次。1946 年 12 月召开的股东大会所确定的监察人会,其成员延续 1944 年 2 月的名单,没有变化,主席改由徐柏园担任。③

抗战爆发后,交行奉国民政府之命将承担全行管理职能的总行改组为总管理处,随后撤出上海,一路经汉口最后到达重庆,又迁往香港。抗战前期,公开的、对外的交行总管理处所在地是重庆,而内部管理的重心其实是在香港。香港总处共有 100 多人,高层管理人员包括董事长胡笔江、总经理唐寿民等都常驻香港,钱新之继任董事长后也大多时间在香港。太平洋战争爆发后,香港沦陷,交行的高层管理职能完全移至重庆,原香港总处的大部分人员也设法辗转回到重庆。赵棣华代理总经理后,董事长钱新之依然掌握实权,每日赴处办公,批公文,作决策。④

自抗战胜利到 1949 年大陆解放,交行总管理处下属各职能部门的情况大致如下:

事务处,下设五课,第一课管文书,第二课管档案,第三课管服务,第四课管庶务材料,第五课管电台事务,掌侦察电台总台。

稽核处经 1946 年 4 月改组后下设九课,分别为文书课、调拨课、业务课、放款课、核账课、投资课、外汇课、国库课、整旧课。

会计处下设四课,第一课管文书,第二课管会计,第三课管审核,第四课管统计。

设计处下设四课,第一课管文书,自 1948 年起兼办编译工作,第二课管调查,第

---

① 《交通银行史料》第一卷,第 125—126 页。
② 同上,第 1685 页。
③ 同上,第 79、88—91 页。
④ 同上,第 98—103 页。

三课管专题研究,第四课管统计资料。

储蓄部下设四课,第一课管文书,第二、三、四课各管具体业务。

信托部下设六课,第一课管文书,第二课管特种存款,第三课管会计,第四课管代理业务,第五课管仓务,第六课负责保管。

信托部总仓库下设四股,分别为文书股、会计股、仓务股、运务股。

人事室下设三课,第一课管文书,第二、三课管具体事务。[①]

抗战胜利后,总处于1945年8月派遣李道南等人自渝赴沪,在上海成立总处办事处,接收伪上海交行的所有资产及仓库、行屋等一切设施。与此同时,重庆总处开始全面部署战后的恢复工作,总处及其各职能部门的人员、设备、资料、文件等也逐渐向上海转移。当年12月财政部命令中、中、交、农四行应将总管理处设于首都南京,于是交行奉命成立南京总管理处,简称"京总处",但最初因南京的政府部门未真正恢复,所以这仅是个虚设的机构,并无重要人员前往办公。直至次年10月国民政府行政院一部分主管赴南京办公,四联总处以及各行局亦派员赴京办公,交行才决定从总处各职能部门酌情抽调20人,随同总经理前往南京办公。不过,这只是遵从政府命令的象征性举动,事实上的管理机构仍集中在上海。1948年12月,受内战局势影响,京总处撤销。[②]

1946年6月,交行总处自渝东运的各类资料、文件等陆续到达上海,全行的恢复工作大体完成,总处及其各职能部门开始在上海正常运作,董事会议和常务董事会议也在上海恢复举行。当年12月14日,交行在上海召开抗战胜利后的首次股东大会。1947年4月,总处在上海召开各地分支行经理谈话会,听取各行业务规划,并就加强各联行之间的联系、头寸的灵活调拨、人事工作的部署等议题,进行商讨。1948年5月,总处在上海再次召开各行经理谈话会,商讨在经济形势不断恶化,行业竞争日益激烈的情况下,如何解决因开支庞大造成的亏损问题。交行还于1948年9月16日正式成立行史修纂室,专门负责修订、辑补交行自成立以来三十年的行史草稿,并搜集和续编近十年的相关史料。[③]

交行国内和海外的分支行处,在八年抗战、战后恢复及国共内战期间,因受各种

① 《交通银行史料》第一卷,第104页。
② 同上,第104—105、1685页。
③ 同上,第105页、1684—1687页。

原上海外滩 14 号的四层楼房为交通银行总处和上海分行的所在
地,1947 年,交通银行耗资 50.37 亿元改建为八层的办公大楼。解放
后,该大楼为上海市总工会所在地。

因素影响,经历了多次调整,或裁撤,或增设,或归并,变动很大。据统计,截至 1945
年 4 月 30 日,总处下属的国内外分支行处共有 159 个。随着抗战胜利结束,收复区
内的分支行处都陆续复业,总处于 1945 年 8 月重新厘定各分支行的管辖范围,共划
分 20 个行属,以渝行、滇行、黔行、桂行、粤行、汉行、湘行、赣行、秦行、沪行、京行、
浙行、闽行、长行、津行、青行等为管辖行。据当年年底的统计,全行分支行处实存
153 个,其中,分行 13 个,支行 55 个,办事处 63 个,临时办事处 19 个,简易储蓄所
3 个。①

　　在内战全面爆发之前,交行在国内外恢复和增设的分支行处数量颇多,故至

---

① 《交通银行史料》第一卷,第 143 页、1683—1684 页。

1948 年底,总管理处属下的分支行处已达 200 多个,全行员生的总数为 3766 人。①
具体情况详见表 3－7－11。

表 3－7－11　1948 年底交通银行分支行处状况表

行　名	简　称	负责人	隶　属	行　址
上海分行	沪行	李道南	总处	上海中山东一路 14 号
南京路支行	南行	任嘉泰	沪行	上海南京路 438 号
民国路支行	民行	张瑞仲	沪行	上海民国路 227 号
静安寺支行	静行	张鸿基	沪行	上海南京西路 1708 号
林森路支行		冯振玉	沪行	上海林森中路 691 号
虹口支行		席元勋	沪行	上海虹口靶子路 350 号
曹家渡办事分处		邹祖浏	沪行	上海康定路 1354 号
提篮桥办事分处	篮处	杨壮元	沪行	上海东大名路 1154－6 号
苏州支行	苏行	贺民牧	沪行	江苏吴县观前街 181 号
阊门办事分处		朱宗逖	沪行	
无锡支行	锡行	浦紫东	沪行	江苏无锡旗杆下 3 号
南通支行	通行	胡耀	沪行	
新浦支行	新行	严忠阳	沪行	
武进支行	武行	徐雨公	沪行	常州西瀛里 109 号
常熟支行	常行	祝季昌	沪行	江苏常熟道南街
如皋办事处	如处	刘白哉	沪行	
丹阳办事处	丹处	许鹏	沪行	江苏丹阳中正路 81 号
江阴支行		杨蕴闳		
南京分行	京行	程觉民	总处	南京新街口(中山东路 1 号)
白下路支行	宁行	浦紫东	京行	南京白下路中正街
下关支行	关行	张婉如	京行	南京下关大马路

① 《交通银行史料》第一卷,第 160—169 页。

（续表）

行　名	简　称	负责人	隶　属	行　址
浦口办事分处	浦处	舒绍业	京行	南京浦口津浦路局内
三牌楼办事处		蓝春元	京行	南京中山北路 637 - 9 号
珠江路办事分处		杨铁崖	京行	南京珠江路黄浦桥
兵工署简易储蓄处		高咸华	京行	南京华侨路（1947 年随兵工署迁移）
萨家湾办事分处		刘守绩	京行	中山北路萨家湾
中央商场办事处			京行	中正路中央商场内
和会街简易储蓄处		张鹤亭	京行	南京和会街
建康路办事处		张骝祥	京行	南京建康路
卸甲甸简易储蓄处		徐晓峰	京行	南京浦口津浦路局内
徐州支行	徐行	毕丹屏	京行	江苏铜山大同街 33 号
泰兴办事处	泰处	刘德臣	京行	
东台办事处	台处	郭秉之	京行	
高邮办事处	高处	毛　豫	京行	
芜湖支行	芜行	康爱山	京行	芜湖市下二街 50 号
蚌埠支行	蚌行	郝立仁	芜行	
屯溪办事处		周铭兴	芜行	
合肥办事处		夏定方	芜行	
安庆办事处		吴其铸	芜行	
田家庵办事处		欧阳畏天	芜行	
宁波支行	甬行	汪灵玉	浙行	浙江宁波中山东路 7 号
金华支行	华行	王质园	浙行	浙江金华雅堂街 40 号
温州支行	瓯行	汪惺时	浙行	浙江永嘉中市上岸
湖州支行		王善杰	浙行	浙江吴兴下北街
绍兴支行	绍行	张芰船	浙行	浙江绍兴利济桥大马路 9 号
余姚支行	姚行	徐聿新	浙行	浙江余姚新建路

（续表）

行　名	简　称	负责人	隶　属	行　址
兰溪支行	兰行	孙智浚	浙行	浙江兰溪双隔巷
衢州办事处		熊晋勋	浙行	浙江衢县中河沿 12 号
庵东镇办事分处		俞崇润	浙行	浙江余姚庵东镇厰场路
嘉兴支行	嘉行	黄勉哉	浙行	浙江嘉兴建国路 125－127 号
汉口分行	汉行	邹安众	总处	汉口湖南街
武昌支行	鄂行	萧聿斋	汉行	湖北武昌中正路 404 号
武昌珞珈山办事分处		徐德符	汉行	
宜昌支行	宜行	艾秋宾	汉行	湖北宜昌二马路 12 号
沙市支行	沙行	宋显任	汉行	湖北沙市中正路 272 号
许昌办事处		沈宝琦	汉行	
漯河办事处	漯处	蔡钟珊	汉行	湖北郾城中山大街 94 号
汉口汉正街办事处	正处	向家焜	汉行	汉口汉正街同安里 1 号
信阳办事处	信处	牛智庭	汉行	河南信阳中正路 40 号
襄城县办事分处		陈宏才	汉行	
大冶石灰窑办事处		黄雄强	汉行	
天津分行	津行	李钟楚	总处	天津滨江道 48 号
天津罗斯福路办事处	罗处	薛宜骙	津行	天津罗斯福路
唐山支行	唐行	毛尔康	津行	河北唐山中山街 76 号
宛平门头沟办事处	燕宛处	郭发德	津行	
天津北马路办事处	北处	王燕生	津行	天津北马路
塘沽办事处	沽处	张佩芝	津行	河北塘沽新立街 10 号
张家口支行	张行	张永椿	津行	
天津小白楼办事处	白处	周静泉	津行	天津小白楼
保定办事处	保处	王光久	津行	河北保定中山东街 125 号
秦皇岛办事处	皇处	陈　传	津行	河北秦皇岛开滦路 14 号

（续表）

行　名	简　称	负责人	隶　属	行　址
归绥办事处	绥处	蔡书禾	津行	
丰台办事处		王显安	津行	
大同办事处	同处	李宗钦	津行	
北平支行	燕行	周恺	津行	北平前门外西河沿 17 号
北平西城办事处	西处	章宾	燕行	北平西单北大街 208 号
北平王府井大街办事处	府处	孔心秋	燕行	北平王府井大街
北平崇文门办事分处		王云霖	燕行	
石家庄支行	石行	宋颛民	津行	
青岛分行	青行	王彝尊	总处	青岛市中山路 93 号
青岛东镇办事处	岛处	刘常纲	青行	青岛东镇威海卫路 62 号
济南支行	鲁行	季琛	青行	山东济南商埠二大马路
烟台支行	烟行	王玉书	青行	
历城办事处	历处	郭文宝	青行	济南普利门内筐市街 38 号
沧口办事分处		沈国俊	青行	
济南纬十路办事处		宓汝祥	鲁行	
济南津浦路局办事处	路处	张宗谞	鲁行	
潍县支行	潍行	张广圻	青行	潍县东关李家街 18 号
张店支行	店行	丁宝华	青行	
广州分行	粤行	黄光	总处	广州市东太平南路 31 号
广州汉民北路办事处	穗处	韩家彝	粤行	广州市汉民北路
广州石牌办事分处	粤碑处	杨兆端	粤行	广州市石碑
广州西关办事分处	粤甫处	马翼云	粤行	
广州河南办事分处	粤南处	梁鼷	粤行	
岭南大学简易储蓄处	粤岭简处	陈绍垣	粤行	广州岭南大学内
韶关支行	韶行	许崇鉴	粤行	广东曲江民权路 539 号

（续表）

行　名	简　称	负责人	隶　属	行　址
汕头支行	汕行	何秉权	粤行	广东汕头居平路 28 号
台山办事分处	新处	黄汉光	粤行	广东台山西宁寺中和路 25 号
江门支行	门行	朱汝铨	粤行	广东新会县江门市新市路 42 号
梅县办事处	梅处	王恒润	粤行	广东梅县中山路 85 号
兴宁办事处	兴处	章瑞祥	粤行	广东兴宁兴化街 111 号
三埠办事分处	三处	白懋勋	粤行	广东新昌镇新华路 127 号
海口支行	琼行	张瑞伯	粤行	海南岛海口市中山路 14 号
重庆分行	渝行	张　朔	总处	重庆市打铜街 26 号
李子坝办事处	李行	吴景让	渝行	重庆李子坝正街
磁器口办事处	李磁处	梁翰宾	渝行	重庆瓷器口金蓉正街 272－274 号
成都支行	蓉行	沈青山	渝行	四川成都市暑袜街 61 号
自流井支行	井行	何龙生	渝行	四川自贡市八店街
泸县办事处	泸处	卢恩绂	渝行	四川泸县迎辉路
内江办事处	江处	夏孚乡	渝行	四川内江西街
万县办事处	万处	常慕梵	渝行	四川万县二马路
雅安办事处	雅处	乐以雅	渝行	西康雅安大北街 52 号
合川办事处	合处	计凤起	渝行	四川合川饼子街 20 号
五通桥办事处	桥处	钱华熙	渝行	四川犍为五通桥镇太平街
綦江办事处	綦处	茅同寿	渝行	
叙府办事处	叙处	汪　镇	渝行	
乐山办事处	乐处	茅以辅	渝行	
乐山牛华溪办事分处		叶兆林	渝行	
昆明分行	滇行	方镜清	总处	昆明金碧路 416 号
昆明城内办事处	昆处	华亚雄	滇行	昆明城内劝业场
曲靖办事处	靖处	王中安	滇行	云南曲靖北门街 46 号

（续表）

行　名	简　称	负责人	隶　属	行　　址
桂林分行	桂行	王官献	总处	桂林中山中路口
柳州支行	柳行	施永循	桂行	柳州柳江路 21 号
柳州南岸办事分处	柳南处	杨振铎	桂行	
梧州支行	梧行	李鸿汉	桂行	广西苍梧大中路 41 号
湛江西营办事分处	湛处	张（霈）	桂行	广东赤坎中山路 73 号
湛江支行	湛行	扬文夔	桂行	
郁林办事处	郁处	金绥湘	桂行	广西郁林西城街 9 号
南宁办事处	邕处	章光熊	桂行	广西南宁武生路
贵县办事处	贵处	王克让	桂行	广西贵县东湖路榕北街 25 号
金城江办事处		于树辉	桂行	
沈阳分行	沈行	郑大勇	长行	沈阳南满站
哈尔滨支行	哈行	贾春卿	长行	
沈阳小南门支行	沈南行	钱启元	长行	沈阳小南门内一心街二段 96 号
长春支行	长行	史济道	总处	长春市内西三道街
营口支行	营行	陈俊三	长行	
鞍山办事处	鞍处	单任钧	长行	
葫芦岛办事处	葫处	邓伊	长行	
抚顺办事处	仁处	贾春卿	长行	抚顺市中央大街
长春头道沟办事处	道处	俞达	长行	
锦州办事处	锦处	周畏逸	长行	
大连支行	连行	汪季文	总处	
西安分行	秦行	严敦彝	总处	陕西西安竹笆市粉巷口
西安东大街办事处	东处	赵金生	秦行	陕西西安东大街 567 号
泾阳办事处	秦泾处	应家鼎	秦行	陕西泾阳县造字街
渭南支行	渭行	吴培	秦行	陕西渭南西关大街 335 号

（续表）

行 名	简 称	负责人	隶 属	行 址
郑州支行	郑行	刘钟仁	秦行	河南郑县大同路 204 号
新乡办事处	郑乡处	徐赉裕	秦行	河南新乡新市区中山路
开封支行	汴行	谢幼安	秦行	河南开封鼓楼街 98 号
汉中办事处	元处	徐 尚	秦行	陕西南郑中山大街 21 号
咸阳办事处	咸处	吉传礼	秦行	陕西咸阳县城内中山街 115 号
洛阳办事处	洛处	汪駪寿	秦行	河南洛阳中山北街
三原办事处	原处	张善庆	秦行	陕西三原盐店街
永乐店办事分处	原永处	任季和	秦行	陕西三原县永乐店西大街 10 号
宝鸡支行	陈行	陆同坚	秦行	陕西宝鸡
兰州支行	陇行	赵育美	秦行	兰州市中山路 567 号
宝天铁路局办事分处	邦站处	李厚诚	秦行	甘肃天水东关车站宝天铁路局内
酒泉办事处	肃处	李文华	秦行	甘肃酒泉县城内东大街 111 号
宁夏办事处	雍处	荣正吾	秦行	宁夏城东街 101 号
武威办事处	凉处	岳剑寒	秦行	甘肃武威县东街 167 号
平凉办事处	襄处	张绪坊	秦行	甘肃平凉县东大街 167 号
天水办事处	邦处	吴清勋	秦行	甘肃天水西关后街
灵宝办事处	灵处	潘桂林	秦行	陕西灵宝县政府街 32 号
焦作办事处	焦处	刘守绥	秦行	河南焦作
商丘办事处	商处	刘守绥	秦行	河南商丘
陕县办事处	陕处	赵未午	秦行	河南陕县
天水新阳镇办事分处		王新龄	秦行	甘肃天水
福州支行	闽行	沈祖彝	总处	福州南台中亭路 44 号
福州城内办事处	福处	宋永坚	闽行	福州城内中正路 290 号
南平办事处	延处	朱维国	闽行	福建南平中正路 190 号
泉州支行	泉行	余复生	闽行	福建晋江中山南路 1010 号

（续表）

行　名	简　称	负责人	隶　属	行　　　址
石狮镇办事分处	泉狮处	张人骏	闽行	福建泉州石狮镇新兴街 16 号
漳州支行	漳行	车梅庭	闽行	福建龙溪马坪街 92 号
石码办事处	码处	徐永基	闽行	福建漳州石码镇新行街 41 号
厦门支行	厦行	陈龙田	闽行	福建厦门海后路 30 号
鼓浪屿办事处	鼓处	陈椿生	闽行	福建鼓浪屿球埔前岩仔脚路
建瓯办事处	建处	王必位	闽行	福州城内中正路 290 号
涵江办事处	涵处	戴玉辉	闽行	福建莆田县涵江镇中正路
洪濑办事分处	泉濑处	常士淇	闽行	福建南安洪濑青年路
南昌支行	赣行	魏云千	总处	南昌中山路 508 号
九江办事处	浔处	罗幼松	赣行	江西九江大中路
上饶支行	饶行	蒋承炘	赣行	江西上饶抗建路太极宫 3 号
河口镇办事处	饶河处	劳元珂	赣行	江西铅山县河口镇金家弄 4 号
赣州办事处	虔处	潘承序	赣行	江西赣县北平路 16 号
樟树镇办事处	树处	程新芝	赣行	江西清江樟树镇坪上街 46 号
吉安办事处	安处	晏侠君	赣行	江西吉安上永叔路
景德镇办事处	景处	司再生	赣行	江西浮梁景德镇中山路 819 号
长沙支行	湘行	侯厚培	总处	长沙黄道街
衡阳支行	衡行	魏立夫	湘行	湖南衡阳市铁炉门
常德办事处	德处	朱福增	湘行	湖南邵阳县中西直街
安江办事处	洪处	童明达	湘行	湖南黔阳县安江镇建国街
辰溪办事处	辰处	张毅仲	湘行	湖南辰溪中南门 23 号
湘潭办事处	潭处	黄中峙	湘行	湖南湘潭 15 总街
株洲办事处	株处	许大法	湘行	湖南株洲
长沙城北办事分处	湘北处	皮守仁	湘行	长沙城北中山西路 61 号
贵阳支行	黔行	陈子培	总处	贵阳市中华南路 197 号

（续表）

行　名	简　称	负责人	隶　属	行　址
遵义办事处	遵义	王其海	黔行	贵州遵义新城中正路 13 号
安顺办事处	顺处	唐锟玉	黔行	贵州安顺西街 175 号
毕节办事处	毕处	范广扬	黔行	贵州毕节威宁路 31 号
贵定办事处		盛家骏	黔行	
香港分行	港行	钟锷	总处	香港雪厂街 5 号
印度加尔各答支行	印行	王正序	总处	8 Royal Exchange Place, Calcutta, India
仰光支行	仰行	龚庆麟	总处	666 Merchant Street, Rangoon, Burma
西贡支行	贡行	陈能	总处	安南西贡埠
海防支行	越行	赵梓庆	总处	安南海防奔卑街 20 号
河内临时办事处	越河处	朱献国	总处	河内中法工商银行二楼

资料来源:《交通银行史料》第一卷,第 160—169 页;总管理处:《交通银行同人录》,1946 年 12 月,上海档案馆藏,档案号 Y10－1－95。

二、管理机构的南迁与资金转移

1948 年下半年,内战形势发生根本性逆转,掌握主动权的中国人民解放军开始发起战略决战,经过辽沈、淮海、平津三大战役,国民党政权在大陆的统治已趋于崩溃。

国民政府高层四分五裂,陷入一片混乱。时任总统的蒋介石于 1949 年 1 月 21 日宣布"引退",副总统李宗仁在南京代行总统职权后,于 1 月 22 日发表声明,愿以中国共产党提出的八项条件为基础,即刻开始国共双方的和平谈判。但实际上蒋介石仍以国民党总裁的身份在幕后进行操控,国民党中宣部紧急通报,有关和平谈判的问题必须以蒋介石的说法"以为言论之基准"。而行政院长孙科则于 2 月 4 日主持行政院议决国民政府南迁广州,并在广州发表谈话,反对李宗仁以中共提出的条件作为和谈基础。2 月 9 日,国民政府国防部政工局长邓文仪也在上海发表谈话,反对李宗仁与中国共产党方面"商谈和平"。这种政出多门、口径不一的状况充分反映了国民党政权的动荡和混乱。不过,对于作为政权金融支柱的国家银行,国民政府仍予以高度重视。①

国民党中政会议决"政府迁穗"后,为便于控制各国家行局,决定遵命南迁的行政院于 1 月 26 日密令财政部,要求四行二局一库依法与政府同赴广州办公,同时考虑到上海为全国经济、金融中心,各行、局、库应协助政府力谋上海稳定。② 交行于 2 月初召开第十三次常务董事会议,商讨行政院的指令,最后议决移到广州办公,具体落实要与各行、局、库统一办理。③ 实际上,交行管理层接到行政院的指令后,极感为难。从制度上说,国民政府颁布的体例和交行章程,都明确规定"交通银行设总行于上海",迁穗的指令显然违背该规定。更重要的是,上海是全国的经济、金融中心,若遵从指令,贸然将管理中枢南迁广州,不仅无法兼顾"协助政府稳定之责",而且必然造成内部经营管理的混乱;再加上当时的局势扑朔迷离,国共双方是战是和,国民政府能否维持半壁江山,国民党一方究竟由谁说了算,都难以预料,各行、局、库均在犹豫观望,交行自然不肯仓促行事。因此,交行常董会的决议"本行移广州办公"仅仅是对行政院的表面应付,实际上是以"与各行、局、库会洽,一致办理"为借口,迟迟拖延不办。

果然,孙科在各方压力之下于 2 月 28 日返回南京,3 月 8 日,孙科内阁总辞职,3 月 12 日,何应钦接任行政院长,重新组阁,各行、局、库迁穗之事也被搁置,此后一个多月未再提起。

交行总处虽仍留在上海,北方各分支行处却已出现巨大变动。自 1948 年底以来,长江以北的解放区迅速扩大,一些位于解放区的分支行处,如天津分行、北平支行等,经过接管改造,成为共产党领导下的新银行。1949 年 3 月 15 日,中共华北人民政府决定平、津两市的交行重新营业,并批准其为发展工矿、交通、运输、电讯事业的专业银行,受中国人民银行的领导。还有不少分支行处在局势紧急之际,疏散撤退,渡江南下,前往上海、南京等地;渡江战役前夕,南京的行处也撤往上海。所以上海解放后,被接管的上海地区交通银行各机构,除交行总管理处、上海分行暨五个支行、两个办事处外,还有先后来沪的沈阳、天津、青岛、西安、杭州、汉口、南昌、南京、常熟、太

---

① 以上参见唐培吉主编:《中国历史大事年表(现代)》,上海辞书出版社,1997 年,第 555—557 页。
② 《中国银行行史(1912—1949)》,第 699—700 页。
③ 《交通银行史料》第一卷,第 1689 页。

仓、南通、新浦等地行处。①

　　针对撤退行处人员的善后问题,总处于 1948 年 11 月核定并颁布《撤退行处人员处理办法》,规定:撤退行处需指派少量人员留守,预支数月薪金和必需的食宿费用,由其看护行屋及无法搬迁的器物,并设立办账处处理遗留的账务。疏散的员工必须迅速结束经办的事项,并交代清楚,获得一定遣散费后,回家候命,名单呈报总管理处。撤退的员工在退往南京、上海等地时,应负责搬运账册及各类重要文件和器物。② 当年 12 月,总管理处又制订《设立各行联合办账处办法》,作出三项规定:1. 由总处指定地点设立各行联合办公处,凡属撤退行处及各行另设办账处者,集中在联办处一处办公。联办处主持人员,除各行就后撤人员中各自指定一人主管本身应办事务外,由总处就各行主管人员中指定一人为联办处负责主持人。联办处各项开支,除人事费用仍由各行各自负担外,其余属联办处合共性质的房租、水、电等支出,由各行按成分担,结算时列支非常损失账。2. 撤退行处清整工作,包括整理全部资负账目、公物,及查对联行往来余额,限于一个月内办妥。经整理后,根据最后资负各科目余额及公物,分别抄具详细清册。部分原始经过较复杂者,逐项另编备忘录,连账册、物件一并由总处指定行接受。3. 未撤各行需派员分设办账处者,其人数与工作先报总处核准。在联办处经办各项事务,需与当地行保持密切联系。③

　　1949 年 4 月 1 日,国共双方和谈破裂;4 月 21 日,中国人民解放军发起渡江战役;次日,南京国民政府各院、部、会迁往广州;23 日,南京解放。国民党军队集中兵力,在上海部署防务,上海进入紧急状态,实行全面的军事管制。

　　此时,国民政府各国家行、局、库的南迁问题再次被提起。4 月 25 日,行政院长何应钦通过财政部向各行、局、库下达指令,要求各国家行、局、库总管理机构与政府一起迁穗办公,首长率同主要人员即日赴穗工作,④但交行管理层犹豫不决,并未即刻执行。4 月 27 日,董事长钱新之等人仍滞留上海。据金城银行沪行经理徐国懋回忆,4 月 27 日下午,由国民党京沪杭警备总司令汤恩伯及谷正纲、方治、陈良等党政

①　交通银行总行、中国第二历史档案馆合编:《交通银行史料》第二卷,中国金融出版社,2000 年,第 24 页。

②　参见《交通银行新浦支行致上海分行密函(1948 年 12 月 7 日)》、《陈报通行暨如东、闸处办理撤退情形由》(1948 年 2 月 17 日),上海市档案馆藏,档号 Q55－2－920。

③　《设立各行联合办账处办法》,上海市档案馆藏,档号 Q55－2－920。

④　《交通银行总管理处 1949 年 4 月 30 日密电》,交通银行博物馆藏资料 Y47。

要员出面,邀约上海工商金融界的头面人物出席茶会。到会者除徐国懋本人,还有钱新之、刘鸿生、吴蕴初、王晓籁、戴立庵、杜月笙等,共约三四十人。国民党方面举行这次茶会的目的是劝说这些工商金融界人士尽快离开上海,飞机、轮船等交通工具都由官方提供。①

正是通过这次茶会,交行管理层明白,上海解放已指日可待,因而于4月底将总处迁往广州。4月30日,总处密电各分支机构,告知自30日起总处在穗办公,同时成立上海办事处,处理一切未了事务。② 同日,又以“穗总处”的名义,密电通告全行,重申此令。董事长钱新之和总经理赵棣华也于此时离开上海前往香港,行前召集主要留守人员组成18人的行务委员会,以稽核处处长朱通九为主任委员,由其主持行务,负责应变,并处理未了事务。③ 而离沪赴穗的人员其实很少,总计不到10人,主要为高级职员,如会计处处长杨兆熊、人事室主任徐象枢、总稽核兼信托部经理庄鹤年、副总经理兼沪行经理李道南等。

5月上旬,上海地区陷入解放军的重重包围,总处已没有时间逐渐转移,穗总处遂于5月10日密电全行,吩咐各分支机构自5月4日起,外汇账移港办理,各行发稽核处报单改寄香港。各行与稽核处转账,各项货币往来户及与沪行往来各外币户,截至5月3日,要求各行迅速与沪稽核处及沪行分别查对余额。④ 5月21日,穗总处转发行务委员会的通电,告知各行处,沪行及沪行信托部已停止款项的收解,并指令总处上海办事处和沪行视情况择机转移。5月26日,穗总处再次密电各分支行处,要求行处与总处往来款项单,除外汇部分,所有营、储、信报单一概改寄穗总。自6月1日起,查询对账事宜均在广州办理。⑤ 而此时,国民党一方已兵败如山倒,5月12日,解放军发起上海战役,27日,上海全境解放,交行总处上海办事处、沪行以及先前来沪的各行办事处都没有机会再转移他处。

交行总管理处迁穗仅五个月,解放军已挺进华南,兵临广州。早在1949年8月下旬,国民政府上层就深知广州朝不保夕,决定再次迁渝。为此,财政部训令各国家

① 《金城银行史料》,第893页。
② 《交通银行总管理处1949年4月30日密电》,交通银行博物馆藏资料Y47。
③ 《交通银行史料》第二卷,第25页。
④ 《交通银行穗总处1949年5月10日密电》,交通银行博物馆藏资料Y47。
⑤ 《交通银行穗总处1949年5月26日密电》,交通银行博物馆藏资料Y47。

行、局、库,应尽快做好准备,随政府迁往重庆。① 9 月 7 日,国民政府由广州迁往重庆,随后,财政部电令交行于电到三日内,撤离广州,迁往重庆。交行总处奉命于 10 月 13 日迁至重庆,次日,广州解放。10 月 19 日,重庆的总管理处以渝总处的名义函电尚存的分支机构,包括各海外分行,转述财政部的指令,要求所有表、报、函、电,改寄重庆。②

钱新之在奉命安排迁渝事宜的同时,已看清国民党政权土崩瓦解之势,遁往重庆也维持不了几天,因此不愿再徒然奔波,决意辞去交行董事长的职务。经交行第十五次常务董事会议通过,③空缺的董事长之职在未奉财政部核示之前,先由常务董事兼总经理赵棣华代理。④

11 月中旬,解放军入川,直指重庆,国民政府退往成都,11 月 30 日,重庆解放。12 月 7 日,蒋介石命令行政院迁往台北,在此之前的 12 月 3 日,交行总管理处已奉命迁至台湾。台湾总处于 12 月 24 日通函香港交通银行,告知其将相关函寄台北市峨嵋街 39 号;⑤26 日又发密电给港行,要求一切重要措施,在任何情形之下,都要报请总处核示办理。⑥

自 1949 年 5 月中旬至当年年底,随着全国各地陆续解放,陕西、山东、湖南、福建、广西、广东、贵州、云南、四川等地的交行分支机构相继裁撤,停止了各类款项的

---

① 参见《中国银行行史(1912—1949)》,第 701—702 页。

② 以上均见交通银行博物馆藏港行资料,港行收文第 2990 号,1949 年。

③ 钱新之辞职后,于 1950 年 3 月随复兴航业公司迁往台湾,后因病退休,1958 年 6 月病逝于台北,终年 73 岁。总经理赵棣华继任董事长后不久,即主持交通银行迁台事宜,并创办中本纺织公司,1950 年因病赴美国医治,当年 12 月病逝于纽约,终年 55 岁。

④ 以上均见交通银行博物馆藏港行资料,港行收文第 3061 号,1949 年。

⑤ 交通银行博物馆藏港行资料,港行收文第 3153 号,1949 年。

⑥ 交通银行博物馆藏港行资料,港行收文第 3154 号,1949 年。1949 年 12 月 10 日,赵棣华一行十余人在台北市峨嵋街 39 号办公。除会计室仍依旧贯外,将事务处、人事室、行史修纂室合并改组为秘书室,稽核处、设计处、储蓄部、信托部合并改组为业务处。因人手少,不对外营业,只从事内部清理。1950 年 12 月,赵棣华病卒后,俞鸿钧继任董事长,赵志尧为总经理。1954 年,俞鸿钧出任行政院长,赵志尧被指派为董事长,赵葆全任总经理。1960 年 2 月 2 日,开始对外营业,以推动实业、发展经济为主要任务,股本中公股占 97%。1975 年,台湾当局修订公布银行法,建立金融分工体系,明确该行为工业专业银行,专责提供工业信用,以协助工矿交通事业的发展。1979 年,台湾经济发展转型升级,为获取金融之支持,该行被改制为开发银行,规定办理中长期开发授信暨创导性投资为主要业务,配合政府经济政策及经济建设计划,协助策略性及重要工业发展,致力改善产业结构、促进工业升级。1991 年,当局修订条例,该行成为面向大众的服务性金融机构。1999 年至 2000 年,完成民营化改革。2001 年,与国际证券公司共同成立交银金融控股公司。2006 年 8 月,与中国国际商业银行(其前身为台湾的中国银行)合并为兆丰国际商业银行。

收解。

　　国民党政权全面崩溃之前,蒋介石知道大势已去,于是秘密部署资金转移。自 1948 年 12 月开始,国民政府中央银行总行库房中存储的大量黄金、白银被分批提走,运出上海,最终都送往台湾,其总数共计黄金 257 万余市两,银元 3400 万枚。上海解放前夕,中央银行总行所存黄金仅 19.8 万市两,银元仅 176.9 万枚。①

　　此外,国民党政权还力图对各国家行、局、库所存外汇资金严加控制,不准其擅自动用。1949 年 5 月 6 日,财政部命令各行、局、库,指出各国家行、局、库对于存放国外外汇有未经政府许可擅自动用等情形,强调各国家行、局、库所有外汇为国家资产,未经政府许可擅自动用,"殊有未合"。因此,规定:1. 各行、局、库于文到三日内,将本年 4 月 1 日以后外汇动用情形呈报财政部,并以副本送达中央银行总裁备核;2. 除经常业务所需,其他各项用途未经中央银行核准,不得动用;3. 对未经核准擅自动用外汇资产者,一律从严议处。②

　　然而,在内战激烈、前景难测之际,国内银钱界为自身利益考虑,都想方设法把资金向国外转移,交行也不例外。1949 年初,钱新之、赵棣华指示沪行经理李道南抓紧把多余的外汇头寸陆续移存菲律宾交行,当时向菲行转移的外汇资金往往每笔约 50 至 100 万美元。据后来的清查估算,交行总管理处和上海分行所存外汇共计 8016050 美元、140225 英镑、4891 澳镑、39267 新元,还有一些零星的其他外币,至上海解放前夕,已被转移殆尽,而存放在中央银行的 1623933 美元,也被国民党政权全数转移。③

　　上海解放后,中国人民解放军上海市军事管制委员会派遣储伟修、杨修范为正、副军代表,于 1949 年 5 月 28 日开始接管交通银行,交通银行的历史由此掀开新的一页。④

---

① 参见洪葭管:《中国金融通史》第四卷,第 546—549 页。
② 《交通银行史料》第一卷,第 1074 页。
③ 《交通银行史料》第二卷,第 29 页。
④ 同上,第 17—18 页。

第五节 新中国成立前的交通银行职工运动[①]

1933 年开始,交行通过考试招聘行员,其中,大学毕业生录用为"甲种试用员",高中毕业生录用为"乙种试用员"。这些职工具有较高文化水平,不少人积极参与交行的职工运动。国共内战时期,交行上海分行又雇用了数批"雇员"、"临时雇员"和"临时实习生",他们与普通工友同处银行的最低层,薪金低微,职业没有保障,在中共地下党领导的职工运动中,成为其中的基本力量。

一、参加"银联"组织,积极开展活动

"银联",是指"上海市银钱业业余联谊会",成立于 1936 年 10 月,是中国共产党抗日民族统一战线的产物。"银联"发动银钱业普通职工广泛参与,也积极争取业内上层人士的支持,聘请他们为名誉理事和顾问,由此取得合法地位,获得国民政府颁发的立案许可证。由于策略得当,组织有方,"银联"发展迅速,由最初的 400 多人,经短短三年,即猛增至 7200 多人。

交行员工参加"银联"组织的既有普通职工,也有上层人士,在"银联"第一届会员 441 人的名单中,即有陈纬之、鲍忠祐等 22 位交行员工。此后,交行职员参加"银联"的人数逐届增加,至 1939 年 10 月第五届会员代表大会召开时,在全体会员共7200 余人中,交行已有 462 人。

加入"银联"的交行员工积极参与"银联"组织的各项活动。例如,交行员工金惠民曾担任"银联"的历届理事以及第一届学术部主任;张照(张黎青)曾担任"银联"平剧组的负责人;储祖弼(后改名储伟修)积极发动交行同人参加"银联"话剧团的活动,当时话剧团的第 14 分队,即由交行员工组成。1939 年 6 月,"银联"举办第一届田径运动会,35 家银行、钱庄约 250 人参加比赛,交行的运动员获得团体第二名的佳绩,其中,交行员工任相成、姚载宁分别获得参赛项目的个人亚军和季军。1938 年 4

① 本节主要依据《交通银行史料》第一卷,第 1690—1705 页编写。

月,"银联"为筹措装修会所和添置设备的费用,发动会员自由捐款。交行同人积极参与,如上海界路支行经理石祥和个人募得捐款 374 元,上海分行经理王子崧也为之积极募捐。

参加"银联"组织的交行员工中有不少人,如张照、吴泽逸、史达甫、瞿德明、尤介伦、姚载宁、鲍忠祜等,后来成为上海市四行二局员工联谊会(简称"六联")的积极分子和骨干力量。

抗战时期,交行员工除参与"银联"组织的各项活动,还在中共地下党的领导下在行内开展一系列活动。1939 年 5 月,无锡支行办事员储祖弼撤退至上海后,经中共地下党员、民国路支行办事员孙震一介绍,加入共产党。孙、储二人都是交行 1934 年招考录用的乙种试用员,于是一同组织"乙种试用员联谊会",开展了多项活动。

其一,组织"雪影读书会"。该会主要成员有王厚渭、朱德隆、王毓钧等,曾组织阅读毛泽东的《论持久战》、美国记者斯诺的《西行漫记》等。

其二,组织员工写稿,对当时伪华兴银行发行钞票之事,予以揭发斥责。

其三,举办各类文体活动,如歌咏活动、乒乓球比赛等。

其后,随着形势的变化,许多"乙种试用员"出身的员工经过短期的集中业务培训后被派往大后方各地行处工作,孙震一也于 1939 年四季度被调往广东韶关工作,读书会和乙种试用员联谊会的活动逐渐停止。

孙震一离沪后,储祖弼划归中共地下党金融党委江春泽、叶景灏联系领导。1942 年 5 月,储祖弼经党组织批准,前往苏中抗日根据地,此后,上海交行内一度没有中共党员。力量较强的中国银行地下党支部及时给予帮助,地下党员刘善长、周耀瑾等主动与交行员工中的积极分子联系,建立合作关系。1943 年,江春泽介绍交行办事员游凤起入党,由刘善长单线联系,在交行内部组织员工开展各项活动。

交通银行篮球队队员合影

二、抗战时期香港、重庆地区的进步活动

　　1937 年 11 月,上海租界成为"孤岛"后,交行总管理处的一部分人员经武汉撤至重庆,但董事长、总经理等主要人员都撤往香港。当时从上海撤至香港的各行各业员工中,有不少年轻人曾在上海参加过进步组织,积极参与抗日救亡运动。他们在中共南方局香港区委地下组织推动下,于 1938 年 8 月成立"香港业余联谊社",简称"业联",次年在港当局注册登记,获得合法地位。

　　"业联"成立后,曾组织各类活动,如读书会、理论讲座、时事座谈会、图书馆、话剧团、平剧组、歌咏队、球赛、郊游等,并出版社刊《业联》。当时,金仲华、胡愈之、陶行知、茅盾、蔡楚生、乔木(乔冠华)等人士,曾应邀为"业联"作演讲。"业联"还多次组织募捐活动,用捐款购买医药用品等运往东江游击区。"业联"的上述活动,对团结香港各界职业青年,宣传坚持抗战的主张,维护抗日民族统一战线,反对投降分裂活动,都起了非常积极的作用,因而得到广大民众的支持,其社员从最初的数十人,逐步扩展至 500 多人。香港交通银行总管理处的员工也有数十人加入"业联"。其中,姚建侯(中共地下党员)、葛师良、张宗祜等人参与了"业联"的筹建,并在该社担任理事,吴志本、吴志时、谢光弼、吴隆治、王正安、陆玉贻、吴麟、陈纬之、顾隆高等人都是社内的积极分子。1939 至 1940 年间,"业联"歌咏队与香港、九龙十几个歌咏团体联合建立"香港歌咏协会",组织演唱抗日救亡歌曲,交行员工张宗祜被推选为歌咏协会的主席。吴志本、顾隆高等人则在《业联》上发表多篇文章。太平洋战争爆发后,香港沦陷,"业联"活动被迫中断。姚建侯、张宗祜等人被日军列入搜捕的黑名单,最后在中共地下组织的帮助下,经东江游击区转赴重庆。

　　香港沦陷后,交行香港总处的人员辗转撤至重庆。交行职工运动的积极分子通过各种形式,在重庆坚持开展活动。

　　1. 组织读书会。由最早到达重庆的交行员工杨修范(中共地下党员)等人发起组织。先后加入读书会的有王纯(杨修范之妻)、谢光弼、陆玉贻、王正安、吴隆治、吴志时、华春等。活动时除讨论时事形势,交流各种信息,主要是学习理论,加强阅读,如毛泽东的《新民主主义论》、艾思奇的《大众哲学》等。

　　2. 组织互助储蓄会。这是在中共地下党推动下建立的不公开的群众组织,由交行的杨修范、陆玉贻及行外的沙千里、何惧、徐赓敖五人发起,并吸收工、商、银行界的

进步人士参加,共有会员三四十人。会员依据各自的经济能力,每月交存一笔储金,供集中使用。由港来渝的原"业联"积极分子张宗祜、吴志本等人,以及上述读书会的成员,都加入了这一"互助储蓄会"。该会每周日上午有座谈时事的例行聚会,曾邀请沈钧儒、黄炎培、邓初民、王若飞、章汉夫、乔冠华等著名人士前来演讲,此外,还组织会员参加各种社会活动。

3. 为中共地下党收集经济情报。这项工作主要由杨修范负责,他通过交行总处的发行部和稽核处收集交行的钞票发行额和存放款动态,并将这些信息经许涤新交中共南方局经济组作为参考。

此外,杨修范还在交行宿舍内鼓动青年员工订阅《新华日报》和《群众周刊》,宣传中国共产党抗日救国主张,扩大共产党的影响,为日后的职工运动奠定基础。

三、四行二局员工联谊会的建立

1945 年 8 月,日本战败投降,沦陷区内各行各业陆续被国民政府各军政部门接收。然而,交接之初的无序导致局势异常混乱,各地市面动荡,物价暴涨。当时,上海的伪交通银行和伪中国银行以静待接收为由,冻结职工工资。中国银行职工首先提出抗议,拒收 9 月份工资,向行方提出一次性补发生活维持费的要求。1945 年 9 月 6 日,中行职工在中共地下党的领导下发动罢工,当天即取得胜利。

受这一胜利的鼓舞,交行职工也在张金鉴、游凤起(中共地下党员)等人的组织下发动罢工。职工代表和罢工群众涌入办公楼,向行方提出补发生活维持费的要求,并与业务部经理陈子培、副理潘志吾进行谈判,各支行的职工代表和群众也陆续赶来支援,声势极盛。行方当场答应,按照职工要求,下午即发放生活费,罢工取得胜利。

9 月中旬,交行重庆总处的接收大员到达上海,接收时将沦陷时期留沪的交行员工一律作为"复进"人员对待,以往在交行的资历全部作废,工资改为"维持费",仅为重庆返沪人员薪金的三分之一,很不公平。交行留沪职工游凤起、吴泽逸、瞿德明、史达甫、姚载宁等与中行的职工运动积极分子取得联系,经协商,决定两行分别采取签名要求、推选代表与接收大员谈判等多种方式提出抗议,反对歧视,要求留沪职工与重庆返沪职工同等待遇。这项反歧视斗争持续了两个多月,至 1945 年底,中行当局接受了职工的全部要求,交行当局除资历问题外,也基本上接受了职工的要求。通过这一事件,交行职工意识到联合起来的力量,于是加强了同中行职工的联系与合作。

1946 年初,市面依然动荡,上海物价持续飞涨。国家行局一般员工的实际收入不断下降,以月薪折合食米计算,抗战胜利初期尚有 4 石,此时已不足 2 石,又逢农历年关,更是捉襟见肘,广大员工都迫切希望增加薪金。然而,当时国家行局员工的薪金都由"四联总处"统一规定(惟邮汇局待遇由邮政局规定),所以,中、中、交、农四行及中信局的员工必须团结合作,一致行动,才有可能迫使当局增加薪金。中共地下党为此作了周密部署。

1946 年 2 月 7 日,中国银行的地下党员与积极分子邀请交行的积极分子,共约四五十人,在四川路青年会聚餐会商。参加的交行职工有张照、吴泽逸、史达甫、瞿德明、尤介伦、李文泉等,他们都是老行员,在交行员工中颇有号召力。经过讨论,一致认为"四行二局"除邮汇局外,其余行局职工必须联合行动,方能逼迫当局让步。会后,中、交两行的积极分子分头联系其他三行局的职工,很快建立合作关系,其中,交行工友任龙生和李经芳起了很大作用。

2 月 10 日,以中交两行骨干为主拟具联合签呈,要求每月最低生活费,改为职员 15.6 万元法币,工友 11.2 万元法币。2 月 12 日,四行一局的职工分别向各行局递交联合签呈。2 月 14 日,四行一局的职工骨干开会商讨,决定自 2 月 16 日上午 9 时起怠工 2 小时,以迫使当局答应职工的要求,并为这一行动推定各行局的联络人员。2 月 16 日,交行职工照常上班,但关闭行门,账簿也未取出,营业厅仅开部分电灯,职工都不工作。当天上午,一些私营银行的职工代表来行慰问,并有新闻记者前往采访。次日,四行一局当局举行紧急会议进行磋商,国民政府的上海市长及社会局、警察局的局长都参加了会议,交行管理层由上海分行副经理潘仲麟参加。紧急会议自下午持续至晚上 9 时,最后决定接受各行局职工的全部要求。

2 月 18 日早晨,怠工斗争取得完全胜利的消息迅速传遍四行一局,广大职工群情振奋,决定趁热打铁,当天上午即由 110 位发起人组成"四行二局员工福利会(后改称联谊会)筹备会",并立即动员行局职工入会,至 2 月底,会员人数已达到 1950 人,约占四行二局职工总人数的三分之一,其中交行入会的有 398 人。

1946 年 3 月 3 日,"上海市四行二局员工联谊会"(简称"六联")在浦东同乡会大礼堂正式举行成立大会,会上通过了会章,选举了会员代表。3 月 9 日,"六联"召开第一次代表大会,所选出的 25 位干事中,交行有汪子静、吴泽逸、游凤起、李文泉、李经芳、任龙生 6 人,7 位常务干事中,交行有张照、瞿德明 2 人,9 位监事中,交行有尤介伦、殷永胜、崔祖德3人。交行的张照,年长资深,颇有威望,被推选为干事会主席。"六联"会章明确规定,无论职员还是工友,在会内的民主权利和政治地位完全相等,由此巩固了职员与工友的联合。以"六联"的成立为标志,四行二局的职工运动自此进入一个新的阶段。

四、"六联"组织的职工运动

"六联"成立后,组织行局职工开展一系列的联谊活动,如郊游、球类比赛、平剧组、话剧组、国乐组、联欢会、聚餐会等,并定期举办大型的文体活动,交行的会员皆积极参与。1946年5月,"六联"创办会报《联讯》,每月出版一期,中共上海地下党金融党委通过中国银行支部进行领导,使之成为引导、组织、鼓舞行局职工运动的重要工具。交行的瞿德明等人常为《联讯》写稿组稿。国共内战全面爆发后,交行职工积极参加"六联"组织的多项职工运动,最重要的有以下三项:

(一)"九二六饿工斗争"

1947年2月,国民党政府为挽救严重的经济危机,于16日颁布《紧急经济措施方案》,禁止黄金买卖和外币流通,冻结职工的生活指数,同时颁布《维持社会秩序临时办法》,禁止罢工、罢课和游行示威。其后一段时间,公教人员因生活困难,强烈要求获得与四行二局员工同等的待遇,国民政府却试图以降低行局职工待遇的办法来回应公教人员的诉求,平息他们的怨气。当年8月,国民政府先在报纸上放风:"对四行二局职工待遇将予冻结降低。"随后,"四联总处"又以"总统手谕:行局与公教人员待遇必须一致"为依据,下令削减四行一局(邮汇局除外)职工的米贴(职员7斗8升;工友3斗4升)。这一做法既不解决公教人员的困难,又直接损及行局职工的利益。"六联"的骨干立即举行多次秘密会商,决定于9月中旬发动四行一局职工联名签呈,要求收回削减米贴的命令,并提出在9月25日以前借支薪金一个月等四项要求。交行大部分员工参加了签名,其中还有不少中层人员。然而,当局并未理会这次联名签呈,于是各行局的积极分子共同决定,于9月26日中午绝食一餐,以示抗议。

在这场"九二六饿工斗争"之前,各行局的中共地下党员和积极分子进行周密的部署。交行的李经芳等组织工友在9月25日下班清扫时,将统一印制的绝食抗议宣言传单,置于所有办公桌的玻璃台板之下,宣言中说明了绝食目的、纪律和时间。26日上午,又广泛分发《四行一局员工告金融业同人书》,呼吁业内同人予以支持,并在交行上海分行楼梯边墙壁上张贴大幅的宣传漫画。当天中午,绝大多数交行职工坚持"饿工",不去吃饭。在静安寺路999号办公的总处职工,也在王自慎、张宗祜、王正安、金惠民等人的联络和推动下,参与了饿工斗争。当天下午,上海各私营行庄的职工纷纷派代表前来慰问,宁杭各地行局的职工也来电声援,上海各大报纸都予以报道。面对这种情势,"四联总处"被迫做出让步,答应先借支一个月的薪金,但削减米贴的命令最终仍未取消。

(二)"三八等工斗争"

第一次削减米贴的问题尚未解决,"四联总处"又于1948年2月下达第二次削减令,削减四行一局职工的"实物配售差额金"。行局职工再次发动联名签呈,提出三项要求:每月按照职员食米1石、工友食米4斗的标准发放实物;生活指数按月调整;发给员工子女教育费。结果遭到行方拒绝。3月初,行局地下党员和积极分子在交行地下室中召开紧急会议,决定在3月8日晚上采取"等工"方式进行斗争,即组织职工于当天下班后留在行内,集体静坐,等待行方就待遇问题给予合理答复。然而,此次斗争采用了不适当的宣传方式,过早张贴了"等工"的标语和漫画,并向各报社发出了"四行一局职工将在3月8日下班后等工2小时"的消息,使得国民政府当局能够事先准备,动用多种手段予以对付。

3月8日上午,上海各报刊发了"等工"消息。各行局当局则抢先在行内张贴并分发事先印制的《告同人书》,对员工进行恫吓,宣称员工若有不法行为,不仅予以开除,还有更严厉的处罚。下午四时左右,交行一些襄理、主任等中层管理人员分头劝说职工早些回家。但仍有不少交行职工下班后坚持坐在办公室"等候"。最后,当局出动警察,抓捕了"六联"常务干事、中国银行的刘善长等三人,斗争被迫中止。

(三)"三一三罢工斗争"

刘善长等三人被捕后,中共地下党金融党委书记杨世仪与中行地下党员建立了直接联系,发动中行职工营救被捕的同仁。经过精心准备与部署,3月13日早晨,先安排三位被捕员工的家属到中行营业大厅当众申诉,迅速激起全行职工的义愤,随后在中行地下党员和积极分子的带领下,中行职工即刻举行罢工。

交行职工对刘善长等人的被捕也极为气愤和焦急,在得知中行职工罢工的消息后,群情激愤,即刻聚集在一起,议论纷纷,出现近乎停工的状态。中行职工的罢工抗议,迫使中行高管向政府当局请求"保释"三人,刘善长等人终于在3月15日获释,斗争取得胜利。

在"六联"开展的各项活动和组织的联合斗争中,交行职工都积极参与,涌现出不少积极分子,地下党的队伍也随之逐渐壮大。抗战胜利之初,交行地下党员仅游凤起一人。1946年4月,交行上海分行打字员罗经北由复旦大学罗经文介绍加入中国共产党。同年,游凤起介绍上海分行办事员宋书元入党。游凤起、罗经北、宋书元三人原先都由中国银行的刘善长联系。同年11月,地下党员王自慎考入交行,其组织关系转入地下党的金融系统,也由刘善长联系。不久,地下党成立行局总支,中行的刘善长任书记,中行周耀瑾、交行王自慎任委员,此后,交行的党员由王自慎联系。1947年4月,原为上海警察局老闸分局便衣警察的地下党员陈品梅,经人介绍进入交行上海分行当便衣警察,其组织关系也转入交行。陈品梅进交行后,广泛团结工友,将他们组织起来,建立了"交通银行工友互助会",该会在"九二六饿工斗争"中发挥了积极作用。同年12月,总处信托部试用生冯宝豫由保险公司金家铨介绍入党,虹口支行雇员严孝修由上海市银行席德基介绍入党。两人的组织关系也先后转入交行,冯宝豫由王自慎联系,严孝修由冯宝豫联系。工友中的积极分子李经芳、任龙生先后于1948年2月、4月由陈品梅介绍入党。这些地下党员,在各项活动和斗争中,都发挥了重要作用。

五、保卫"六联"的斗争

鉴于"六联"在多次职工运动中的组织、领导作用,国民政府有关当局十分恼火,于是采取各种手段进行干扰、破坏,而各行局高管配合向"六联"会员发难。

交行上海分行主管人事的副理李轫哉是国民党上海市金融特别区党部常委,早在"六联"成立之初,他就深怀戒心,时时干扰。他曾于1946年7月故意将"六联"干事吴泽逸调离上海,其后又多次找"六联"干事李文泉谈话,打探"六联"内情,要李文泉退出"六联"的活动。李轫哉还试图组织其他团体与"六联"对抗,于1946年5月设立"上海交通银行同人消费合作社",以低息透支方式向行方借用资金,囤积米、油、糖、火油、肥皂等日用品,再低价配售给职工。随后又相继设立"上海交通银行同人联谊会"、"员工福利储蓄会"等团体,并让"六联"常务干事瞿德明担任消费合作社监事和同人联谊会理事,让李文泉担任消费合作社理事兼会计,委派他采办食米,企图拉拢瞿、李二人,为自己所用。但这些瓦解"六联"的手段,都没有奏效。

在"三八等工斗争"中,中行刘善长等三人被捕。3月10日,国民政府上海警备司令部又派遣两名便衣警察前往交行,对"六联"干事会主席张照和干事李文泉进行威胁,逼迫他们立即停止活动,李轫哉也在一旁劝诱、恐吓。张照等人在其他"六联"骨干的支持下,顶住压力,没有屈服。

在此期间,中共地下党为维护"六联"这一职工组织,采取措施加强各行局中地下党的力量。1948年5月,中共交行支部成立,由行局总支委员王自慎兼任支部书记,交行上海分行储蓄股办事员葛一飞任组织委员,冯宝豫任宣传委员。同时,行局总支又建立行局工友支部,由交行陈品梅任支部书记,任龙生任组织委员,中行何金水任宣传委员。而陈品梅又先后介绍高岐山、许学连、吴海涛、郑泉、凌永浩等五位交行工友入党。此外,还顺应工友的特点,在行局工友中建立"六十二兄弟会"(交行有27人参加)。这些举措都为保卫"六联"的斗争作了组织上的准备。

1948年3月13日中行职工突然爆发的罢工,对当局震动很大,他们进一步意识到"六联"在组织职工运动上的重要作用和巨大力量。3月22日,国民政府上海市长吴国桢下令社会局取缔"六联",社会局遂以"六联"未经核准登记为借口,于4月6日函请警察局予以取缔。

针对当局取缔"六联"的借口,"六联"采取合法手段予以应对。1948年5月,"六联"以各行局骨干12人为"承转人"(交行有游凤起、任龙生、李经芳3人),发动会员集体签名,向社会局申请登记。随即,"六联"又抓紧进行理监事的改选工作,先由5335名会员,选出656名代表。6月初,会员代表选举产生"六联"第二届理监事,交行的葛一飞、瞿德明、史达甫、任龙生、李经芳五人当选为理事,金惠民当选为监事。第二届理监事会推选中行刘善长为理事会主席,交行任龙生、中信局顾濂溪为副主席,确定交行葛一飞兼任"六联"学术部副部长和《联讯》编委会委员。

"六联"产生新一届理监事后,于6月16日再次去函社会局申请登记,尽管遭到社会局批驳,未予登记,但"六联"仍坚持活动。为了缓和严重对立的局势,"六联"推派一部分理监事组成代表团,分访各行局高管,宣传和说明"六联"的宗旨和成绩,尽力争取支持。"六联"还坚持出版《联讯》。1948年8月因发行量激增,经费发生困难,于是发起《联讯》自由捐,不到一个月就捐集法币101亿元。交行职工除少数上层人员外,几乎人人都捐了款。广州交行职工捐款的同时还寄来30万元邮票,要求以后多寄几份《联讯》给他们。这次捐款,不仅筹集了资金,而且进一步扩大了《联讯》

的影响。当时,交行地下党支部团结了一批积极分子,如唐荣钰、吕翠珍、吴美贞、孙球、黄秉杰等,他们或为《联讯》组稿,或参与发行工作,自身也得到了锻炼。

1948 年 7 月 27 日,社会局约集四行二局人事主管人员和国民党市党部委员陈保秦、金融特别区党部常委范鹤言、李轫哉等人,召开秘密会议,商讨如何搞垮"六联"。最后确定数项办法:各行局需对参加"六联"的职工进行规劝约束,建立加强员工福利团体笼络群众,由社会局设法取缔"六联"。会后,交行的李轫哉相继找"六联"的骨干葛一飞、史达甫谈话,并通过相关人士向瞿德明、任龙生、李经芳、陈品梅等人传话,软硬兼施,威胁利诱,企图通过种种压力,迫使他们退出"六联",但众人立场坚定,不为所动。

国民政府当局在无计可施的情况下,决定采用强硬的镇压手段。1948 年 9 月下旬,"四联总处"以"总统府"名义下令取缔"六联",要求其于 9 月底前解散。面对严峻的情势,中共上海地下党从实际情况出发,避免硬拼造成不必要的损失,决定让"六联"停止活动,改变策略,从大团体联合斗争的形式转为各行局的分散活动,以保存实力,等待时机。1948 年 9 月 29 日,"六联"以全体理监事的名义印发《告会员书》,向全体会员说明理由,提出辞职。由于"四联总处"函催各行局追查"六联"理监事活动情况,"六联"各理监事还分别向行方提交书面备案,说明已辞去"六联"理监事职务。鉴于当时的局势,交行职工对"六联"理监事的被迫之举,多能予以体谅和理解。

六、协助中国共产党的接管

"六联"停止公开活动后,部分骨干仍考虑今后如何保持联系,继续开展活动,于 1948 年 10 月 10 日组织了一次约四五十人参加的无锡旅游活动,交行参加的有葛一飞、罗经北、唐荣钰、吕翠珍、冯宝豫、孙球等,大家借机商讨了对策。此后,在活动中出头露面较多的刘善长等 8 人,被地下党组织安全转移到苏北解放区。

自 1948 年 10 月至 1949 年 5 月上海解放,交行的职工继续开展活动,主要有以下数项:

(一)组织"交通剧团"

通过"六联"的活动,交行的员工中涌现出一批年轻的积极分子,为了进一步团结他们,必须继续组织他们开展活动。地下党交行支部经过研究,决定成立适应年轻人特点的文娱团体,由地下党员冯宝豫、罗经北出面组织,以原"六联"积极分子为核心,吸收其他爱好者参加,于 1948 年 10 月成立了"交通剧团"。参加的有严孝修、唐荣钰、吕翠珍、黄声康、舒家义、严伯瑛等共约 50 余人,公推严伯瑛为团长。行方对此并不支持,不给经费,不借场所,剧团只能在行外自借场所排练,甚至导演的车马费也由团员自掏腰包。但大家的热情很高,先后排练了多出讽刺性短剧,如《一块牌子》《父归》《未婚夫妻》等。1949 年 2 月 20 日,"交通剧团"在四川北路的戏剧实验学校公演,当天诸多交行职工前来观看,中行职工也来人表示支持。剧团通过公演扩大了影响,其后一些老职员加入了剧团。剧团团员不仅在排练、演出的过程中加强相互联系,还通过座谈会、郊游、聚餐等活动联络感情,进一步培养积极分子。剧团的活动一直持续到上海解放,其中的积极分子唐荣钰于 1949 年 2 月由葛一飞介绍入党,还有一些人后来成为员工"应变"组织和协助接管组织的积极分子。

(二)成立交通银行员工互助会

1949 年初,面临崩溃的国民党政权提出"应变"之说,为逃离大陆加紧转移资金。为此,地下党行局总支及时提出"组织力量,迎接解放,保护行产,反对逃跑,加强政策宣传,加紧调查研究,收集资料,协助接管"的新任务。地下党中行支部借用"应变"的口号,率先于 2 月成立"员工应变互助会"。交行则由葛一飞、陈品梅出面推动,于 4 月成立"交通银行员工互助会"。互助会由职工推派代表选出委员二十余人,委员中既有行内上层、中层的代表,也有普通职工的代表,组织员工互助。

1. 保护行产。互助会把交行上海分行警卫班的枪支弹药,全部收齐交陈品梅集中保管。陈品梅还组织工友成立护行队,在行内外日夜值班巡逻,保护行产。又在永嘉新村家属宿舍前后门装置木栅,男员工晚上巡逻,女员工组织救护队。5 月 25 日清晨,解放军已控制苏州河以南地区,陈品梅组织部分工友把守库房,不准任何人开库,以防转移资财或涂改账册。一直坚持到 5 月 27 日,解放军军代表到行接管后才开库。

2. 为保护职工家属安全,把居住在虹口、闸北及郊区的部分职工家属搬迁至静安寺路(今南京西路)999 号集中居住。

3. 为安定人心,把消费合作社结存的米、油等物全部分给员工,工友及临时雇员与职员同等对待。

4. 编发油印的《互助通讯》,报道"员工互助会"的活动信息,前后共印发 4 期。

（三）宣传接管政策

1949年4月底,地下党行局总支指示行局工友支部,将《中国人民解放军布告》油印并分发给各行局的中上层留沪人员,责令他们保护行产,听候接管。布告由陈品梅刻写,任龙生、何金水油印,通过不同地段的邮筒寄出。这项工作对行局中上层人员产生不小影响,为日后的接管奠定了很好的基础。

（四）调查收集军政情报

1949年4月下旬,解放军渡过长江后,地下党交行支部接受行局总支的指示,组织党员和积极分子调查收集交行的资金、财产及仓库物资储存情况,并关注和报告交行各机构邻近地区的国民党军政机构动态。早在1949年初,交行支部即通过葛一飞的哥哥总处专员葛师良收集交行各类人事、业务资料。行局总支进行统一部署后,交行支部进一步组织党员作调查研究。东大名路仓库的地下党员刘奋之和积极分子曹尔阶不仅将仓库储存物资登记造册,还编写了有关仓库人员简历和政治态度的书面材料。地下党员许学连等也调查收集仓储情况及邻近地区国民党军政机构地址,写出书面报告。

中共交通银行支部和行局工友支部共有地下党员18人。图为地下党组织员工旅游时的合影。

　　在十余年的时间里,交行的职工运动取得很大成就。中共地下党的力量不断壮大。截至上海解放,交行员工中共有党员 18 名,另有作为交行员工而组织关系不在交行的党员 4 人。与此同时,职工运动还培养了一批积极分子。交行的党员和积极分子在新中国建立后,有不少成为各个领域的骨干,继续为祖国的建设事业贡献力量。

第八章
日臻健全的管理制度

交通银行成立之初即重视内部管理制度的建设,曾先后制定众多规范性文件。自1937年至1949年间,八年抗战、三年内战接踵而至。身处世局动荡之际,交行顶住各方面压力,不断加强与改进内部管理制度,通过降低经营成本、提高工作效率和完善金融服务等方式,应对种种外部冲击。这一时期,国外先进的金融学、管理学理论在中国已有广泛的传播,交行积极学习的同时,还结合自身实践,对内部管理制度进行改革创新,以适应国际金融业的现代化转型。一系列内部管理规章的修订和实施,既顺应了时代的要求,也促进了自身经营水平的提高。例如,健全人事制度,消除以往积弊,有利于金融人才的培养和员工管理模式的改善;不断完善会计、稽核制度,对各级员工进行切实的指导与监督,有利于节减开支,强化业务经营的管理。此外,交行内部建立起一套比较完整的调查研究制度,力求更加合理、有效地运用扶助实业的资金,从而大大降低了业务风险。交行为完善内部管理制度所做的种种努力,终使其在艰难而复杂的环境之中破茧而出,继续拥有着强大的同行竞争力和广泛的社会影响力。

第一节　经营管理的基本理念与特色

一、强调行风行纪,注重工作效率

交行作为民国时期四大国家银行之一,无论是业务经营,还是员工操守,都受到社会各界人士的深切关注,尤其是银行业务事关金钱财富,更是需要从业人员具备较高的自律能力。因此,交行十分重视员工道德操守和行业自律的教育,在社会上努力树立良好的行业形象。

在 1943 年的行务会议上,董事长钱新之回顾了民国早期沪行、燕行的经营历史,指出其行风不佳所带来的不良后果,并强调目下虽行风整饬,面貌为之一新,但仍须时刻自警:"银行从业人员要抱定为银行而办银行,为服务社会而办银行的宗旨。"他希望全行员工都能清楚地认识到"整饬风纪,洁身自好,否则必趋于失败"。①

钱新之之所以对行业风气问题如此重视,与抗战时期中、中、交、农四行一味追求业务总量而导致各类腐败现象丛生有关。当时中央银行、农民银行等机构相继有员工卷入倒卖外汇、赚取大小券贴水等案件被检察机关查获,更有几起贪墨大案被国民政府通报。这些案件虽然没有牵涉到交行员工,却引起了管理高层的警觉。1943 年5 月,国民政府下令公职人员不得参加任何帮会组织,颇合交行整顿行风的需要,于是总管理处迅速通知各分支机构,配合政府要求,积极整饬行风。②

交行以廉洁奉公作为员工考核的首要标准,也将勤俭节约作为重要的评价指标。在交行的业务经营中,庶务人员主要提供各种基础性的后勤服务,并不参与一线工作。对于这么一个不起眼的工种,总处仍高度重视人员的选拔和任用,同时还注意到后勤方面所存在的一些问题,积极予以纠正。四行专业化分工后,交行的资金来源受到一定的压缩,但全行分支机构庞大,各项支出浩繁,在奉行国家金融政策,履行政府使命之余,"兼顾本身业务之损益,开源未易,尤待节流"很有必要。③ 而节约费用、缩减开支的具体贯彻,与庶务人员颇有关联,他们直接处理日常开支,若所用非人,必然导致"靡费增加,弊端丛集",因此总处希望各行在选拔庶务人员时,做到"才具之敏练与操守之廉介,尤应并重,不可偏废"。④

1947 年,粤行也提出,虽然目前人手不足的状况较为突出,但用人仍须仔细甄别,"不仅考试其才力之高下,抑须考察其品行之良否"⑤。同年,交行举办成立 40 周年纪念大会,钱新之在会上特别提出,员工必须"注意私生活,力戒虚荣浮华奢侈种种

---

① 《交通银行史料》第一卷,第 1381 页。
② 《卅三年 人字通函》,交通银行博物馆藏资料 Y27。
③④ 《交通银行行务会议记录》(1943),交通银行博物馆藏资料 Y39。
⑤ 《交通银行各行经理在沪谈话纪要》(1947),交通银行博物馆藏资料 Y40。

无聊的行动"①。

对于如何提高行员办事效率,增强行员责任感和归属感,管理层高度重视,并落实到具体的工作环节中。交行认为"工作支配之适当与否,与工作效率具有莫大之关系"②,因此总处主张岗位配备要因人而异,"尽可能就其性之所近,技之所长加以支配",通过提高员工与岗位的匹配程度,使员工的兴趣和特长能够充分发挥,由此激发行员的工作积极性,提高办事效率。

抗战期间虽条件艰苦,但交行深知,良好的工作环境能使员工保持较好的精神状态,提升工作的积极性。因此,总处建议,办事过程中不必要的手续,性质相同的报表,公文传送中过于繁复的环节等,都应当尽量加以简化,以此降低重复劳动的消耗,避免员工在工作中产生倦怠。而"办公房屋地点之是否清净,空气之是否流畅,光线之是否充足,在在足以影响工作效率"。③总处希望各分支机构,即便身处艰苦环境之中,只要力所能及,尽量为员工创造较好的办公条件。这不仅有利于提升工作效率,也有利于吸引更多的优秀人才为交行工作。

就银行的管理体制而言,交行各地分支机构都采用行长负责制,但这并不意味行长可以实行"独裁"。在分行的日常管理中,总处大力提倡以举行小组会议的形式,促进员工之间的思想交流,密切相互联系,以集思广益共同促进业务发展。小组会议由各行处主管人员主持,原则上每月举行一至两次,通过这一良好的途径,"使各同仁对于行务兴革、事务改进方面,尽量贡献意见或作书面之建议"④,各分行负责人则会对其中切合实际的建议予以采纳。

通过小组会议,各位行员都有机会展示自己的业务能力和管理才干,意见的交流和碰撞不仅有利于银行业务的改进,也可促使行员努力钻研金融学方面的理论知识,可谓一举两得。更重要的是通过小组会议,行员加强了对本行的归属感和认同感,主人翁意识得以大大提升,这对于提高工作效率十分关键。就主管人员而言,也可将行员在小组会议上的表现作为考核的重要内容,并借此对下属有更加深入的了解。

对待各类金融人才,钱新之特别指出主管人"局量要宽宏",认为"用人之道,全在一秉至公,以身作则,公私界限尤须截然划开,待人接物更须处处精诚,不要因人废

① 《本行四十年纪念董事长致辞》,交通银行博物馆藏资料 Y43。
②③④ 《交通银行行务会议记录》(1943),交通银行博物馆藏资料 Y39。

言,也不要因言废人",他告诫全行同人,应将孔子所言"与其进也,不与其退也"奉为圭臬,牢记于心。①

出于稳定员工队伍的考虑,总处尽可能采用富于人情味的方式处理与员工有关的问题,一般不轻易开除行员。他们认为员工处于一个相对安定的环境中,对激发员工的积极性,保持工作效率具有积极意义。但这一原则有时也会产生负面作用,所以各行管理层对此有一些争议。如1947年长行经理徐景微对这种做法提出异议,认为必须严格执行绩效考核,对于多次考核不及格的员工应予以开除,并以此警示其他员工,如果一味姑息,工作不努力者也不予淘汰,必将影响全行的工作效率。② 可见,交行管理层在对待员工的问题上,试图在宽宏体谅与严格管理之间找到一个平衡点。

二、高度集中的人事管理体系

全面抗战爆发以来,交行实行高度集中的人事管理制度,人事问题上的所有职责、权力全归总处掌握,有关人事的各项规章制度由总处统一颁布后实施。在人事任免上,各分支行处经理、副理、襄理,办事处主任,以及其他各级人员的升迁调派,皆由总处直接作出决定。各分支行处主管人员,对其属下行员的职务进行升降调遣时,也须根据实际情况呈报最高管辖行,再上报总处核定。③ 为统筹管理人事工作,交行还于1943年4月成立人事室。④

人事管理高度集中,有利于在战争时期统筹全行的人力资源,在缩减人事开支的同时尽量提高员工的办事效率,而且由总处直接管理全行人事工作,可在一定程度上避免各地分支机构发生人事舞弊的现象,以保证员工队伍的质量,为全行的业务发展奠定坚实的基础。这种高度集中的人事管理体系,在交行日常管理的诸多方面皆有明显的体现。

抗战期间,国民政府为加强对中、中、交、农四行的控制,就四行的人事制度提出了统一的要求,虽然当时起草的各项规定仍"研讨需时,实施有待",⑤但确实对四大银行产生了很大的促动。交通银行先前的人事制度各项规章大都制定于1933年至

---

① 《交通银行行务会议记录》(1943),交通银行博物馆藏资料 Y39。
② 《交通银行各行经理在沪谈话纪要》(1947),交通银行博物馆藏资料 Y40。
③ 《本行过去人事办理情形》,交通银行博物馆藏资料 Y23。
④⑤ 《抗战以来本行人事工作概况》(1943年1月10日),交通银行博物馆藏资料 Y23。

1934 年间,此时已不能适应战争状态下的实际需要。为此,交通银行对人事管理的基本规定进行了一次较大规模的修订,既与四联统一的人事制度政策相照应,又考虑了当前的实际状况。这次修订的文件都是交行人事工作的基础性文件,共计 16 种,于 1943 年 1 月与 4 月分批在全行推行。[①] 文件的修改参考了各分支机构的意见,但最终都由总处确定。颁布实行后,各行必须按照相关规定执行,无权自行变通或更改。

在日常人事管理中,交行对各类人事资料的整理和保存较先前更为重视,这一工作全由总处操作。由于交行早期对此类资料多有疏忽,战争波及更是造成很大损失,故以往的人事机构统计图表以及历年的统计数据皆不齐全。于是抗战以来,交行加大搜集和保存人事资料的力度,还特地拟定各种图表手册的使用管理说明,使图表和数据在管理决策中发挥更大的作用。[②]

总处还在全行范围内建立了自下而上的人事报告制度。该项制度规定,各分支机构在每期结算后一个月内,应提交人事工作报告至总处,作为考核该分支机构人事工作的重要依据。当时交行有人事视察制度,总处经常派遣人员分赴各地行处进行人事视察(详见本章第三节第四目),随后将视察中获得的各项人事资料与各行处提交的人事工作报告进行“各项细目相互比对,以为切实考核之根据”[③]。其实,各地行处通过自查形成工作报告只是考核的第一步,随后还须接受视察,并通过视察报告与自查报告的仔细核对,以确定有无虚报、瞒报等不实之处。基层自查总结与上级机构监督审查相结合,使交行的人事考核制度更趋合理、科学,也更容易发现基层行处在人事工作中的问题,以便及时纠正。

在经营管理中,各种信息的保存和员工身份的调查也由总处全权负责。为保证交行内部安全,按照规定,所有在行员工,即便是下属办事处的普通员工,只要进入交行工作,都必须在总处完成相关安全保证手续。全面抗战爆发后,东部地区的行员陆续随行内迁,他们入行时虽已完成保证手续,但保证人大多在沦陷区,保证书实际上已失去效用。为弥补这一安全漏洞,总处从 1943 年起要求全行员工重新订立保证书,要求保证人必须在后方且有正当职业,凡充当保证人也须重新填具一式两份的保

---

① 《抗战以来本行人事工作概况》(1943 年 1 月 10 日),交通银行博物馆藏资料 Y23。
② 《交通银行各行经理在沪谈话纪要》(1947 年),交通银行博物馆藏资料 Y40。
③ 《交通银行史料》第一卷,第 1416 页。

证书。在总处的积极推动下,后方一半以上的保证书在 1944 年初完成更新。此举加强了银行的内控,以防止可能出现的金融风险。①

交通银行经常编印《交通银行同人录》,以反映全行的人事变动,内容包括全行员工的姓名、籍贯、年龄、住址、电话等。图为 1936 年和 1946 年的同人录。

交行对绩效考核向来比较重视,绩效考核的最终决定权也由总处掌握,各地分支机构仅有建议权。按照惯例,交行于每年一月对上一年的行员绩效进行考核,抗战初期,绩效考核有过中断,但局势缓和后立即予以恢复。交行的绩效考核分为"工作效率"和"操行学识"两大项目,皆以计分的形式评定。考核程序分为初核与复核两个步骤,初核由该行员的直接主管人员负责,复核由上级主管人员或管辖行负责,最后再由总处核定。经过由下而上的层层核定,可确保考核成绩的客观性与真实性。对于分支行处经理、副理等中高级行员的考核,则由总处直接操作。②

交行人事管理的其他方面也都体现了高度集中的原则。例如,行员培训班的各种资料全由总处保存审阅,函授学院的考试试卷全由总处负责批阅,应聘的新行员能否被录用,总处握有最终决定权。

人事管理高度集中政策,是交行根据当时的政治、经济局势而作出的选择。应该说,这一原则符合交行的自身利益和发展需要。但这一管理体制也有弊端,最明显的就是过度强化人事管理的最高决策环节,弱化分支机构的自主处理权,这就有可能因

---

① 《交通银行史料》第一卷,第 1393 页。
② 《本行过去人事办理情形》,交通银行博物馆藏资料 Y23。

20 世纪 40 年代交通银行员工佩戴的徽章。

时间的延误而酿成更大的问题。为此,赣行于 1947 年提议,将总处部分人事管理权下放到管辖行,赋予管辖行开除失职人员的权力,以避免给本行造成更大损失,并在行内迅速产生警示作用。①

第二节　择优录用的招聘制度

一、选拔金融人才的官定体制

　　国内金融人才向来紧缺,国民政府对此非常重视,通过四联总处拟定许多政策。这种官方的人才选拔体制固然有其积极的一面,但官方以行政手段统一四大银行的招聘标准,削弱了各家银行的人事自主权。受其制约,交行也无法完全按照自己的意

---

① 《交通银行各行经理在沪谈话纪要》(1947 年),交通银行博物馆藏资料 Y40。

愿招聘和录用行员。

抗战时期,四联按照蒋介石的要求,秉承统一的原则,对中、中、交、农四行的人才招聘机制和人事管理制度进行了改革,交行委派代表参加了划一各行局人事制度设计委员会。设计委员会根据国民政府的要求和银行业务的特点,最终拟定 18 种人事制度规章,基本涵盖了银行人事制度的各个方面。[1] 1943 年 10 月,该委员会设计的一系列人事制度草案由四联分发给各行局主管讨论。[2] 在招聘、选拔人才的问题上,交行根据银行运营的实际情况,从维护自身的长远发展出发,提出了较多修改意见。

针对四行的人员招聘与升迁,委员会专门制定《各行局职员任免规则草案》。草案根据行员职位的高低划分甲、乙、丙三个组别,分别就其任职资格作出规定。然而无论是哪个组别,曾任职务的时间长短成为考量其能否聘用和升迁的关键因素。相关职位的任职时间理论上往往与从业经验成正比,因此以之作为聘用深浅标准有其科学之处。

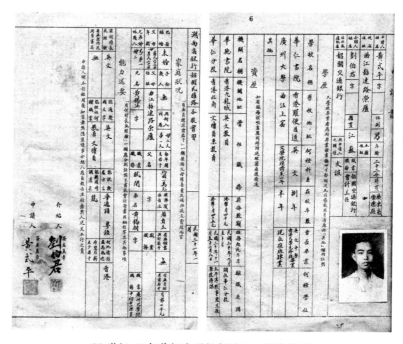

20 世纪 40 年代初交通银行员工入行申请书

---

① 《抗战以来本行人事工作概况》(1943 年 1 月 10 日),交通银行博物馆藏资料 Y23。
② 《四联总处史料》(上),第 680 页。

不过,基于当时现状,交行认为草案对三类人员从业年限所作的要求过高,并就此拟定了一份修正方案。

其一,甲组人员属银行中的高级职员,其任职人选主要来自四个方面,政府财经主管部门官员、金融界和经济界人士、大学教授以及本行内部自乙组提拔的人员。交行就上述人员的任职年限资格提出,在金融界或经济界服务十年以上,应改为五年;在国立大学或国外著名大学任教授,主讲经济、金融、银行会计五年以上,应改为三年;在本行任乙组人员五年以上,应缩短为三年。[①]　其二,乙组人员主要为金融机构的中层职员,他们的任职资格年限,交行也主张予以降低。"经高等考试及格或与高等考试相当之特种考试及格,得有证明,并在金融界或经济界服务三年以上"[②]的可以擢升为乙组职员,交行建议将年限改为两年。对未经过高等考试的职员,草案规定须有五年以上的经验才能提升,交行主张改为三年。此外,交行还提出丙组职员任职满三年后即可升任乙组职员,也比草案规定缩短了两年。[③]

在行员的职位任免方面,草案条文体现了高度的集权原则,即便是中下级职员的乙组、丙组人员,甚至练习生,都"由总裁任免,或由董事长、理事长任命,报请理事会或董事会备案"。[④]　这一规定有利于强化人事管理,但也迟缓了用人审批时间,而且由董事长亲自决定所有行员的招聘与录用也不符合银行章程中有关董事长职权的规定。因此,交行在承认最高管理者拥有中下层职员任命权的前提下,提出中下层行员的任免可"由董事长或理事长授权总经理或总局长处理之,报请董事会或理事会备案"。[⑤]　这一变通的做法,既符合国民政府集中权力的要求,也凭借授权的方式调适了银行内部的管理程序,使各级管理人员能各司其职。

除了草案,四联针对金融人才不足,严重制约银行业务的问题,又于1942年9月拟定《银行人员训练所章程》,试图通过开办统一的银行人员培训机构,为四行培养急需的人才。为筹备银行人员训练所,四联专门成立由九人组成的筹备委员会,其中有交行总经理赵棣华、常务董事陈行和曾任交行天津分行经理的徐柏园;在随后成立

---

① 《四联总处史料》(上),第688页。
② 同上,第682页。
③ 同上,第688—689页。
④ 同上,第683—684页。
⑤ 同上,第689页。

交通银行招收职员有严格的学历规定，入行须经过考试，且有人作保，担保人应有一定的身份地位，并出具保证书。图为1941年的交通银行员工入行保证书。

的所务委员会中，赵、徐两人也都参与其中。① 根据章程，训练所开设高级、中级、初级三个层次的训练班，同时设有夜校和函授学校。三个层次的学员均免受学费，并由训练所供给书籍和膳食。学员训练期满后，"分发各行局使用三个月后，按其成绩由各行局分派职务"。② 训练所运营所需资金由四行二局共同承担，交行承担六分之一

---

① 《四联总处史料》（上），第679页。

② 同上，第677页。

的份额。① 银行人员训练所的设立,为交行的业务扩展提供了人员补充。该所成立后首先招收高中毕业生进入中级班学习,学成后正式成为交行与其他各行局中最为急需的中下层办事人员。

抗战末期,国内各大银行开始筹划战后的恢复工作。在即将收复的各地区中,台湾的情况比较复杂。自签订《马关条约》以来,台湾与大陆分离长达50年,大陆缺少台湾的各类经济统计资料,因此对其相关情况知之甚少,开展恢复工作的难度很大。因此,四联于1944年联合四行以及中信、邮汇两局,共同组成台湾金融干部调训班。根据培训计划,交行可选派本行员工进调训班学习,时间为四至六个月,学习科目为台湾史、台湾政治经济、台湾金融等,课程着重介绍台湾之特殊境况,培训结束后,学员仍回本行工作,②并为赴台做好准备。抗战胜利后,交行在台湾陆续设立分支机构,这批了解台湾政治、经济情况的行员发挥了很大作用。

二、定向招聘与保举提拔

交行深知优秀行员对于发展银行业务的重要性,因此千方百计吸引青年才俊加入。在行务会议等场合,就此问题经常出现如何招募青年才俊的讨论。

在1943年的行务会议上,韶行总结抗战前期行员招募工作时,指出抗战开始以来,交行虽然多次举行面向社会的招募活动,充实员工队伍,但从长远看,仍难以从根本上解决人力资源不足的问题。而且,仓促招进员工,也无法全面考察其行为操守。韶行建议,各行处应于所在省市选择一些声誉较好的高级中学和大学,针对这些中学一、二、三年级和大学三、四年级的学生,设置一定的奖学金名额,以便吸引优秀学生毕业后进入交行工作。国立著名大学和省立中学奖励全额学费、生活费,私立著名大学奖励三分之二或一半的学费、生活费,私立著名大学附中和私立著名中学奖励三分之二学费、生活费,奖励名额由校长据成绩单确定并推荐,被推荐的学生应填写志愿声明书,明确表态,学成后愿意进交通银行服务。③ 总处核准奖助学生名单后,每年寒暑假期安排受助学生至就近的交行分支机构实习,以熟悉银行业务,同时借机考察其品德操守等各方面素质。待学生毕业,"一经甄用,则真才自可拔擢,凡庸自难幸进"。④这

---

① 《四联总处史料》(上),第679页。
② 同上,第691—692页。
③④ 《交通银行行务会议记录》(1943),交通银行博物馆藏资料Y39。

一招聘方式与大规模的考试及试用训练相比,不仅费用较低,而且可随时招揽优秀的人才,奖学金制度的实施还可加强交行与教育界的联系,提升交行在社会上的声誉。韶行关于设置奖学金,定向招聘的提议,在行务会议上获得原则通过,由总处统筹办理。

交行总处依据实际情况,部分采纳韶行的提议,于1944年设立了育才奖助金项目,并声明其目的是为了"培育人才,奖助敦品力学之优秀青年,并为本行储备干部人员"①。这一奖助金主要面向高等教育层次的学生,并不包括中学,其目的主要是为交行的未来发展储备干部人才,并非仅仅解决当前的人手不足问题。显然,总处对定向招聘的人才要求更高,着眼点也更具深谋远虑。

从交行《育才奖助金办法》的具体规定看,奖助范围限定于学校的特定专业,即所确定的若干所学校必须在国内著名大学和专科学校中选择,学生的专业必须为经济系、银行系、会计系、工商管理系,或其他专业对口的系科。这表明交行设立该项奖助金,定向招聘优秀人才的预定目标十分明确。为吸引优秀学生,奖助金的数额也非常可观,大学每年2000元,专科学校每年1600元。为保证受资助的学生确属品学兼优,交行特别要求其所在学校校长按照一定名额进行保举,并提交学生考试成绩,供总处或指定分支机构核查。为激励学生始终力学,奖助金还采用滚动的方式评定,成绩不达标者将被终止资助。

通过学习成绩进行考核,选择定向院校和专业,由校长保举推荐等形式来选拔优秀人才,在当今仍广泛应用于升学和求职的过程中,可见交行选拔人才的理念和方式有其先进、合理的一面。但交行又特别规定,"如本行同人子弟有合于被保举资格者,得优先保举之",②则与现代招聘制度中亲属规避的原则不相符合。不过,也应看到,中国银行业与钱庄业有着千丝万缕的联系,钱庄业的家族烙印很深,通过血缘关系的层层担保,资金安全可有更好的保障,银行业不免受其影响而有相似的做法。而且战争期间人口流动频繁,难以完全掌握新进员工的所有情况,若有本行同人以亲属关系作担保,银行管理层自然觉得更可信一些。显然,这一规定深受历史和时局的影响。

对于韶行提出的有关学生实习的建议,总处予以保留,学生毕业前一年的寒暑假可进交行实习。在学生的甄选环节,总处细化了韶行的提议,即接受奖助金的学生可

①② 《交通银行史料》第一卷,第1419页。

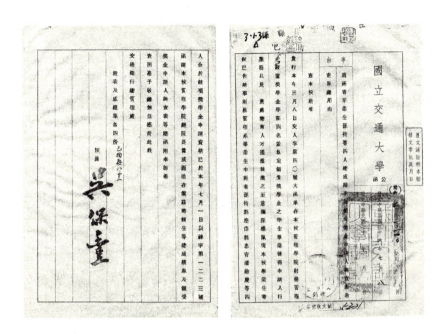

交通大学校长吴保丰向交通银行推荐优秀毕业生的信函。

优先接受交行甄选,考试合格即可试用,试用期满,成绩合格,可作为办事员留用,"并以其各学期学行成绩为将来指派职务及核定薪额之标准",①将学生的品行、成绩与职务、薪金挂钩,可有效激励学生奋发图强,全面发展。

新入行的学生真正胜任工作岗位,尚需一段时间的历练。为保证各项业务持续而正常地发展,传承交行员工长期以来形成的良好作风与传统,总处还重视对行内人才的提拔。本行内部员工职位的合理升迁,不仅可以人尽其才,亦可以激发员工的向上之心。总处在1943年的行务会议上提出在行内实行保举制度。其主要内容为:凡在各分支机构工作具有专长或通才的行员,由主管人员对其工作能力、可担任的职务等事项进行仔细考察,再由主管人员签注意见,密呈总处推荐保举;总处审查认定后,即作为人才储备,遇有合适职位,可优先提拔被保举人,委任相应的职位。

根据行务会议的决议,总处制定的人才保举制度细则得到允可,并通报全行实施。保举的形式分为特案保举和普通保举两类,特案保举可随时进行,普通保举在每年年终考核时进行,两类保举均由各行处主管按照程序,以密函呈报的方式进行。特

① 《交通银行史料》第一卷,第1419页。

案保举的要求很高,被保举者必须具备以下三项条件之一:"对于行务兴革有特殊贡献,具显著事实者;经验丰富,能力超群,堪以主持一部或全部事务者;擅长特殊才技,适合本行业务或事实需要者。"①从上述条件来看,被特案保举的应为同人中的佼佼者,经过保举可迅速充任中高级别的职务。年终考核时的普通保举,也须满足下列三项条件之一:"对于本身工作有研究建白,经采用有裨事实者;能力优异,堪任现职以上职者;办理银行业务有年,对各部分职务均能应付裕如者。"②显然,普通保举适用于范围较广的业务熟练的员工。交行推行上述保举制度,不仅有利于扩展业务,弥补中高级人才的紧缺,还有利于树立任人唯贤的良好形象;无论是学养深厚、才干优异的俊杰,还是恪尽职守、兢兢业业的普通员工,只要尽心工作,都有可能获得相应的提拔和重用。

为体现保举制度的公正性,交行总处在相关文件中反复强调,实行保举时行处主管人员填写的表格必须保密,任免程序也必须严格遵守既定的各项规章制度,不能有任何逾越。管辖行对于下属行处的保举文件应加注签字意见,及时转呈总处,不能以任何理由将保举文件滞留在管辖行。为确保被保举的行员均有真才实学,在必要的时候,还可进行特别的甄别考试。

三、完善考试制度,延揽人才

定向招聘和保举提拔是在较小范围内针对特定对象的人才选用制度,交通银行大多数新员工还是通过考试的形式招聘进来的。早在唐寿民任总经理的 30 年代,交通银行即积极在全行推行招聘考试制度,无论招聘学校的应届毕业生,还是面向社会的大规模招聘,都采用考试的方式进行。其后,交行不断对这一制度加以改进和完善。考试制度在保证公平竞争的前提下,大多时候可以有效选出具有真才实学的应聘者,并可杜绝人情请托等旁门左道。包括在学校表现优异,享受交行奖助金的学生,毕业后也只是获得录用的优先权,并不能越过考试这一关。在招聘考试中,交行不但重视学生的笔试成绩,也很注意学生的口试表现,以便全面了解应聘者,尤其是在柜台上从事储蓄、存款、信贷等业务,直接与客户接触的行员,其口头表达能力不可或缺。总之,考试的根本目的是考察应聘者是否具有交行所重视的金融知识和实务技能。③

---

① 《交通银行史料》第一卷,第 1417—1418 页。
② 同上,第 1418 页。
③ 《抗战以来本行人事工作概况》(1943 年 1 月 10 日),交通银行博物馆藏资料 Y23。

有关考试和甄选各项事宜皆由总处掌握,以体现其权威性和严肃性。各地分支机构主办的地方性招聘,也须经总处批准,由总处命题,并密封送往当地,再由分支机构负责人担任主试,考试完成后,试卷仍由总处评阅。① 围绕考试制度而确立的一系列严格规定,可有效防止试卷泄密等作弊现象,由总处评阅试卷,直接负责招聘和录用,可避免出现不同地区员工能力参差不齐的状况。

针对不同来源的新进行员,交行予以分别任用。面向社会招聘的人员,录用为办事员和助员;大学或专科学校的毕业生,派遣为试用员;高中毕业生录用为试用生;试用六个月后,考察其实习成绩,试用员派遣为办事员,试用生派遣为助员或练习生。通过对新进行员安排不同层级的工作,交行建立了比较完整的职务序列,有利于激励员工的积极性和上进心。②经四行人员训练所等机构培训后进入交行的员工,交行同样安排三个月的试用期,期满后分别派遣为办事员或助员。

交行对资深员工也十分看重,特别珍视他们的工作经验,认为这是维持和发展交行业务的重要基础。因此,尽可能善待工作多年的员工,除非犯有重大过失,一般不轻易开除。以 1943 年为例,全年离职员工共 97 人,除辞职、停薪留职和死亡者,解聘和开除的员工仅 21 人。③交行人事制度在多年的实施中,长期考察、慎重聘用、不轻易解聘的原则始终得到较好地贯彻。这一政策在实践中保证了员工队伍的长期稳定,有利于员工精力集中提升业务技能。

抗战胜利后,交行迅速着手全国范围的恢复、重建工作,各项业务皆有一定增长。基于四行专业化分工的要求,交行的经营业务也进一步围绕实业而展开,与之相应,在人才招聘的导向上,交行更倾向于延揽复合型的实业金融人才。交行内部在讨论上述问题时,总处和各分行都认为,既通晓金融实务,又对实业发展具有深刻理解的高级人才是交行目前最迫切需要的。

汉行曾将大量信贷投放工厂,但因其中某些环节的疏忽,造成不小的损失。为此,汉行特别提出应多招聘放款稽核人才,要求不仅具有普通的账务知识与技能,而且应当具备工商管理、会计、银行实务方面的综合知识与技能,以此加强对厂商资金流向的控制,保证交行资金来源的稳定。④ 津行存在同样的问题,津行经理李钟楚认

---

① ② ③ 《本行过去人事办理情形》,交通银行博物馆藏资料 Y23。
④ 《交通银行各行经理在沪谈话纪要》(1947),交通银行博物馆藏资料 Y40。

为,为防止资金流失,不但需要多聘技术专家,而且应在管辖行内为这些专家设立调查股,扩充其职权,保证稽查中发现的问题能及时纠正。战后青行在其辖区内接收了大量敌伪产业,设备的持有人在申请贷款时须有专门人才进行估价,因此,青行也非常支持聘用专家,设立调查股的建议。

此外,长行也提出,交行作为专门的实业银行,应当进一步充实设计处的力量,延揽相关专业人士开展研究,加强设计处对全行发展方针和资金流向的指导作用。1948年,京行经理提出:"我行今后宜注意各种专门人才之充实,如交通、纺织、电讯等多方延聘,有如智囊团然,以备各行咨询,促成本行专业化之职能。"[1]各行要求延揽复合型专门人才建议获得董事长钱新之的首肯,但当时国民政府规定不能擅自增加行员,管理层不得不有所顾忌。1948年,滇行经理提出,目前交行急需的工商管理等实业专门人才因政府的禁令无法招聘,从行务发展考虑,应在行内设立顾问委员会或设置特约顾问的职位,通过迂回的办法延聘交行急需的专业人才,"如此,凡遇有投资或放款,则我行必做到钱到人到,有投资有贷款,则必有专门及管理人才来协助,这件事业才能达到真正专业之目的"[2]。滇行经理的提议规避了政府的禁令,对解决交行专门人才紧缺的难题提供了一个很好的解决方案。

四、注重招聘质量,兼顾多种因素

在招聘过程中,交行始终保持严谨审慎的作风,对所有拟录用的人员都进行细致考察,确保能够达到岗位要求,胜任本职工作,并尽量使这些员工人尽其才,防止出现人员臃肿的状况,以节省不必要的人事开支。

抗战接近尾声,交行的恢复计划陆续实施,恢复、重建工作所需要的人力资源也须加紧筹划。东部沿海地区因沦陷时间较长,若临时招聘新行员往东部地区工作,势必因不熟悉银行业务和当地环境,影响恢复工作的迅速推进。为此,秦行在1944年的行务会议上提议,总处可以设法重新招募沦陷区原交行各行处的员工来后方工作,为今后的恢复工作储备人力资源。秦行认为,沦陷区内原交行员工人数众多,当时因受阻于路费短缺、家庭牵累等原因,未能随行西迁,非常可惜。抗战胜利在即,内地因不断增设分支机构,人手短缺的现象颇为明显,若从日后的恢复、重建工作考虑,人力

---

①② 《交通银行各行经理在沪谈话纪要》(1948),交通银行博物馆藏资料 Y40。

资源的缺口更大。原先的行员战前在行内工作多年,对内部各项办事流程十分熟悉,不像新聘人员须耗费大量经费和时间进行培训,若总处帮助他们来后方,"不但可应目前之用,并可备将来战后复员之需"①。秦行的建议虽有相当可行性,但总处为慎重起见,拟通过行员间的私人渠道,事先探询沦陷区滞留行员的意向,然后再视情况提供帮助。

战后恢复时期,秦行的这一思路实际上在各行处都有程度不同的实行。抗战胜利后,沪行员工数量增加很快,1946 至 1947 年,增加 400 余人,②增加的员工中大多为滞留于沦陷区的交行旧员,他们熟悉交行的各项业务,成为恢复工作的生力军。

交行在招聘、录用行员时除注重专业技能、工作经验等质量要求,还十分重视控制人数总量。抗战爆发前,交行主要的分支机构都分布在东部沿海地区,当时全行员工共有 2311 人,员工籍贯以江浙一带最多。③ 这一现象说明,交行招聘员工时除坚持各项标准,也适当考虑当地人士在地缘因素方面的优势与便利。

抗战开始后,交行贯彻国民政府的方针、政策,分支机构从东部地区大规模撤退、收缩,营业重点向西部转移,积极在内地构建金融网络,健全后方的营业网点,截至 1942 年 6 月,全行员工共有 1485 人,这一数据包括内地各分支机构的行员,以及自沦陷区随行内迁的行员。④1942 年 7 月至 1943 年 12 月,交行虽因四行专业化分工被剥离了发钞等业务,但分支机构的总数已超过战前水平,行员人数也达到 1850 人,一年半中增加了近四分之一。尽管行员总数较战前仍有差距,但统计范围仅限于非沦陷区,这足以说明,交行在西部地区的网点建设和业务扩展,在短时间内已取得迅速推进。⑤这一时期,交行招聘新员工,除重视学识、操行等,仍兼顾其籍贯和地缘关系,力求人地相宜,避免日后在人事上出现问题。

抗战结束后,交行仍非常重视行员的本地化。1947 年,渝行经理张叔毅提出,应在行员中增加当地人的数量,截至该年,行内本地员工仅占员工总数的 25% 左右,今后招聘应注意提高这一比例。⑥尤其是西北地区增设的分支机构,员工的本地化更具有重要意义。战后,原从江浙地区迁来的行员大多希望调回原籍,秦行的员工派遣与任用即出现困难。交行在全国推进实业金融网的建设,宁夏、酒泉等西北偏远地区同

① 《交通银行行务会议记录》(1944),交通银行博物馆藏资料 Y39。
②⑥ 《交通银行各行经理在沪谈话纪要》(1947),交通银行博物馆藏资料 Y40。
③④⑤ 《抗战以来本行人事工作概况》(1943 年 1 月 10 日),交通银行博物馆藏资料 Y23。

样急需交行员工前往工作,但很少有员工愿意去。秦行建议,尽可能在当地招聘员工,录用应以品行良好为重要标准,此外,还应在当地员工子女中选拔优异者入行工作,以解决上述地区人手不足的问题。

截至1945年抗战结束前夕,交行共有行员1935人。可见,即便在战争时期大片国土沦丧的情况下,交行的员工人数仍不断增长。抗战结束后,交行在全国范围内构建实业金融网,国民经济的恢复使交行的业务量迅速上升,与之相应,交行的员工数量也急速增长,至1947年3月,总数已达到3470人,两年间增幅达到近80%,①几乎翻了一倍。

行员数量的猛增说明银行业务的迅速扩展,自然值得欣喜,不过交行总经理赵棣华仍保持着清醒的认识。他认为,战后交行构建全国金融网,人员增加固属正常,但增加的数量是否完全合理,"尚有待于共同检讨",若各行确因业务之需,总处自会给予支持,如若其中有人浮于事的情况,或少数人未努力工作以致影响了工作效率,则应重新考虑人员增加的问题。从工作效率考虑,凡年老体衰,不能正常工作的行员,应设法让其退休,因此在增加行员数量的同时更须从质量上把关。

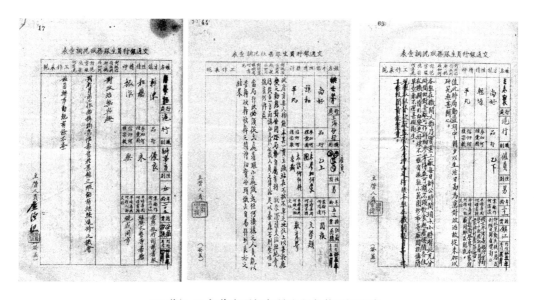

20世纪40年代交通银行员生服务状况调查表

---

① 《交通银行各行经理在沪谈话纪要》(1947),交通银行博物馆藏资料Y40。

赵棣华的观点得到副总经理汤钜的支持。此外,他还从行员能力的角度阐释这一问题。两年间行员虽增加了 1500 多人,但从银行发展的实际需要看,关键不在于行员数量的多寡,"要在能训练新人成有用之才,与旧人能相连贯,庶几行基方能巩固"。① 汤钜注意到,多年来交行的各地分支机构大多感到人手不足,主张多招聘行员,"考其症结所在,乃办事者之能力问题,故各行添人并非根本办法,必须从增强办事者之能力着手,使一人能尽一人之事,甚至一人能训练其有兼人之能力",②若能人尽其才,便可避免人力资源的浪费,并能在银行内部树立良好的风气。

第三节　加强行业培训,完善考核制度

一、鼓励新老交融,推行全员培训

1937 年至 1949 年,交行投入大量精力对在职员工进行专业培训,对员工队伍中的常见问题,如年龄层次上的新老交融,知识结构上的中西结合等,也希望通过培训予以妥善解决。

1947 年,在交行成立 40 周年纪念大会上,董事长钱新之提出:"因为时代与环境日新月异的不同,所以每一个机关需要人才的学历,亦随之而不同。"经过数十年的发展,交行的员工在知识结构上也体现出明显的时代特征。中国商业银行早期与传统钱庄关系密切,交行最初的员工多为钱庄出身,他们"熟悉商情","长于文墨","虽然学历稍差,但是他们对于行务的经验多、阅历深,对于本行历史,以及国内习惯相当的熟悉",为交行的发展做出了很大贡献。钱新之高度肯定他们的"卓著成绩",认为他们"至今还是合乎需要的"。③

随着时代的变迁和西方经济思想的传播,交行也逐渐向现代金融企业转型。40年代进入交行的员工,已大多为经济系、会计系、工商管理系、法律系等学科的大学毕业生。这些新入行的大学毕业生、外国留学生,虽无老行员的独特优势,但他们"富有

---

① ②　《交通银行各行经理在沪谈话纪要》(1947),交通银行博物馆藏资料 Y40。
③　《交通银行史料》第一卷,第 1381 页。

前进的知识,年青的朝气,确为合乎时代性的生力军"。新老员工合作共事,难免有所摩擦。为此,钱新之强调,新老员工"各有所长,各有所短,必须冶新旧于一炉,互相切磋,通力合作,庶几和衷共济,可收事半功倍之效"。①

从钱新之的讲话可以看出,交行随时代的变迁而转型时,其员工队伍中确实存在新与老、中与西的互补、包容问题。如何使老行员多接受新知识,继续发挥重要作用,如何让新行员脚踏实地,将新知识融入当前实际,是交行人事制度的重要任务。

针对新老员工的不同特点,总处既有统一的培训要求,也实事求是地予以区别对待。交行虽有《试用实习办法》指导新进员工的实习工作,但总处注意到新员工在实习期间,对银行员工必须掌握的基本知识与技能未予足够的重视,从而妨碍了他们尽快胜任本职工作。当时的新进行员多为刚毕业的学生,涉世未深,对银行业务的了解仅限于书本,并无任何实践经验,不熟悉各项业务的具体操作,自然在工作初期感到困难重重。总处认为,培训新行员首先要让他们通过实践尽快熟悉银行业务的具体操作,"先予以一般工作之实际体念,俾作为日后进程之阶梯,实属必要"。② 交行针对新行员的这一培训理念是切合实际的,事实证明是有效的。

已在交行服务多年的老员工,虽有丰富的实践经验,但面对不断出新、日益复杂的银行业务,也出现诸多不适应,而且年龄、健康等问题也导致工作效率的下降。总处认为,对老员工进行适当的、针对其特点的培训同样具有重要意义。在1943年之前,总处与一些分支机构已开始对老员工进行培训,通过联谊会等形式组织行员进行学术研讨和体育锻炼,③但当时多数行处尚未全面开展此类活动,总处遂在全行范围内进行积极推动。

总处就多种培训方式的综合运用提出建议,以提高老员工的业务水平。1."操作中之训练",即由上一职级年富力强、实践经验丰富的资深行员,在日常工作中对资历相对较浅的老行员进行传授、指导。此类指导主要针对某些问题以个别辅导的方式进行,总处对指导他人者提出两点要求,指导的内容"须先有确切之认识",指导时须有诲人不倦的精神。2."学校式之训练",即以类似学校教学的方式,为行员提供集体辅导,此类培训有完整的讲授课程,参与训练的人数较多,特点是有助于行员形成

---

① 《交通银行史料》第一卷,第1381页。
②③ 《交通银行行务会议记录》(1943),交通银行博物馆藏资料 Y39。

较完整的知识体系。3."宣传式之训练",其形式也类似授课,但讲课者主要是主管人员或外请的知名学者,他们针对某些问题进行重点剖析,有助于员工掌握工作有可能遇见的难题,避免在操作中出现失误。4."间接训练",即购置图书报刊,让员工通过自学的方式提高业务能力。交行向来鼓励员工自学,唐寿民任总经理时就非常重视添购各类图书,抗战时期,总处仍要求全行保持这一传统。5. 身体锻炼。抗战时期,交行的不少分支机构经常举行球类比赛等体育活动,借此保持健康的体魄和良好的精神风貌。

上述五种培训方式若能相互配合,持之以恒,确实有助于提高行员的综合素质,并由此促进交行的各项业务工作。因此,总处特别强调:"上述五端在实施上似尚无十分困难,但是否著有成效,仍在主持者之能否切实执行。"①

二、设立业余进修制度

交行为提高本行员工的业务水平和服务意识,除进行各种形式的培训,还设立业余进修制度,督促行员利用业余时间,通过比较系统的课程学习,提升个人的综合素质。从拓宽业余进修途径考虑,交行除依靠自身力量开办各类业余学习班,各地分支机构还与当地的专科学校协商联系,鼓励行员参加专科学校开设的各类业余进修班。②

为保证这项制度顺利实施,并切实起到提升员工业务素质的作用,交行依据业务特点及发展需要,拟定《行员业余进修班办法》。该办法规定,进修班开设应用文、英文、商算、珠算、银行会计和银行实务六门必修课程,六门课程的讲义由交行统一印发,并配备相关的参考图书供行员借阅。办法还对应参加进修学习的对象作了统一的规定,在职的助员、练习生级别的行员都必须参加进修班,其他行员可自愿参加。按照规定,进修班在业余的适当时间授课,每次授课两小时,为保证教学质量,每期进修班最多开设两种课程,以四个月为一期,所有规定的课程以轮流开班的方式修完。除必修课程,进修班还应聘请各行处主管人员、专业领域学者以及当地政府金融机关负责人,进行学术、素养等讲座,以拓宽行员视野。每期进修班结束时,均须举行考

---

① 《交通银行行务会议记录》(1943),交通银行博物馆藏资料 Y39。
② 《抗战以来本行人事工作概况》(1943 年 1 月 10 日),交通银行博物馆藏资料 Y23。

试,成绩单提交总处备案。①

面授形式的业余进修班,对位于大城市的分支机构而言,若员工人数较多,当地教育资源丰富,确有很大便利。若分支机构编制较小且地处偏僻,则会遇到面授条件、讲课师资、办班成本等一系列难题。鉴于上述问题,总处在1944年的行务会议上提出《行员业余进修函授班办法》,希望通过面授与函授相结合的方式,解决一部分行员在进修学习上遇到的困难。

函授教育的关键在于教材的设计与编写。根据交行的特点和需要,函授班教材的内容包括以下五大类:1.银行实务(包括稽核、会计、统计、储蓄、信托、存款、放款、汇兑、仓库和出纳等十种);2.金融知识;3.人事管理;4.事务管理;5.与本行业务有关之一般问题。② 教材采用的资料,主要是对交行的各项业务予以阐释,并兼采中外金融学、金融业图书报刊所记载的相关材料。函授教材的编写,主要由总处下属各处室按照业务门类分别负责,各最高管辖行也分别提出业务上和事务上的重要问题以及适当的处理办法,上报后由人事室择要编入教材。显然,各大类的函授教材皆突出应用性和操作性,着重解决行员在办理具体业务或事务时遇到的各种问题,同时还兼顾行员知识视野的拓展,介绍海内外金融方面的最新动态。函授教育以自学为主,因此教材正文之后均附有习题和参考书目,以便行员检验学习成效或对某些问题进行更深入的钻研。

交行还通过制度规定的形式,在全行切实推行业余的函授教育。在无法面授的情况下,函授班的进修"以办事员生雇员全体参加为原则"③,因工作关系无法参加函授培训的,应获得主管人员许可并陈报备案。各最高管辖行对所属行员的进修事宜,由经理或指定的专人负责,督促并指导行员研读教材。函授教育中形成各类文字材料,例如,教材所附练习题的作答、读书笔记、有关教材内容的疑问等,均由行员所在行处收集后,汇总到最高管辖行,再由管辖行送交人事室。由人事室对上述材料进行分类,再转送各相关处室进行批阅和答疑,答疑和批阅也可由总处指定最高管辖行处理。函授进修的过程中,每隔半年应对所学内容举行考试,以督促行员努力学习。行员的读书笔记、习题回答等,若特别有价值,并经总处采纳的,可作为该行员年终绩效

① 《交通银行史料》第一卷,第1421页。
②③ 《交通银行行务会议记录》(1944),交通银行博物馆藏资料Y39。

考核的加分项目予以奖励。

为保证函授进修在各地切实推行,《行员业余进修函授班办法》特别规定,人事视察人员赴分支机构视察,与行员单独谈话时,应就函授教材中的思考题当面提问,以了解该分支机构函授教育的开展情况。对教材所附参考书目,各行处也应积极购置,为行员创造良好的学习条件。为加强银行实务与函授教材之间的紧密联系,各行处主管人员对总处印发的教材可在每次小组讨论会上进行讨论,教材的印发原则上每年至少为六次,通过内容的迅速更新,向行员传授最新的银行业务知识。[①]

交行设立业余进修制度,并根据实际情况采用面授、函授两种形式,对本行员工进行专业知识的传授和综合素质的培养,确实是一种加强员工队伍建设的极佳方式。各类培训和进修的切实推行,不仅直接关乎日常营业的服务水平,其实也为交行的可持续发展集聚了人员力量。

三、切合实际的培训方式

交行规模庞大,员工众多,不同层级和工种的员工,从事的工作千差万别,所需要的培训内容也大不相同。即便相同层级的员工,因学历背景和工作经验不同,所需要的培训内容也不尽一致。为此,交行从实际出发,针对不同类型的员工,设计并安排了多种形式的培训课程,尽可能使参加学习的员工都有所收获。

对于刚入行的新员工,交行历来重视通过实际操作的训练让他们尽快熟悉银行业务。1947 年,长行即建议总处制定相关规则,将通过考试进入交行的新员工全部派往业务繁忙的一线岗位,使其借此了解交行的各项具体业务,迅速熟悉交行内部的工作流程。长行还建议注重员工本地化的同时,加强不同管辖行内部乃至全行之间的人员轮岗交流,促进行员吸收最新专业知识,拓宽行员眼界。[②]

行员训练班是交行为储备应用人才和增进行员业务技能专门开设的培训项目,由总处或指定的管辖行统一掌管。针对不同的需要,训练班分为考训和抽训两种。所谓考训,是指管理层估算出某段时间需要储备的人才数额,通过考试在试用员生中择优录取,然后设立专门的训练班进行培训。若某项专门的实务工作需要相关人才

---

① 以上均见《交通银行行务会议记录》(1944),交通银行博物馆藏资料 Y39。
② 《交通银行各行经理在沪谈话纪要》(1947),交通银行博物馆藏资料 Y40。

时,也可通过考试选拔具有相当能力或经验的人员,再设简易的训练班培训。抽训是指各行处从在职行员中,抽调若干人员前往指定地点接受专门的脱产培训。考训班的培训时间一般为三个月,训练结束后,按照新进员生试用办法再实习三个月。抽训班和考训简易班的培训时间为两个月。训练班的课程以银行实务为主,学习过程中将本行的各项重要实务逐一训练,简易班和抽训班则针对某些实务进行专门训练。训练班所使用的教材,原则上由总处编印。为保证培训效果,训练班每隔三周或四周举行小考,结束时举行大考,所有考试成绩以及平时笔记、实习报告等成绩,应全部报送总处评阅备案,以此作为日后提升职务、核定薪级的依据,并可作为年终考核的参考。为使行员安心受训,交行规定:参加考训班的新进行员仍享受原试用员生的所有待遇;参加抽训班脱产培训的员工,仍领取原先的薪金。交行对培训的管理也非常重视,训练班设主任一人,副主任和总干事各一人,干事若干人,正副主任由董事长或总经理指派,总干事和干事由正副主任在行内遴选。承担银行实务课程的讲师,由正副主任从行内精熟行务的资深员工中遴选聘任。①

交行对从事后勤保障和基础性工作的人员也十分重视,希望通过多种方式提高他们的业务水平。陇行曾在行务会议上提出,银行的文书工作与政府机关的文牍工作性质迥异,从事此项工作的人员不但需要文笔通畅,思维缜密,而且对银行内部的规章制度、会计制度等一切金融实务都须有充分的了解与认识,否则难以胜任。抗战期间各行处均感文书人员缺乏,但培训专门的文书人员,"须视其学问根基,尤非短时间训练可资收效",为此,陇行建议统一安排切实可行的培训制度,划一安排文书人员的培训工作。②

出纳是银行业务中最为基础而重要的一个门类,出纳工作责任重大但专业理论的要求不高,随着出纳专门化发展,出纳人员的出路也愈益狭窄。在日常经营中,出纳工作不出现失误往往被认为理所应当,而"稍一疏忽则赔累不堪",③因而一般行员多视出纳工作如畏途。抗战结束后,通货膨胀日益严重,经付现钞的数额增加数倍,出纳人员计算金额更加困难,而且战争带来的特殊情况很多,大、小、新、旧钞券错综复杂,所有这些都对出纳工作提出更高要求,出纳人员的招聘更加困难。为此,韶行

---

① 《交通银行史料》第一卷,第 1420 页。
②③ 《交通银行行务会议记录》(1943),交通银行博物馆藏资料 Y39。

在行务会议上提出数项建议,希望通过多种手段用,加强对出纳人员的训练。其一,凡是新进本行的员工应在出纳岗位至少工作半年,这样既可解决出纳人员不足的问题,也可使新员工尽快熟悉银行的整个业务流程,因为出纳几乎与银行所有的现金收付业务都有联系。其二,凡从事出纳工作达到一定年限,且未出现过重大失误的行员,应给予一定的特别奖励津贴,并将其薪资等级提到更高层级。其三,对平时绩效考核通过的出纳人员,酌情给予加薪。其四,对多年从事出纳工作而无过失的行员,另外记功一次,并可根据其意愿调任其他岗位。①

为了培养高层次的优秀行员,让他们了解世界银行业最新的发展状况,交行制定了《奖励行员自动出国留学办法》,鼓励行员出国留学深造。② 1948 年 8 月,交行又制定《资送行员出国留学办法》,对出国深造后愿意继续回交行服务的优秀行员,提出一系列优惠待遇。该办法规定,凡在行服务满三年,考核成绩优良,服务期间从未受过行为不检处分的行员,参加自费留学考试及格后,可申请资送出国留学。除往返时间,行员留学以一年为限,期满后应立即回行服务。留学期间,仍计算工龄,但停发薪金,留学所需的所有费用包括往返路费,全部由交行承担,总数以"自费留学生可得结购之外汇为限"。凡申请资送出国留学的行员,在国外的主修学科,应与交行的业务或事务密切相关,并在交行指定的范围内。交行还特别规定,留学期间应就主修学科悉心研究,学期结束时,须将各科成绩报告单、研究报告、毕业论文等,一并交付交行查阅备案,原则上不得在外兼职。留学期满回行,仍担任原先的职务,若表现出色,可酌情提升。③

高级行员是交行的核心力量,他们的学识、理念、视野和战略思考等,往往关乎交行的发展方向与高度,因此在抗战时期交行即调整增详了《选派高级行员出国考察办法》,鼓励更多高级行员出国考察,借以了解国际经济的最新动态和世界银行业的最新发展,在此基础上促进交行的转型和发展。④

交行管理层能从着手当前和放眼未来两个方面考虑本行员工的培训工作,说明他们既具有高度的务实精神,又具有深谋远虑的战略规划。难能可贵的是,在时局动荡,经费拮据的背景下,交行仍投入如此大的精力、物力用于提高行员的业务技能和

---

① 《交通银行行务会议记录》(1943),交通银行博物馆藏资料 Y39。
②④ 《抗战以来本行人事工作概况》(1943 年 1 月 10 日),交通银行博物馆藏资料 Y23。
③ 《交通银行史料》第一卷,第 1443—1444 页。

专业素质,而且针对不同的层次、不同的需要,设计出多种形式和内容的培训方案,力求获得实效,真正有助于行内业务的良性发展。当时的所有努力,以及所取得的经验与成绩,时至今日,仍值得仔细回顾和认真总结。

四、优化考核制度,推行人事视察

人事考核制度以及相应的奖惩规定,直接关系到能否切实有效地激励行员提高工作效率,对任何一个企事业单位都至关重要。对此,交行明确提出:"人事考核为人事管理之重要部门,关系人才之黜陟,事业之盛衰,故考核必须严明,不容丝毫苟且。"①

1943 年,交行为进一步完善考核制度,拟定《加强人事考核,增订考绩标准案》。该文件提出考核的关键在于,主管人员必须负起责任,"对其部属之日常生活情形、工作进行状况,重在随时考察。督导纪律之遵守如何,品德之修养如何,学验之进步如何,工作之成效如何,在在密切注意日计而岁,较之凭其特征严加考核,庶可以昭公允,而彰劝戒"。②

交行对考核的评定方式作了分析和总结,认为以往的评定"大抵沿用一般成语,笼统批评,未必能贴切事实",若主管人员与被考核者关系密切,评语中难免掺杂诸多人情因素,做不到准确公允,其"流弊所趋驯至功过莫辨,赏罚不明,有失考核之本意"。考核不能给出准确的评定,便不可能激励员工提高工作效率。上述问题的关键在于缺乏一套客观公正的评价标准。③

鉴于以上认识,交行决定舍弃评语式的考核结论,采用客观标准进行考核,即"全凭具体之事实,不作主观之判断,不作随意之批评,优点何在,劣点何在,一一举出显明之动态或特性。……绝不主观,绝不空洞,绝不笼统,绝不模糊,凭此考核,不偏不倚,凭此奖惩,无枉无纵,以达到综核名实、信赏必罚之至境"。从上述思路出发,交行引进美国浦洛布士考核法(The Probest System),并结合国情和本行的实际情况进行改造,形成一套新的考核体系。浦洛布士考核法当时被认为是世界上最先进的考核体系,以显著的动态或特征作为客观标准,条分缕析,切实简明,看似平淡无奇,其实具有深刻含意。交行以该考核法为蓝本,经增删修改而制定的新考核法采用表格形

①②③ 《交通银行史料》第一卷,第1409 页。

式,表格中的考核内容分为工作效率和操行学识两大类,大类之下就行员的仪态举止、工作态度、业务素养等各个方面,分别列出100多个考核点。主管人员只需依据平时对员工的观察,将其言行举止与考核点一一对照,即可迅速作出判断。优点用红色符号标记,缺点用蓝色符号标记,但不能用铅笔标记。考核表由直接主管与管辖行共同填写和签章,并有初核、复核两个步骤。这一新的考核方式确实较以往的评语式结论更为客观、公正,便于掌握,而且也尽可能减少了个人好恶的干扰。①

交行先前在人事管理方面虽有层级性的管理网络,但尚未建立常规的完善的巡行视察制度,随着分支机构的不断扩展,总处渐有鞭长莫及之感,对各地行处的人事问题往往不能及时发现和处理。

在1943年的行务会议上,泸县支行提出"请人员更番出巡案",于是,建立人事视察制度作为完善交行人事管理的重要举措,被提上议事日程。泸行认为,虽然电报通讯大大提高了信息的流通速度,但各地业务状况迥异,许多事件情节曲折,电报中难以详细说明,由此造成上下隔阂,影响工作效率。若能派员出巡,直接考察各地行处的人事工作,及时发现并纠正各类问题,"鼓励各行处有所请示,审核答复皆能恰到好处,行策推行步伐齐一"。② 通过讨论,总处与各地分支机构形成共识,由派员赴外视察,以个别谈话等方式收集各地人事工作的资料,"以为调整考核人事之资,兼收内外贯通因地制宜之效"。③

1943年7月,总处正式颁布《人事视察办法》,随即在行内全面推行。办法规定,除总处随时派员赴各行处视察人事工作,各最高管辖行派员赴所属行处稽核业务时,也须同时视察人事工作,以辅助总处的人事视察工作。总处的人事视察分为经常视察和临时视察两种,经常视察由定期派员对各行处进行视察,临时视察是各行处在人事方面有重大变革时,或董事长、总经理认为有必要时,临时派员前往视察。④

人事视察的内容主要涉及以下八项:"人员与业务配合情形;员生支配及工作效率情形;员生训练修养情形;员生待遇及福利情形;人事规章表报通函之遵办情形;有

---

① 以上参见《交通银行史料》第一卷,第1409—1415页。
②③ 《交通银行行务会议记录》(1943),交通银行博物馆藏资料Y39。
④ 《交通银行史料》第一卷,第1415页。

关人士案卷表册之抽查检阅；总处临时交办事项；其他人事视察事项。"①按照规定，前四项视察所获资料，应与各行处每期决算后陈述的人事报告进行仔细比对，以此作为行员考核的依据。从视察的全部内容看，基本涵盖了人事工作的各个方面，总处可切实了解各行处的具体情况，便于及时、正确地处理相关问题。为保证人事视察人员能够深入、准确地了解和掌握各行处的真实情况，该办法明确规定："人事视察员于视察事件有疑义时，得随时请各该主管人员提供材料详实答复，视察行处主管人员不得拒却。"而且，视察人员可通过个别谈话、集体谈话等形式，向行员了解实情，谈话须保留书面记录，作为人事视察报告的附件呈交总处。人事视察的报告分为三种：1.特种报告，即视察至某地遇有重要或紧急事件，即刻发快函或机密电报向报告。2.日常报告，即每周将视察的情形写成简要的报告书上报。3.总报告，即视察完成后，将情况汇总，写成总报告送交。②

人事工作与银行日常业务密切相关，因此，人事视察人员可根据需要，与总处派出的查账人员一同前往某行处视察，两项工作密切联系，互相配合。总处对视察人员执行任务时应遵守的原则也提出四项要求："应具守正不阿之精神；应有和平恳挚之态度；应保守职务上之秘密；应避免人事上之应酬。"③四项工作守则虽然简练，但都切中要害，意在保证视察工作能够客观、公正地进行。人事视察制度的建立，是交行人事管理制度的一大进步。自此，总处可通过更多的途径及时了解各行处人事工作的真实情况，使行员的考核结果更准确、更符合实际，相应的奖惩措施也更能激励员工的积极性。

第四节　合理调高薪酬福利待遇

一、缓解通胀压力的浮动补贴

完善的招聘方法和培训制度，虽可保证员工队伍的整体质量，有效提高他们的业

①②　《交通银行史料》第一卷，第1416页。
③　同上，第1417页。

务水平,但要真正留住人才,稳定员工群体,使他们安心工作,发挥各自的积极性,还必须尽可能提供优厚的工资待遇,为他们解除生活上的后顾之忧。然而,1937 年至1949 年的十二年间,战争几乎没有中断,社会经济屡遭破坏,通货膨胀愈演愈烈,交行也经历了种种磨难。如何在经营成本、发展需要、人力资源、外部压力等各方面都维持平衡的基础上,尽可能提高员工收入,成为交行管理层的一大难题。

全面抗战爆发后的一年,是交行最困难的一年。东部沿海地区的分支机构,或沦陷,或撤退,财产、物资遭受极大损失,而内地金融网络的建设正在起步,作为国家银行,放款的速度并未降低。处于特殊困难时期的交行,"为紧缩开支以固行基起见",各地行处的所有员工 1937、1938 两年皆未加薪,也未进行年终考绩。非常时期出于无奈而冻结员工薪资,是企业为渡过难关经常采用的对策,但毕竟对中下层员工造成很大影响。为此,交行主动给这部分员工采取发放生活津贴,尽可能帮助他们改善生活状况。①

随着抗战的持续,交行将营业重点转移至西部后方,经过一段时间的调整和发展,交行在西部的经营渐有起色,但此时通货膨胀更趋严重,后方的物价持续高涨。总处决定,自 1939 年起,一些业务量最重的行处和员工的年终人事考核与加薪渐次恢复。然而,随着通货膨胀的日益严重,大部分的行员均感到生活愈益困难,为此,交行将专门为中下层员工发放的生活津贴,转变为面向全行员工的生活指数津贴。

生活指数津贴的发放,以 1937 年 6 月的物价指数为 100%,作为基准,然后按照各行处所在地物价增长的指数核定津贴发放的数额,使津贴增长的幅度不低于物价增长的幅度,以保障行员的正常生活。为兼顾经营成本与员工生活两个方面,总处规定该项津贴的指数最高限额为 200%。但至 1940 年,200% 的限额已不能适应现实状况,总处遂将津贴指数的浮动上限更新为 500%。在津贴发放的过程中,交行管理层很注意针对不同情况区别对待。1941 年以来,重庆、昆明、桂林、西安等城市物价高涨,考虑到这些地区的特殊情况,总处特别规定津贴指数的浮动上限可提高至1000%。当然,虽确定了指数的最高上限,但在实际操作中,各地的生活津贴并非都按照最高上限发放,而是根据各地当月的实际物价确定发放数额,并由总处随时进行增减调整,当指数上限改为 1000% 时,各地的津贴指数大多确定为 700%—600%。

---

① 《抗战以来本行行员待遇概况》,交通银行博物馆藏资料 Y23。

与此同时,从兼顾公平考虑,对工资较低的中下层员工适当提高津贴百分比,对工资较高的行员则适当压低津贴百分比。①

此外,为保障在职员工家属的基本生活,交行还规定行员的直系亲属可享受交行发放的米贴,数额的计算以员工眷属居住地的实际米价,扣除每市石 30 元的基准数后高出的部分为标准。发放该项米贴须计算员工家属的人数,统计各地米价并扣除基数,工作流程非常复杂,为此,交行于 1941 年 7 月改变先前的规定,米贴的发放数额一律依据行员的级别确定,练习生每人 90 市斤,助员以上 150 市斤。②

自 1943 年 7 月开始,四联在四行推行统一的人事制度,交行改变先前生活指数津贴的发放办法,按照四联的标准统一发放生活津贴。米贴的发放也改而参照国家公务员的米贴标准,以行员年龄计算发放的数额。在连年战争的困难时期,交行管理层深知众多的中下层行员是银行经营的重要基础,所以对他们的照顾也更多一些。从抗战的八年看,中下层行员薪金和各种津贴的上升幅度达到十多倍,而高级行员工资的上升则不到十倍。③

抗战末期,后方的通货膨胀更加严重。四行的人事制度统一后,交行员工的薪资已基本参照国民政府公务员的标准发放,而公务员的薪资则因通货膨胀一再调整。为应对上述问题,四联召集四行主管人员会商四行员工待遇问题,并于 1945 年 1 月经行政院核定后公布《国家银行行员战时待遇补助办法》。办法规定,补助费项目有生活补助费、眷属食米或代金、特别办公费、膳宿费或公共食堂及宿舍四大类。④ 关于补助标准,该办法再次明确规定,四行员工各项补助的标准与国家公务员的补助标准应保持一致。

为保证各级行员都能获得与其职务相匹配的补助,该办法对不同的补助项目作了详细规定。特别办公费的主要发放对象为四行的中高层管理人员,依据不同的职务等级划分为三等,第一等为 5000 至 8000 元,第二等为 2000 至 5000 元,第三等为 1000 至 2000 元。膳宿费用按照四联《划一各行局职员膳宿规则》发放,最高以中等熟米两市斗价格的五倍为限,根据各地的物价标准按月核定后发放。宿舍费用同样按照《划一各行局职员膳宿规则》发放,对暂时无法安排宿舍的行员发放住宿津贴,

---

① ② 《抗战以来本行行员待遇概况》,交通银行博物馆藏资料 Y23。
③ 《交通银行行务会议记录》(1943),交通银行博物馆藏资料 Y39。
④ 《调整员生待遇》,交通银行博物馆藏资料 Y25。

依据职位高低的不同,金额从 1000 元到 4000 元不等。四类补助不包括行员医疗费用补助和子女教育补助等其他津贴。交行较早即实行医疗和教育补助,此项对交行的津贴体系影响不大。四行员工补助费用的统一规定,尤其是补助标准与公务员一致的规定,加上交行管理层的重视和努力,使交行员工的收入在通货膨胀的情况下仍有比较稳定的增长,生活也有更多的保障。①

二、维持员工收入的各项努力

抗战爆发以来,通货膨胀日趋严重,物价持续高涨,直接影响了交行员工的生活。如何维持员工收入,改善行员待遇,遂成为总处及各地行处主管人员热议的话题。

在 1943 年的行务会议上,渝行提出,应该"亟谋救济办法,俾以安定人心,而利行务"。浙行认为,各地物价参差不齐,各行薪水不尽相同,导致各行员工生活状况迥异,总处应依据各地实际情况,制定统一的补贴标准,以示公允。赣行也提出不少建议:1942 年以来通胀加剧,临时生活津贴已不能适应目前状况,须加以提高;中央银行和中国银行,员工调动工作地点时家属随行的,均给予一定补偿,交行应参照两行的做法办理;对全年请假时间未超过规定的员工,应给予一定奖励,充分调动在职员工的积极性;从不同的岗位看,各行处的股主任、会计员、营业员和文书出纳人员的工作量较大,也承担较多责任,若他们的薪金与普通办事人员相同,则不利于体现多劳多得原则,故在工资之外应给予他们适当补助,以提高其积极性;各地房屋租赁价格普遍上涨,而适合员工的住所又非常难找,建议专为员工修建一些房屋,解决住宿问题;交行虽定有行员保健办法,但有关员工子女教育金等尚未拟定专门政策,应在四联的统筹安排下积极推进。雅安办事处在提高行员待遇的建议中提出,虽然战前四行的待遇参差不齐,但在物价飞涨的情况下,从顾及本行员工最低生活标准考虑,应将其他三行实施的可行性较高的津贴种类引进交行的薪酬体系,以提高本行员工的待遇水平。②

各地行处在行务会议上提出的合理建议,总处大多予以采纳,并在全行渐次推行,从而对员工的生活保障起了积极的作用。③ 这一时期交行还不断健全员工的各

---

① 《调整员生待遇》,交通银行博物馆藏资料 Y25。
② 《交通银行行务会议记录》(1943),交通银行博物馆藏资料 Y39。
③ 《本行过去人事办理情形》,交通银行博物馆藏资料 Y23。

项福利制度,例如,制定了员工保健和员工寿险规则,为行员提供更完善的人身健康保障。[1] 关于本行员工的薪酬问题,总处也坦承,战前交行员工的待遇与中、中、农三行相比,不免稍逊一筹。但全面抗战爆发后,总处曾采取一系列补贴措施,帮助员工克服困难,维持基本的生活水平,此类补贴的力度与三行不相上下。[2] 总处解释说,各行处的建议均有合理之处,唯频繁调整工资结构,恐怕不利于全行人事制度的稳定,因此本行更倾向于通过津贴、补助等方式改善员工的生活。

交行的工资结构确实是个问题。1943年之前,交行员工的薪资一直沿用1934年制定的标准。全面抗战爆发以来,总处曾多次新增并提高各类生活津贴,而员工薪金并无大幅增长。交行员工的薪金与相同薪级的一般公务员差别不大,但薪金级数与公务员及同业员工相比,差距较为明显,为此,交行在招揽人才时,往往因薪级不当而缺乏吸引力,而内部的职位调动也因薪级的不合理产生不少问题。针对这一现状,交行管理层下决心对薪级和职位规定进行大幅度调整,"凡薪级未达其职位应支之数额者,一律调至其职位应支之最低薪级"。其余办事人员也按其工作情况对薪金加以调整,总处确定的调整原则是参照中、中、农三行已有的人事待遇规章,"三行已有之待遇而为本行以前所阙如者,概予采入",新的薪金制度自1943年年终考核后开始执行。[3]这次大幅度的调整对提高员工收入,激发员工积极性,吸引并留住金融人才。

交行各地行处为缓解通货膨胀给本行员工造成的生活压力,也采取各种措施直接或间接地提高员工收入。例如,陇行在抗战之初即为行员租用宿舍,至1945年初,因行员人数不断增加,宿舍已不敷使用,而且原租用的宿舍有些已期满,必须续租,租金的猛涨使陇行难以承受。为解决行员住宿问题,陇行出资140万元为行员购置房屋一栋,共有房屋27间,有效缓解了行员的住宿困难。[4]

鉴于薪资的提升对员工的激励作用十分明显,韶行在1944年的行务会议上提出,总处应设立劳绩奖金,奖励有特别才能的行员。韶行认为,交行的考核制度规定,年终考核获得优秀的行员有考勤奖金及加薪等奖励措施,一般行员只要按照规章正常工作,多能获得上述奖励。而有特别才能的行员,虽对行务贡献甚多,"倘因病因事请假,而超过限制者,即格于条例无领取考勤奖津之资格",于是,平庸者或取巧者便

---

① 《抗战以来本行人事工作概况》(1943年1月10日),交通银行博物馆藏资料Y23。
②③ 《交通银行行务会议记录》(1943),交通银行博物馆藏资料Y39。
④ 《陇行拟购置同人宿舍》,交通银行博物馆藏资料Y25。

百般规避各种事务,通过表面工作的满勤混取奖金,这对有杰出贡献的员工很不公平。为使奖金切实起到奖勤罚懒的作用,应在加薪和奖金之外设立劳绩奖金,该项奖金不以是否请假为标准,而以员工的才能和表现为评定依据。劳绩奖金由各行处主管人员年终时从严评定,并将结果转交总处复核以示慎重。①

三、利用银行优势,提供多种福利

除提高薪金和津贴外,交行还想方设法为本行员工提供多种福利,以此增强交行的吸引力和凝聚力。

为帮助本行员工子女获得较好的受教育机会,交行于 1947 年特别颁布《子女教育补助金规则》。子女教育补助是交行较早的员工福利之一,随着通货膨胀的加剧和国内教育形势的变化,相关规定也经历了多次修改。根据 1947 年修订的规则,员工子女享受的教育补助金额,与其父母在交行的服务年限成正比。入行两年未满五年的,限子女一人;入行五年至十年的,限子女两人;入行十年以上的,限子女四人。教育补助金根据不同的受教育阶段,分为大学或中学、小学或幼稚园两类,两类补助金的数额依据不同的补助标准确定。为确保补助金用于子女教育,员工应先填写申请书,并连同学校的正式收费单据,一并陈报主管人员核实后,再提交总处审查备案。"如发觉有冒名顶替或蒙蔽不实情事,除已领之补助金应加倍缴还行方外,并得将该员严加处分。"②

交行还利用银行的优势,专门为本行员工开设了一些储蓄品种,主要有婚费储蓄存款和子女教育费储蓄存款两项。婚费储蓄主要为员工积存结婚费用而设立,"凡本行未婚,及已婚而配偶死亡或离异,且无子女,年在四十岁以下之行员",都应参加此项储蓄。若采取每月存储的方式,存储金额可按行员所得薪金总额的 10%、15%、20% 三档自愿选择,若采取年终存储的方式,则按所得盈余酬劳金或奖励津贴总额的 10%、15%、20% 三档自愿选择。该项储蓄其实是一种变相的福利,利息较为丰厚,利率按周息一分六厘计算,每年结算两次滚入本金继续存储。员工订婚日期确定后,可提前两个月提交书面申请,提取储蓄总额的 30%,但仍应继续储蓄;员工结婚日期确

---

① 《交通银行行务会议记录》(1944),交通银行博物馆藏资料 Y39。
② 《交通银行史料》第一卷,第 1445 页。

定后,也提前两个月提交书面申请,可一次性提取所有存款,并停止继续储蓄。①

参加该项储蓄的行员,除优厚的利息回报,还可享受其他优惠。若结婚或订婚地点在外埠,当地又为交行的通汇地点,该行员汇款可免除全部手续费。若结婚时存款不敷使用,可提交借款申请书,经主管人员盖章证明后,即可获得交行 2000 元至 10000 元的借款。该项借款按定期质押放款处理,月息一分,以十个月为限,利息远低于市面贷款利息,且无抵押品的要求,对普通行员的结婚开销提供了很大帮助。

抗战时期,交行还针对有子女的行员开设了非常时期行员子女教育储蓄存款,每月存入的金额分为 400 元、800 元、1200 元、2400 元四档,由行员自主选择,然后从薪金中直接扣除。存款月息为一分,每年两次结算。行员参与存款后,子女在中学或大学就读,若未向学校申请准贷金,缴纳学费有困难时,凭缴费通知书经主管人员盖章证明后,可于每年上下两学期开学前,向所在行处申请提取储蓄资金作为子女教育费。若存款不足以支付子女教育费时,可向本行申请借款,借款也按定期放款处理,月息一分。借款数额依据存款档次及在学子女人数确定。每月存入 400 元的,借款限额为 5000 元;每月存入 800 元的,限额为 10000 元;每月存入 1200 元或 2400 元的,限额为 15000 元;若每月存入 2400 元,又有两名以上在学子女的,借款上限可提高至 30000 元。该项低息借款对行员筹措子女的学费提供了很大便利。②

抗战结束后,形势发生很大变化,先前的子女教育储蓄办法已不适应现实状况。1948 年,交行重新制定《子女教育费储蓄存款简则》,希望在通胀高企的情况下尽可能帮助行员解决子女教育费用问题。按照新规定,教育储蓄存期限定为六个月,每年办理两次,每月存入一次,分为三档,幼儿园和小学为 8.5 万元,中学和大学为 25 万元,留学为 41 万元。该项存款的利息较优厚,达到月息三分,每位行员以子女三人为上限。参加存款的行员同样可获子女教育费借款,三档存款分别可借款 50 万元、150 万元、250 万元。③ 行员结婚费储蓄在战后也作了修订,主要的变化是,每期存款额因通胀而大幅提高。④

此外,交行还于 1947 年修订了《行员生育子女费储蓄存款简则》。此项储蓄存款

---

① 《交通银行史料》第一卷,第 1194 页。
② 同上,第 1195—1196 页。
③ 《交行行员子女教育费储蓄存款简则》,交通银行博物馆藏资料 Y53。
④ 《交通银行行员婚费存款简则》,交通银行博物馆藏资料 Y53。

自 5 万元至 15 万元,共分六档,行员自愿认定存款档次后,于每月发放薪金时扣除。此项储蓄最低存期为半年,根据实际存款时间,以月息一分计算利息。行员生育子女时,可依据存储档次,一次性向本行借款,借款的上限分别为每月存款数额的 10 倍。[1]

　　交行面向本行员工开设的上述各类储蓄,主要是为行员筹措婚姻、教育等大笔费用时提供便利。而且对员工提供借款时,条件比较宽松,存款的利息也比较优厚,因此,可视为一种特殊的福利。就交行自身而言,此类员工储蓄也可吸收一定的存款,有利于充实资金储备。所以说,交行及其员工通过此类储蓄的开办,可获双赢的结果。

四、老有所养的退休制度

　　交行经数十年的发展,分支机构的扩张和员工人数的增长都非常明显,与此同时,资深行员老龄化的问题也逐渐显现。1947 年,总处与各行处主管人员在上海讨论行务时,就行员老龄化的问题展开讨论。董事长钱新之提出,对于年龄过大或能力欠缺的行员,应设法安置或让其退休,以此整饬行员队伍,提高工作效率,总经理赵棣华也表达了相似的观点。[2]

　　当年,总处针对交行员工死亡后的抚恤问题,因年老、疾病、残废退职或退休后的生活保障问题等,专门颁发《交通银行行员恤养规则》。该规则对先前的各项抚恤政策作了总结,进一步健全和完善了本行员工的人身保障体系,对稳定员工队伍,提高员工的工作积极性都具有积极意义。

　　根据该项规则,交行为本行员工提供六种不同的抚恤金,即抚恤金、特别抚恤金、病废赡养金、养老金、退职金及特别退职金,依据行员的工作年限或实际情况分别发放。在职行员死亡后,可按照其死亡时的薪金,结合在行工作年限,一次性发放抚恤金。在行一年以上的行员可领取两个月的薪金作为抚恤金,在行 22 年以上的行员最多可领取 60 个月的薪金作为抚恤金。因公殉职,且在交行服务 10 年以上,具有特殊劳绩的行员,死亡后除按规定发放抚恤金,经董事会讨论通过后还可发放特别抚恤

---

[1]　《交通银行行员生育子女费储蓄存款简则》,交通银行博物馆藏资料 Y53。
[2]　《交通银行各行经理在沪谈话纪要》(1947),交通银行博物馆藏资料 Y40。

金,以告慰其对交行做出的特殊贡献。[①]

行员因工伤残,或经医院诊断并由交行认定已不能胜任本职工作的行员,退职后,可按月或一次性领取病废赡养金,按月领取的标准分为五档。

表3-8-1　交通银行病废赡养金按月发放标准

在职年限	发放标准
25 年以上	退职时薪金的 100%
20—25 年	退职时薪金的 85%
15—20 年	退职时薪金的 70%
10—15 年	退职时薪金的 55%
10 年以下	退职时薪金的 40%

资料来源:《交通银行行员恤养规则》,交通银行博物馆藏资料 Y53。

行员若选择一次性领取病废赡养金,发放标准也按在行服务年限计算。服务 25 年以上的,最多可一次性领取 60 个月的薪金;服务满 10 年的,赡养金为 30 个月的薪金;工作不满 10 年的,赡养金一律按照 10 年计算。

交行历史悠久,至 40 年代,资深行员中应当退休的人数日益增多。1947 年,汉行提出,"对于年老同人,如不令其退休,则不能添进新人,而新人又须训练相当时期,方能接手"。津行属下的北平地区行处,为交行的发源地,行员老化现象十分严重,所以津行也希望尽快健全退休制度。鉴于通货膨胀,物价高企的现实状况,津行经理李钟楚还认为,健全退休制度时,应给予较为优厚的退休待遇,以保障员工退休后的生活。[②] 基于上述认识,总处制定的《交通银行行员恤养规则》对行员的退休待遇作了明确规定。

交行根据行员的具体情况提供不同的退休待遇。在交行服务 10 年以上,且年满 60 岁,因身体原因无法继续为交行服务的行员可申请退休,或年龄虽未超过 60 岁,但在行服务满 30 年的行员也可以申请退休。交行发放养老金也分为按月发放和一次性发放两种,按月发放的养老金详见表 3-8-2。

---

① 《交通银行行员恤养规则》,交通银行博物馆藏资料 Y53。
② 《交通银行各行经理在沪谈话纪要》(1947),交通银行博物馆藏资料 Y40。

表 3－8－2　交通银行养老金按月发放标准

工作年限	发放标准
25 年以上	退休时薪金的 100%
20—25 年	退休时薪金的 80%
15—20 年	退休时薪金的 60%
10—15 年	退休时薪金的 40%

　　由表 3－8－2 可知,可领取养老金的最低服务年限为 10 年以上,最低标准为 30 个月的薪金;服务 25 年以上的行员最多可领取 60 个月的薪金,其间的级差与病废赡养金稍有不同。此外,交行还设立了退职制度。在行工作满 10 年,且年龄在 50 岁以上的行员,因身体等原因无法胜任工作的,可被要求退职,或主动申请退职,退职金可按照其工作年限一次性领取,最多可一次性领取 40 个月的薪水。为保持员工的相对年轻化,同时也为青年才俊拓展上升空间,办事人员年满 65 岁的,各级主管人员年满 70 岁的,要求一律予以强制退休,唯经董事长或总经理认定,仍须留用的除外。

　　在行服务期间有特殊贡献的行员,离职时除按标准领取病废赡养金、养老金、退职金,为表彰其功绩,可由总处提交董事会通过,再拨给特别退职金。

　　为规范各项恤养津贴的发放,恪守公平、公正的原则,交行对一些特殊情况作了规定,"给予病废赡养金之行员,不得再给养老金或退职金;给予养老金或退职金之行员不得再给病废赡养金"。选择按月领取病废赡养金或养老金的行员,自退职第二日起未满三年死亡的,可根据该行员退职时的薪金数额,按照相应的抚恤金标准的四分之三发放抚恤金,三年以上未满五年的按照抚恤金标准的 50% 发放抚恤金。领取退职金的行员,自退职第二天起未满两年死亡的,可根据该行员退职时的薪资,以抚恤金发放标准的 50% 发放抚恤金,两年以上未满四年死亡的可按照抚恤金标准的三分之一发放抚恤金。由于连年战争,局势长期动荡,交行对员工的工作年限,并未提出连续性计算的要求,而是规定在行工作期间曾有过中断的,可将前后在职时间合并计算年数,不满一年的余数也统一按照一年计算。①

　　1947 年的《交通银行行员恤养规则》,是交行在总结先前数十年行员恤养规定的基础上修订而成的。当时的中国尚未建立健全的社会保障制度,交行在自身实力有

---

① 《交通银行行员恤养规则》,交通银行博物馆藏资料 Y53。

限的情况下,仍在力所能及的范围内尽可能为本行退休、退职员工提供比较优厚的生活保障,为他们解除后顾之忧,实属难能可贵。

从世界范围看,所有企业职工的人身保障制度都有一个渐进的发展过程,交行实行的员工保障制度在当时跟得上历史步伐。交行作为金融企业,当然也有自身利益的考量,各项保障制度显然有稳定员工队伍,激励工作效率的用意,但也应看到,其中确实不乏对"人"的关爱。交行各级主管人员的思想观念和知识结构多有中西融合的特点,中国传统伦理中"老有所终,壮有所用,幼有所长,鳏寡孤独废疾者,皆有所养"的主张,[①]以及西方近代的人本主义思想,也对他们产生一定的影响。交行当时的各项保障制度和福利待遇,包括贯穿其中的理念,至今仍值得参考与借鉴。

第五节　强化内部经营管理

一、信贷的灵活经营与从严审核

信贷放款是交行的主要业务,其高收益常常伴随着高风险,而政局动荡、经济恶化的形势,加剧了贷款的风险。为此,交行先后制定了一系列相关制度,日益严格贷款管理。

交行以促进中国实业发展为己任,为各类工矿企业提供信贷支持是其资金运用的重要方向。此类信贷的特点是数额庞大,回收缓慢。交行总处从资金使用的合理、高效考虑,于1946年向各分支机构发出通告,今后凡属大宗的放款,一律由总处依据各行处的资金现状,统筹调配,以搭放的方式办理。

此前,某些行处因资金储备有限,无法单独从事大笔的信贷放款。现在由总处统筹,便可联合多个行处,集中各家资金,承做大宗的放款业务。具体方式是,由承放行先依据自身资金状况认定放款额,剩余的数额由总处统筹分配给其他几个行处,这些行处即以搭放的形式参与承放行的放款。各行搭放的款项统一由总处集中转账,承放行和搭放行都在联行往来项下对开设专门账户记账,保证账目清楚无误。资金调

---

① 《礼记·礼运篇》,《十三经注疏》影印本,中华书局,1980年。

拨则由承放行和总处共同负责。由于信贷资金分属多个行处,利息收入也须遵循一定的分配方式,总处对此作出详细的规定。对于定期放款,"由承放行于放款到期收回之日,按照搭放数额抄单结息报收总册",总处再依据搭放的份额,将利息转给各搭放行。活期放款的资金,由承放行在约定日或每期结息日将利息清单提交,再统一分配。[①]

大额资金搭放制度的建立,使交行可以承做更多的大额放款业务。在各行处资金储备不平衡且偏于紧缺的状况下,这一做法无疑为灵活、合理地调动全行资金从事大宗信贷开创了一条新的途径,对提高资金利用的效率,分散大额贷款的风险,都有积极意义,而对急需资金周转的工矿企业而言,也是有力的支持。

抗战结束后不久,政治、经济形势又出现急剧动荡,通货膨胀的速度可谓惊人。严格审核贷款人资质,保证贷出资金安全已成为交行信贷业务的首要前提。交行为加强信贷管理,早在 1945 年即规定,各分支机构承做放款业务必须报核总处,1946年,又对放款报核办法作了修订。

随着放款业务不断增加,原先的报核手续因过于繁琐,反而不便于审核。为此,总处于 1947 年再次更新放款报核规定。新规定简化了报核手续,但审核的内容则从严掌握。总处特别强调,"各行处慎勿以废止事后报核,即所以放宽先做后报限额以内放款之尺度,而于规定范围以外滥予承做,本处仍当就放款报告书从严审核"。总处还叮嘱,"各行处务应查照会计规程、规定,逐笔填报,慎勿疏漏"。[②]

按照规定,各行处遇有特殊情况可在规定限额以下,先放款,事后报核,即所谓的"先做后报"。但限额以上的放款业务必须通过放款报核书事先向总处申报。放款报核书一式四联,承办行填写第一联并存档后,第二三四联分别经管辖行、总处审核后保存,其各项内容规定十分详细,为减少往返查询耽误时间,所有项目必须仔细填写完整,否则放款请求无法通过。当时,四联的贷款管理也很严格,交行遵守四联的规定,紧缩政府认为不必要的放款。对四联规定的先做后报限额以上的放款,必须事先经四联核准后方可办理,总处也要求各行处承做放款时应按照四联的要求从严审核,不符合规定的信贷一律停办。

---

① 《交通银行史料》第一卷,第 1448 页。
② 同上,第 1446 页。

为防止各地行处将大额资金拆分贷放,总处特别规定,先做后报限额应以同一地点同一借款户为准,不得分笔承做。这一规定有效堵住了先前的漏洞,避免资金未经监管流出交行。放款调查书作为贷出资金的重要文件,是总处和四联审核放款的重要参考资料之一,总处要求各行认真填写,绝不可草率从事,调查书中由厂商自行填写的部分,必须由承放行派遣人员进行实地调查,查实后再向总处和四联呈报。

信贷放款收益与风险并存的特点,使该项业务颇具挑战性。交行从完善经营管理的角度考虑,制定了一系列相关的规定,希望在两者之间获得平衡,既以灵活多样的手段获取较高的经济利益和社会效益,又通过严格的调查、审核尽可能规避风险。这样的思路和相应的制度规定体现了积极的进取精神。

二、资金管理的统筹兼顾

交行各地行处所在地的经济发展状况颇有差异,故其资金需求量也有所不同。按照总处资金管理的惯例,各行处在资金头寸的储备、运用上一般都贯彻自给自足的原则。抗战时期,因地域经济发展的不平衡以及抗战的特殊需要,总处在自给自足的原则下,也允许各行处在开立定期户,将多余的闲置资金存入该户,由总处统筹,将资金调拨给急需的行处使用,利率按照资金使用成本结算。为保证资金借出行自身业务不受影响,总处特别规定可视其业务进展状况,随时将借出资金调回。①

1942 年四行专业化后,交行的发钞业务移交中央银行,其职责被指定为发展实业。扶持实业须巨额资金投入,而资金的紧缺又无法通过发钞予以缓解,唯有仰仗中央银行提供头寸。1944 年 3 月,交行内部就日后的头寸问题作了深入讨论。为避免受制于人,各行处一致决定采用多种办法予以解决。

其一,各行处要求总处面向社会发行实业债券,以充实资金来源。交行作为国家四大银行之一,在社会上有较高声誉,以发行债券的方式向社会募集资金,可望大大降低融资成本。从可行性考虑,当时社会上确有较多游资,发行债券应能筹得一定数量的资金。

其二,为保证扶持实业的资金,"各行储蓄存款,应划作工矿贷款之用"。交行开办储蓄业务源远流长,经数年努力,储蓄资金量在各行局中名列前茅。故以储蓄资金

---

① 《交通银行史料》第一卷,第 1450 页。

用于工矿贷款,有助于缓解资金不足的状况。

其三,工矿投资业务,由信托部统筹办理,轧欠营业资金,应分期拨还,或按照规定计算利息。交行向来倚重实业投资,经多年资金积累和总处注资,信托部门已有数量可观的信托资金,而且该部门有依托实业和金融的专门人才,由其统筹办理实业投资,有利于资金的高效运用。

其四,交行受制于国民政府,必须完成政府推行的国策贷款。在完成国策贷款的同时,各地行处应做好"吸存减放"工作,以便掌握更多资金用于其他方面。各行处所存资金多寡不一,应由总处"酌盈济虚,统筹调拨,以资挹注",并根据各行处所承担的国策贷款额度,合理分配。[1]

各行处通过讨论,提出相应对策,在行务会议上达成共识。面对各方面的压力,交行有意识地加强了在全行范围内资金头寸的管理力度,各行处之间的联系更为密切,配合也更有计划性。总处在贷款额度分配、资金盈虚调拨、相关规则制定等方面所起的统筹兼顾作用也愈加明显。

自1946年秋天开始,上海地区的物资和黄金投机愈演愈烈,全国各地的游资纷纷涌入上海参与投机生意。当时,各地汇款大量集于上海,而从上海汇出的寥寥无几,巨大的解款压力使沪行难以应付。交行固然可通过汇款业务获得数额不小的汇费收益。以1947年3月为例,全月汇出数额达3370亿,以汇费每千元7元计,收益自然十分可观,故"此项收入本行大部分之开支有赖于此"。但与此同时,交行总经理赵棣华也承认应付如此巨大的解款压力,头寸的调拨极为困难。沪行曾多次向中央银行申请头寸支援,而中央银行正严格执行国民政府推出的紧缩政策,因此请求调拨资金极费周折,无法满足,从而给交行的业务带来很大困难。沪行从1946年9月至11月,几乎天天疲于奔命,忙于筹集头寸以应付解款需求。幸好在此之前,交行总处已加强对全行资金统筹调拨、统一管理的力度,各地行处纷纷给予沪行大量现金头寸的支持,帮助沪行解决燃眉之急。同时,总处亲自出面,与中央银行交涉疏通,终于争取到每周40亿至60亿元的调款。直至1946年12月,情况才逐渐有所好转。[2]

"七七事变"后的十二年间,资金紧缺的问题一直不能得到根本的解决,而在营

---

① 以上均见《交通银行史料》第一卷,第1451页。
② 《交通银行史料》第一卷,第1451—1452页。

业利润、资金安全和外界压力三者之间保持平衡更是难上加难。因此,交行既兼顾各分支机构资金自给自足,独立运作的原则,又加强全行资金的统一管理,由总处根据实际情况进行必要的统筹调拨,以调剂盈虚。

三、会计制度的逐步完善

1917 年之前,交行一直沿用旧式会计制度,主张采用流水账的形式。1917 年,交行改组,因旧式会计制度已不适应当时的业务现状,遂改用复式簿记,其后又陆续制定了相关的会计准则,交行新式会计制度至此确立。随着交行业务的不断发展,会计制度也不断改进和完善,以 1936 年第六次修订的会计规则最为翔实,其后十余年基本都沿用这一会计规则,未有大的变动。1937 年到 1949 年间,交行会计制度的完善主要体现在会计人员的规范化管理,就会计人员的职权、责任、日常工作等,提出了一系列具体的规定。[1]

为明确会计主管人员的工作职责,交行颁发了《交通银行会计主管人员办事细则》。细则列出的会计主管人员包括"总处各部会计课课长、副课长,分行及设股支行会计股主任、副主任,支行办事处及仓库会计员"。这些会计主管人员全部直属于总处稽核处,他们除在自己所供职的部门负责会计事务,还对该行处的账目负有稽察责任,所以既是办事人员又是稽核处派驻各地的稽核人员。对一切业务事项,会计主管人员受所在行处的主管人员领导,"但遇各项设施与政府功令及本行章制有所抵触者,得向经理、主任建议纠正,并立即密报稽核处"。总处赋予会计主管人员稽察密报的权力,大大提高了他们在分支机构中的地位,而总处稽核处也借此将稽察的触角伸展到处于基层的分支机构。[2]

会计主管人员的职掌范围颇为广泛,除管理本部门的全部账务外,还审查一切与业务有关的凭证、各种契约、抵押品,审核一切账表及为单据副签,审核分支机构内部头寸调拨的情形,审核储蓄券的推销及农贷情形,会同经理、副理检查库存物品等。[3]

除保管、审核工作外,会计主管人员在总处及分支机构的日常事务中,也有很大发言权。由交行发出的一切传票和附属单据,以及其他对内对外单据,都应先由会计

---

① 《交通银行史料》第一卷,第 1456 页。
② 同上,第 1460 页。
③ 同上,第 1460—1461 页。

主管人员审核后,再由行处主管人员签字,方能发出。交行签订的各类契约,也应先由会计主管人员进行审查,确定无误后才能盖章生效。借款人抵押给交行的物资,会计主管人员事先应就抵押物的品种、品质、价值、存放处所以及保险手续等方面加以审查,以防范贷出资金的风险。行处的各项开支,会计主管人员应查照《营业开支规则》进行审查,诸如物品的采购是否必要,是否须用投标形式采购等。

会计人员掌握各项账务来往,对所在行处的经营状况十分了解,因此一切统计表报的编制皆由会计主管人员负责办理,每年的各项预算由会计主管人员会同营业职能部门共同编制,营业结算应由会计主管人员负责办理,并由其主持编制决算表报。有关经营上的各项数据,会计主管人员应随时计算盈亏提供给营业部门作为参考。

交行在经营中十分注重防范内部风险,强调人员之间的互相监督和权力制衡。《办事细则》特别规定,"一切业务上之契据等应行交由出纳保管者,概由会计主管人员转送,取出时亦同,互以回单簿处理之"①,这一规定使单据的保管与取用分离,在会计和出纳人员间形成有效监督,以防止出纳人员在保管单据期间可能发生的金融风险。而且,会计主管人员还有责任随时检查仓库中的寄存物、库存现金等物品,这对确保库存物资安全,防止库房管理人员监守自盗等也具有一定作用。

会计主管人员有责任监督其他职能部门的工作,而会计主管人员同样须接受其他工作人员的监督。《办事细则》对会计主管人员卸职和交接的过程作出一系列规定。会计主管人员交接时,经理、主任为监视人,必要时可由总处或管辖行加派人员会同监视。继任会计到任后,各部和分行限定七日之内,支行处限定三日之内,须将全部交接手续办完。账面截至交接日,前任须依据资产、负债、损益等科目填制余额表,会同继任按照科目逐项核对,然后双方盖章确认。其他诸如抵押品、保管品、传票、表报、单据、存根、印章等,都必须仔细核对,逐项交接。交接完成后,相关情况应编具报告,由所在管辖行转送总处以备查询。此外,会计主管人员每期应向稽核处处长、副处长直接进行书面报告,其"范围包括业务、会计、人事等一切重要事项及本人观感,如系应请解释事件,亦得一并列入陈侯核示"。遇有账务上须紧急处理的事件,会计主管人员应立即通过函电密报稽核处请示办理。②

---

① 《交通银行史料》第一卷,第 1461 页。
② 同上,第 1463 页。

20 世纪三四十年代交通银行办理业务时使用的铜制叫号牌。

从会计主管人员所担负责任以及其他相关规定中,可以看出,会计主管人员不仅承担会计的基本工作,而且在很大程度上还兼任了监察的职责,其职掌已不能简单用"会计"两字进行诠释。

四、加强开支预算的管理

1937 年以来,因通胀和战争的双重影响,交行的开支不断上升,经营成本的控制成为管理层亟待解决的重要问题。1941 年,交行颁行《费用预算管理与营业开支规则》。该规则在总则中开宗明义地强调了关于费用管理的基本原则,"各项开支以搏节为原则,预算编制时固应从紧支配,平时用款尤应顾念行艰,力戒糜费"。①

预算编制为费用管理的重要环节,该规则规定,各行处、仓库等应于每年十一月编制次年度的开支预算,于月底前上报总处,总处的预算也应遵守同一规定,由事务处编制上交。各行处每年的预算将一年之中的所有开支都包括在内,且每项开支大

---

① 《交通银行史料》第一卷,第 1468 页。

目之下还有若干小目,十分细致。抗战时期物价变动频繁,规则规定,填报各项数额时,按照最近业务状况、人事支配、物价上涨幅度等,暂以最近三个月的平均数为依据,从紧确定预算数额,但薪俸津贴、膳宿及特别办公费等,按照当年 11 月编制预算时的实际数额编列。[①] 新设分支机构的预算编制,应在开业前一个月全部完成。会计不独立的临时办事处、简易储蓄处及通讯处等机构,应将预算编制送派出行审核通过后,再由派出行汇编成总表报送总处。由此可见,交行管理层对预算编制极为重视。

关于预算的核定,各管辖行负责审核下属行处,总处负责审核各管辖行。预算确定后,一般情况下开支应以预算数额为限,但因特殊情况必须超支,也须按照规定提请追加。《费用预算管理与营业开支规则》对是否准予追加提出几项原则,即"过去用款是否搏节,各行业务有无进展,各地物价涨落程度,本行营业方针,比例其他等级相同或业务相同各行处之数额以求一律"。[②] 这些原则的提出,使各行处在编制预算以及希望追加时有章可循,而审核预算及追加请求时也有明确的标准,以避免预算的随意改订。分支机构若认为核定的预算数额不合理,难以执行,可在三天之内向上级详述理由,要求改订预算。全行预算核定完成后,应制成开支预算总表,报请董事会核准,追加或改订的预算也应定期向董事会陈报核准。

为反映预算增减的变化过程,交行还特地规定各项开支预算表在"本年每月预算数"之后,须增加"百分比"项目,通过百分比计算可以准确反映每年同期预算的执行情况,预算理由一栏的添设,也可让总处在审核各行处预算时对出现变动的原因一目了然,详细掌握分支机构的营业情况。

《费用预算管理与营业开支规则》颁行于抗战时期。这一时期,政治、经济形势动荡不已,各类突发事件频繁发生,因此该规则对预算的追加做出详细规定,防止因预算追加造成不必要的浪费。

根据规定,预算的追加应以月为时间段,若连续多月都有追加的需要,可进行一次性办理。预算追加不以年度为时间段,意在防止预算匡计因不确定因素而出现与实际不符的现象,以月度为时间段可大大提高开支预测的准确度。从支出数额看,除

---

① 《交通银行史料》第一卷,第 1469 页。
② 同上,第 1473 页。

另有规定的大宗支出,凡超过预算500元以上的支出,应填写追加预算申请书提交总处审核,核准后方可照支;若尚未收到核准批复,但必须先动用该项经费的,应作为挂欠,不得直接支付,待追加预算申请核准后方能入账。至于薪俸津贴、膳宿津贴、临时生活津贴、特别办公费等开支,若各行处严格按照总处相关文件办理的,不必事先申请追加。若上月的预算尚有结余的,也可直接移至下月使用,但仍须向总处函告其中的原由。①

为严格预算管理,总处对各地行处的预算开支不但进行总量监督,还对各项子目加以限定,"各子目之预算数非经核准不得移用",希望通过对总量和细目的双重控制,避免名不副实、挪用经费的现象。但因战争时期局势复杂多变,预算数额与最终的实际支出实难完全吻合。从实际情况看,超出预算的开支未必都是分支机构铺张浪费造成的。为此,总处特别规定,"各行处如因等级变更、物价涨落或其他缘由,致开支实用数与预算不相吻合时,得声叙缘由,开列各项物价指数,陈请或由核嘱改订"。②

对于预算的具体使用,该规则也有详细要求,并处处体现出交行厉行节约的原则。规则规定:1. 各项开支均须用于银行业务,私人应酬及与公无涉的开支不得核准支付。2. 交际费用不论数目大小,应先由会计主管人员按照相关章程核准拨付,应酬和送礼开支应注明对方的姓名以及与交行的关系,而私人或交行同人间的各种应酬,严禁列入预算开支。3. 公务出差的旅费须由会计主管人员逐项审核,所有单据经副理核签,再上报总处核准后方能支出。4. 购置各类办公用品时,尽量选择国货,以支持国内实业。③

除事先的防范,交行还强调事后稽核,对核查中发现的不符合规则的用款,总处可通过查询,函饬收回,核嘱于下月开支内弥补,饬将该款转列杂欠,作为经手或主管人员之挂欠等方式进行处理。④

《费用预算管理与营业开支规则》的颁行,为交行的内部开支提供了规范性文件,对减少各种不必要的浪费,降低经营成本具有重要的作用。此后,厉行节约一直

---

① 《交通银行史料》第一卷,第 1471 页。
② 同上,第 1471—1472 页。
③ 同上,第 1478 页。
④ 同上,第 1480 页。

是交行管理层十分关注的重要问题。在1943年的行务会议上,交行又通过了《撙节本行开支案》。该项提案强调了先前本行内部各种节约开支的办法,并提出五点要求,通令全行执行:1. 以各项用品之数量为标准,而限制超越预算;2. 限制非必要之修缮或添建;3. 储备必须物品;4. 交际费及捐款应以绝对与业务有关者为限;5. 从紧支配员生,减裁不必要的夫役。①

第六节　稽核制度的健全与完善

一、官方指导下的稽核标准

交行历来重视稽核制度的建设,早在1917年即制定《交通银行总处赴外稽核章程》,其后又制定《交通银行查账规程》。这些规章使交行的稽核工作趋于规范化和制度化,有效保证了各项业务的稳妥发展。

全面抗战爆发后,随着政治、经济形势的剧烈变动,交行战前确立的稽核制度在不少方面已不能适应现实需要,必须加以调整和完善。这一时期,国民政府进一步加强对国民经济和金融机构的控制,交行的各项经营活动越来越受到四联、财政部等政府机构的管控,有关稽核制度的调整也在官方的指导下逐步开展。

1942年,四联制定并颁行《四行开支查核办法》,规定中、中、交、农四行应在年度开始前一个月报送全年的开支预算,每月月终报送当月开支情况表,交由四联查核。必要时,四联可随时派员前往四行稽核,检查各类开支账目和单据。为对四行进行横向比较,四联还将四行账目中的开支科目统一划分为"营业"、"日用"、"特别"三大类,其下再订定各项子目。② 办法颁行后,交行的经营自主权自大受影响,各项日常开支皆处于官方的监控之下。

1943年,四联又根据蒋介石的手令作出规定,由审计部派遣审计人员分别驻扎四行和邮汇总局、中央信托局等国家金融机构,负责监管它们的预算开支。审计的范

①　《交通银行史料》第一卷,第1482—1483页。
②　《四联总处史料》(上),第703页。

围以各行局的总行或总处为主,必要时分支机构也应派员审计。① 国民政府希望通过直接向各行局派驻审计人员的方法,从源头上对各行局的开支进行监管。在这种状况下,交行自身的稽核工作也只能遵从官方的各项规定,并作出相应的调整。

在此之前,四行的会计制度并不统一,各自使用不同报表,稽核工作的细则规定也有所差别,四联虽对四行的开支科目作过统一划分,但因稽核制度的不同,仍不便于业务上的横向比较。1943 年 12 月,四联通过了调整划一各行局会计稽核制度的决定,并拟定《暂行各行局稽核通则草案》,听取各行局的意见加以修改后,于 1944 年 1 月起施行。该通则的各项规定兼顾了各行局稽核制度的长处以及相关的规章,与会计制度相互配合,共分为总则、账务稽核、业务稽核、财务稽核、赴外稽核以及附则六个部分。②

《稽核通则》确立了稽核独立的原则,"稽核人员执行职务时须依据各项有关规章办理,超然行使职权",意在保证稽核工作的客观性和真实性。至于稽核内容,通则规定各行局稽核人员负责稽核所在行处的账务、业务、财务等。1. 在账目审核中,通则针对不同类型的审计对象,详细列出了稽核时必须关注的 104 个要点,如传票稽核、账务稽核中各类账目的手续、签章、数额、日期等是否完备。2. 业务稽核中,通则将现金存放是否安全有序、各类证券抵押品的保存是否妥当以及保证人信用水平以及账务往来记载是否明晰,作为重点考察的内容。3. 财务稽核中,通则主要关注四行财务制度的建设以及各项规章制度的执行,督促各行不断完善财务制度。此外,通则对各类风险较大容易发生问题的环节,均予以着重提醒。③ 在综合各行局稽核工作的基础上制定的《稽核通则》,既有明确的要求,又有很强的可操作性,确实对各行局具有很好的指导作用,交行的稽核制度也由此更趋健全和完善。

为保证稽核的结果能够如实呈报上级管辖行,《通则》制作了检查报告的样本,供四行参考使用。检查报告的内容依据银行业务划分 14 个子项目,分别为现金、存款、放款、证券及投资、汇款、联行往来、兑换、仓库、其他有关业务事项、账务处理、房地产器具及物品、各项损益、各项费用和其他报告事项。每一子项目下又有 4 个至 23 个不同的细目,各行可根据实际需求,选择适合自身特点的具体细目进行排列组合,

---

① 《四联总处史料》(上),第 711 页。
② 同上,第 709—710 页。
③ 同上,第 719—727 页。

形成不同版本的检查报告,供稽核人员使用。①

《稽核通则》的颁行,使四行具有统一的稽核标准,各类经营数据的可比性大大提高,政府对银行的监管更加规范化。虽然政府部门的监管和稽核标准的推行,在一定程度上制约了交行的经营自主权,但是也由此促进了稽核制度的健全与完善。从世界各国银行稽核审计工作的趋势看,审计标准也逐渐走向统一,这不仅有利于投资者对不同企业的盈利水平和经营状况进行横向比较,也有利于企业在经营中节约财务管理成本,减少各类重复劳动。

二、外部压力下的自身建设

抗战时期,国民政府通过派驻审计人员、统一稽核标准等举措,加强对四行二局等国家金融机构的监管与审核,一方面是为了厉行节约,防范风险,另一方面是为了加强对金融机构的掌控。抗战结束后,政府部门对交行的控制力度并未减弱,甚至多次施加压力,要求扩大账目的审查范围。为此,包括交行在内的四行二局与政府审计部门之间发生了矛盾与争执。

按照原先的商定,政府审计部对四行的账目稽核为事后审计,范围仅限于总务开支大项下的薪俸、津贴、膳费、宿费、车马费等 15 种费用。战后,审计部要求扩大对四行二局的审计范围,双方出现分歧。经四联与审计部多次协调,审计部提出了"最低限度要求":1.稽察事务可延缓至战后恢复工作完成后进行。2.从 1946 年起,除了业务收支,各行局的各项开支费用须全部事先送审。3.送审范围以总行为主,各分支机构可暂缓执行。② 上述要求虽属"最低限度",但较先前已扩大许多,而且日后仍有可能再次扩大审计范围。对此,四行不愿配合,强烈抵制。审计部亦因此对四行十分不满,声称按照《审计法》的规定,"中央机关及其所属机关财务之审计,由审计部办理,而审核计算决算又为审计之主要职权,无论普通行政机关及国营事业机关,向均依法送审无异,则该中、中、交、农四行,何能例外"。③

四行不愿配合审计部自是为了自身利益,然而公开说法则是以《国营事业管理法》尚未公布,坚持认为目前并无法律条文明确支持审计部的要求。《国营事业管理

---

① 《四联总处史料》(上),第 727—734 页。
② 同上,第 738 页。
③ 同上,第 739 页。

法》草案第十三条规定,"国营事业经费之动支,年终之决算,由审计机关就地办理事后审计"。若法案公布后该条文没有变更,则四行作为国营事业之一,自可按照法律要求办理。由蒋介石主持的四联第 338 次理事会议就审计部与四行的争执进行了讨论,最后形成决议,待《国营事业管理法》公布后,各行局再比照该项法律,于事后将全部开支送审计部审核。① 银行方面终于如愿推迟了审计部的全面介入。

实际上,交行管理层一向高度重视自身的稽核工作,面对政府部门的外部压力,更加不敢懈怠。十余年间,交行的稽核层级不断提升,大量稽核工作由总处亲自掌控,总处与各管辖行在稽核过程中分工合作,职责明晰,稽核工作的水平得以迅速提高。

1946 年,交行总处向全行发文,要求各管辖行加强对所属行处的账务审核工作。当时,交行的分支机构经恢复和重建,总数日渐增多,大体构成覆盖全国的实业金融网。经营规模的扩大,对稽核工作提出了更高的要求,总处认为此时的稽核工作"自应于缜密之中力求简捷",②在追求严密细致的同时,更要求能迅速发现问题,及时纠正失误。于是,总处在发文中,就稽核工作的要点又作了几点重申与强调。

其一,管辖行对所属行处的账务,应指派专人负责,根据本行内部的各项规章制度,认真审核,随时督导。凡不符合规定的,应及时查实,尽快纠正,并将处理结果函寄总处备案。

其二,管辖行对所属行处的业务,应遵照总处的既定方针和纲要原则,就该行处的实际状况,因地制宜予以确定。审核时,凡在授权范围以内的,且合乎本行所定规章、原则的,管辖行可随时先行审核,以免误事,然后将审核过程上报。业务上,管辖行对所属行处不但须加强稽核,还须具体指导。头寸调配,应以集中统筹运用为原则,并根据各地营业情况"予以具体之规划,以期相辅相成,盈虚互剂"。存款的盈亏,也应适当调剂,统筹兼顾。

其三,各管辖行对所属行处的业务账务,应派员检查考核,派员赴外稽核时,须密报备案。稽核任务完成后,稽核报告书和管辖行审核意见等应全部送交。

---

① 《四联总处史料》(上),第 738 页。
② 《交通银行史料》第一卷,第 1504 页。

其四,为节约开支,各管辖行对所属各行处的人事考核应当从严执行,"举如员生工作之支配,效率之水准有无不适合及失之浮滥情事,均应随时就具体情况予以调整,以期人事与业务之密切配合"。①

从总处的上述要求可以看出,当时交行的稽核工作并不仅限于财务,人事考核与业务考核也被纳入稽核范围之内,与当今银行的稽核工作相比,其"稽核"的内涵更为丰富。可见,当时的交行对各类性质不同的审核工作,尚未形成完全专门化的分工体系,人事的绩效考核与经营的稽核存在一定的交叉。这一情形可视为交行向现代商业银行转变过程中的过渡现象。

1937 年以来的十余年,政府部门的压力和交行本身的努力,促使其内部的稽核工作日臻健全。其中,逐步完善的驻外稽核制度,不断加强的信贷监管力度,都反映出了交行自身建设的长足进步。

三、强化贷出资金的监管稽核

抗战时期,交行不断加大对工矿企业的放款数量。然而,实业借贷的特点是数额巨大,资金回收的周期较长,而且在战争条件下,工矿企业经营又充满不确定性。为保障贷出资金的安全,交行派稽核人员驻守各借款单位从事稽核。对于驻外稽核人员的业务素养,交行要求其既要熟练掌握银行实务,又须知晓实业知识。当时,驻外稽核人员的需求量不断增加,而战争时期寻觅此类复合型人才又极为困难。从实际出发,交行总处于 1943 年颁发《驻外稽核办事规则》和《巡回稽核办事规则》,在强调稽核工作各项要点的同时,对驻外稽核人员的任职资格略作变通。总处向各行处寄发的通函称:"稽核之遴派按照规定应对各该事业有相当经验与学识者为合格,而向例新近人员亦不得充任斯职,因之物色人才不无困难。兹为兼筹并顾起见,特将驻外稽核任用资格酌予变通,只须熟谙账务,确能担任稽核职务者均得充任,惟新近行员除有经验者外,仍须经过相当训练后方得派充,以昭郑重。"②

交行各行处贷出资金后,按照合约规定,应派员驻守借款单位从事稽核,《驻外稽核办事规则》对该项工作一系列的规定。各行处驻外稽核人员遵从副经理的调遣执

---

① 以上均见《交通银行史料》第一卷,第 1505 页。
② 《交通银行史料》第一卷,第 1502 页。

行任务,并接受巡回稽核的督导,驻外时必须保持独立性,"超然行使职权,不受所驻机关行政之干涉,但应遵守所驻机关之办公时间"。驻外稽核应依照合约规定,对所驻机关的各项应办事务须随到随办,不得积压,以保证工作效率。同时,还应密切注意所驻机关的业务、方针、人事变迁、财务状况、经营成绩等情况,留意工程的进度,按月将上述情况撰写报告,报送资金借出行核办。稽核过程中若发现借款单位有违约情况,驻外稽核应及时提醒借款方主管人员加以纠正,或将相关情况上报贷出行核查办理。若驻外稽核认为借款方其他业务账目须改进或纠正,也应及时提出意见,供贷出行或巡回稽核人员参考。①

交行各管辖行为加强稽核工作,于1943年设置巡回稽核的职务。《巡回稽核办事规则》对此作了相应的规定。总处要求巡回稽核的地位应予提高,"由各该行副襄理,或股主任、股副主任,或由指定富有工矿学识与经验之专员,分驻各管辖行兼任"②。由中高级行员兼任巡回稽核,提升了该项职务的权威性,有利于其随时前往各借款企业视察业务、查核账目,并对驻外稽核进行监督指导。

按照该项规则,各管辖行可根据巡回稽核工作的实际需要,将稽核人员分为若干小组赴外办公,并可依据办事便利的原则在行员中指定一人或数人以兼职的形式协助巡回稽核人员的审查工作。巡回稽核人员也遵从副经理的调遣,除熟练掌握银行实务外,还应熟知工矿实业及各地经济状况,包括"各厂矿借款合约及原送之业务计划;中央或地方政府颁布之有关经济统制法令;市场重要物价或原料与成品供应之变迁;其他有关经济建设之动态",等等。③

总处还要求巡回稽核人员,在平时尽可能与政府经济部、交通部属下各部门保持联系。在前往本分行或所属行处各借款单位视察业务、查核账目时,诸如借款用途、生产效能、资负状况、业务动态等,更要根据原定的合约和计划严加考核,并在三天内将查核经过形成书面报告,送交借款单位,提请注意。若在核查中发现问题,业务账目必须改进或纠正的,巡回稽核应提出意见报告放款行和管辖行,再由放款行或管辖行核实处理,事关重大的皆由管辖行核办。

此外,巡回稽核人员对驻外稽核人员或押品监管人员,应随时加以督导和考察。

---

① 《交通银行史料》第一卷,第1502—1503页。
② 同上,第1502页。
③ 同上,第1503页。

驻外稽核按月提交的报告,也应由巡回稽核详加审核。巡回稽核人员视察机械工程之类的借款单位时,应由行方加派行员中的专家,或邀请与借款单位对应的政府主管部门人员随同前往,以保证稽核的效果。巡回稽核人员外出视察时,还应顺便视察所属行处的业务,并形成报告递交管辖行。①

抗战时期,交行的稽核制度建设,主要体现在驻外稽核与巡回稽核的增设和不断完善,而这两项制度的建立和有效推行,对避免或降低贷出资金的风险起了非常重要的作用。

四、驻外稽核制度的新发展

抗战结束后,政治、经济形势发生重大变化,交行规划的营业区域和网点分布已与先前大不相同,各地分支机构经恢复、重建,数量将大大增加,所有这些都对稽核工作提出了新的任务和要求,1943年颁行的《驻外稽核办事规则》已不能适应新的需要。为此,交行总处根据《稽核通则》的相关规定,针对当时的实际情况,于1945年制定了《稽核处驻外稽核规程》。

该项规程旨在加强本行内部的稽核工作,所称的"驻外稽核"并非派驻借款单位的稽核人员,而是指稽核处直接派驻交行各分支机构的稽核人员。规程包括总则、职权、内外联系、与驻在行处之关联四章,共34条,对驻外稽核人员及其所负责任、工作细则等作了全面而详细的规定。

为便于驻外稽核工作的实施与管理,规程将全国各地的管辖行及其所属行处按照所在地域划分为六大稽核区。日后凡有新开设的行处,自筹备之日起,即按其地域划入六个稽核区的相关区域。海外各行包括港行的稽核事宜,由总处特派人员办理,不列入所划稽核区内。具体情况见表3-8-3。

表3-8-3　交通银行稽核区划分

稽核区	管辖行及其所属行处
第一稽核区	渝行暨所属
第二稽核区	滇、黔、桂、湘四行暨所属

① 以上均见《交通银行史料》第一卷,第1503—1504页。

（续表）

稽核区	管辖行及其所属行处
第三稽核区	秦、陇两行暨所属
第四稽核区	浙、闽、赣三行暨所属
第五稽核区	沪（包括集中处）、青、汉三行暨所属
第六稽核区	津、长、连三行暨所属

资料来源：《交通银行史料》第一卷，第 1497 页。

按照规程，各稽核区设"稽核"一人，主持该区驻外稽核事务，另设办事员若干人，协助稽核工作。驻外稽核人员均为专职，不得兼任其他职务，人员由稽核处遴选，呈报董事长、总经理批准后派遣或调动，薪津由总处发放。驻外稽核直接隶属稽核处，受稽核处的管辖和指挥，经办的所有事项皆对稽核处负责。规程规定，除特殊情况外，稽核区中的驻外稽核人员须经常轮流巡驻该区属下的各行处，轮驻的时间周期由稽核人员视实际情况决定，日常的办公、膳宿等费用由驻在地行处负责，差旅费由总处报销。

驻外稽核人员的职掌主要包括以下几个方面：1. 稽核区内各行处的业务视察，所有资产、负债、损益账目的检查；2. 当地经济、金融、市场的调查和研究报告；3. 区内各行处突发事件与特别案件的调查与报告；4. 对区内各行处有关业务和会计事务的疑问作出解释；5. 会同内部稽核人员对区内各行处的会计人员进行劳绩考核；6. 掌管区内稽核事务的各类文书卷宗；7. 总处和稽核处交办的各类事宜。可见，稽核区内各行处几乎所有的经营账目、业务活动，包括人事管理、重大事件等，均在驻外稽核的审查监管之下，驻外稽核人员的权限很大。为避免驻外稽核人员滥用监察之权，干扰所驻行处的正常经营管理，规程特别规定"驻外稽核经办各事不得直接干涉分支行处内部行政"，意在将驻外稽核的权力限制在"稽核"的范围之内。[1]

关于各行处的业务稽核，规程要求稽核人员视察时，应特别关注其对总处各类指示的执行程度，其业务方针是否与交行的总体方针相吻合，是否适应当地金融、经济的实际情况。对区内各行处的账目须定期检查，周期最长为半年，检查时间和结果均应上报备案。凡发现业务活动、会计流程等有违反规章、处理失误、不符合当地实际，

---

[1] 《交通银行史料》第一卷，第 1499 页。

或不遵守总处相关规定的情况,应及时通知当地行处主管人员加以纠正。遇有重大违规、失误的,应及时上报总处,请示处理意见。为迅速处置一些突发事件,避免事态失控造成重大损失,总处还授予驻外稽核"相机处置"的特权,即"稽核人员如发觉辖区内分支行处人员有不遵规章;或处理失当致使行方损失;或有重大舞弊嫌疑获有证据者;倘时机急迫不及等待指示,得相机为权宜之处置,惟应负绝对责任"。这一规定大大提升了交行应对基层紧急事件的效率,而由驻外稽核"负绝对责任",实际上也限制了他们随意滥用特权。为便于稽核工作,规程还规定,稽核人员"得在不妨碍驻在行处公务之原则下,随时通知主管人员调阅文卷、账册、传票、单据,及一切可资参考或佐证之材料,惟不得携出行外,如有特殊情形必须携出者,应申明理由,出具收据,交主管员存查"①。

对驻外稽核人员与稽核处的联系,规程也有相应规定。驻外稽核人员应随时将工作情况上报总处,报告样式分为三种。1.经常报告,每月提交一次,内容包括工作情况,区内行处业务及当地经济状况等,均须加以分析,提出建议和意见,供稽核处参考。2.查账报告,每次定期检查账目后上报,内容包括查账的情况,检查中发现的缺点和错误,改进和纠正的情况等,须直接上报总处核办,并请求指示。3.特殊报告,凡突发事件,或接受特别交办的事项,办理后应及时上报。为保证其与总处的沟通机密、顺畅,驻外稽核人员可配备特编密码电本。②

关于驻外稽核人员与驻在行处的关系,规程强调:"驻外稽核在组织上与驻在行为并立之平行关系,无直接相互隶属之权义。……在工作上应与驻在行切谋互相合作,以共同推进行务为主旨。在行动上应恪守行规,与驻在行相互监督。"驻外稽核人员在驻在行工作时,各类事项皆应以函件或面洽的形式与当地主管人员协商办理,包括核查账目,亦非随心所欲,"稽核人员检查账目时需用根据之表报必须嘱由会计主管人员转饬抄制,不得径令办理"。审核中为查清事实必须盘问驻在行处工作人员时,若没有总处的特别指令,必须通过当地主管人员的许可,会同办理,不得越权擅自行动。③ 这些明文规定,都为驻外稽核与驻在行处妥善处理双方的关系提供了制度依据,使稽核工作既能有效地予以加强,又能规范、有序地实施推进。

---

① 以上均见《交通银行史料》第一卷,第1499页。
② 《交通银行史料》第一卷,第1500页。
③ 同上,第1501页。

《稽核处驻外稽核规程》的颁行,体现了交行的稽核制度在历史进程中的新发展。通过这一更为健全的制度规定,交行各分支机构的业务活动和资产状况都被置于更加有效的审查监管之下,交行的内部管理机制也由此向前迈进了一大步。

第七节　高度重视调查研究的参考作用

一、设计处职能的专业化

全面抗战爆发后,交行的经营重心向西部转移。为规划在西南地区的发展,交行于 1938 年在总处之下特别设立设计处。1942 年春,根据当前的营业状况和日后的发展需要,交行总处对设计处的职掌和中心任务作了重新部署。设计处的职能经调整后,最突出为以下两点:"(设计处)掌本行工矿交通建设等生产事业,投资及贷放之规则等项;掌各分支行处业务计划及投资生产事业计划之审查研究。"[①]可见,设计处调查研究的工作区域有所扩大,不再限于西南地区,而工作的性质也逐渐趋向单一化和专业化。同年冬,为解决设计处人手不足的问题,总处为其增设岗位,并在其下划分五课,分别主管文书、轻工业调查、业务分析、研究、重工业调查。

1944 年春,为配合四联颁行的政策,完善商业银行经营管理体制,总处成立会计处,设计处主管的业务分析工作被划归会计处办理。经过多次调整,设计处成立之初较为庞杂的职能被逐渐剥离,业务专业化程度大大提高,工作职责和部门名称趋于统一。设计处遂成为交行内部专门负责收集、统计、分析工矿实业资料和经济数据的部门,同时也为银行业务的发展提供各种建议。至此,设计处大体完成了从综合职能部门向专业化咨询调查机构的转变。

在职能转变的过程中,设计处逐渐加大对工矿实业和各地经济状况的调查力度,为交行的经营决策和发展规划提供了大量一手资料。自设计处成立至战后恢复时期,设计处收集了全国各地大量的经济数据,共编写调查报告 334 份。这些报告按地区分为滇黔、上海、广西、四川等大类,内容包括对裕滇纱厂、贵州企业公司等企业的

①　《分课情形》,交通银行博物馆藏资料 Y47。

专项调查,对机械、冶金、卷烟、造纸、纺织、采矿、交通等行业的专业调查,涉及生产建设事业的各个方面。此外,设计处在云南、上海办公期间,除每月起草经济动态文件提交总处参考,还组织力量完成了《后方各行处业务情况分析》《筹设资本市场意见书》等研究报告百余件。①

由于当时的经济形势变化频繁,各类经济数据都有一定的时效性,交行的调查研究工作也并非一劳永逸。为此,设计处往往采用动态调查的方式收集资料。例如,设计处组织力量对厂矿进行个别调查,以每家工矿企业为一个单位,详细了解其组织、人事、财务、业务等状况,调查完成后,每隔六个月再进行一次调查,以保证各项数据信息及时更新。以1943年为例,一年中交行对100多家工矿企业作了调查,其中设计处就独立完成了其中80多家企业的调查。调查过程中,设计处不仅须审查各类财务报表,还须考察机器设备的使用状况,尽可能获取完整而准确的调查资料。设计处对钢铁、纺织、面粉等重要行业进行专业调查时,也尽量采用动态调查的方法,大致每个月调查一次,数据随时更新,以便掌握这些行业的变动趋势。设计处原拟以地域为单位,对各地金融、工矿、交通等行业的概况进行调查,而当时四联也计划对全国各行业进行概况调查,并召集四行二局会商,以分工合作的方式推进,设计处于是承接了政府布置的调查任务,专门负责工矿和交通行业,也是每月收集一次调查资料,调查报告分别呈送交行总处和四联。②

此外,设计处还与军事委员会国民经济研究所、经济统计研究所等机构合作,相互交换各自的调查资料和研究报告,又与金城银行、四行储蓄会等合作进行上海工业的调查。此类合作弥补了单独调查的局限,设计处所掌握的资料内容更为广泛,从而为交行的规划与决策提供了更加丰富充实的参考资料。

设计处的各类调查报告及其编著的专业图书,不仅为交行自身服务,有些还被整理出版,为其他银行及政府机构所利用。1940年3月,设计处出版了第一部报告《云南开远、蒙自调查报告》,后又陆续翻译、出版了《各国银行制度》《金融市场论》《国际货币基金与世界银行文献》《英国社会安全计划纲要》《国际私人投资之条件》等著作。在资料和物资都十分匮乏的战争年代,设计处为中国银行业了解世界金融动

---

① 《设计处成立十年来大事记》,交通银行博物馆藏资料 Y47。
② 《交通银行史料》第一卷,第 1512—1513 页。

态,加速自身与世界银行体系的接轨,做出了不懈的努力。而设计处的所有工作,实际上也体现了交行不满足于现状,积极奋进的工作作风。

通过设计处的努力,交行掌握了各地经济发展的大量数据以及全国各行各业的发展概况,而这些基础数据的分析、研究和判断又直接服务于交行的经营决策和发展规划。抗战时期,交行的研究设计主要侧重三个方面:"研究各省经济工业及规划本行分支行处之布置;研究及计划战后本行应行发展之工业及战后复业之办法;研究及计划实业银行之任务及资本市场之组织与推动办法。"①显而易见,上述研究方向完全针对作为发展实业的专门银行应当承担的中心任务,而研究的范围也涵盖了交行经营方针的各个方面,诸如重点帮扶对象的确定、营业网点的布局、资本市场的组建,等等,其研究结果皆有助于管理层做出正确的决策。尤为难能可贵的是,交行还未雨绸缪,就战后的恢复与发展部署了先期的调查研究,希望依据充实的资料和缜密的预判,制定未来的发展规划。

抗战末期,设计处的调查研究更向胜利之后展望,大量的先期研究,不仅为交行战后的业务发展出谋划策,还为政府部门提供了重要的参考。1943 年,设计处"曾作英美国际通货计划、美国联合国银行计划、第二次大战后各国货币整理经过、黄金问题、物价问题等研究十余件",并草拟了《实业机构向外购买生产器材办法》《试办内地押汇信用证书》《重庆市产业证券市场交易办法》《战后本行复员计划》等十余件设计报告。②

二、调查研究的制度化

交行设计处直接隶属于总处,与其他部门不同的是,设计处在各地行处中并无下属的部门和人员。进行调查研究时,因工矿企业散布各地,若由分别派员前往,则有交通困难、耗时费力等种种不便,所以总处认为,"欲求办理便利,必须各分支行指定专人共同担任,俾得就近调查,以期详尽而收分工合作之效"。设计处也表示,"调查方面,希望各分支行处多予协助,各行处如有问题须研究设计者,亦可委托本处办理,本处当尽量负其一得之见以供参考"。③ 为此,总处于抗战后期制定了《统一工矿调

---

① 《设计处成立十年来大事记》,交通银行博物馆藏资料 Y47。
② 《交通银行史料》第一卷,第 1513 页。
③ 同上,第 1514 页。

查办法》，就调查对象、调查方法、调查报告、调查人员等问题作出相应规定。

交行的调查对象主要包括三大类：1. 本行投资的工矿企业；2. 本行放款的工矿企业；3. 其他重要工矿企业。在此，总处还特别强调调查顺序，即按照上述分类前后依次展开。这是因为交行在资金运作中，对待投资向来最为慎重，须通过充分的调查研究来降低风险。其次是贷款，至于其他重要工矿企业，主要是为了掌握情况，保持联系，为日后的投资或放款作准备。

交行的调查方法分为四类：1. 基本调查，即针对先前未经交行调查的工矿企业进行的首次调查，以派员直接调查为主，并辅以间接调查作为参证。2. 动态调查，即针对已经过基本调查的工矿企业进行的继续调查，该项调查每三个月进行一次，意在掌握其业务、财务、设备、人事等方面的变动。3. 放款用途调查，即针对向交行借款的企业进行的调查，考核其资金用途是否正当，所收成效如何，意在保障贷出资金的安全。4. 分业调查，即针对某地某重要行业进行的一般性调查，如对后方棉纺织业、航运业所作的调查。调查完成后，调查人员应完成相应的调查报告，送交设计处汇编，再由设计处进行分析、研究，提出意见或建议，印发各分支机构供参考。四类调查报告均属密件，不得对外公开。①

为确保有一支较稳定的调查人员队伍，办法中明确规定，指派调查人员从事本行工矿调查事宜，"除由设计处负责办理外，各管辖行由主管股办理。其须由管辖行所属行处调查者即由管辖行指定人员办理"。②

随着抗战接近尾声，战后的各项恢复计划陆续被提上议事日程，调查研究工作也为国民政府所日趋重视，由政府组织的一些高级别调查研究机构陆续成立，交行便在其中不少机构中承担了重要任务。1943年，四联组织调查团赴各地调查重要工商事业的发展状况，交行的各分支机构多指派行员参团，积极参与该项调查。③

1944年2月，四联为使各行局的实务手续处理更加规范化，特指派各行局熟悉银行实务的行员组成实务研究委员会，专门从事相关的研究设计。该委员会由焦树藩、顾敦夫、谢家凤等八人组成，王志莘任主任委员。④ 王志莘曾留学美国，为著名的

① 以上均见《交通银行史料》第一卷，第1514—1515页。
② 《交通银行史料》第一卷，第1515—1516页。
③ 《四联总处史料》（上），第749页。
④ 同上，第712页。

金融家,于 1939 年担任交行设计处处长,对设计处的建设和调查工作的开展做出了重要贡献。实务研究委员会主要对银行各项实务进行研究,包括存款、贴现及承兑、放款、押汇及代收、汇款及买汇、投资、同业往来、出纳、保管、仓库等实务,也涉及特种业务和各种事务的处理手续。① 研究的目的是希望形成一系列规则与方案,以改进实务程序,提高工作效率,为银行业的发展提供制度保障。

为使银行实务研究卓有成效,实务研究委员会还设立各种实务研究小组,负责各项具体的研究工作。研究小组的人员,由六行局分别推荐两名从事实务工作的高级行员组成,并由委员会推荐委员一人主持日常工作。② 自实务研究委员会成立至1945 年 8 月,共召开会议 37 次,各研究小组辛勤工作,共召开会议 235 次。经一年半的时间,预定的研究项目和拟定的实务方案大体完成,诸如所有银行业务事务处理手续、银行对外章则、银行内部处理手续及应用表单格式等,均经详细研究,在撷取各行局原有长处的基础上,加以改进后制定。所有制定完成的实务规则与方案,汇编成银行人员手册,共 12 册,分为 22 编,后采用丛书形式陆续出版,正式出版前先以油印本刊行,分发各行局参照实施。③ 这一研究成果将中国银行实务的规范化、制度化向前推进了一大步,而交行及其研究人员在其中发挥了重要作用。

抗战胜利后,四联亦在一定程度上推动了调查研究制度化的进程。为统一四行二局的统计报表,其于 1945 年召集各行局代表商定统一的统计方案,后为提高工作效率,又于 1946 年对各类统计调查报表予以简化。④ 统计报表经统一和简化后,四联于 1947 年颁行的《四联简化各行局统计报表办法》规定,各行局应向四联提交的统计表共计 26 种,而根据不同的专业分工,交行应报送的报表为其中的 13 种,所承担的统计工作量在六行局中位列第三,居中央信托局和农民银行之后。⑤ 由此可见,政府部门对交行的调查统计数据还是相当重视和满意的。

1946 年,四联为加强各行局调查研究工作的相互联系,召集各行局相关人员讨论研究设计工作的改进办法。基于加强联系、增进效率的考虑,四联提出,四联与四

---

① 《四联总处史料》(上),第 712—717 页。
② 同上,第 718 页。
③ 同上,第 737 页。
④ 同上,第 757 页。
⑤ 同上,第 766—767 页。

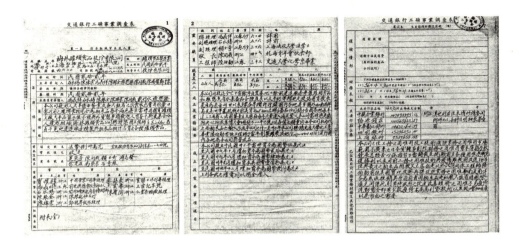

交通银行 1947 年的工矿企业调查表。

行二局各指定两位高级负责人,经常性地办理调查研究工作的联系事宜。各行局的调查资料和研究成果应随时交换,大型的调查研究项目可合作进行。各行局的图书资料应尽量充实,并互相借阅,互通有无。① 同行间加强联系与合作,使交行的调查研究工作获得更大的活动平台,有利于发挥自身更大的作用。

四联不仅推进了各行局研究设计工作的联系与合作,还根据各行局的专长,分配不同的研究任务。以 1947 年为例,交行承接的调查、研究、设计工作共有 22 项,其中有化学、纺织、航运、机械等行业的调查,亦有投资、贷款、证券、信托以及英美银行会计制度、人事制度等方面的研究,还有促进资本市场的设计,大体围绕发展实业的目标而展开。这些课题皆具有很强的专业性和应用性,说明交行不仅在实践中已担负起发展中国实业的责任,而且在相应的理论研究上也有长足的进步。②

特别值得一提的是,交行还承担了不少外汇与外国金融方面的研究课题,如外汇政策、国际货币基金、国际复兴建设银行等,这为交行进一步与国际接轨,开拓国际市场奠定了扎实的基础。

---

① 《四联总处史料》(上),第 753—755 页。
② 同上,第 771 页。